Über dieses Buch

Paris, 24. August 1572: »Im Morgengrauen, zwischen drei und vier Uhr, läuteten sie Sturm, dazu noch zwei kleine Glocken, die man die ›Kriegsglocken‹ nannte, und augenblicklich ging das Gerücht um, der König hätte erlaubt, allen Hugenotten die Hälse abzuschneiden und ihre Häuser zu plündern. Da setzte überall in Paris ein Gemetzel ein, daß es bald keine Gasse mehr gab, auch die allerkleinste nicht, wo nicht einer den Tod fand, und das Blut floß über die Straßen, als habe es stark geregnet.«
Dieses Gemetzel, jedermann von der Schule her bekannt als »Bluthochzeit von Paris« oder »Bartholomäusnacht«, stellt den Gipfel einer – mit Unterbrechungen – sechsunddreißig Jahre dauernden blutigen Auseinandersetzung dar, die als Bürgerkrieg zwischen Katholiken und Protestanten begann und schließlich zu einem reinen Machtkampf zwischen mehreren an religiösen Fragen nur noch in zweiter Linie interessierten Parteien wurde, in dessen Verlauf einmal sogar ein katholischer König von Frankreich seine von Katholiken beherrschte Hauptstadt erfolglos belagerte.
Die in diesem Band gesammelten zahlreichen Berichte, Briefe und Aufzeichnungen von Beteiligten geben Auskunft über die Überzeugungen, Motive, Interessen, Leidenschaften, die zu Massakern im Namen der Religion führten.

Die Reihe »... in Augenzeugenberichten«
im Deutschen Taschenbuch Verlag:

Der Spanische Bürgerkrieg (796)
Die Amerikanische Revolution (1054)
Die Eroberung Perus (1100)
Deutschland unter Napoleon (1131)
Deutschland in der Weltwirtschaftskrise (1161)
Die Deutsche Arbeiterbewegung 1848–1919 (1219)
Burgund und seine Herzöge (1233)
Die Gründung des Deutschen Reiches 1870/71 (1262)
Die Russische Revolution (1289)
Der Wiener Kongreß (1326)
Revolution und Räterepublik in München 1918/19 (1365)
Katharina II. von Rußland (1386)
Die Kreuzzüge (2700)
Der Aufstieg der NSDAP (2701)
Die Französische Revolution (2702)
Ludwig II. von Bayern (2703)
Der Dreißigjährige Krieg (2704)
Die Reformation (2705)
Heinrich VIII. von England (2706)

Die Hugenottenkriege in Augenzeugenberichten

Herausgegeben von Julien Coudy
mit einem historischen Abriß von
Ernst Mengin
Vorworte von Pastor Henry Bosc
und A.-M. Rouget O.P.

Deutscher
Taschenbuch
Verlag

dtv

Aus dem Französischen von Hildegard Krage

Im Text ungekürzte Ausgabe
November 1980
Deutscher Taschenbuch Verlag GmbH & Co. KG,
München

Umschlaggestaltung: Celestino Piatti
Vorlage: Szene aus dem vierten Treffen
der Schlacht von Dreux 1562
Gesamtherstellung: C. H. Beck'sche Buchdruckerei,
Nördlingen
Printed in Germany · ISBN 3-423-02707-X

Inhaltsverzeichnis

Vorworte

Die Lektüre der Texte, die Julien Coudy gesammelt und zusammengestellt hat, ist äußerst interessant, ja sogar erregend.

Die Dokumente sind klar, anschaulich und lebendig. Aus jedem treten Gesichter und Charaktere hervor. Sie sind wie Steinchen, die vor uns das imposante Gebäude jenes Zeitabschnittes im 16. Jahrhundert entstehen lassen: diesem Jahrhundert aus Lava und Bronze ...

Die Lektüre der Dokumente vermittelt uns schließlich ein geschlossenes Bild der Ereignisse und der Menschen, von denen sie berichten. Wie hätte man auch der Versuchung entgehen können, ein Bild dieser an Leidenschaften aller Art so reichen Epoche zu entwerfen, sie vor uns heraufzubeschwören!

In den ersten Texten schon werden wir Zeugen des allmählichen Aufblühens der Reformation in Frankreich, des Heranreifens eines neuen theologischen Denkens in der Seele Calvins, seiner raschen Verbreitung in humanistischen, kirchlichen und akademischen Kreisen und der unausbleiblichen ersten Verfolgungen. Fast hätte die Autorität des Königs und das Parlament die Reformation schon in den ersten Ansätzen erstickt. Die neuen religiösen Ideen werden von Franz I. und Heinrich II. verworfen: ihr nach Neuerungen drängender »revolutionärer« Charakter mißfiel ihnen, stieß sie ab. Warum?

Je mehr die reformierte Kirche Frankreichs sich in der Zeit von 1535 bis 1550 organisiert und Gestalt annimmt, um so weniger läßt sich der spezifische Charakter der von ihr verkörperten Bewegung mit den traditionellen Prinzipien der französischen Monarchie auf sozialem, administrativem und religiösem Gebiet vereinen. Nicht allein aus religiösen Gründen haben die Könige von Frankreich die Reformation abgelehnt, sondern auch, das sollten wir nicht vergessen, aus politischen Gründen. Die katholische Kirche bildete mit ihrem Anspruch auf unbedingten Gehorsam, mit ihrer Einheitlichkeit, mit der Art, wie sie über ihre Untertanen herrschte, mit ihrer hierarchischen Struktur, die der hierarchischen Gliederung des Adels entsprach, getreu die politische Verfassung der französischen Monarchie ab, der »ältesten Tochter der Kirche«; Kirche und Staat ergänzten einander in der Ausübung der politischen und religiösen Macht. Seit Jahrhunderten stützten sie sich gegenseitig, die eine besaß immer genau so viel Autorität wie die andere. Im 16. Jahrhundert noch schien es der Masse des Volkes undenkbar, daß man Kirche und Staat ungestraft voneinander trennen könne. Die Könige von Frankreich konnten nicht vergessen, daß sie in den Augen der Christenheit und ihrer Untertanen allein durch die zu Reims von der römisch-katholischen Kirche empfangene »Weihe« König waren.

Während nun die Herrscher und Fürsten der anderen Länder das Luthertum und den Anglikanismus annahmen und sich deren hierarchische Verfassung und prunkvolle Liturgie »gefallen ließen«, stand die kalvinistische Reform, die in die Kirche das Prinzip der Gleichheit zwischen Gläubigen und Pastoren eingeführt hatte und die das Ideal der Demokratie zu verwirklichen suchte, in Widerspruch zu dem monarchistischen Prinzip, auf das sich seit Jahrhunderten die Krone Frankreichs stützte. Man muß zugeben, daß eine Monarchie wie die französische sich nur äußerst schwer mit der französischen Erscheinungsform der Reformation abfinden konnte. Deshalb haben die Hugenottenkriege, die als Religionskriege begannen, alsbald den Charakter einer politischen Auseinandersetzung angenommen, bei der manchmal die Autorität der Monarchie, wenn nicht die monarchische Verfassung selbst auf dem Spiel stand. Wenn Heinrich IV. zum Katholizismus übertrat, so gewiß nicht allein, um dem Bürgerkrieg ein Ende zu machen, sondern auch – und das hatte er sehr gut begriffen –, weil die Monarchie, deren erster Diener er sein sollte, wirklich besser mit dem Katholizismus zu vereinen war als mit dem Protestantismus und weil die Franzosen zum überwiegenden Teil Anhänger der traditionellen Form der Königsherrschaft waren.

Und je mehr die französische Monarchie sich dem Absolutismus näherte, um so weniger vermochte sie das demokratische Prinzip, das die kalvinistische Reform in ihrer Auffassung von der Kirche vertrat, anzuerkennen. Die systematische Unterdrückungspolitik gegen die protestantische Kirche im 17. und 18. Jahrhundert hat im übrigen diese Unvereinbarkeit hinlänglich bewiesen. Auf diesen Punkt kann man nicht oft genug hinweisen.

Beim Lesen all dieser Dokumente stellt sich jedoch unweigerlich eine Frage. Warum konnte man nicht Toleranz üben, warum gab es sie damals nicht? Hätten die Söhne eines und desselben Volkes, Menschen vom gleichen Fleisch und Blut, wegen verschiedener religiöser Anschauungen zu Feinden geworden – hätten sie sich nicht, anstatt sich gegenseitig umzubringen und zu massakrieren, verständigen können, hätten sie nicht wenigstens versuchen können, sich zu verstehen, um dann niemals aufzuhören, sich zu lieben?

Als oberste Freiheit forderten die Reformierten die Freiheit des Gewissens und des Gottesdienstes, und um ihretwillen nahmen sie bedenkenlos den schrecklichsten aller Kämpfe auf sich.

Im 16. Jahrhundert war es eine Heldentat, einen anderen als den vom Staat anerkannten Gottesdienst zu halten, d. h. einen Gottesdienst, der sich von dem der römisch-katholischen Kirche unterschied. Ketzerei war ein Verbrechen gegen die Gesellschaft und gegen die Religion, und auf dem Wege über die Exkommunikation wurde sie mit den härtesten Strafen verfolgt. Die Kirchengerichte machten kurzen Prozeß und lieferten ihre Opfer der weltlichen Macht aus, die dafür sorgte, daß sie ihre Strafen abbüßten. Damals war Religion weniger Sache des einzelnen als Sache des Staates. Es handelte sich um festgefügte Traditionen, denen in den Augen der Juristen die Bedeutung von grundlegenden gesellschaftlichen und politischen Axiomen zukam: *cuius regio, eius religio*: nur als Anhänger der Religion seines Landes und seines Königs kann man sich dem Staat gegenüber loyal verhalten, so behaupteten sie. Daher sah man damals in der Intoleranz, die offiziell zu einem Gesetz des Zivil- und des Kirchenrechts erhoben wurde, kein Vergehen und noch weniger eine Verirrung: sie war ein legitimes Recht, das ausgeübt werden mußte. Mit so tief verwurzelten Traditionen konnte man nicht an einem Tag brechen.

Leider waren die ersten Lehrer der Reformation noch durchdrungen von diesen Traditionen oder besser von dieser Gesinnung. Indem sie an die Stelle der kirchlichen Autorität die Autorität der Bibel setzten, meinten sie, diese auch mit den gleichen Waffen verteidigen zu müssen, mit denen die Katholiken ihre Kirche verteidigten. Wie die meisten Theologen seiner Zeit hielt auch Calvin am Prinzip der Intoleranz fest.

Sicher gab es unter den Katholiken Männer mit außergewöhnlichem Weitblick wie Michel de l'Hôpital und Etienne Pasquier, die seit der Thronbesteigung Karls IX. von Religionsfreiheit träumten, aber ihre einsamen Stimmen verhallten ungehört. Diese Vorläufer konnten von ihren Zeitgenossen nicht verstanden werden. Bei den Protestanten trat Sebastian Castellion, einer der Förderer des religiösen Liberalismus und das Oberhaupt der Baseler Gruppe, der auch Curione, Amerbach und Lelio Socin angehörten, in seinem Werk »Le traité des hérétiques« mit seltener Weitherzigkeit und christlicher Nächstenliebe mutig für die Toleranz ein! Wie aber aus der Korrespondenz zwischen den Reformatoren hervorgeht, hatte Castellion in dieser Hinsicht keine erbitterteren Gegner als Calvin und Théodore de Bèze.

Diese Rufe von Propheten wurden also erstickt. Es muß einen Protestanten tief bekümmern, wenn er erfährt, daß

Guillaume Farel, diese kraftvolle und glänzende Erscheinung, gegen Michel Servet Verwünschungen ausstieß, als dieser den Scheiterhaufen in Chambel bestieg... Im 16. Jahrhundert war die Stunde der Toleranz noch nicht gekommen. Toleranz war unmöglich, es gab sie einfach nicht, weder im Geist noch im Herzen der Menschen. Der ebenso alte wie unbeugsame, aus dem Mittelalter stammende Rigorismus der Kirche – sowohl der katholischen als auch der protestantischen – herrschte noch über die Geister, und obwohl Renaissance und Humanismus in hellem Licht erstrahlten, hielt er auch die aufgeschlossensten Seelen in der Finsternis fest, in jener Finsternis, die soviel Blut gefordert hat. Erst sehr viel später macht die geistige Entwicklung Toleranz möglich. Zwei Jahrhunderte sollen noch vergehen, ehe man sich seiner Bruder- und Christenpflichten bewußt wird. Um sich ihren Glauben zu bewahren, haben die französischen Protestanten dies am eigenen Leib bitter erfahren müssen!...

Die Religionskriege, die Frankreich dreißig Jahre lang in Blut tauchten, waren für beide Parteien, die katholische wie die protestantische, eine Kraftprobe und ein Kampf um Einfluß; Religion und Politik waren so eng miteinander verflochten, daß manchmal schwer zu erkennen ist, welche von beiden bei diesem oder jenem Geschehnis der entscheidende Beweggrund war.

Auf der katholischen wie auch auf der protestantischen Seite haben in diesen Kriegen der Hochadel und die Fürsten unbestreitbar eine überaus wichtige, ja sogar eine ausschlaggebende Rolle gespielt. Es muß deshalb einmal hervorgehoben werden, von welchen Motiven sich die Parteien unter Führung der Mächtigen leiten ließen.

Den Protestanten war insbesondere wegen der Minderjährigkeit der Könige zu dieser Zeit die Unterstützung durch die Fürsten zu wertvoll, als daß nicht alle, die sich davon einen Vorteil versprachen, sich darum bemüht hätten. Als der König von Navarra, Anton von Bourbon, der sich vorübergehend und zaghaft, hauptsächlich unter dem Einfluß seiner Gemahlin, Jeanne d'Albret, der Reformation angeschlossen hatte, bei dem verhängnisvollen Tod Heinrichs II. (1559) unerwartet erster Prinz von Geblüt wurde, wandte sich Calvin sogleich an ihn und suchte ihn zu bewegen, der erklärte politische Führer des französischen Protestantismus zu werden. Beim Religionsgespräch von Poissy tadelte Théodore de Bèze diesen Fürsten recht streng, weil er die seinem Rang gebührende Stellung bei öffentlichen Angelegenheiten und in Religionsfragen nur träge und zögernd ausfülle.

Der Bruder Antons von Bourbon dagegen, Prinz Ludwig von Condé, war ehrgeiziger und aktiver und hatte sich den reformatorischen Ideen enger angeschlossen; er brannte darauf, seine Rolle zu spielen. Obwohl er bei der Verschwörung von Amboise im Hintergrund geblieben war, sind die Absichten leicht zu durchschauen, die er dabei verfolgte. Geschickt wußte er aus dem Haß, den die Guise sich in Frankreich zugezogen hatten, Nutzen für sich zu ziehen und nicht nur als Vorkämpfer des Protestantismus, sondern auch als »Befreier« aufzutreten, der das Königreich und den König vor der Fremdherrschaft bewahrt hatte.

Die Tatsache, daß die französische Reformation, die ursprünglich einzig und allein religiöser Natur war, Anhänger beim hohen und beim niederen Adel fand, machte sie erst zu einer politischen und militärischen Bewegung. Diese auf ihr Alter und auf ihre Privilegien stolze Aristokratie war natürlich kampflustig. Zumindest war sie der Haltung der Märtyrer unfähig, die sich in ihrer Ohnmacht hatten passiv verhalten müssen und stillschweigend ihre Leiden ertragen hatten. Sie bestimmt künftig, beseelt von inbrünstigem Glauben, angesichts der Verfolgung den »Zuschnitt« ihrer Religion. Sie reagiert mit den Waffen. Und damit hatte sie unrecht. Da sie nämlich dem katholischen Adel an Zahl weit unterlegen und viel ärmer ist als dieser, vermag sie ein starkes Heer von Söldnern und Berufssoldaten aus Mangel an Geld nicht zu unterhalten; sie kann sich deshalb in den folgenschweren

Kämpfen, die ihr bevorstehen, nicht durchsetzen. Trotz ihres Heldenmutes und ihrer stürmischen Angriffe steckt sie nur Niederlagen ein – bei Dreux (1562), Jarnac (März 1569) und Moncontour (Oktober 1569) –, die die Reformbewegung in Frankreich schwächen, weil die bis dahin noch unschlüssigen Massen sich nun nach und nach von ihr abwenden. Die Monarchie kehrt dem Protestantismus, den sie als zu schwach erachtet, endgültig den Rücken. Leider vergessen weder der protestantische noch der katholische Adel, ihre Interessen wahrzunehmen, wenn sich Gelegenheit dazu bietet.

Und alle die alten Zwistigkeiten zwischen einzelnen Lehnsherren, die noch nicht beigelegten Streitigkeiten zwischen einzelnen Familien flammen wieder auf und lassen der Rachsucht freien Lauf, die sich oftmals mit einer Wut austobt, die der Glaubensgegensatz noch schürt. Wir wissen sehr genau, wie widerwillig Admiral Coligny sich in das Abenteuer eines Krieges einließ, der nicht »heilig« war ...

Andererseits darf man nicht vergessen, daß eine der Haupttriebfedern für das Verhalten des hugenottischen Adels der Haß gegen Spanien war, und dieser hatte zwei Gründe: erstens hielt es das Königreich im Süden und im Norden – durch die Niederlande – in gefährlicher Weise wie mit einem Schraubstock umklammert – und immer bestand die Furcht vor dem Erstickungstod und vor einer Hegemonie Spaniens; zweitens weil es mit der Inquisition den Katholizismus in seiner fanatischsten Form verkörperte; der protestantische Adel glaubte immer, er allein verteidige die Interessen des Königs und der Krone gegen das Ausland und nur er mache die Sache der Nation zu seiner eigenen; zum Beweis hierfür trägt er schon seit dem Ausbruch des Bürgerkrieges auf seinen Rüstungen die Farben des Königs von Frankreich. Zuletzt verdient noch sein besonderer Haß auf die Guise erwähnt zu werden, seine Erbitterung auf das dem Königreich fremde Haus Lothringen, das durch seinen Einfluß den Monarchen und den Hof zu beherrschen suchte und dem alten Brauch zuwider über den »Herren von königlichem Geblüt« stehen wollte, denen allein es zukam, die notwendigen politischen Entscheidungen zu treffen.

Auf katholischer Seite steht ein Adel mit einem Triumvirat an der Spitze, das aus dem Konnetabel von Montmorency, dem Marschall d'Albon von Saint-André und dem Herzog Franz von Guise besteht. Dieser Adel war streng katholisch und stand treu zu den Lothringern, denn durch sie, die allmächtigen Herren über König und Hof, konnte er vom Monarchen Ehren und hohe Stellungen erlangen; dieser Adel hielt auch treu zur Königinmutter Katharina von Medici, die nach einer langen Zeit der Schaukelpolitik zwischen Katholiken und Protestanten schließlich glaubte, sich auf die Seite der Partei schlagen zu müssen, die ihr die stärkste schien; und sie setzte auf die Karte Roms und der Guise.

Hinter dem katholischen Adel stehen wiederum die Hauptstadt, der Sitz der Regierung und des Königs, bedeutende Städte wie Toulouse und Bordeaux sowie die gesamte Landbevölkerung: Bauern und Kleinbürger, die dem Katholizismus die Treue halten. Von dieser so ungemein wichtigen Masse des Volkes, das darf man nicht übersehen, erhält er militärische und finanzielle Unterstützung; fast überall fällt sie entscheidend ins Gewicht, und dank der von ihr systematisch und allgemein durchgeführten Unterdrückungsmaßnahmen bleibt sie letztlich Siegerin, indem sie die reformierte Partei aus den meisten Provinzen Frankreichs verjagt.

Im Kampf gegen den Protestantismus scheut sich der katholische Adel nicht – ebensowenig übrigens wie der protestantische –, Hilfe bei den Nachbarländern zu suchen; von Italien, vom Papst, von der Schweiz und vor allem von Spanien erhält er Geld und Söldner, und bedenkenlos führt er in den Kämpfen zum Zeichen der Verbundenheit die spanischen Farben ...

Wie man sieht, waren auf beiden Seiten Politik und Religion unlöslich miteinander verknüpft und bildeten eine Einheit. Denn die eine wie die andere waren in diesem Bürgerkrieg »die Triebfedern«.

Sämtliche Geschehnisse, die sich in der zweiten Hälfte des 16. Jahrhunderts in Frankreich abspielen, sind also nicht allein eine Sache der Konfession, sie hängen eng mit der Diplomatie und der Militärpolitik unseres Volkes zusammen und sind ein Teil davon.

Gewiß ist, und man sollte es ohne Scheu aussprechen, daß die französische protestantische Bewegung, der es anfangs nur um Glauben und Gewissen zu tun war, sich ernstlich geschadet hat, als sie, sobald Fürsten sich zu ihren Vorkämpfern machten, eine politische Partei wurde. Sie beging einen schweren Fehler, als sie sich in ihrer Drangsal bereit erklärte, sich mit dem Schwert zu verteidigen und sich in den Dienst und unter den Schutz der Mächtigen zu stellen. Vor 1560 wirkte die Reformation, allein durch ihre Märtyrer und ihre Verkündigung des Evangeliums »streitend« und »triumphierend«, weit überzeugender und christlicher als später durch die Kugeln ihrer Arkebusen oder die Klingen ihrer Schwerter. Das reine Evangelium, das sie so stolz predigte und das nun von einer Partei ausgenutzt wurde, drohte sich durch die kriegerischen Handlungen verdächtig zu machen ... Als einer der ersten warnte Calvin die Reformierten Frankreichs vor dem seit 1560 zunehmenden Hang, sich gegen die Verfolgung mit den Waffen zur Wehr zu setzen.

Von diesem Zeitpunkt an ist die Reformation unverkennbar nicht mehr nur eine Kirche, die für ihren Glauben lebt und streitet; der Ehrgeiz macht sie zu einer »Interessengemeinschaft«, die mehr oder weniger lautere Absichten verfolgt und die den Hof und durch den Hof Frankreich zu erobern trachtet; sie ist im Interesse ihrer Sache zu einer politischen Bewegung geworden, die »zugunsten des Königs, wenn er es will, und gegen ihn, wenn es sein muß«, Bündnisse schließt, in Wahrheit sehr kompromittierende Bündnisse, wie der Vertrag von Hampton Court mit England (1562) eins gewesen ist. Unter Coligny wird sie sogar zur Vorkämpferin einer außenpolitischen Konzeption, deren Verwirklichung übrigens, wie man einräumen muß, für die Nation keineswegs von Schaden gewesen wäre.[1]

Um der Gerechtigkeit willen muß man hinzufügen, daß der Reformbewegung Verfechter des Katholizismus gegenüberstehen, die Rom bedingungslos und ihrem König »bedingt« ergeben sind und die trotz ihres glühenden und unbestreitbaren Glaubenseifers ihrerseits nicht zögern, um des Sieges willen mit dem gleichen Starrsinn aus ihrer Kirche ein Schwert für ihre Politik und ein Werkzeug für ihren Ehrgeiz zu machen. Der Baron des Adrets ist gewiß nicht besser als Blaise de Montluc. Eine unparteiische Geschichtsschreibung muß feststellen, daß bei den Kämpfen auf beiden Seiten gleich viele Grausamkeiten und Übergriffe geschehen sind. In diesem Bruderkrieg haben Hugenotten und Katholiken, getrieben von Fanatismus und Zorn, für eine in ihren Augen gerechte Sache gekämpft und dabei durch ihre Ausschreitungen ihre Würde als Menschen und als Christen verscherzt.

Dies ist ein Beweis dafür, daß auch bei Menschen mit dem festesten Charakter Gottbegeisterung, und sei sie noch so rein, durch politische Interessen auf Abwege geleitet und entstellt werden kann.

Das sind die Betrachtungen, zu denen uns die Dokumentensammlung von Julien Coudy angeregt hat.

Es sei ihm aufrichtig gedankt für die Geduld und Klugheit, mit der er in mühevoller Arbeit eine solche Fülle von Dokumenten zusammengetragen und chronologisch geordnet hat, ebenso für die sinnvolle Auswahl der Zeugnisse, die es uns

1 Hier muß erwähnt werden, daß die politische Richtung, in die Gaspard de Coligny, Mitglied des königlichen Rates, Frankreich im August 1572 lenkte (nämlich zum Angriff gegen die spanischen Niederlande), Katharina von Medici und Heinrich von Guise letztlich dazu getrieben hat, den Admiral umbringen zu lassen und so seinen Plänen ein Ende zu bereiten. Dieses mißglückte Attentat löste dann das Massaker der Bartholomäusnacht aus, das seinen Urhebern im letzten Augenblick von den Ereignissen diktiert wurde und dessen unmittelbare und hauptsächliche Ursachen in erster Linie politischer und dann erst religiöser Natur waren.

ermöglichen, und dabei sind die Zwischentexte eine große Hilfe, dem Ablauf der Ereignisse mit Leichtigkeit zu folgen.

Wer sich für das 16. Jahrhundert interessiert, findet in diesen Dokumenten äußerst wertvolle Einzelheiten über jene Zeit. Sie tragen zum besseren Verständnis einer Epoche bei, die es, obwohl sie eine der düstersten unserer Geschichte ist, verdient, immer gründlicher und unparteiischer erforscht zu werden.

Henri Bosc
Pastor der reformierten Kirche; Mitglied der Gesellschaft für die Geschichte des französischen Protestantismus

Man braucht nur den klassischen Ausdruck »Religionskriege«[1] näher zu betrachten, um zu erkennen, daß er ein Unding ist. Die Verbindung des Wortes Krieg, das Kampf auf Leben und Tod, die gnadenloseste und blutigste Entzweiung bedeutet, mit dem Wort Religion, das Eintracht, Friedfertigkeit, Gleichgesinntheit und Gemeinschaftlichkeit heißt: ein besseres Beispiel für ein in sich widersprüchliches Wortgebilde gibt es nicht.

Man wird behaupten, die Religion sei von Natur aus intolerant, denn sie nehme den Besitz der Wahrheit für sich in Anspruch; manche Religionen predigten den heiligen Krieg; oder auch, dem Krieg wohne etwas Heiliges inne: garnieren nicht gern patriotische Reden und ein gewisser Journalismus den Begriff Krieg mit einem reichen religiösen Vokabular: Hingabe, Sühneopfer, Wunder (im Falle eines Sieges), Kreuzweg, Märtyrertod usw.?

Hier aber handelt es sich um eine Religion oder besser um zwei, die sich, leider!, auf Christus und das Evangelium

[1] Die Hugenottenkriege werden im Französischen als »Guerres de Religion« bezeichnet.

berufen. Man tötet, verbrennt, peinigt im Namen dessen, der gesagt hat: »Liebet einander...« Das nächste Gebot (»Du sollst deinen Nächsten lieben wie dich selbst«) ist dem ersten gleich... »Widersteht nicht dem Böswilligen...« – »Selig sind die Sanftmütigen.« – »Selig sind die Friedfertigen...«

Mit Religion hat dies alles unverkennbar nur sehr wenig zu tun, allenfalls zu Beginn der Streitigkeiten. Aber mit der Zeit setzte sich der Haß fest, vererbte sich, und dann hat man sie vergessen. Die Kirchen sind nicht mehr eine Gemeinschaft des Glaubens und der Nächstenliebe, sie verhalten sich wie Sekten, beschränkt und zanksüchtig. Sie haben sich so sehr der Politik verschrieben, daß »katholisch« dasselbe bedeutet wie »ein Freund der Spanier sein« und daß ein Protestant eher mit den deutschen Ländern liebäugelt – stets bereit, die Bündnisse auch wieder zu lösen, von denen man ohnehin nicht recht weiß, wie die Theologen sie gutheißen konnten.

Heute können wir derartige Verirrungen nicht mehr verstehen. Sie leiten sich her von der auf Konstantin den Großen zurückgehenden Vermengung von Staat und Kirche. Das Imperium und die Kirche, Gott und Cäsar waren so eng miteinander verflochten, daß der Bruder, der Gott auf andere Weise anbeten wollte als ich, zum Verräter an Cäsar wurde und sich deshalb der militärischen und polizeilichen Verfolgung aussetzte.

Man mag es bedauern, daß heute die Christenheit verweltlicht ist. Immerhin ist das, was in vieler Hinsicht einen Verlust bedeutet, andererseits ein Vorteil: so werden die Kirchen – ich sage nicht: die Staaten – daran gehindert, in einen gewissen Fanatismus zurückzufallen. Wir werden nicht weniger christlich sein, und der Einfluß der Kirche wird nicht abnehmen, weil wir nicht tolerant, aber milde geworden sind, und das zeigt sich daran, daß wir den andern nicht ertragen wie ein unvermeidliches Übel, sondern all das Gute lieben, das in ihm ist oder dessen er fähig ist.

Im Neuen Testament finden sich zwei Aussprüche von Jesus, die sich bei flüchtigem Lesen zu widersprechen scheinen.

Betrachtet man sie aber genau, so bemerkt man, daß sie sich ergänzen, weil der eine uns verbietet, Sekten anzuhängen, während der andere uns davor warnt, die Wahrheit durch schimpfliche Handlungen zu kompromittieren. In Kapitel 12, Vers 30 des Matthäusevangeliums sagt Jesus, der soeben einen Besessenen geheilt hat: »Wer nicht mit mir ist, der ist gegen mich.« Das heißt: es gibt keine Mitte zwischen Licht und Dunkel, ein jeder von uns muß sich entscheiden, nämlich sich durch Jesus zu Gott bekehren.

In Kapitel 9, Vers 50 des Lukasevangeliums aber antwortet Jesus den Aposteln, als diese sich darüber beklagen, daß einer, der nicht zu ihnen gehört, Wunder gewirkt hat, mit einem Satz, der seine Jünger und nicht mehr ihn selbst angeht: »Wehret es ihm nicht: denn wer nicht wider euch ist, der ist für euch.«

A.-M. Roguet
Dominikaner

Die Kirche in der Erwartung einer Reform

Wir sind im 16. Jahrhundert, im Zeitalter der Renaissance, die der Kunst und dem Geistesleben auch in Frankreich ein neues Gepräge gab. Die Scholastik wird abgelöst vom Humanismus; die bedingungslose Gläubigkeit des Mittelalters zerbricht, und an ihre Stelle tritt die Skepsis.

Die Reformation beginnt nicht mit einem offenen Kampf zwischen der katholischen und einer »protestantischen« Kirche, sie entwickelt sich aus der Kritik an der katholischen Kirche. Die wirtschaftliche und politische Macht der Kirche, ihr übergroßer Reichtum, die Unwissenheit und Sittenlosigkeit vieler Geistlicher wecken Neid bei den regierenden Fürsten und beim Adel, Eifersucht beim Klerus, Unzufriedenheit beim Volk. Erasmus veröffentlicht im Jahre 1509 seine Schrift »Das Lob der Torheit«. Er kämpft gegen Aberglauben und Ablaß:

Zur selben Kategorie zähle ich die, welche in dem falschen, doch süßen Glauben leben, daß einer, der zufällig die Figur oder ein Abbild der Polyphemsgestalt des heiligen Christophorus anschaut, an diesem Tag gegen den Tod gefeit bleibt; daß einer, der in den vorgeschriebenen Worten die Statue der heiligen Barbara anruft, den Wechselfällen des Kampfes entkommen wird; oder daß, wer an bestimmten Tagen bestimmte Kerzen vor dem Bild des heiligen Erasmus anzündet und dabei bestimmte Gebete spricht, bald ein reicher Mann sein wird. [...] Und was soll man erst von jenen sagen, deren Gewissen träge einschläft im Glauben an trügerischen Ablaß; welche die Dauer des Fegefeuers wie mit der Uhr berechnen, mit mathematischer Genauigkeit auf Jahrhunderte, Jahre, Monate, Tage und Stunden im voraus, ohne einen Irrtum zu befürchten? Andere zählen auf zauberkräftige Sprüche oder Gebete, die ein frommer Betrüger zu seiner Belustigung erfand oder um Geld aus ihnen herauszulocken, und erhoffen davon alles: Reichtum, Ehren, Freuden, eine gute Tafel, beständige Gesundheit, ein langes Leben, rüstiges Alter und im Himmel den Platz neben Christus. Doch wohlverstanden, so spät wie möglich; sie ersehnen sich die ewigen Freuden erst für die Zeit, wo die irdischen sie zu ihrem großen Leidwesen und ihrer verzweifelten Wehr zum Trotz verlassen haben. Da opfert ein Händler, ein Soldat, ein Richter einen Taler aus dem Gewinn so mancher Dieberei und glaubt, das sei genug, in einem einzigen Augenblick den ganzen Dreck seines Lebens wegzuwaschen; jeder Meineid, jede Ausschweifung, Völlerei, jeder Streit, Mord, Betrug, Verrat könne gleichsam vertraglich wiedergutgemacht werden, und zwar so gründlich, daß sie sogleich die ganze Reihe ihrer Verbrechen von vorn beginnen dürften. Gibt es aber eine größere und zugleich trostreichere Torheit, als sich der höchsten Glückseligkeit sicherzuwähnen, wenn man nur jeden Tag sieben Verse aus den Psalmen hersagt?

Damals denkt die Universität von Paris für ganz Europa. Sie gilt von jeher als die Hüterin der lateinischen Orthodoxie. Die Professoren, eine Macht in der Welt, gegen die auch der französische König nichts vermag, bekämpfen jede Neuerung. Über die Zustände an der Sorbonne schreibt ein venezianischer Gesandter:

An der Universität studieren etwa sechzehn- bis zwanzigtausend meist armselige Studenten, die in zu diesem Zweck gegründeten Kollegien leben. Die besten Vorlesungen werden gehalten in Theologie und im griechischen, lateinischen und französischen Schrifttum. Der Unterricht in Literatur ist sorgfältig, lebhaft und gründlich. An Philosophen, Ärzten, Rechtsgelehrten, Lehrern des Kirchenrechts, Mathematikern herrscht kein Mangel; doch sind die Professoren entweder wahre Jammergestalten, oder sie haben außerordentliche Lehrstühle inne, die der König bezahlt. Der Lohn ist gering, die Verpflichtungen der Professoren sind erheblich; und doch ist die Konkurrenz ungemein stark; einmal, weil fast stets Franzosen die Vorlesungen halten, dann aber auch, weil es ein so ehrenvoller Titel ist, daß man an Ansehen gewinnt, was man an Geld nicht bekommt. Die Lehrer der Sorbonne haben sehr große Macht über die Ketzer; als Strafe verhängen sie den Feuertod: sie rösten sie bei lebendigem Leib.

Um das Jahr 1525 kommt Ignatius von Loyola nach Paris, um seine Studien an der Sorbonne aufzunehmen. Einer seiner ersten Gefährten berichtet darüber:

Er machte sich auf den Weg nach Paris, allein und zu Fuß, und kam etwa im Februar dort an. Nach seiner Berechnung muß es im Jahre 1528 oder 1527 gewesen sein. Er wohnte mit anderen Spaniern zusammen und nahm im Montaigu [*Gymnasium*] am Unterricht der zweiten Klasse teil. Da man ihn nämlich seine Studien zu rasch hatte durchlaufen lassen, fehlte es ihm jetzt, wie sich herausstellte, an den Grundkenntnissen. Er lernte zusammen mit den Kindern nach dem Lehrplan und nach der Methode, die in Paris üblich waren.

Gleich nach seiner Ankunft hatte ein Händler ihm gegen einen Wechsel aus Barcelona fünfundzwanzig Taler ausgehändigt. Er gab sie einem der Spanier, die in seiner Pension wohnten, zur Aufbewahrung, doch dieser vertat sie in kurzer Zeit und besaß auch keine Mittel, sie zurückzuerstatten. Daher hatte der Pilger schon nach der Fastenzeit nichts mehr, einmal, weil er selbst einen Teil ausgegeben hatte, aber auch aus dem zuvor erwähnten Grunde. Er war gezwungen, betteln zu gehen und sogar das Haus zu verlassen, in dem er war.

Im Hospital Saint-Jacques, hinter den Innocents [*ehemals Kirche mit Friedhof*], nahm man ihn auf. Für sein Studium erwies sich dies als äußerst nachteilig, denn das Hospital war vom Montaigu-Gymnasium recht weit entfernt, und um das

Tor noch offen zu finden, mußte er pünktlich beim Angelusläuten zurück sein, und vor Tagesanbruch konnte er das Haus nicht verlassen. Daher war es ihm nicht möglich, ordnungsgemäß am Unterricht teilzunehmen. Ein weiteres Übel war, daß er für seinen Lebensunterhalt um Almosen betteln mußte. [...]

Nachdem er so eine Zeitlang im Hospital gelebt und sich mit Betteln durchgeschlagen hatte, merkte er, daß er nur geringe Fortschritte in seinen Studien machte, und stand schließlich vor der Frage, was er nun beginnen sollte. Als er sah, daß manche Studenten der Gymnasien Dienst bei Lehrern taten und noch Zeit für ihre Studien fanden, beschloß er, sich um eine Stelle zu bewerben. [...] Er gab sich große Mühe, eine Stelle zu bekommen. Er sprach darüber mit dem Bakkalaureus Castro, einem Kartäusermönch, der mit vielen Lehrern bekannt war, auch mit noch anderen, doch keiner hat je eine Beschäftigung für ihn finden können. [...]

Er fing an, mehr Zeit auf geistliche Gespräche zu verwenden, und fast gleichzeitig gab er drei Personen Übungen auf: nämlich Peralta, dem Bakkalaureus Castro, der an der Sorbonne war, und einem Biskayer mit Namen Amador, der am Sainte-Barbe [*Gymnasium*] war. Alle drei änderten ihre Lebensweise von Grund auf und verschenkten bald alles, was sie besaßen, an die Armen, sogar ihre Bücher. Sie machten sich daran, in Paris um Almosen zu betteln, und quartierten sich im Hospital Saint-Jacques ein, wo der Pilger [*Ignatius*] schon früher gewesen war und das er aus den obenerwähnten Gründen verlassen hatte.

Das wirbelte viel Staub auf an der Universität, denn die beiden ersten waren angesehene und wohlbekannte Leute. Sofort sagten die Spanier den beiden Lehrern den Kampf an. Als sie diese aber mit keinem Argument und keiner Begründung zu überreden vermochten, an die Universität zurückzukehren, erschienen sie eines Tages in Haufen und mit Waffen versehen vor dem Spital und zerrten sie dort heraus. [...]

Der Spanier, mit dem der Pilger [*Ignatius*] anfangs zusammengewohnt und der sein Geld durchgebracht hatte, ohne es ihm zurückzuerstatten, wollte über Rouen nach Spanien zurückkehren. Während er in Rouen auf ein Schiff wartete, wurde er krank. Durch einen Brief von ihm erhielt der Pilger Kenntnis von seinem Zustand. Da wurde in ihm der Wunsch wach, ihn aufzusuchen und ihm Hilfe zu bringen, wobei er auch darauf hoffte, ihn in seiner derzeitigen Lage überreden zu können, sich von der Welt zurückzuziehen und sich ganz dem Dienste Gottes zu weihen. Um das zu erreichen, wollte er die achtundzwanzig Meilen [*140 km*] von Paris nach Rouen zu Fuß zurücklegen, barfüßig, ohne zu trinken und zu essen. Und während er noch darum betete, überkam ihn große Furcht. [. . .]

Am nächsten Morgen, dem Tag seines Aufbruchs, stand er in aller Frühe auf; und als er sich anzuziehen begann, wurde er von solcher Angst gepackt, daß es ihm schier unmöglich erschien, seine Kleidung anzulegen. Trotz seines Widerstrebens verließ er das Haus und die Stadt, noch bevor es richtig Tag geworden war. Doch war er immer noch von Angst gepeinigt; sie hielt an bis Argenteuil, einem kleinen Flecken, drei Meilen von Paris entfernt auf der Straße nach Rouen, wo sich, wie es heißt, das Gewand Unseres Herrn befindet. Verzagt war er noch durch den Ort gepilgert; erst als er eine Anhöhe hinanstieg, verflog seine Beklommenheit. Er fühlte sich zutiefst getröstet und von frommer Begeisterung ergriffen, die ihn mit solchem Jubel erfüllte, daß er inmitten der Felder laut zu reden und mit Gott zu sprechen begann. An jenem Abend, nach einem Marsch von vierzehn Meilen, übernachtete er zusammen mit einem armen Bettler in einem Spital; in der nächsten Nacht schlief er in einer Scheune; am dritten Tag kam er in Rouen an. Die ganze Zeit über hatte er nichts zu trinken und nichts zu essen bekommen und war barfuß gelaufen, so wie er es sich vorgenommen hatte.

In Rouen sprach er dem Kranken Mut zu und half ihm, sich nach Spanien einzuschiffen.

Ob auch Ignatius in Paris solchen Theologen an der Sorbonne begegnet ist, wie Erasmus sie schildert?

Vielleicht wäre es besser, die Theologen mit Stillschweigen zu übergehen? [...] Sie quellen über von neuersonnenen Wörtern, von lächerlichen Ausdrücken. Die heiligen Geheimnisse legen sie nach ihrem Gutdünken aus; sie wissen, wie die Welt erschaffen und eingerichtet wurde; durch welche Kanäle der Schmutz der Erbsünde in die Nachkommen Adams geflossen ist; auf welche Weise, in welcher Größe und in welcher Zeit Christus im Schoß der Jungfrau entstand; wie in der Eucharistie Fleisch und Blut auch ohne Substanz bestehen. [...]

In ihren Augen ist es eine kleinere Sünde, tausend Menschen hinzumetzeln, als am Sonntag einem Armen den Schuh zu flicken; es sei besser, die ganze Welt, wie man sagt, mit Mann und Maus untergehen zu lassen, als eine harmlose kleine Lüge zu erfinden. Zahllose Schulen mit einer Vielfalt von Methoden, die ins Unendliche geht, machen diese spitzfindigen Spitzfindigkeiten noch spitzfindiger; leichter fände man sich in den Windungen eines Labyrinths zurecht als in den Winkelzügen, in denen sich die Nominalisten, Thomisten, Albertisten, Ockhamisten und Scotisten gefallen; dabei nenne ich nur die wichtigsten Sekten; es gibt noch weit mehr. [...] Wer hätte je daran gezweifelt, daß der kein Christ ist, der behauptet, die beiden Sätze seien gleichwertig: »Nachttopf, du stinkst« und »der Nachttopf stinkt«; oder »der Kochtopf siedet« und »es siedet der Kochtopf«? Da mußten erst diese Weisen kommen, um uns das klarzumachen. Wer sonst hätte die Kirche von soviel Irrtümern befreit, die kein Mensch jemals beachtet hätte, wären sie nicht durch ihre feierliche Verdammung dem Dunkel entrissen worden. Doch dies ganze Geschäft erfüllt sie mit höchstem Glück.

Die Dekadenz ist um so schlimmer, als das Konkordat, das Papst Leo X. mit Franz I. schließt und das für den König von Vorteil ist, keine Anhebung des Bildungsniveaus der Geistlichkeit zur Folge hat. Brantôme schreibt in seinen Memoiren:

Ich habe gehört, wie jemand einer hochgestellten Dame erzählte, er habe seinerzeit den großen König Franz sagen hören (auf den ich hier nur beiläufig zu sprechen kommen will), daß dasjenige, was ihn am allermeisten dazu bewogen hätte, mit dem Papst Leo das Konkordat zu schließen, welches die Wahl der Bischöfe, Äbte und gar mancher Prioren ganz abschaffte und ihm [*dem König*] das Recht vorbehielt, sie zu ernennen, der ungeheuerliche Mißbrauch war, den die Mönche bei diesen Wahlen trieben. Es kümmerte sie nicht, ob einer zum Amte taugte, sie wußten ja nicht einmal, wen sie *in statutis ordinis* nicht wählen durften (ich weise auf das hin, was der liebe Bruder Jehan in dem Buch unseres lieben Vaters Rabelais darüber sagt); vielmehr wußten sie nichts anderes, als zu ihrem Vergnügen die Messe zu lesen und ihre Gebete zu sprechen. Und das war noch nicht ihr übelstes Geschäft.

Meist wählten sie den, welcher der lustigste Kumpan war, Gefallen fand an Frauenzimmern, Hunden und Vögeln, der beste Zechbruder, kurz, der ärgste Wüstling war, damit er ihnen, hatten sie ihn erst zu ihrem Abt oder Prior gemacht, das gleiche unzüchtige, liederliche und ausgelassene Leben gestattete ...

Dies aber war das Allerschlimmste: konnten sie sich nicht einigen in ihrer Wahl, gerieten sie oft genug aneinander, traktierten sich mit Fäusten, kreuzten die Klingen, brachten sich Wunden bei und schlugen sich sogar gegenseitig tot; kurz, es gab mehr Tumult, Aufruhr, Umtriebe und Kabale als bei der Ernennung des Rektors der Universität von Paris, die ich früher miterlebt habe; ob das heute noch so ist, weiß ich nicht.

Dann wählten manche auch irgendeinen Einfaltspinsel von Mönch, der es nicht gewagt hätte, das Maul aufzutun oder etwas anderes anzuordnen, als was ihnen paßte, und sie machten ihm die Hölle heiß, wenn er zu sehr den tugendsamen und hochnäsigen Vorgesetzten herauskehrte.

Auch hielt dieser große König es für besser, die guten Dienste, die ihm der Adel gemeinhin leistete und die er nicht aus den Einkünften seiner Domäne und den Steuergeldern belohnen konnte – denn damit mußte er die Kosten seiner langen und großen Kriege bestreiten –, dadurch zu entgelten, daß er allen, die ihm gut gedient hatten, ein paar Abteien und Kirchengüter schenkte; das wollte er lieber, als sie Klostermönchen lassen, diesem, so sagte er, unnützen Volk, das zu nichts anderem taugte als zu Trunk und Schmaus, zu Zecherei und Spiel, zum Drehen von Sehnen für Armbrüste, zum Basteln von Karnickelfallen und zum Ränkeschmieden. Das waren ihre Andachtsübungen, das und ein Lotterleben, zu dem der Müßiggang sie verleitete. Daher lautete ein damals geläufiges Sprichwort: »Er ist ein Taugenichts wie ein Priester oder Mönch.« Daher hieß es auch: »Geizig und räuberisch wie ein Priester oder Mönch«; so wie man im Italienischen sagt:

Preti, frati, monache et pulli
Mai non son satulli.[1]

Der frischen Erzählfreudigkeit Brantômes steht die Polemik des Erasmus gegenüber:

Nach den Theologen sind am glücklichsten die, welche man gemeinhin Klosterbrüder oder Mönche nennt: zwei höchst unpassende Bezeichnungen, denn die meisten sind nicht fromm, und an allen Ecken und Enden läuft man ihnen über den Weg. Das Volk verwünscht sie so sehr, daß es eine Begegnung mit ihnen als böses Vorzeichen wertet. Indessen haben sie die allerhöchste Meinung von sich selbst. Sie halten es für größte Frömmigkeit, die Unwissenheit so weit zu treiben, daß sie nicht einmal lesen können. Plärren sie mit ihren Eselsstimmen in den Kirchen ihre wohlabgezählten, doch unverstandenen Psalmen herunter, so halten sie das für eine Gott wohlgefällige Musik. Viele bilden sich etwas ein auf ihren Schmutz und ihre Bettelei. Wie Ochsen brüllen sie vor jeder Tür und betteln um ein Stück Brot; keine Herberge, kein Wagen, kein Schiff, wo sie sich nicht zu Haufen drängten, zum großen Schaden der übrigen Bettler. Diese liebenswerten Gestalten mit ihrem

1 Priester, Klosterbrüder, Mönche und Hühner werden niemals satt.

Dreck, ihrer Unwissenheit, ihrem ungehobelten Benehmen und ihrer Dreistigkeit halten sich für Ebenbilder der Apostel. Was gibt es Erfreulicheres, als zu sehen, wie sie alles nach der Vorschrift tun? Glauben sie doch, der Verdammnis anheimzufallen, wenn nicht alles haargenau berechnet würde. Ihre Sandalen müssen soundso viel Knoten haben, so muß der Gürtel gefärbt, aus soviel verschiedenen Stücken die Kutte genäht, aus solchem Stoff der Gürtel gemacht und soundso breit sein. So ist die Kapuze geformt und soviel Scheffel muß sie fassen. So viele Finger breit ist die Tonsur, und soundso viel Stunden darf man schlafen. [...] Sie aber, stolz auf diese Albernheiten, sehen nicht nur verächtlich auf das Laienvolk herab, sondern ein Orden rümpft auch noch die Nase über den anderen. Diese Männer, die sich etwas auf apostolische Nächstenliebe zugute halten, brechen in ein lautes Geschrei aus, ist eine Kutte einmal anders geschnitten oder falsch eingefärbt. Sie halten sich so gewissenhaft an ihre Statuten, daß die einen den Rock aus grober Wolle und das Hemd aus feinem Leinen tragen, die andern das Leinen außen und die Wolle darunter. Wieder andere meiden Geld als sei es Gift, verachten dafür aber weder Wein noch Weiber. Ihr ganzes Sinnen und Trachten geht letzten Endes darauf aus, ihr Leben nicht wie die anderen zu führen. Dabei geht es ihnen nicht darum, Christus ähnlich, vielmehr darum, sich untereinander unähnlich zu sein. Ein gut Teil ihres Glücks besteht in ihren Namen. Die einen haben ihre Freude daran, Franziskaner zu heißen, und die scheiden sich noch in Coletaner, Minoriten, Minimiten, Bullisten. Dann gibt es noch die Benediktiner, Bernhardiner, Brigittiner, Augustiner, Wilhelmiten, Jakobiner ...

Brantôme und Erasmus sind berühmt, aber voreingenommen. Claude Hatton, ein Priester aus Provins, ist ein objektiverer Zeuge:

Je mehr Ketzer es gab, in Frankreich und überall in der Christenheit, um so unbekümmerter lebten die Prälaten und Pastoren der Kirche, vom Kardinal und Erzbischof bis hinab zum kleinsten und bescheidensten Pfarrer [...], und es kümmerte sie wenig, wohin die Dinge trieben, wenn sie aus ihren Pfründen nur genügend Einkünfte ziehen konnten, um sich ein lustiges Leben zu machen; und sie verpachteten auch ihre Pfründe zum höchstmöglichen Preis. [...] Die Erzbischöfe, Bischöfe und Kardinäle von Frankreich waren alle am Königshof und an den Höfen der Fürsten; die Äbte, Prioren und Pfarrer lebten in den großen Städten Frankreichs und an solchen Orten, wo es für sie Vergnüglicheres zu tun gab, als ihres Amtes zu walten und zu predigen und ihren Untergebenen und Pfarrkindern das wahre Wort Gottes zu verkünden. Diese Leichtlebigkeit nahmen die lutherischen Ketzer zum Anlaß, Böses über die Kirche Christi zu sagen und ihr die Christen abspenstig zu machen.

Die Anfänge der Reformation

Die Humanisten, die die griechische und hebräische Sprache pflegen, begnügen sich nicht mehr mit der Vulgata. Sie lesen die Bibel in den Originaltexten und legen sie nach einer Religionsauffassung aus, die vom dogmatischen Katholizismus sehr verschieden ist. Vom Jahre 1523 an verbreitet sich die ketzerische Lehre immer mehr im Königreich Frankreich. Prediger aus dem Volk wandern durch das Land, schimpfen auf die Mißstände im Klerus und greifen die päpstliche Autorität an. Manchmal predigen auch Priester, die vom Geist der Reformation erfaßt sind, die neue Lehre von der Kanzel herab. Claude Hatton beschreibt in seinem Tagebuch, wie er eines Tages eine solche Überraschung erlebt:

Im Monat Juli, am Tage des Festes der heiligen Magdalena, herrschte in Provins große Aufregung, als in der Jakobinerkirche der Prediger das Wort an die Gemeinde richtete, die sich zu einer allgemeinen Prozession versammelt hatte. Es predigte Bruder Charles Privé, der Sohn eines braven Mannes, der Bürger von Provins und städtischer Steuereinnehmer war und Jacques Privé hieß.

Aus Anmaßung oder um sich großzutun wich der Prediger von der gewohnten Art und Weise ab, das Evangelium vom Tage zu predigen und auszulegen, er wollte es auslegen nach dem Vorbild Jehan Calvins von Genf, als dessen Schüler er sich zu zeigen gedachte. Er sprach vom Glauben der Magdalena und predigte, sie sei allein durch ihren Glauben gerechtfertigt, auch ohne die Verdienste guter Werke, und jeder Christ sei schon gerechtfertigt und Gott wohlgefällig, auch ohne gute Werke verrichtet zu haben.

Unter den Teilnehmern an der Prozession befanden sich auch unser Maître Garnier, ein Doktor aus Paris, der berühmteste seiner Zeit, Maître Cyneris und Maître Prevost, beides Doktoren aus Poitiers oder einer anderen Fakultät, zwei in ihrem Beruf sehr beschlagene Männer, und noch verschiedene hochehrwürdige Priester, die alle aufs höchste empört waren. Die Geistlichen setzten ihre Erwartungen in die Doktoren und die Doktoren in die Geistlichen; sie blickten sich gegenseitig an, murrten gegen den Prediger und flüsterten sich zu, daß nicht wahr sei, was er sage. Und schon vernahm man hier und da gedämpfte Stimmen; dies ermutigte die Doktoren, laut und vernehmlich zu sagen: »Was er predigt, ist nicht wahr«; dadurch wiederum wurde das Gemurmel lauter. Doch der Prediger fuhr fort in seiner Rede, bis der Lärm so groß war, daß niemand mehr ihn verstehen konnte. Zum Schluß wurde die Messe in der gewohnten Weise gesungen. Alle gingen verärgert fort; die einen waren erbost über den Prediger und sagten, er habe schlecht gesprochen, die andern waren zornig auf die Franziskanermönche und die Geistlichen und behaupteten, diese seien nur neidisch auf den Prediger, der gut gesprochen habe und bessere Predigten halte als alle, die so scharfe Kritik an ihm geübt hätten.

Um elf Uhr war die Prozession beendet. Um die Mittagsstunde, nach dem Essen, läuteten die Franziskanermönche in ihrem Kloster zur Predigt; etwas ganz und gar Ungewöhnliches. Eine große Volksmenge fand sich ein und scharte sich um unseren Maître Garnier, der eine Predigt hielt über dasselbe Thema, über das auch der Prediger morgens gesprochen hatte; er aber legte es anders aus und erklärte, die guten Werke der Magdalena hätten ihr zusammen mit ihrem Glauben zur Seligkeit verholfen.

Die ersten Schüler der Prediger kommen aus dem Handwerkerstand. Claude Hatton bemerkt dazu im Jahre 1560:

Seit zwanzig Jahren gehören der neuen lutherischen Glaubensbewegung in Frankreich nur einfache Handwerksleute an: Flickschuster, Schuhmacher, Schreiner, Walker, Wollkämmer, Kurzwarenhändler, Korbflechter, alles Leute, die in Deutschland von Stadt zu Stadt und von einer Provinz in die andere gezogen waren. Unter den Handwerkern gab es dreimal soviel Anhänger und Schüler dieses neuen Glaubens als unter den Bürgern und Kaufleuten in den Städten und unter dem Landadel, und bis auf den heutigen Tag haben die Bürger und Edelleute die hugenottischen Handwerker bekämpft, sie aus ihrer Mitte vertrieben und sie bei Gericht verklagt, damit sie dem Feuertode preisgegeben würden.

Bernard Palissy, der Erfinder der Emailarbeiten, war ursprünglich Maler, dann Glasbläser und Feldmesser. Nachdem er sein Handwerk überall im Westen Frankreichs ausgeübt hat und dabei »von Stadt zu Stadt« gezogen ist, läßt er sich um das Jahr 1543 in Saintes nieder. Dort beobachtet er folgendes:

So wie die Urkirche aus kleinsten Anfängen emporstieg, allerlei Bedrängnis, Gefahr und Unterdrückung erdulden mußte, so gab es in jüngster Zeit auch hier im Lande der Saintonge viel Widrigkeiten und Fährnis, Not, Mühsal und Kümmernis. [...]

Im Jahre 1546 erlebte man, daß Mönche, die Bücher über jene Lehren gelesen hatten, sich erkühnten, freimütig Übelstände anzuprangern. Alsbald hetzten Geistliche und Pfründner, über die sie wegen ihres dicken Geldbeutels hergezogen waren, die Richter auf, Jagd auf sie zu machen. Diese ließen sich das nicht zweimal sagen, besaßen doch manche von ihnen Anteile an Pfründen, die »ihren Braten erst fett« machten. Dadurch wurden viele Mönche gezwungen, die Flucht zu ergreifen, das Land zu verlassen und die Kutte auszuziehen; sie fürchteten, man möchte sie »vor Hitze umkommen lassen«. Die einen erlernten ein Handwerk, die andern wurden Dorflehrer. Da die Inseln Oléron, Marennes und Allevert abseits der großen Straßen liegen, ließen sich viele Mönche auf diesen Inseln nieder und fristeten dort auf mannigfache Art und Weise unerkannt ihr Leben. Sie verkehrten mit den Einheimischen, wagten es, in Andeutungen mit ihnen zu sprechen, bis sie sicher waren, daß man nichts darüber verlauten ließ. Als sie auf diese Weise ein Häuflein Leute für sich gewonnen hatten, fanden sie auch Mittel und Wege, wieder auf die Kanzel zu steigen; denn damals gab es einen Generalvikar, der sie stillschweigend duldete. Mit der Zeit gingen vielen Leuten in der Saintonge und auf den Inseln die Augen auf, und sie erkannten manche Unsitte, die sie vorher nicht bemerkt hatten.

Der Bischof der Diözese reagiert natürlich darauf. Auf sein Verlangen kommen Missionare und predigen gegen die Reformatoren:

Mit mohammedanischer Schläue gingen sie daran, mit Predigten das Herz des Volkes zu erobern und mit Geschenken, die sie den Leuten des Königs machten, und in die Stadt Saintes und in andere Städte der Diözese schickten sie Mönche, Doktoren der Sorbonne, die schäumten, geiferten, sich drehten und wanden, gestikulierten und wunderliche Grimassen schnitten. Ihr ganzes Geschwätz war nur ein einziges Gekläff gegen die neuen Christen. Sie hoben ihren Bischof in den Himmel und behaupteten, er stamme vom kostbaren Blute des heiligen Ludwig ab, und das arme Volk mußte geduldig zusehen, wie all seine Wälder abgeholzt wurden [*zum Vorteil des Klerus*], und als man die Wälder abgeholzt hatte, waren auch keine Prediger mehr da. So wurde das Volk um Hab und Gut betrogen und ihm etwas vorgegaukelt. Du kannst Dir wohl denken, in welcher Lage sich die reformierte Kirche befand, die ja überhaupt noch keine Kirche war, wenn man davon absieht, daß eine Handvoll Männer verstohlen und mit Furcht im Nacken auf das Papsttum schimpften.

Während dieser Zeit regiert in Frankreich Franz I., ein lebensfroher Monarch, der die Künste fördert und in seinen

Schlössern an der Loire Hof hält, umgeben von einem Kreis von Dichtern, italienischen Architekten und Gelehrten. Den reformatorischen Bestrebungen in seinem Land steht er recht gleichgültig gegenüber, die Außenpolitik beschäftigt ihn weit mehr als die Religion. Franz I. ist Humanist, tolerant, steht unter dem Einfluß seiner Schwester Margarete von Angoulême, die den reformatorischen Strömungen nicht abgeneigt ist. Er schwankt zwischen Nachsicht und Strenge. Erst 1538 nimmt er eine feste Haltung zugunsten der katholischen Partei ein und besinnt sich darauf, daß er als »Allerchristlichste Majestät« bei seiner Salbung geschworen hat, die Kirche zu schützen. Marino Cavalli, Gesandter der Allerdurchlauchtigsten Republik von Venedig, schildert den Monarchen:

Der König ist jetzt [*1546*] vierundfünfzig Jahre alt.[1] Seine Erscheinung ist höchst königlich, so daß einer, der ihn nie von Angesicht noch jemals ein Bild von ihm gesehen hat, auf den ersten Blick sagen würde: das ist der König. Alle seine Bewegungen sind so edel und so majestätisch, daß kein Fürst ihm darin gleichkommt. Er hat eine robuste Natur, trotz der übergroßen Strapazen, die er immer auf sich genommen hat und auch heute noch auf den vielen Kriegszügen und Reisen nicht scheut. Nur ganz wenige Menschen hätten so große Beschwerlichkeiten ausgehalten. Auch reinigt er sich von allen ungesunden Säften, die sich etwa in ihm angesammelt haben, durch ein Mittel, das ihm einmal im Jahr die Natur beschert. Deshalb wird er vielleicht noch uralt werden. Er ißt und trinkt viel; er schläft noch besser, und was noch wichtiger ist: er hat nichts anderes im Sinn, als ein fröhliches Leben zu führen. Er trägt gern Kleider, die etwas überladen sind mit Tressen und Verbrämungen, die reich besetzt mit Steinen und mit kostbaren Verzierungen geschmückt sind; sogar sein Wams ist aus golddurchwirktem Stoff. Sein Hemd ist sehr fein und schaut aus der Öffnung des Wamses hervor, wie es die Mode in Frankreich verlangt. Diese genießerische und erlesene Lebens-

[1] In Wirklichkeit steht Franz I. im Jahre 1546 im 53. Jahr.

weise trägt sicher zur Erhaltung seiner Gesundheit bei. Wie alle Könige von Frankreich hat auch er von Gott die einzigartige Gabe erhalten, durch seine Berührung von den Skrofeln zu heilen. Sogar aus Spanien eilt das Volk herbei, um von dieser wunderbaren Fähigkeit zu profitieren. Die Zeremonie findet an einem Feiertag statt, Ostern oder Weihnachten oder an den Festtagen der Heiligen Jungfrau. Zuerst beichtet der König und kommuniziert; dann schlägt er das Kreuz über die Kranken und sagt: »Der König berührt dich, Gott möge dich heilen.« Würden die Kranken nicht gesund, kämen sie nicht von so weit her; sie nähmen nicht eine so kostspielige und mühsame Reise auf sich. Da der Andrang immer stärker wird, muß man wohl annehmen, daß Gott sich dieses Mittels bedient, die Kranken von ihrem Übel zu befreien und gleichzeitig das Ansehen der Krone Frankreichs zu festigen.

Die Hauptstadt Paris hält dem Papst die Treue. Die venezianischen Gesandten, stets scharfblickende und genau beobachtende Diplomaten, bewundern die Stadt, ihr pulsierendes Leben, die großartigen Bauwerke. Einer von ihnen ist Geronimo Lippomano:

Alles was man sich nur wünschen kann, gibt es in Paris in Hülle und Fülle, Waren aus aller Herren Ländern sind reichlich vorhanden: Auf der Seine kommen Schiffe an mit Lebensmitteln aus der Normandie, der Auvergne, aus Burgund, der Champagne und der Picardie. Es fehlt daher an nichts, obwohl die Bevölkerung überhaupt nicht zu zählen ist: alles scheint vom Himmel zu fallen; zwar sind die Preise für Nahrungsmittel recht hoch, denn für nichts sonst geben die Franzosen so bereitwillig Geld aus wie für das Essen und für die Zubereitung dessen, was sie eine »gute Tafel« nennen. Daher findet man hier eine solche Unmenge von Schlächtern, Fleischverkäufern, Bratköchen, Wiederverkäufern, Pastetenbäkkern, Schank- und Kneipwirten, daß es einen schier verwirrt. Auch noch im kleinsten Gäßchen sind sie zu finden. Wollt ihr Vieh auf dem Markt kaufen oder Fleisch, so könnt ihr das zu jeder Tageszeit und allerorten. Wollt ihr euren Vorrat tischfertig, gekocht oder roh: die Bratköche und Pastetenbäcker richten euch in einer knappen Stunde ein Abendessen her, ein Souper für zehn, für zwanzig, für hundert Personen. Der Bratkoch liefert euch das Fleisch, der Pastetenbäcker die Pasteten, Fleischtorten, Vorspeisen, Nachspeisen, der Koch macht euch Gelees, die Saucen, das Ragout. Diese Kunst ist in Paris so hoch entwickelt, daß es Schankwirte gibt, die euch bei sich zu jedwedem Preis ein Essen zubereiten; für einen Teston[1], für zwei, für eine Krone, für vier, für zehn, sogar für zwanzig pro Person, wenn ihr das wünscht. Doch für zwanzig Kronen erhaltet ihr, ich hoffe, Mannasuppe und gebratenen Phönix, kurz, das Köstlichste auf dieser Welt. Auch die Prinzen und sogar der König verkehren hier von Zeit zu Zeit (wie es auch Thomas Morus zu tun pflegte, als er noch lebte).

Er beschreibt die Stadt:

Auf dem rechten Seineufer erblickt man das Schloß der Bastille, mehr Festung als Palast: es wird nicht von Soldaten bewacht und dient als Gefängnis für Prinzen und andere hochgestellte Persönlichkeiten. Der Palast oder das königliche Schloß, der Wohnsitz des Hofes, befindet sich noch im Bau und ist von einer so majestätischen Architektur, daß hier, sollte es jemals fertig werden, eines der schönsten Bauwerke der Welt entsteht. Heinrich II. hat mit dem Bau begonnen, doch ist er erst zu einem Viertel vollendet. Ich habe gesehen, daß im Louvre der König und seine Brüder, drei Königinnen, zwei Kardinäle, zwei Herzöge mit ihren Frauen, drei Prinzessinnen von Geblüt, viele Günstlinge und Damen und schließlich ein Teil des Rates bequem untergebracht sind.

Im Faubourg Saint-Honoré sieht man das von der Königinmutter begonnene großartige Gebäude der Tuilerien mit seinen vielen Statuen aus kostbarem Gestein, mit verschiedenen Säulenreihen und der herrlichen Wendeltreppe, deren nur vier

1 Neue Münze, die 1513 geschlagen wurde und einen Kopf – tête – zeigte, daher ihre Bezeichnung; das Geldstück hatte nur geringen Wert.

Finger hohe Stufen von einer schlanken Marmorsäule auf wunderbare Art getragen werden. Die Pferdeställe gleichen einem prächtigen Palast. Ein Saal zum Ringstechen und Fechten ist vorhanden und auch ein schöner Garten, vortrefflich angelegt mit Bäumen und anderen Pflanzen; da gibt es nicht nur Labyrinthe, Gebüsche, Bächlein und Springbrunnen, auch die Jahreszeiten und Tierkreiszeichen sind nachgebildet; etwas ganz Herrliches! Aber auch dieses Gebäude wird ebensowenig fertig werden wie das andere. Dieser Bau wird unvollständig bleiben. Er ist als Spielhaus für die Prinzen gedacht; er liegt so nahe beim königlichen Palast, daß der König und die Königinnen sich oft zu Fuß dorthin begeben.

Er vergißt auch nicht den Justizpalast:

Auf der Ile de la Cité liegt der Justizpalast, der gleichzeitig die Börse von Paris ist. Morgens und abends sieht man hier eine unglaubliche Menge Gerichtsdiener, Advokaten, Prozessierender, Makler, Händler, Geldwechsler. Im großen Saal und auf den langen Korridoren bewundert man die Marmorstandbilder aller Könige und aller königlichen Prinzen. Unter den Bogengängen liegt eine Unmenge kleiner Läden, ähnlich wie in der Merceria von Venedig, und hier begegnet man immer feinen Herren und Damen scharenweise, sogar dem König und dem Hof: manche kommen zu ihrem Vergnügen, manche, um Geschäfte zu machen. Verliebten leistet der Palast sozusagen Kupplerdienste. Früher war er der königliche Wohnsitz.

Paris ist katholisch und bleibt es immer. Als sich im Jahre 1528 ein bedeutsamer Zwischenfall ereignet, der fast schon eine Provokation darstellt, gibt die Stadt deutlich ihre feindliche Einstellung gegenüber den Lutheranern zu erkennen. Am 3. Juni hatte jemand einer Figur der Jungfrau mit dem Kinde, die an einer Hauswand angebracht war, den Kopf abgeschlagen. Nicolas Versoris, Advokat beim Parlamentsgericht, schildert den Vorfall und die Reaktion der Pariser Bevölkerung:

In jener Zeit gab es nicht nur in der Stadt Paris, sondern auch überall sonst Leute, die heimlich der lutherischen Sekte angehörten; wurden sie entdeckt, bestrafte man sie aufs strengste.

Am Mittwoch, dem dritten Tag im Juni, in der Nacht zum Donnerstag, trat einer, vermutlich ein Lutheraner, an eine Statue der Heiligen Jungfrau mit dem Kinde heran, schlug der Figur den Kopf ab und warf ihn in Sücke. Das Volk war aufs höchste empört über den Schimpf, den man dem Bild der Jungfrau angetan hatte. Der König, der gerade in Fontainebleau weilte, hörte von dem Vorfall. Im höchsten Grade erregt und voll böser Ahnungen, sandte er am nächsten Samstag, dem sechsten Tage des Monats, den Kardinal und Kanzler von Frankreich zusammen mit dem Oberrichter von Paris zum Gerichtshof mit der Meldung, der König erwarte, daß man den Missetäter schleunigst ausfindig mache. Tausend Taler versprach er dem, der ihn anzeigte ... Würde der Täter die Namen seiner Komplizen und Spießgesellen angeben, sollte er die gleiche Summe erhalten. Der Kanzler wies auch noch darauf hin, welches Unheil und welch üble Folgen es haben könnte, wolle man solche Verirrungen dulden. Danach machte sich der Kriminalrichter mit seinen Häschern und Armbrustschützen und anderem Volk vom Gerichtshof unverzüglich auf, ging von Haus zu Haus und forschte nach, ob nicht jemand irgendeinen Verdacht hegte. Der Erlaß des Königs wurde an jenem Tag auf allen Plätzen mit Trompetensignal ausgerufen. Am Mittwoch, dem zehnten Tag des Monats, am Vortage von Fronleichnam, begaben sich die Universität von Paris, vertreten durch zahlreiche hochangesehene Persönlichkeiten, und vier- bis fünfhundert kleine Schüler unter 11 Jahren allesamt in einer Prozession zu der Stelle, wo die Figur stand; sie befand sich in der Rue du petit Saint-Antoine, am Hause des Herrn von Harlé, eines Pariser Bürgers. Hier hatte man einen Altar errichtet, mit Teppichen behängt und geschmückt, und jedes Kind opferte demütig und fromm eine brennende Kerze. Diese und weitere Gaben nahm der Pfarrer oder Vikar von St. Gervais entgegen. Seit Menschengedenken hatte man die Universität nicht so zahlreich und so andächtig versammelt gesehen. Tags darauf, am Fronleichnamsfest, nahm der König, der in den Tournelles [*Hôtel des Tournelles, königliche Residenz nach Karl VI.*] die Nacht verbracht hatte, an einer Prozession teil, die dorthin zog, und auch der Leib des Herrn wurde dahin gebracht, wo der König sein Gebet verrichtete. Am nächsten Tag, einem Freitag, fanden allgemeine Prozessionen statt und zogen an dem Bild vorbei, unter dem man einen reichgeschmückten Altar aufgebaut hatte. Gleich daneben war eine Empore errichtet, fünf Stufen hoch und prächtig anzusehen. Als die Prozession vorbeigezogen war, stieg der König, der am Schluß des Zuges ging, mit einer tiefen Kniebeuge auf die Empore, wo er für die zerschlagene Madonna eine Heilige Jungfrau aus Silber als Geschenk überreichte, die für alle Zeiten dort bleiben sollte. Es war eine überaus feierliche Zeremonie. In Paris ging das Gerücht um, daß sechs oder sieben Tage danach die Statue an einem totgeborenen Kind ein Wunder gewirkt habe.

Um das Jahr 1530 leben in Paris zwei Männer, die einander nicht kennen und die, jeder in einer anderen Richtung, die notwendig gewordene Reform der Kirche vorbereiten. Sie verkörpern die beiden aufeinanderprallenden Mächte, Katholizismus und Protestantismus: Ignatius von Loyola, der Gründer des Jesuitenordens, auf der einen, Calvin, der Organisator der protestantischen Kirche in Frankreich, auf der anderen Seite. Der Gefährte des Ignatius fährt in dem Bericht über die Studienzeit des Ignatius in Paris fort:

Bald darauf kam das Fest des heiligen Remigius, das man am ersten Oktober begeht. Er [*Ignatius*] hatte die Vorlesungen über Philosophie bei einem Magister mit Namen Jean Peña belegt; seine Gefährten, die sich dem Dienste Gottes zu weihen beschlossen hatten, wollte er behalten, aber keine neuen mehr hinzuwerben, damit er sich bequemer seinen Studien widmen könnte.

Kaum hatte er begonnen, die Vorlesungen der Fakultät zu besuchen, überkamen ihn wieder dieselben Versuchungen wie damals, als er in Barcelona Grammatik studierte. Es war ihm unmöglich, sich während der Vorlesungen zu konzentrieren, da sich ihm jedesmal eine Fülle frommer Gedanken aufdrängte. Als er sah, daß er deshalb nur geringe Fortschritte in seinem Studium machte, suchte er seinen Lehrer auf und versprach ihm, während der ganzen Vorlesung immer aufmerksam zuzuhören, wenn er ihm nur Brot und Wasser für seinen Lebensunterhalt verschaffen wolle. Nach diesem Versprechen wichen die frommen Verzückungen, die ihn zu so unpassender Zeit überfielen, und er setzte seine Studien ungestört fort.

Zu jener Zeit stand er in Verbindung mit Maître Pierre Favre und Maître François Xavier, die er später durch seine »Exerzitien« dazu bewegte, sich dem Dienste Gottes zu weihen.

Zur selben Zeit sitzt in den Hörsälen der Sorbonne, vielleicht Seite an Seite mit Ignatius, ein französischer Student: Calvin. Er schreibt über seinen Werdegang:

Seit meiner frühen Kindheit hatte mein Vater mich für die Theologie bestimmt; doch später überlegte er sich, daß die Rechtswissenschaft ihren Jüngern viel Geld einbringt, und diese Erwägung stimmte ihn plötzlich um. Deshalb mußte ich das Studium der Philosophie aufgeben und die Gesetze studieren; obwohl ich mir dabei, um meinem Vater gehorsam zu sein, redlich Mühe gab, ließ mich die unerforschliche Vorsehung Gottes zuletzt doch einen anderen Weg einschlagen.

Obwohl ich starr am Aberglauben des Papsttums festgehalten hatte, so daß es ein hartes Stück Arbeit war, mich aus diesem abgrundtiefen Sumpf herauszuziehen, bezähmte Er doch durch eine plötzliche Bekehrung mein Herz, das in meinem jugendlichen Alter noch ganz und gar verstockt war, und machte es sich zu Willen. Als ich erst einmal den wahren Glauben kennengelernt und Geschmack daran gefunden hatte, erfaßte mich das glühende Verlangen, meine Kenntnisse zu vertiefen, so daß ich meine übrigen Studien wenn auch keineswegs aufgab, so doch nachlässiger betrieb. Zu meiner großen Verwunderung scharten sich noch vor Jahresende alle, die sich nach der reinen Glaubenslehre sehnten, um mich, um von mir zu lernen; dabei stand ich selbst doch sozusagen erst am Anfang. Da ich von Natur aus recht scheu und schüchtern bin, habe ich immer Abgeschiedenheit und Stille geliebt; so suchte ich denn einen Schlupfwinkel und Mittel und Wege, wie ich mich von den Leuten zurückziehen könnte; doch diesen Wunsch mir zu erfüllen gelang mir nicht, im Gegenteil: jede Zufluchtsstätte und jeder abgeschiedene Ort wurden gleichsam öffentliche Schulen. Kurz, obwohl ich immer danach strebte, als unbekannter Privatmann zu leben, hat Gott mich so viel auf die Wanderschaft geschickt und mich so in den Strudel mannigfacher Wechselfälle gerissen, daß er mich nirgends Ruhe finden ließ, bis er mich, ganz gegen meine Natur, ins Licht der Öffentlichkeit rückte und mir »meine Rolle zuwies«, wie man zu sagen pflegt.

Schon sehr früh hat man die Ketzerei verfolgt und unterdrückt, denn Unduldsamkeit in religiösen Dingen ist ein Wesenszug des XVI. Jahrhunderts. Wer überführt wird, der lutherischen Lehre anzuhängen, muß meist sein Leben auf dem Scheiterhaufen beenden. Eines der ersten Opfer ist Jean Valières, ein Mönch, der im August 1523 in Paris verbrannt wird. Aber auch überall sonst sterben Geistliche, die die neue Lehre predigen, eines gewaltsamen Todes. Ein Pariser Bürger, der mit buchhalterischer Genauigkeit Tagebuch führt, schildert den juristischen Ablauf der Ketzerprozesse gegen die Geistlichen und beschreibt auch den Ort der Hinrichtung, die Place Maubert:

Mittwoch, 17. Tag des Monats Juni im Jahre tausendfünfhundertvierunddreißig; ein Ketzer mit Namen Jacques de la Croix, Alexander genannt; sein eigentlicher Name: Lorent Canu; geboren in der Stadt Caen in der Diözese Evreux, Jakobiner und in Lyon wohnhaft, wo er mit zwei Frauen verheiratet war. Das Gericht, bei dem man ihn angezeigt hatte, verurteilte ihn zum Feuertod bei lebendigem Leib; dann wurde er vor das Parlamentsgericht in Paris geladen und dorthin gebracht und so scharf ins Verhör genommen, daß er gestand, Mönch zu sein, weshalb er vom Erzbischof von Lyon und den beiden Äbten von Saint-Magloire vor Notre-Dame-de-Paris seiner geistlichen Würde entkleidet wurde. Danach hielt ein Doktor der Theologie mit Namen M. Barthon, Domherr von Paris, in Anwesenheit des Ketzers und vor dem ganzen Volk eine feierliche Predigt. Daraufhin mußte er seinen Priesterrock ausziehen und ein kurzes, rot und gelb gestreiftes Kettenhemd anlegen. Er wurde den Vollstreckungsrichtern des Parlamentsgerichts übergeben und von ihnen in den Gerichtshof geführt, hier verkündeten sie das Urteil: er sollte auf der Place Maubert am Galgen aufgeknüpft und bei lebendigem Leib verbrannt werden, was aber erst tags darauf, am 18. Juni, geschah, denn an dem Tage, an dem ihm seine Würden genommen wurden, regnete es wahre Sturzbäche, so daß an diesem Tag das Urteil nicht vollstreckt werden konnte; als er auf der Place Maubert angekommen und vom Karren heruntergeklettert war, bat er die Herren Doktoren, die ihn mit dem Schreiber des Parlamentsgerichts begleiteten, um die Erlaubnis, eine kleine Ansprache halten zu dürfen; das wurde ihm gestattet, und er sprach zuerst sehr gut über das heilige Sakrament des Altares, zum Schluß aber redete er Unsinn; deshalb wollten ihn die Doktoren nicht zu Ende sprechen lassen, und so wurde er mitsamt den Prozeßakten bei lebendigem Leibe verbrannt. Doch rief er immerzu »Jesus«, und das sogar noch im Feuer.

In der Provinz erlebt man allenthalben dasselbe Schauspiel. Aus dem Tagebuch des Honorat de Valbelle:

Im Jahre 1539 wurde am 27. März in Aix ein Pfarrer aus dem Languedoc verbrannt, weil er Lutheraner war; er war so verstockt, daß er allen Ermahnungen zum Trotz von seiner törichten Meinung nicht ablassen wollte; da wurde er seines

Amtes enthoben und zum Feuertod bei lebendigem Leib verurteilt, und es hieß, er müsse eines ganz gräßlichen Todes sterben. Schließlich kam auch ein Prediger zu ihm, ein sehr frommer Mann; sie führten ein Streitgespräch miteinander, und der Prediger brachte ihn durch offenkundige Beweise am Ende zur Einsicht, so daß das Urteil gemildert wurde. Er bekannte seinen großen Irrtum, bat Gott und die Jungfrau Maria und alle Heiligen des Paradieses um Verzeihung und erklärte öffentlich, daß ihm das Sterben nicht schwerfallen würde, denn er habe den Tod wohl verdient, dagegen liege es ihm schwer auf der Seele, daß er keine Möglichkeit mehr habe, die zum heiligen Glauben zurückzuführen, die er getäuscht habe; er erklärte öffentlich, er habe eine falsche Lehre verkündet, und richtete an das anwesende Volk die Bitte, es möge ja auf der Hut sein, damit es ihm nicht ebenso übel ergehe wie ihm und Leib und Seele nicht der Verdammnis anheimfielen; und alle, die zugegen waren, bat er noch einmal um Verzeihung. Dann erwürgte ihn der Henker; und als er tot war, wurde er verbrannt. Gott möge ihm verzeihen, und angesichts seiner großen Zerknirschung wird er es sicher tun.

Unterdrückung und Organisation

Der Student Calvin wird der Schützling und später der Freund des Rektors der Pariser Universität, Nicolas Cop, der für die neuen geistigen Strömungen sehr aufgeschlossen ist. Im November 1533 erteilt Cop Calvin den Auftrag, die Vorlesung bei Semesterbeginn zu verfassen. Diese Rede erregt heftigen Anstoß. Cop muß fliehen und mit ihm Calvin. Zuerst geht er in die Nähe von Angoulême, dann nach Nérac, wo er Lefèvre d'Etaples trifft, einen der damals bedeutendsten Reformatoren. Er kehrt noch einmal nach Paris zurück; dann verläßt er das Königreich und läßt sich in Basel nieder:

Während ich aber in Basel weilte, wo ich wie in einem Versteck lebte und nur wenigen Leuten bekannt war, verbrannte man in Frankreich [*1535*] eine Reihe von gläubigen und frommen Menschen. Davon erfuhren auch fremde Nationen, und ein großer Teil des deutschen Volkes verurteilte diese Verbrennungen scharf und empörte sich über die Ausübung einer solchen Schreckensherrschaft. Zu seiner Beruhigung verbreitete man gewisse erbärmliche, verlogene Büchlein, in denen behauptet wurde, daß man so grausam nur Anabaptisten und Aufrührer behandele, die mit ihren Phantastereien und irrigen Ansichten nicht nur die Religion, sondern auch die politische Ordnung untergrüben. Es war mir klar, daß die Herren vom Gericht mit diesen falschen Darstellungen beabsichtigten, das nichtswürdige Vergießen unschuldigen Blutes zu beschönigen, indem sie den frommen Märtyrern nach deren Tod fälschlich Schuld anhängten und sie verleumdeten; außerdem bezweckten sie damit, die armen Gläubigen ums Leben bringen zu können, ohne daß jemand Mitleid für sie empfand; wenn ich mich schon nicht mutig dagegen auflehnte, glaubte ich mich nicht nur durch Schweigen aus der Sache ziehen zu können, sollte man mich nicht für feige und pflichtvergessen halten. Aus diesem Grunde sah ich mich veranlaßt, meine »Christianae religionis Institutio« [*1536*] zu veröffentlichen, um damit auf die boshaften Beschuldigungen, die überall verbreitet wurden, zu antworten und um meine Brüder, deren Tod vor dem Angesicht des Herrn wohlgefällig war, reinzuwaschen [...]; dies um so mehr, als ja die gleichen Grausamkeiten schon bald wieder an vielen anderen armen Menschen verübt werden konnten; schließlich auch deshalb, um bei den fremden Nationen Mitleid und Anteilnahme für sie zu wekken.

Calvin errichtet in Genf eine Theokratie. Die reformierten Gemeinden organisieren sich nach dem Genfer Vorbild. Über den Konsistorien steht die Synode der Provinzen, darüber, ab 1559, die Nationalsynode. Calvin ist damit auch als Organisator der französischen Reformation anzusehen, obwohl bis an sein Lebensende Genf die Stätte seines Wirkens bleiben und zum Sammelpunkt aller Reformierten aus Frankreich wird. Giovanni Michieli, ein venezianischer Gesandter, weist auf den wachsenden Einfluß Calvins in Frankreich hin:

Sie können sich nicht vorstellen, welch rege Verbindung mit dem gesamten Königreich das geistliche Oberhaupt von Genf unterhält, es ist ein Franzose aus der Picardie mit Namen Calvin, ein Mann, der sich durch seinen Lebenswandel, sein Wissen und seine Schriften bei dieser Sekte außerordentliches Ansehen verschafft hat. Zur Unterstützung der in Genf lebenden Franzosen schickt man ihm heimlich aus Frankreich riesige Geldsummen.

Allmählich entstehen in Frankreich protestantische Gemeinden. Sie nehmen Pastoren auf, die in Genf ihre Ausbildung erhalten haben. Bernard Palissy berichtet darüber:

Im Jahre 1557 begab sich ein gewisser Meister Philebert Hamelin auf die Reise nach der Stadt Saintes, wo man ihn früher einmal hinter Schloß und Riegel gesetzt hatte. Nach der Haft hatte er recht lange in Genf gelebt und sich hier größere Kenntnisse im Glauben und von der Lehre erworben, und nun quälte ihn sein Gewissen, weil er damals bei seinem Geständnis in unserer Stadt manches zu sagen unterlassen hatte; um seinen Fehler wiedergutzumachen, redete er jetzt überall dort, wohin er kam, den Leuten eindringlich zu, Pastoren zu beschaffen und irgendwie eine Kirchengemeinde zu bilden; so wanderte er durch das Land Frankreich, unterstützt von ein paar Leuten, die ihm halfen, Bibeln zu verkaufen und andere Bücher, die in seiner Druckerei gedruckt worden waren, denn er hatte den Priesterrock ausgezogen und war Drucker geworden. Auf seinem Wege kam er mehrmals in unsere Stadt und auch nach Allevert. Er war so fromm und so vom Glauben erfüllt, daß er, obwohl seine Gesundheit recht schlecht war, niemals Pferde nehmen wollte, wenn viele ihn auch noch so herzlich darum baten. Er trug kein Schwert an seinem Gürtel, nur einen einfachen Stock in der Hand, und zog so durch das Land, ganz allein und ohne Furcht.

Hamelin wird festgenommen:

Eines Tages, als er in unserer Stadt vor etwa sieben oder acht Zuhörern Gebete gesprochen und kurze Ansprachen gehalten hatte, machte er sich auf den Weg nach Allevert, und bevor er aufbrach, bat er noch die kleine Herde, die sich um ihn geschart hatte, sich zusammenzutun, zu beten und sich gegenseitig zu ermahnen; dann machte er sich auf nach Allevert, um dort das Volk auf den Weg zu Gott zu bringen. Die Bevölkerung nahm ihn zum größten Teil freundlich auf, man läutete die Glocke, und er hielt einige Predigten und taufte ein Kind ... Die Ratsherrn unserer Stadt nötigten daraufhin den Bischof, Geld herauszurücken, damit sie mit Pferden, bewaffneten Mannen, Köchen und Marketendern Jagd auf Philebert machen könnten. Der Bischof und einige Ratsherren der Stadt ritten nach Allevert, tauften das Kind wieder um, und da sie seiner nicht habhaft werden konnten, verfolgten sie seine Spur, bis sie ihn im Hause eines Landedelmannes stellten. Da brachten sie ihn in die Stadt zurück und warfen ihn wie einen Verbrecher ins Gefängnis, obwohl seine Werke Zeugnis dafür ablegen, daß er ein Kind Gottes und ein unmittelbar Auserwählter war.

Ein neuer Geistlicher tritt an die Stelle des verhafteten Hamelin:

Bevor sie Philebert ins Gefängnis warfen, lebte in unserer Stadt ein Handwerker, der war bettelarm und hatte nichts zu brechen und zu beißen; es verlangte ihn so sehr, das Evangelium zu hören, daß er eines Tages mit einem anderen Handwerker darüber sprach; der war genauso arm und auch so unwissend wie er, beide kannten das Evangelium kaum. Indessen redete der erste dem zweiten gut zu und meinte, es müsse doch reiche Früchte bringen, wenn er einmal eine Predigt halten wolle. Der zweite war sich zwar seiner Unkenntnis bewußt, doch faßte er sich ein Herz, und wenige Tage später, an einem Sonntagmorgen, rief er neun oder zehn Leute zusammen. Da er nicht gelehrt war, hatte er aus dem Alten und dem Neuen Testament einige Stellen herausgesucht und sie aufgeschrieben. Als alle beisammen waren, las er ihnen die Bibelstellen oder die Bibelsprüche vor und sagte, ein jeder solle sie, so gut er könne, weiterverbreiten, und auch: jeder Baum, der keine Früchte trage, würde abgesägt, denn es stehe geschrieben: »Ihr sollt mein Gesetz verkünden, wenn ihr geht, wenn ihr kommt, wenn ihr trinkt, wenn ihr eßt, wenn ihr euch niederlegt, wenn ihr aufsteht und wenn ihr am Wege sitzt.« Er legte auch das Gleichnis von den Talenten aus und noch manche andere Bibelstelle; und das tat er aus zwei Gründen: einmal wollte er zeigen, daß jedermann über Gottes Gebote und seine Sakramente zu sprechen das Recht hat und daß man also seine Predigt nicht verachten solle, weil er von niedrigem Stande war. Weiter wollte er damit diesem und jenem unter den Zuhörern nahelegen, seinem Beispiel zu folgen, und in dieser Stunde noch kamen sie überein, daß sechs von ihnen [...] abwechselnd alle sechs Wochen eine Predigt halten sollten, doch nur am Sonntag. Und da sie für diese Aufgabe nicht vorbereitet waren, beschlossen sie, ihre Predigt aufzuschreiben und sie der Versammlung vorzulesen. Dies alles geschah nach dem Beispiel, dem Rat und der Lehre des Meisters Philebert Hamelin. So entstand die reformierte Kirche in der Stadt Saintes.

Als die Gemeinde noch klein und Meister Philebert noch im Gefängnis war, kam in die Stadt ein Pastor mit Namen de La Place; der sollte nach Allevert gehen und dort als Prediger wirken. Nun war an diesem Tag gerade der Prokurator von Allevert in unsere Stadt gekommen, und dieser versicherte, er käme ganz zur Unzeit dorthin, wegen der Taufe, die Meister Philebert gespendet hatte, und weil ein paar Leute, die daran teilgenommen hatten, zu sehr hohen Geldstrafen verurteilt worden wären. [...] Da baten wir de La Place, das Wort Gottes uns zu verkünden, und wir behielten ihn bei uns und machten ihn zu unserem Pastor, und er blieb hier, bis Herr de La Boissière kam, der auch jetzt noch bei uns ist. Doch es war ein Jammer: trotz allen guten Willens konnten wir den Lebensunterhalt für die Pastoren nicht aufbringen. Solange wir de La Place hatten, sorgten zum Teil die Landedelleute für ihn, die ihn oft zu sich riefen. Dann fürchteten wir, das könnte unsere Pastoren verderben, und gaben Herrn de La Boissière den Rat, die Stadt nur mit Erlaubnis zu verlassen, wenn er Edelleuten einen Dienst erweisen sollte. Der arme Mann lebte daher eingeschlossen wie ein Gefangener, und oftmals bestand sein Mittagsmahl nur aus Äpfeln und Wasser. Da er kein Tischtuch besaß, breitete er seine Mahlzeit häufig auf einem Hemd aus, denn in unserer Gemeinde gab es ja nur ganz wenige Reiche.

So waren es zuerst Leute niederen Standes, die unsere Kirche errichteten, und in den wenigen Jahren bis in die Zeit, da ihre Feinde kamen, sie zu vernichten und zu verfolgen, hatte sie schon so viel Gutes gewirkt, daß Spiel, Tanz, Gesang und Festschmaus, überflüssiger Haarschmuck und Geschmeide fast ganz verschwunden waren. Es gab kaum noch anstößige Reden, kaum noch Mord. Auch wurden weit weniger Prozesse geführt, denn wenn zwei Männer von der Religion in einen Prozeß verwickelt waren, fanden sich Mittel und Wege zu einem Vergleich; und wenn einer einen Prozeß führen wollte, strengte er ihn oftmals nicht an, bevor er den andern nicht durch die von der Religion hatte ermahnen lassen.

Wenn die Zeit herankam, wo man die Ostern hielt, wurde mancher Haß vergessen, mancher Zwist und Streit beigelegt; es gab dann nur noch Psalmen, Gebete, Choräle und Kirchengesänge und keine unzüchtigen und schlüpfrigen Lieder mehr.

Wie stark der Einfluß ist, den Genf auf die Reformation in Frankreich ausübt, durch seine Lehre, seine Pastoren, seine strenge Moral, geht aus der Beschreibung eines Bürgers von Castres, Jacques Gaches, hervor, in der er die Entstehung der Reformation in seiner Stadt schildert. Auch hier gab es zuerst Verbrennungen auf dem Scheiterhaufen. Doch der Protestantismus konnte nicht unterdrückt werden; die Reformierten setzten einen Pastor ein. Allmählich nimmt auch der Gottesdienst feste Form an:

Genauso wie früher versammelten sie sich heimlich und des Nachts in Privathäusern. Dort lasen sie die Heilige Schrift, sangen aber keine Psalmen, und machten aus, an welchem Ort sie in der nächsten Nacht zusammenkommen wollten, und zwar unter dem Vorwand, einen Besuch zu machen oder etwas Geschäftliches zu erledigen.

Daß sich in der Stadt Castres die Religion so rasch ausbreitete, hatte seinen besondern Grund: es war der Tod [*eines calvinistischen Predigers*] [...] eines Jakobiners; denn als er hingerichtet war und die Leute nach Hause gingen, fragten sie sich gegenseitig, warum denn dieser Mann eigentlich verbrannt worden sei, und als sie erfuhren, es sei geschehen, weil er in seiner Predigt behauptet hatte, ein Fegefeuer gäbe es überhaupt nicht, wollten alle, denen jetzt Zweifel kamen, und alle, die sich schon in etwa eine Meinung gebildet hatten, Klarheit haben und sich entscheiden, wenn sie sich erst gründlichere Kenntnis vom Worte Gottes erworben hätten. Daher trachteten sie danach, in den Besitz von Bibeln und von Neuen Testamenten zu gelangen, die höchst selten zu bekommen waren und die sie nicht bei sich zu behalten wagten aus Furcht vor der Inquisition. Diese hatte ausdrücklich verboten, sie zu lesen. Sie fanden aber dennoch Mittel und Wege, sich welche zu verschaffen.

Ein paar von Glaubenseifer erfüllte Bürger von Castres machten sich nämlich auf nach Genf, um dort Predigten zu hören, so auch François Raymond, Sohn des Jean Raymond, und Louis Maréchal, ein Buchhändler, die Bibeln, Neue Testamente und andere fromme Bücher mit nach Hause brachten und sie an alle verteilten, die sie haben wollten, in der Stadt, in der Umgebung und in den Nachbarstädten.

Wer sich schon zur Religion bekannte, fühlte sich durch die Lektüre dieser Bücher in seinem Glauben bestärkt, aber nicht nur sie, sondern auch solche, die sich erst eine Meinung bildeten. So kam es, daß sie im Jahre 1560, als sie immer zahlreicher und auch frommer geworden waren, anfingen, sich in kleinen Gruppen des Nachts in Bürgerhäusern zu versammeln; doch gab es auch Spione, die behaupteten, sie seien von der Religion, und die sich unter die übrigen mischten, um sie zu bespitzeln. So ein gewisser Fournel, der viele von ihnen vor Gericht brachte und schuld daran war, daß sie während der Haft in Lacase, dem Hause des damaligen Bischofs, Claude d'Oraison, Mißhandlungen erdulden mußten.

Aber so geht es gewöhnlich: was am strengsten verboten ist, wird am meisten begehrt; sie trafen sich ungeachtet der Versammlungsverbote und faßten den Entschluß, einen Pastor zu suchen, der Predigten halten sollte. Wo aber sollten sie ihn unterbringen? Denn darauf stand Tod und Scheiterhaufen. Pierre Gaches setzte sich jedoch über das Verbot hinweg und übernahm es, ihn als erster einen Monat zu beherbergen.

Als nun beschlossen war, einen Pastor zu verpflichten, schickten sie einen Mann nach Genf, der dort einen ausfindig machen sollte, und im Monat April kam er auch, ein gewisser Geoffroy Le Brun, der des Nachts zu Gaches ins Haus gebracht wurde. Hier hatten sich etwa zwölf Personen eingefunden, um in einem sorgfältig verriegelten Raum die erste Predigt anzuhören; und um zehn Uhr nachts verrichteten sie damals schon dieselben Andachtsübungen wie heute, nur daß sie aus Furcht vor Entdeckung keine Psalmen sangen. Am nächsten Abend wollten sie sich gegenüber, im Haus des Bernard Guiraud, versammeln. Als es Zeit war, sich am vereinbarten Ort einzufinden, und der Pastor und Pierre Gaches die Treppe hinuntergingen, schlich ihnen Jacques Gaches nach, sein Sohn, der noch ein Kind war; und als sie ihn bemerkten und sahen, wie er sich eigensinnig an sie klammerte, nahmen sie ihn mit in das vorgesehene Zimmer. Hier waren ein Dutzend Leute anwesend, die um neun Uhr nachts die Predigt hören wollten. Der kleine Junge, der später seine »Memoiren« schrieb, hatte sich, neugierig wie Kinder sind, den ganzen Hergang genau gemerkt: zuerst knieten alle nieder und bekannten ihre Sünden, wie man es auch heute noch tut, dann schlug der Pastor eine Stelle in der Bibel auf, die vor ihm auf einem Tisch lag, und vollzog danach alle üblichen Zeremonien, nur Psalmen wurden nicht gesungen. Nach dem Segen sprach er den Anwesenden das Glaubensbekenntnis vor, und sie mußten die Hand heben und schwören, es zu glauben und zu befolgen.

Eine Zeitlang fanden die Predigten statt, ohne daß der Pastor entdeckt wurde; als es dann gegen Monatsende doch geschah, brachte man ihn anderswo unter und setzte trotzdem die nächtlichen Versammlungen fort, zu denen sich immer mehr Leute einfanden. Als der Pastor sah, welch reiche Ernte hereinzuholen war, wenn es nur genügend Arbeiter gäbe, überzeugte er seine Gemeinde davon, daß es gut wäre, auf dem schnellsten Wege aus Genf einen Kollegen zu holen, der ihm helfen sollte, und so reiste er im Monat Oktober ab.

Die Katholiken wissen von den geheimen Zusammenkünften und verbreiten die wunderlichsten Gerüchte über das Treiben der Reformierten, die man damals noch Lutheraner nennt. Claude Hatton schreibt darüber:

Die Zügellosigkeit des Fleisches, von den lutherischen Ketzern als brüderliche Nächstenliebe bezeichnet, verführte Geistliche aller Orden zur Sittenlosigkeit und war für sie ein Grund, zu den Ketzern überzutreten; die meisten unter ihnen schlossen sich ihnen an nur um dieser fleischlichen und wollüstigen Liebe willen. [*Manche*] wandten sich wieder von ihnen ab, wenn sie sich genug berauscht hatten, die andern blieben bei ihnen und verheirateten sich mit einer Frau.

Die Lutherischen trafen sich häufig bei heimlichen Zusammenkünften, tagsüber und auch des Nachts; dabei hielten sie Predigten, reihum, in den Städten und auch draußen, vor der Stadt, in den Häusern ihrer Anhänger, um – so behaupteten sie – Gottesdienst zu halten und den Herrn zu preisen. Aus einer in französischer Sprache geschriebenen oder gedruckten Bibel las dann einer von ihnen ein Kapitel aus dem Alten oder dem Neuen Testament vor, mit dem er die Erwartungen der versammelten Gemeinde zu erfüllen glaubte. Dann lasen sie noch ein anderes Kapitel aus der Bibel, einen Auszug aus dem 2. und dem 5. Buch Mosis, die Stelle, wo auf dem Berge Gott dem Moses seine Gesetze gab und wo er ihm die beiden Steintafeln reichte, auf denen die Gebote geschrieben standen, denn nur sie, so behaupteten die Lutherischen, befolgten sie in der richtigen Weise. Zu ihrer eigenen Erbauung und um das Herz der erst neu bekehrten Brüder zu rühren, sangen sie zwei- oder dreimal Psalmen aus dem Buche David, die Clément Marot in französische Verse übersetzt und für die man Melodien geschrieben hatte. Diese Psalmen waren von wunderbarem Wohlklang, und ihr Gesang erfreute das Herz, und so lobten sie Gott den Herrn. Diese Kirchenlieder sangen sie zu Beginn, in der Mitte und am Ende ihrer Feier, die sie »die Predigt und die Gebete« nannten.

Die Verfolgungen nehmen jedoch kein Ende. Franz I. schließt 1538 mit Karl V. Frieden und eröffnet im Jahre 1540 durch einen Erlaß die Jagd auf die Ketzer. In den Jahren von 1545 bis 1547 werden auf Befehl des Königs Mérindol und Cabrières, zwei Dörfer der Waldenser, dem Erdboden gleichgemacht. 1547 übernimmt Heinrich II. die Herrschaft in Frankreich. Im Oktober desselben Jahres fügt er dem Parlament eine zweite Kammer (Kriminalgericht) hinzu, die unter der Bezeichnung »Chambre ardente« in die Geschichte eingegangen ist. Sie verhängt gewöhnlich nur drei Strafen: die Landesverweisung, die öffentliche Abbitte oder den Tod auf dem Scheiterhaufen. Wie streng die Bestrafung ist, geht aus folgendem Urteilsspruch hervor:

Im Verfahren gegen Pierre Sérisfontaine, in Haft befindlich in der Conciergerie des Palastes und vom Amtmann der Stadt Orléans oder seinem Stellvertreter der Gotteslästerung angeklagt sowie zur Sache verhört, verkündet das Parlamentsgericht nach Anhören des Antrages durch den königlichen Ankläger und nach reiflicher Überlegung am 14. Mai 1548 folgendes Urteil:

Zur Buße für die empörenden und irreführenden Reden, die Sérisfontaine gegen Gottes Ehre, gegen die Heiligen des Paradieses, gegen unsere heilige Mutter, die Kirche, ihre Verfassung und ihre Gebote gehalten hat, wird er vom Gericht dazu verurteilt, einem Hochamt in der Kirche von Chilleurs [*Chilleurs-aux-Bois, Loiret*] beizuwohnen, und zwar an einem Sonn- oder Feiertag zwischen neun und zehn Uhr. Die Messe hat der Gefangene kniend und mit entblößtem Haupt anzuhören, in der Hand eine brennende Kerze von einem Pfund Wachs, die er in dieser Messe als Opfer darbringen muß.

Am nächsten Morgen erhält er die Prügelstrafe und wird mit entblößtem Leib, einen Strick um den Hals, mit Ruten um die Plätze des Ortes gepeitscht. Danach wird er in die Stadt Orléans gebracht und hat auch hier an einem Sonn-

oder Feiertag in der Kirche Saint-Hilaire an einem Hochamt teilzunehmen; dabei hat der Gefangene, wiederum kniend und barhäuptig, eine brennende Wachskerze des oben angegebenen Gewichts in der Hand zu halten und bei dieser Messe zum Opfer zu bringen. Am Tage danach wird er wieder verprügelt und nackt, um den Hals einen Strick, mit Ruten um die Plätze und zum Schandpfahl der erwähnten Stadt Orléans gepeitscht; und in dieser Stadt wird das Buch, das man in seinem Besitz gefunden hat, in seiner Gegenwart verbrannt. Ferner verbannt ihn das Gericht unter Androhung der Todesstrafe am Galgen für alle Zeiten aus dem Königreich und erklärt seine Habe als vom König beschlagnahmt. Der Gerichtshof übergibt den Gefangenen in dem Zustand, in dem er sich befindet, dem Stadtamtmann bzw. seinem Stellvertreter zwecks Vollstreckung des vorliegenden Urteils nach Form und Inhalt.

Das Gericht behält sich vor, den Gefangenen vor der Vollstreckung vorliegenden Urteils, doch erst nach Untersuchung seiner Person durch den vereidigten Arzt und Chirurgen, einer gemäßigten Folter unterziehen zu lassen, um von ihm zu erfahren, wer seine Genossen und Spießgesellen waren und von wem er das in seinem Besitz befindliche Buch gekauft hat.

Die »Chambre ardente« verhängt als härteste Strafe den Feuertod. Der katholische deutsche Student Eustachius von Knobelsdorff schildert in einem Brief an seinen Lehrer Georg Cassander in Brügge, der im Sommer 1542, also vor der Errichtung der »Chambre ardente«, geschrieben wurde, eine Ketzerverbrennung:

Sie bitten mich, hochverehrter Freund, Ihnen ausführlich mitzuteilen, was ich über die zum Scheiterhaufen verurteilten Lutheraner in Erfahrung bringen konnte. Ich will es tun, soweit es mir die Kürze der Zeit gestattet. [...] Der König von Frankreich hatte an das Parlament in Paris [*Gerichtshof*] geschrieben und ihm empfohlen, öffentliche Gebete anzuordnen. [...] Außerdem riet der König, die Andersgläubigen, die man ins Gefängnis gesperrt hatte, wie gewöhnlich hinrichten zu lassen. Man beeilte sich, dem Wunsche des Königs nachzukommen, und nachdem zahlreiche Prozessionen stattgefunden hatten, wurde mit großem Pomp ein allgemeiner Bittgottesdienst abgehalten, an dem der gesamte Klerus und alles Volk teilnahm. Prediger mußten dem Volk beibringen, diese feierliche Messe würde vor allem deswegen gelesen, um vom Himmel Erfolg für die Unternehmungen des Königs und die Wiederaufrichtung der aufs äußerste bedrängten römischen Kirche zu erflehen, und deshalb würden nach dem feierlichen Gottesdienst acht Individuen, die den Päpstlichen Stuhl verleumdet hätten, bei lebendigem Leib verbrannt.

Kaum war der Gottesdienst beendet, als die Menge auch schon zur Place Maubert strömte und dort auf die Opfer wartete. Doch geschah an diesem Tag nichts. Wie es hieß, hatten die Lutheraner eine Eingabe an das Parlamentsgericht gemacht. Ich sah dann, wie zwei von ihnen verbrannt wurden. Ihr Los weckte in mir höchst unterschiedliche Gefühle. Wären Sie dabeigewesen, Sie hätten diesen Unglücklichen eine weniger harte Strafe gewünscht.

Der erste war ein ganz junger Mann, noch ohne Bart, kaum daß ihm ein wenig Flaum am Kinn gewachsen war; die meisten Zuschauer gaben ihm keine zwanzig Jahre.

Es war ein Schusterssohn; der andere ein Greis von über sechzig Jahren, vom Alter schon gebeugt, mit einem ehrwürdigen Antlitz und langem weißem Bart. Der Junge hatte abfällige Reden geführt über die wundertätigen Heiligenbilder (denn hierzulande verehrt man sie nicht nur, sondern man kommt von überall herbei, um sie anzubeten); zwischen ihnen und den steinernen Göttern der Heiden gebe es kaum einen Unterschied, hatte er gesagt, man solle sie aus den christlichen Tempeln entfernen, wenn sie nur dem Götzendienst Vorschub leisteten. Er war angeklagt, noch weitere Äußerungen gemacht zu haben, bei denen Luthers Lehren Pate gestanden hatten. Sie redeten ihm zu, er solle widerrufen, doch er dachte gar nicht daran und erklärte sich bereit, seine Behauptungen durch den Tod sogar noch zu bekräftigen. Da wurde er vor Gericht gestellt, und der Urteilsspruch lautete, man solle ihm die Zunge abschneiden und ihn dann bei lebendigem Leib verbrennen. Ohne eine Miene zu verziehen, hielt der Jüngling seine Zunge dem Messer des Henkers hin, er streckte sie heraus, so weit er nur konnte. Mit einer Zange zog der Henker sie noch weiter heraus, schnitt sie ab und schlug sie dem armen Sünder ein paarmal links und rechts ins Gesicht. Die Umstehenden, so heißt es (o Frömmigkeit der Franzosen!), bückten sich nach der noch zuckenden Zunge und warfen sie dem Jüngling an den Kopf. Dann stieß man ihn auf einen Karren und führte ihn zum Richtplatz. Doch wenn man ihn sah, hätte man meinen können, er fahre zu einem Fest. Von selbst und ohne Hilfe sprang er vom Wagen herab und stellte sich neben den Pfahl, der bei der Hinrichtung gebraucht wird. Ich kann Ihnen nicht beschreiben, mit welcher Gelassenheit und mit welchem Ausdruck im Gesicht er das Gejohle und das Hohngeschrei der tobenden Menge ertrug, als man ihm die Kette um den Leib legte. Keinen Laut gab er von sich. Ab und zu spie er das Blut aus, das sich in seinem Mund gesammelt hatte, und hob die Augen zum Himmel, als erwarte er von dort noch irgendeine wundertätige Hilfe. Nachdem man ihm Schwefel auf den Kopf gestreut hatte, wies der Henker drohend auf das Feuer, doch der Jüngling zeigte keine Furcht und gab durch eine Bewegung seines Körpers zu verstehen, daß er sich gern lebendig verbrennen ließe. Ich bezweifle wirklich, lieber Cassander, daß die erlauchten Philosophen, die soviel über die Todesverachtung geschrieben haben, solch grausame Qualen genauso standhaft erduldet hätten, so sehr schien dieser Jüngling sich über alles Menschliche erhoben zu haben.

Der Greis hatte ein etwas milderes Los, es empörte mich aber weit mehr. Er war ein Pariser Bürger, Vater einer zahlreichen Familie, geachtet wegen seines ehrbaren Lebenswandels. Er hatte sich zu frei über die Mönche und die Anrufung der Heiligen geäußert (denn hier muß man auf der Hut sein) und hatte behauptet, jeder Christ sei ein Priester; durch Zeugenaussagen war er seiner Schuld überführt und ins Gefängnis geworfen worden. Dort setzten ihm die Theologen zu und brachten ihn mit Leichtigkeit zum Schweigen; er verstand nicht zu diskutieren. Er bekannte seinen Irrtum und erklärte, er bereue ihn. Sie ermahnten den Greis, reuig zu bleiben, und sagten ihm, er stürbe nun als Christ, während er doch als Lutheraner sterben müßte, hätte er nicht widerrufen.

Der Henker fesselte ihn und stieß ihn auf einen Karren neben zwei junge Leute, die man mit ihm zusammenband. Sie trugen weiße Hemden und in den Händen brennende Fakkeln. Sie hatten gehört, wie der Alte gegen die Mönche sprach und hatten ihn nicht angezeigt. Das war ihr Verbrechen. Zusammen mit dem Greis wurden sie zur Kirche Notre-Dame gebracht, wo man sie begnadigte. Der Alte mußte dort noch einmal widerrufen und zur Heiligen Jungfrau beten. Dann führten sie ihn zum Galgen, wo er nochmals erklärte, daß er alles widerrufe und daß er mit Luther nichts zu schaffen habe. Dann wurde er plötzlich erwürgt und halbtot in die Flammen geworfen. Viele Zuschauer hielten diese Strafe für zu milde; es wäre ihnen lieber gewesen, man hätte den Alten bei lebendigem Leib verbrannt. Hätten sie mich gefragt, hätten sie eine ganz andere Meinung zu hören bekommen. Was gibt es denn Unwürdigeres, als einen Menschen ins Feuer zu werfen für einen Irrtum, den er nicht hartnäckig verteidigt? Haben nicht die heiligen Väter selbst gesagt, in der Starrsinnigkeit liege die Ketzerei? Der unglückliche Greis wurde wenige Tage nach der Abreise des Cornelius verbrannt. Ich erfahre gerade, daß das gleiche Schicksal noch unzähligen anderen Opfern beschieden ist. Beten wir zu Gott, daß diese Leute sich bekehren, wenn sie sich irren; wenn sie jedoch im Recht sind, dann möge Gott ihnen geben, daß sie furchtlos kämpfen!

Die Hugenotten werden von der Polizei scharf überwacht. Man kennt die Häuser, in denen sie wohnen und Predigten halten. Spitzel legen Verzeichnisse an, die genaue Auskunft geben:

In folgenden Häusern dieser Stadt haben Pastoren Versammlungen abgehalten und gepredigt:

Im Faubourg Saint-Germain-des-Près, in der Rue des Marets, bei Madame Bertrand, wo gewöhnlich La Cerisaie war, ein Pastor.

Im »Sperlingstopf«, vor dem Collège de Reims; doch sind die Leute, die Versammlungen bei sich abhielten, letzte Ostern ausgezogen.

Im »Roten Pferd«, vor Navarra; hier wohnte der Pastor Blanchard, gebürtig aus Genf, aber er und die Seinen sind weggezogen.

Bei einem Buchhändler mit Namen Henri Le Bay in der Nähe von Saint-Hilaire.

In der Rue du Puits-d'Arras, bei einem hinkenden Hauslehrer, einem Medizinstudenten mit Namen Meister Artus, gebürtig aus Monruel bei Amiens. In seinem ersten Beruf war er Mönch in der Abtei von Monruel. [...]

Die in dieser Stadt entdeckten Pastoren sind die obenerwähnten La Cerisaie und La Faye, Auberan, Dauphinois, der sich bald de Montigni und bald de Saint-Germain nannte; La Faye nannte sich La Maison Neuve. [...]

Wenn sie während ihrer Versammlung ein Geräusch vernehmen, daß ihnen Angst macht, decken sie schnell den Tisch und stellen Brot und Wein darauf, damit einer, der etwa käme, sie dabei antrifft, wie sie trinken oder sich den Anschein geben, als tränken sie. Beim Hinein- und Hinausgehen nehmen sie sich viel Zeit.

Derjenige, der allen Bescheid gibt, daß sie zur Versammlung kommen sollen, ist immer als erster da, damit er die Eingeladenen wiedererkennt und keinen einläßt, von dem er nicht weiß, wer er ist. Wer eingelassen wird, muß einen heiligen Eid ablegen, daß er nichts verrät.

Mit seinen radikalen Edikten von Châteaubriant und von Compiègne verschärft Heinrich II., der aufs äußerste beunruhigt ist über das stetige Wachsen der protestantischen Be-

wegung, die Verfolgung der Häretiker, und auf Ketzerei steht nur noch eine einzige Strafe: der Tod. Doch Calvins Christianae religionis Institutio wird weiterhin durch Leute verbreitet wie jenen Jean Morigan, der dem nach Genf geflüchteten Laurent de Normandie seine abenteuerliche Geschichte erzählt:

DIESES SCHREIBEN SOLL DEM GNÄDIGEN HERRN DE NORMANDIE IN GENF AUSGEHÄNDIGT WERDEN.

Jesus Christus, der für unsere Sünden gekreuzigt wurde und auferstanden ist, uns zu rechtfertigen, sei Ihnen wohlgefällig.

Mein Herr, Ihr ergebenster Diener empfiehlt sich Ihrer Gnade.

Durch Gottes Gnade wurde ich am 17. Juni verhaftet, weil man in meinem Besitz zwei Exemplare der »Institutio« in Latein und eine »Harmonie« fand. Man brachte mich in den Temple, ein Gefängnis ohne besondere Bedeutung. Dort vergingen kaum zwei Stunden, ohne daß man mich über meinen Glauben verhörte. Zu diesem Glauben bekannte ich mich (mit Gottes Gnade), soweit der liebe Gott mich seiner hat teilhaftig werden lassen. Ihnen darüber ausführlich zu berichten, fehlt es mir an Gelegenheit, denn ich fürchte stündlich, daß man in das Gefängnis kommt, in dem ich mich befinde, aber ich will wenigstens auf den wichtigsten Punkt eingehen, nämlich auf das Sakrament ihres Altares (wie sie es nennen).

Ich fragte sie, ob sie ihre Messe als Opfer ansehen. Sie sagten ja. Dann fragte ich sie, ob es ein vollkommenes oder ein unvollkommenes Opfer sei. Sie sagten, es sei ein vollkommenes. Dann brauchten sie auch keine Messe mehr zu lesen, sagte ich ihnen und auch, daß sie etwas Vollkommenes in Zukunft unterlassen könnten, denn der heilige Paulus zeige uns im Brief an die Römer, in Kapitel 12, daß wir unsere Leiber zum Opfer bringen könnten, und im Brief an die Hebräer, in Kapitel 10, sagt er uns, daß alle Opfer abgeschafft worden sind und es keine Sündopfer mehr geben soll.

Dies habe ich ihnen in meiner Antwort über das Sakrament

ihrer sauberen Messe gesagt, doch an die anderen von Christus eingesetzten Sakramente, an die Taufe und an das heilige Abendmahl, daran glaube ich. Aber an das Sakrament ihrer Messe (wie sie es nennen) glaube ich nicht, denn alles, was das Menschenhirn ersonnen hat, und alle Wissenschaft oder menschlicher Verstand in heiligen Dingen ist Feindschaft gegen Gott.

Dann sollte ich angeben, wer mir in Paris bekannt sei, aber der liebe Gott hatte mir so viel Kraft gegeben, daß ich eher die Folter ersten und zweiten Grades erduldet hätte (und auch eher erdulden werde), als ihnen einen einzigen Namen zu nennen, denn es ist besser, daß ich allein leide als noch andere mit mir.

Es würde zu weit führen, wollte ich Ihnen auch noch über die anderen Punkte berichten, deshalb bitte ich Sie nur noch darum, mich in Ihr Gebet einzuschließen und mich den Gebeten der Kirche anzuempfehlen, denn das habe ich wohl nötig; und bitten Sie Gott, daß es ihm gefallen möge, mir Kraft und Beistand zu gewähren, damit ich zu Ende führen kann, was ich begonnen habe. Und das wird er auch tun (so glaube ich), denn er ist ein Werkmeister, der sein Werk nicht unvollendet läßt, und ich glaube, daß er vollenden wird, was er in mir begonnen hat.

Aus dem geistlichen Gerichtshof zu Paris, am 2. Oktober 1560,

Ihr ergebener und gehorsamer Jehan Morigan

Ich hätte Ihnen schon eher wieder geschrieben, gnädiger Herr, wenn ich nicht bis jetzt immer in einem dunklen, schwarzen und finsteren Loch gesessen hätte. Obwohl ich jetzt in einem unterirdischen sehr feuchten und eiskalten Verlies liege, so habe ich doch (Dank sei Gott) helles Licht. Im Châtelet durfte ich weder Tinte noch Papier haben, doch die Wärter hier geben es mir gern; wofür ich Gott danke, denn nun kann ich an meine Freunde schreiben, bis es dem lieben Gott gefällt, mich zum Tode oder zum Leben zu rufen; wie dem auch sei: sein Wille geschehe. Amen.

Mehrere Drucker müssen den Tod erleiden. Doch ihre Bücher werden auch von den Gebildeten des Landes gelesen, den Ärzten, Juristen, Professoren und Geistlichen. Auch ein Teil des Adels fühlt sich zum Calvinismus hingezogen. Der Fall Anne du Bourg, der berühmteste in der Geschichte der reformierten Märtyrer, ist ein Beweis dafür, daß die Ideen des Calvinismus sogar ins Parlamentsgericht eingedrungen sind, das als Bollwerk der orthodoxen Lehre gilt. Am 10. Juni 1559, an einem großen Gerichtstag, bei dem König Heinrich II. selbst den Vorsitz im Parlamentsgericht führt, tritt der Parlamentsrat Anne du Bourg für die Lutheraner ein und verlangt ein Reformkonzil. Der König läßt ihn festnehmen. Am 22. Juni 1559 wird er von den königlichen Kommissaren verhört:

Auf die Frage nach seinem Alter gibt er an, daß er siebenunddreißig oder achtunddreißig Jahre alt sei.

Er sagt, es mißfalle ihm sehr, daß der König und die Fürsten sich über seine Äußerungen empört hätten, denn seines Wissens habe er nichts gegen die Vorschrift seines Bekenntnisses, gegen die Gebote Gottes und die der Kirche gesagt. [...]

Er sagt, sein Glaube und seine religiöse Überzeugung gründe sich einzig und allein auf Gottes Wort; er glaube, Gott habe sein Gesetz nach seinem eigenen Ratschluß gemacht. Er habe gelernt, es gäbe drei Wege, das Gesetz Gottes zu vernehmen: der erste sei das Buch der Propheten, der zweite das Evangelium aus dem Munde unseres Herrn Jesus Christus, der dritte das Buch der Apostel. Er glaube an den gesamten Inhalt dieser Bücher und an das Apostolische Glaubensbekenntnis. [...]

Er antwortet, er glaube an die heiligen Sakramente, die Jesus Christus eingesetzt hat, um uns in unserer Wiedergeburt zu bestätigen. Über das Sakrament des Altares und der Messe sagt er, er habe nirgendwo gelesen, daß Jesus Christus die Messe eingesetzt habe, seiner Meinung nach sei sie von den Menschen eingesetzt worden. [...]

Er gibt an, daß er nur an die beiden von ihm angeführten Sakramente glaube: an die Taufe und an das heilige Abendmahl, die von Jesus Christus eingesetzt worden sind. [...]

Auf die Frage, wo und mit welchen Gläubigen und in welcher Form er zum Abendmahl gegangen sei und an welchem Tag, sagt er aus, daß es ein Samstag war, am Tage vor dem letzten Osterfest. Über den Ort und die Personen und auch über die Stunde könne er nichts sagen. Über die Form: Es sei in der von Jesus Christus vorgeschriebenen Form geschehen, die auch von seinen Aposteln und Jüngern angewandt worden sei... Er sagt weiter aus, an der Versammlung hätte kein Mitglied des Parlamentsgerichts, weder ein Präsident noch ein Parlamentsrat, teilgenommen, denn die hätte er wohl erkannt. Von den anderen hätte er nicht recht gewußt, wer sie waren. Als er sich zur Versammlung begab, hätte er einen Diener (dessen Namen er nicht kennt und der nicht mehr bei ihm Dienst tut) an einer Straßenecke mit seinem Maultier bis zu seiner Rückkehr warten lassen.

Das Protokoll über seine Hinrichtung im Dezember 1559:

Im Jahre 1559, am Samstag, dem 23. Tag im Dezember, habe ich, Simon Chartier, Schreiber in der Kanzlei des Parlamentsgerichts, mich gegen elf Uhr morgens in die Kapelle der Conciergerie [*Gefängnis innerhalb des Justizpalastes in Paris*] begeben und Herrn Anne du Bourg, Rat des Königs, unseres Gnädigen Herrn, im Parlament von Paris, aus dem Gefängnis holen und vorführen lassen. In Gegenwart mehrerer Gerichtsdiener und anderer Personen habe ich das Todesurteil verlesen, das gegen ihn erlassen worden war [...], weil er sich des Verbrechens der Ketzerei und des Verbrechens gegen die Sakramente schuldig gemacht und sich hartnäckig und verstockt gezeigt hatte. Nachdem ich das Urteil verlesen und ihn gemahnt hatte, daß es jetzt für ihn Zeit wäre, an sein Seelenheil zu denken, sich demütig zu beugen vor Gott und ihn um Verzeihung und Gnade anzuflehen, wie es allen guten und ehrlichen Katholiken anstehe, sagte er, er danke Gott dafür, daß er ihn nach seinem Gefallen zu sich rufe; er erleide den Tod mit Freuden, denn er habe die Wahrheit gesagt und nehme das Todesurteil gelassen entgegen.

Danach stimmte er ein Lied an, das sich anhörte wie ein Gebet. In diesem Augenblick betraten die Herren de Mochy, de Fabet und de La Haye die Kapelle, alles Doktoren der theologischen Fakultät. Ich ließ sie mit du Bourg allein, denn sie sollten ihn an sein Seelenheil erinnern und ihn wieder zum heiligen katholischen Glauben bekehren. [*Am gleichen Tage*] gegen zwei Uhr nachmittags bin ich wieder in die Kapelle gegangen, wo ich den Abt von Montebourg, Pfarrer von Saint-Barthélemy, dabei antraf, wie er du Bourg gute Ermahnungen gab und ihm ins Gewissen redete [...], wobei er sich wiederholt erbot, die Beichte zu hören, da er doch sein Pfarrer sei [...]; doch du Bourg hatte sich darauf nicht eingelassen und den Gehorsam verweigert. Wie es die mir vom Anwalt des Königs gegebenen Anweisungen verlangten, fragte ich jetzt du Bourg, ob er denn nicht gewußt hätte, daß man eine Verschwörung angezettelt habe, um ihn aus der Conciergerie zu befreien. Er sagte nein, er sei ja auch immer von zwei Personen bewacht worden, die ihn ständig beaufsichtigt und ihn gewöhnlich nicht aus den Augen gelassen hätten. Auf die Frage, ob er die Namen der Verschwörer kenne oder von ihnen gehört habe, sagte er nein ... Er wurde auch über das Haus befragt, in dem er nach seinen Angaben zum Abendmahl gegangen sei und wo auch noch andere Personen anwesend waren, die mit ihm zusammen zum Abendmahl gegangen waren. Er wurde ermahnt, die Wahrheit zu sagen und ihre Namen anzugeben. Er gab an, er habe schon mehrmals den Herren vom Gericht die Wahrheit gesagt und ihnen vier genannt. Von den andern, sagte er, hätte ein jeder seinen Hut aufbehalten und sich verkleidet. Auf die Frage, in welchen Häusern sonst noch Versammlungen stattfanden und das Abendmahl zelebriert wurde, sagte er aus, er kenne die Straßen der Stadt Paris so wenig und könne sie so schlecht voneinander unterscheiden, daß er die Häuser nicht zu bezeichnen wüßte.

Nachdem der Herr Pfarrer von Saint-Barthélemy ihm ernsthaft und eindringlich ins Gewissen geredet hatte, um ihn wieder auf den Weg der guten Katholiken zurückzuführen, wovon er aber nichts hören wollte, eröffnete ich ihm, daß ich ausdrückliche Anweisung vom Gericht hätte, ihn auf der Stelle knebeln zu lassen, wenn er sich unterstehe, nach Verlassen der Conciergerie von seiner Irrlehre zu sprechen oder etwas zu sagen, das gegen die Ehre Gottes oder die Ehre unserer heiligen Mutter, der Kirche, verstößt. Er beabsichtige nicht, so meinte er, über seine Lehre zu sprechen noch beim Volk Anstoß zu erregen.

Dann ergriff ihn der Scharfrichter, führte ihn aus dem Gefängnis, und auf einem Karren fuhr man ihn zum Grève-Platz. Der Vikar des Pfarrers von Saint-Barthélemy war bei ihm. Auf dem Grève-Platz wurde verlesen, welcher Verbrechen er während des Prozesses für schuldig befunden worden war, dann wurde er nochmals verhört über die einzelnen Punkte der obenerwähnten Verschwörung und nochmals ermahnt, im Angesicht des Todes die Wahrheit zu sagen. Er sagte, daß er bei dem Tod, den er zu erleiden bereit sei, nichts davon wisse.

Danach holte man ihn von seinem Karren herunter, stellte ihn unter den Galgen und zog ihn aus bis aufs Hemd. Als man ihm ein Kreuz hinhielt, damit er es küsse, und der Vikar von Saint-Barthélemy zu ihm sagte, er solle es tun zur Erinnerung und im Gedenken an die Leiden unseres Herrn, weigerte er sich. Da wurde er unverzüglich am Galgen hochgezogen und erwürgt, während die Zuschauer »Jesus-Maria« riefen. Dann wurde unter dem Galgen ein Feuer angezündet und die Leiche du Bourgs heruntergelassen und verbrannt.

Bei der Hinrichtung ist auch ein protestantischer Augenzeuge zugegen:

Und er wurde auf die übliche Weise gefesselt und auf einem Karren zu dem Platz gebracht, den man allgemein Saint-Jean-en-Grève nennt. Es folgten ihm vier- bis fünfhundert

Bewaffnete. Auf dem Weg dorthin sang er unentwegt Psalmen und Lieder zur Ehre Gottes und zeigte sowohl auf dem Karren als auch unter dem Galgen ein ruhiges Antlitz, das über solche Grausamkeit gar nicht verwundert schien.

Im Jahre 1559, in dem Anne du Bourg hingerichtet wurde, waren die Bourbonen und das Haus Châtillon-Coligny bereits ins hugenottische Lager übergetreten, das, unterstützt durch eine militärische Organisation, immer mehr zu einer politischen Partei, zu einem Staat im Staate wird. Zwar bilden die Reformierten keine Mehrheit innerhalb des Königreichs und sie werden auch niemals die Mehrheit haben, doch ihr Einfluß wächst ständig, so daß sie es wagen können, auch öffentlich ihre Einstellung zu manifestieren. Jacques Gaches aus Castres schreibt darüber:

Es war wunderbar, wie mutig die jungen Leute, nicht achtend der Gefahr, ermordet zu werden, alle Tage auf dem Platz zusammenkamen und in Zweierreihen durch die Porte Neuve hinauszogen; mit ihnen zog Jean Prades, ein hervorragender Flötenspieler, sie ließen ihre Stimmen zum Spiel des Instruments erschallen, sangen Psalmen, marschierten durch die umliegenden Gärten und kehrten dann wieder zum Platz zurück.

Etwa um das Jahr 1555 wird in der Hauptstadt eine reformierte Kirchengemeinde gegründet. Nicht lange, und es kommt zu den ersten Zusammenstößen. Am 5. September 1557 geraten Katholiken und Protestanten in der Rue Saint-Jacques heftig aneinander. Bericht der reformierten Kirche in Paris:

Als wir uns, etwa vierhundert Personen, am 5. September zum Abendmahl versammelt hatten, verschaffte sich eine Reihe von Geistlichen mit Gewalt Eintritt, zusammen mit einigen anderen Kreaturen aus demselben Sumpf, die uns nicht aus den Augen ließen. Am nächsten Morgen, als der Tag anbrach und alle nach Hause gehen wollten, regnete es plötzlich Steine auf uns. Der allergemeinste Pöbel geht mit Waffen auf uns

Unbewaffnete los und beginnt alle erdenklichen Grausamkeiten an uns zu verüben. Er hielt es wohl für eine Heldentat, mit uns ein Ende zu machen oder uns ins Gefängnis zu werfen, uns, die Lutheraner, Ketzer, Strauchdiebe und Meuchelmörder. Mit solchen Schimpfworten bedachten sie uns. An allem sollten wir schuld sein: auch an den Belagerungen und an den Kriegen. Und was sollen wir dazu sagen, daß man in der ganzen Stadt munkelte, wir gäben uns bei unseren Versammlungen den abscheulichsten Ausschweifungen hin? Manche behaupten, wir veranstalteten Freß- und Saufgelage, andere, wir wollten die Sorbonne stürmen und was sonst noch alles. Die falschesten, unwahrscheinlichsten und gemeinsten Gerüchte wurden von unseren Gegnern gierig aufgegriffen.

Sie schmähten uns aber nicht etwa nur mit Worten. An die hundertdreißig unserer Leute, die der viehischen Gewalt des Pöbels nicht entkommen konnten oder wollten, wurden von Schnapphähnen gefesselt – wie Feinde – und ihres Geldes, ihrer goldenen Ringe und ähnlicher Dinge beraubt. Frauen und jungen Mädchen aus den besten und angesehensten Familien zerzausten sie dreist das Haar und zerrissen ihnen die Kleider. Ohne Unterschied des Geschlechts, des Standes oder des Alters schmierten sie allen Dreck ins Gesicht. In der Gewißheit, daß die Richter Nachsicht üben und ihnen sogar noch Beifall spenden würden, feierten sie den größten Flegel und übelsten Rüpel als Held des Tages. Wer noch etwas Respekt vor den Menschen besaß, konnte mühelos erkennen, was alle diese Kerle dazu trieb, sich gegen die Kinder Gottes zu verschwören.

Im Anfang konnten wir unsere Brüder, die in einem finsteren Gewahrsam [*dem Châtelet*] eingesperrt waren, nicht besuchen, um ihnen Trost zu spenden und ihnen unsere Anteilnahme an ihrer Not zu zeigen. Baten wir um eine Unterredung mit ihnen, beschuldigte man uns sofort der Ketzerei, eine Verdächtigung, der man nur schwer entgehen konnte. Und nicht nur ein Zerberus, nein, mehrere, die durch nichts zu überreden sind, stellen sich uns in den Weg; ihr grenzenloser Haß gegen die heilige Lehre zwingt uns, es aufzugeben, unsere Brüder besuchen zu wollen. Daher mußten sie täglich neues Leid erdulden.

Während nun die Gläubigen im Kerker grausam und abscheulich behandelt wurden, wählte der König etwa zwanzig Richter aus, sämtlich beseelt von glühendem Haß gegen unsere Lehre, die zwar den andern an Wissen nachstehen, sie an Grausamkeit aber weit übertreffen. Da sie nun einmal eine bestimmte Aufgabe zu erfüllen haben, verurteilen sie zunächst drei der Unseren zum Scheiterhaufen aus dem einzigen Grund (nach ihren eigenen Worten), weil sie den Brauch unserer Väter mißachtet hätten. Keine einzige Bibelstelle können diese Richter für sich in Anspruch nehmen, schlimmer noch: selbst verwirrt durch zahlreiche Zitate, stoßen sie nur noch Drohungen aus. Sie fordern sie unentwegt auf, sich zu bekehren, andernfalls sie zum Scheiterhaufen verurteilt und zu Tode gemartert würden. Die drei Gläubigen werden ihnen antworten, daß sie zum Widerruf bereit wären, wenn man sie durch das Zeugnis der Schrift widerlegen könne. Da sie in ihrer Haltung unerschütterlich sind, werden sie am 26. September öffentlich verbrannt.

Der Untergang der Macht

Bei dem Friedenschluß von Cateau-Cambrésis kommen Frankreich und Spanien überein, die Tochter Heinrichs II., Elisabeth, mit Philipp II. von Spanien und seine Schwester Margarete mit dem Herzog von Savoyen zu vermählen. Auf einem Turnier findet Heinrich II. im Jahre 1559 den Tod. Brantôme, der sich unter den Zuschauern befand, schildert den Tod des Königs:

Der König wollte die Vermählung seiner Tochter und die seiner Schwester so prächtig und so großartig feiern, wie er nur konnte, und veranstaltete deshalb ein festliches Turnier, bei dem jeder sich stellen konnte. Er selbst, die Herren von Ferrara, von Guise, von Nemours, diese vier waren die Herausforderer.

Er trug die Farben weiß und schwarz, wie auch sonst, der schönen Witwe [*Diane de Poitiers*] wegen, deren Dienst er sich geweiht hatte; Herr von Guise weiß und scharlachrot, stets dieselben Farben, er diente nämlich einer Dame, die ich nennen könnte, denn sie ist am Hof; Herr von Ferrara gelb und rot und Herr von Nemours gelb und schwarz. Diese beiden Farben paßten gut zu ihm, denn sie bedeuteten Sinnenfreude und Unerschütterlichkeit. [...]

Da waren nun vier Fürsten, tapfere und edle Ritter, wie man sie so leicht nicht fand, nicht in Frankreich und auch nicht in anderen Regionen, und alle vier schlugen sich an diesem Tage heldenhaft. Und so wußte man nicht, wem der höchste Ruhm gebührte, wenn auch der König wohl einer der besten und geschicktesten Reiter seines Reiches war.

Zu seinem Verhängnis wollte er, als der Tag sich neigte und das Turnier schon fast beendet war, noch eine Lanze brechen; und deshalb ließ er dem Grafen von Montgomery melden, er fordere ihn zum Kampf, und trat in die Schranken. Doch jener lehnte rundweg ab und hatte dafür alle nur erdenklichen Ausflüchte. Doch der König, erzürnt über seinen Bescheid, befahl ihm nun ausdrücklich zu erscheinen. Zweimal bat ihn die Königin [...], er möge doch ihr zuliebe auf den Kampf verzichten, es sei jetzt genug. Er ließ ihr bestellen, nur diese eine Lanze wolle er noch brechen. [...]

Als nun der andere in die Schranken getreten war, ritt der König los. [...] Beim Gegenstoß traf ihn die Lanze durch den Kopf ins Auge, wo ein großer Splitter steckenblieb. Er taumelte gegen die Schranke und wurde sofort von seinen Knappen aufgefangen: Herr von Montmorency kam herbei und sah, daß er schwer verwundet war. Doch der König verlor nicht den Mut und war völlig unbesorgt und sagte, es sei nichts. Und er verzieh dem Grafen von Montgomery sofort.

Man kann sich denken, wie bestürzt der Hof war und auch die Königin. Man scheute keine Mühe, bot alle Wissenschaft der Welt auf, um ihn wieder gesund zu machen, man flehte Gott und die Menschen um Hilfe an, doch er verschied nach einigen Tagen als sehr guter Christ und sehr guter Katholik, der er immer gewesen war [...], und so konnte dieser große König, der so oft in den Krieg gezogen war und ihn so heiß geliebt hatte, nicht im Felde sterben und starb hier.

Heinrich II. hinterläßt nur minderjährige Kinder. An der Spitze des Staates steht jetzt als Regentin Katharina von Medici, die »Ausländerin«, die bisher kaum in Erscheinung getreten war. Eine verschuldete Staatskasse, ein in Religionskämpfe verstricktes Land, ein krankes Kind als König (Franz II.): genügend Faktoren, um einen Kampf um die Macht entbrennen zu lassen. Und fortan streiten sich drei Geschlechter um die Macht: die Bourbonen, Prinzen von Geblüt und rechtmäßige Thronerben für den Fall eines Aussterbens des Hauses

Valois; die mächtigen Lothringer Fürsten, an ihrer Spitze Franz von Guise und sein Bruder, der Kardinal; endlich die Montmorency, katholisch und dem Thron ergeben, aber Feinde der Guise. Diese wiederum sind geschworene Feinde der Hugenotten und wollen sie ausrotten. Die Bourbonen befinden sich im Lager der Protestanten. Alle drei bekämpfen sich unter dem Deckmantel der Religion.

Die Königinmutter möchte die beiden Kirchen und ihre Anhänger miteinander versöhnen oder sie doch wenigstens zu einem friedlichen Nebeneinander bewegen. Sie lebt in einem glänzenden, manchmal auch sittenlosen Milieu. Der junge Michel de Castelnau, ein hugenottischer Edelmann, schildert ein Fest im Schloß. Der Bericht ist zu einem sehr viel späteren Zeitpunkt verfaßt worden:

Da ich schon einmal dabei bin, von der Ortschaft und dem Schloß Fontainebleau zu sprechen, will ich auch kurz erzählen, welch herrliche Feste, Ringstechen und Turniere hier stattfanden, bei denen der König und der Herzog von Anjou, sein Bruder und jetziger König [*Heinrich III.*], an einer Reihe von Kampfspielen teilnahmen und gegen den Prinzen von Condé kämpften, der unter den Herausforderern war. Alles, was man von einem heldenmütigen und kühnen Fürsten und vom gewandtesten Reiter der Welt erwarten kann, erfüllte er; er tat sein möglichstes, dem König Freude zu bereiten und Ihren Majestäten und dem gesamten Hof zu zeigen, daß er keine Erbitterung im Herzen trug.

Auch die Königin, die Mutter des Königs, die sich nicht ausschließen wollte, veranstaltete höchst erlesene und prächtige Feste, bei denen reizvoll gekleidete Sirenen auf den Kanälen der Gärten erschienen und vortrefflich musizierten, bei denen es auch nicht an einer Reihe von hübschen und vergnüglichen Einfällen für Liebe und Waffenspiel fehlte.

Einmal gab es auch einen prachtvollen Kampf zwischen zwölf Griechen und zwölf Troern, die sich schon lange um die Liebe und wegen der Schönheit einer Dame heftig stritten: da sich ihnen noch keine Gelegenheit geboten hatte, die Klingen zu kreuzen wegen dieser Fehde, die sie in Gegenwart erlauchter Fürsten, vornehmer Herren, von Rittern und schönen Damen austragen wollten, denn diese sollten Zeugen sein und über den Sieg entscheiden, und da sie andererseits wußten, daß an diesem Fest solch vornehme Damen und Herren teilnahmen, denen zu entscheiden wohl anstand, sandten sie einen Herold zum König und baten um die Erlaubnis zum Kampf. An diesem Kampf nahm ich selbst als Ritter Glaukus teil. Auch bei den anderen Turnieren und Veranstaltungen in Fontainebleau wirkte ich mit, so auch bei einer Tragikomödie, welche die Königinmutter auf einem ihrer Feste spielen ließ, die schönste, vortrefflichste und kunstgerechteste Aufführung, die man sich nur denken kann; auch der Herzog von Anjou, der jetzige König, und Margarete von Frankreich, seine Schwester und jetzige Königin von Navarra, eine Reihe von Prinzen und Prinzessinnen, unter ihnen der Prinz von Condé, Heinrich von Lothringen, Herzog von Guise, die Herzogin von Nevers, die Herzogin von Uzès, der Herzog von Retz, der jetzige Marschall von Frankreich, Villequier und andere vornehme Herren vom Hofe wollten darin eine Rolle haben. Nach der Komödie, der man Bewunderung zollte, wurde ich ausersehen, im großen Saal in Gegenwart des Königs vorzutragen, welche Lehre man aus den Tragödien ziehen kann, in denen die Taten von Kaisern, Königen, Fürsten, Schäfern und allerhand anderen Menschen dieser Erde, das gewöhnliche Schauspiel dieser Welt, dargestellt werden.

Am nächsten Abend, zum Abschluß all dieser Vergnügungen, ergingen sich der König und der Herzog, sein Bruder, im Garten und standen plötzlich vor einem hohen verzauberten Turm, in dem einige schöne Damen gefangengehalten wurden, bewacht von Höllengeistern in Gestalt zweier riesenhafter Wächter. Nur zwei erlauchte Prinzen aus dem vornehmsten und berühmtesten Hause der Welt konnten sie besiegen und den Zauber brechen. Da nahmen der König und der Herzog, sein Bruder, heimlich Waffen mit, forderten die beiden Riesen zum Kampf, besiegten sie, drangen in den Turm ein, fochten hier noch einige Kämpfe aus, die sie ebenfalls siegreich bestanden, und bannten den Zauber. So erlösten sie die Damen und befreiten sie. Und augenblicklich ging der künstliche Turm in Flammen auf.

Von einem höfischen Brauch berichtet der Vicomte von Turenne, der sich in den späteren Kriegszügen als tapferer Krieger bewährt:

Es herrschte folgende Sitte: Für junge Leute aus gutem Hause ziemte es sich nicht, keine Herrin zu haben, die sie sich aber nicht selbst wählten und wobei es nicht so sehr auf Zuneigung ankam; sondern ein Verwandter oder Vorgesetzter traf die Wahl, oder die Damen selbst wählten sich jemanden, der sich ihrem Dienst weihen sollte.

Bald danach kam ich an den Hof. Der Marschall von Ambille, der jetzt Connétable von Frankreich ist, gab mir Fräulein von Châteauneuf zur Herrin, der ich mit größter Beflissenheit diente, soweit es mir meine Freiheit und mein jugendliches Alter gestatteten. Ich war darauf bedacht, ihr zu gefallen und ihr jeden Dienst durch meine Pagen und Lakaien erweisen zu lassen, soweit mein Erzieher es erlaubte. Sie kümmerte sich angelegentlich um mich, und was ihr an mir unziemlich, unbesonnen und ungesittet erschien, rügte sie mit angeborenem, natürlichem Ernst. Niemand hat mir so wie dieses Fräulein geholfen, mich in die Gesellschaft einzuführen und mich in dem Leben am Hof zurechtzufinden. Bis zur Bartholomäusnacht habe ich ihr gedient und sie hoch in Ehren gehalten. Ich kann diese Sitte nicht mißbilligen, um so weniger, als man nur Schickliches sah, hörte und tat, denn in jugendlichem Alter ist man eher darauf bedacht, nichts Unziemliches zu tun. Diese Gepflogenheit war so stark eingewurzelt, daß als ungehobelt galt, wer sie nicht befolgte, und als zu geistlos, ein artiges Gespräch zu führen. Heute wird das Gespräch nur noch mit Dreistigkeit, Verleumdungen und Zoten gewürzt. Tugend wird mißachtet und Bescheidenheit übelgenommen, und die Jugend hat es schwerer als früher, es zu etwas zu bringen.

In einem Brief an den Dogen entwirft der venezianische Gesandte Michieli ein Bild der Königinmutter:

Da sie [*die Königinmutter Katharina von Medici*] sich anfangs an wichtige Dinge nicht heranwagte, hielt man sie für eine schüchterne Frau; sie ist aber im Gegenteil überaus mutig und hat es beim Tod des Königs, ihres Gatten, sehr wohl bewiesen. Ihre Zärtlichkeit für ihn entsprach der großen Liebe und Achtung, die er ihr entgegenbrachte. Als sie erkannte, daß seine Verwundung mit keiner Arznei mehr zu heilen war, vergaß sie ihren Schmerz, ging am nächsten Tag aus und nahm in aller Öffentlichkeit an einem Essen teil, gewährte jedem, der kam, Audienz und riß sofort die Herrschaft und die Staatsgeschäfte an sich. Ungemein geschickt spielte sie die Vermittlerrolle zwischen den Guise und dem König von Navarra und versöhnte sie miteinander, zumindest dem Anschein nach, um damit einen Zwist zu verhindern, der für das Königreich und den neuen König höchst unheilvoll gewesen wäre. Wie Eure Durchlaucht wissen, handelte sie nicht wie eine Frau, sondern wie ein sehr beherzter und in den Staatsgeschäften überaus erfahrener Mann. Auch weiß ich von Personen, die sie schon lange sehr genau kennen, daß sie ihre Absichten verbirgt und sich nicht leicht durchschauen läßt; denn wie Leo X. und wie alle seines Geschlechtes [*die Medici*] beherrscht sie trefflich die Kunst der Verstellung.

Die Königinmutter ist den Annehmlichkeiten des Lebens sehr zugetan: sie führt ein ungeregeltes Leben und ißt viel, sucht aber danach einen Ausgleich in anstrengenden Leibesübungen. Sie geht spazieren, reitet und ist immer in Bewegung. Doch das ist das Erstaunlichste: sie geht sogar auf die Jagd. Im vergangenen Jahr ist sie dem König nicht von der Seite gewichen. Sie ging mit ihm zusammen auf die Hirschjagd, brach, so unglaublich es ist, durch das undurchdringlichste Dickicht, vermied gewandt Gehölz und Äste der Bäume, was große Geschicklichkeit und hohe Reitkunst erfordert. Doch trotz aller Leibesübungen ist ihre Gesichtsfarbe immer blaß oder olivgrün und ihre Körperfülle mächtig; nach Ansicht der Ärzte ist ihre Gesundheit nicht sehr befriedigend. Ihre Freigebigkeit grenzt an Verschwendung; daher hat sie seit einiger Zeit hohe Schulden, und ihre Geschäfte sind nicht in Ordnung. Als Witwe hat sie zur Zeit ein Einkommen von dreihunderttausend Franken jährlich, also das Doppelte von dem, was andere Königinwitwen erhalten haben. Sie verfügt demnach nicht nur über genügend Geld, ihre Schulden zu begleichen, sondern hat auch genug, es großzügig auszugeben.

Sie ist dreiundvierzig Jahre alt [...], von ungemein lebhafter Intelligenz [...], leutselig, fähig, alle und insbesondere politische Verhandlungen zu führen ... Sie läßt den König nicht aus den Augen; sie duldet nicht, daß jemand in seinem Zimmer schläft. Sie weiß, daß man sie als Ausländerin mit Argwohn betrachtet ... Alles geht durch ihre Hand: Ämter, Pfründen, Gunsterweisungen; sie ist Großsiegelbewahrer und besitzt das Siegel des Königs. Im Staatsrat läßt sie zuerst die andern reden, doch ihre Meinung gibt den Ausschlag ... Man kann sie nur schwer durchschauen.

Seit dem Tode Heinrichs II. macht sich bei Hof ein anderer Einfluß geltend: Der Konnetabel von Montmorency und seine Neffen, der Kardinal Odet de Châtillon, François d'Andelot und der Admiral Gaspard de Coligny, Herr von Châtillon, werden im Königsrat vom Herzog von Guise verdrängt, den man den »Genarbten« nennt (Vater des bekannteren Heinrich von Guise, der ebenfalls »Der Genarbte« hieß), der in ruhmreichem Kampf den protestantischen Engländern Calais entrissen hat, und von seinem jüngeren Bruder, dem Kardinal Karl von Lothringen. Zwischen den Guise und den Montmorency herrscht unversöhnliche Rivalität. Der Gesandte Michieli kennt die Guise gut:

Der Kardinal, der bedeutendste Mann des Geschlechts, wäre ohne seine Fehler, über die ich nachher sprechen werde, wie jedermann zugibt, die größte politische Macht in diesem Königreich; niemand ist mit ihm zu vergleichen. Er hat das siebenunddreißigste Jahr noch nicht vollendet; seine Geistesgaben sind bewundernswert, und leicht durchschaut er die Absichten eines jeden, der mit ihm spricht; sein Gedächtnis ist erstaunlich, sein Antlitz schön und edel, er besitzt die Gabe außergewöhnlicher Redegewandtheit, die bei jedem Thema in reichem Maße zur Entfaltung kommt, besonders aber auf dem Gebiet der Politik. Er ist überaus gebildet; er spricht Griechisch, Latein und Italienisch; letzteres so flüssig, daß selbst wir Italiener darüber erstaunt sind. Auch in den Wissenschaften ist er sehr bewandert, vor allem in Theologie. Nach außen führt er ein untadliges und seiner Würde angemessenes Leben, was man sonst von den Kardinälen und Prälaten nicht behaupten kann, denn ihr Lebenswandel ist geradezu empörend zuchtlos. Das aber ist sein größter Fehler: sein Geiz ist schlimmer noch als der, durch den die französische Nation sich von Natur auszeichnet; schamlose Habgier ist es, die, um zum Ziel zu kommen, vor verbrecherischen Mitteln nicht zurückschrecken würde. Ich will alles ganz offen aussprechen, denn was ich sage, darf ohnehin nicht nach außen dringen. Auch eine große Falschheit zählt zu den Fehlern dieses Mannes, daher seine Angewohnheit, fast niemals zu sagen, was wirklich ist. Im übrigen ist dies bei den Franzosen ein allgemein verbreitetes Laster. Und was noch schlimmer ist: man sagt, er sei sehr rasch beleidigt, rachsüchtig, neidisch und überlege zu lange, bevor er etwas Gutes tut. Überall säte er Haß, weil er jedermann verletzte, als er noch die Macht dazu besaß. Es führte zu weit, auf Einzelheiten einzugehen, doch war er so gewalttätig, daß man im ganzen Königreich seinen Tod herbeiwünschte.

Herrn von Guise, den ältesten der Brüder, kann man nur als Krieger schildern, als einen guten Hauptmann. Niemand in Frankreich hat so viele Schlachten geliefert wie er, niemand sich größeren Gefahren ausgesetzt. Jedermann preist seinen Mut, seine Achtsamkeit, seine Ausdauer im Krieg, seine

Kaltblütigkeit, eine bei einem Franzosen wahrhaft seltene Eigenschaft. Er läßt sich nicht vom Zorn hinreißen und hat keine zu hohe Meinung von sich selbst. Das sind nun seine Fehler: den Soldaten gegenüber ist er geizig, und dann verspricht er viel, und selbst wenn er sein Versprechen zu halten gewillt ist, läßt er unendlich lange darauf warten. Auf diese beiden Brüder gründet sich die Größe des Geschlechts, und deshalb ist es müßig, sich bei den andern aufzuhalten, die ohnehin ganz von diesen beiden abhängig sind.

Angesichts des wachsenden Einflusses der Guise nähern sich die Montmorency-Châtillon den Bourbonen, den Prinzen von Geblüt. Einer von ihnen ist Ludwig von Condé, der andere Anton von Bourbon, sein Bruder und König von Navarra, der Vater des späteren Heinrichs IV. (Heinrichs von Navarra). Er ist mit Jeanne d'Albret verheiratet, die in der Folge an der Spitze der hugenottischen Partei steht. Denn sowohl die Bourbonen als auch die Châtillon-Coligny sind Hugenotten.

Am 22. Februar 1560 ziehen König Franz II., seine Mutter, die Guise und der gesamte Hof in das Schloß von Amboise. Die Bourbonen, hinter denen alle die stehen, denen die illegale und gewalttätige Herrschaft der Guise verhaßt ist, planen einen Anschlag auf die Guise. Sie wollen sie durch einen protestantischen Abenteurer, La Renaudie, gefangennehmen lassen, ohne selbst in Erscheinung zu treten. Doch der Anschlag, der im März stattfinden soll, mißlingt aus denselben Gründen, die für alle fehlgeschlagenen Verschwörungen gelten. Michel de Castelnau hat die Gründe genau erkannt:

Hier ein zusammengefaßter und kurzer Bericht über die Verschwörung von Amboise; ein jeder mag darüber denken, wie er will. Doch ich behaupte: sie war schlecht eingefädelt und noch schlechter durchgeführt, allein schon deshalb, weil so viele Personen aller Art und jeden Alters davon wußten, und deshalb konnte sie unmöglich geheim bleiben. Es hieß nämlich, jeder dürfe davon wissen, der bereit sei, mit den

Waffen dafür einzutreten, auch wenn er nicht am Staatsrat teilgenommen hätte. [...]

Es war auch falsch, daß die Protestanten die Verschwörung bereits im Januar planten und ihre Durchführung bis zum 10. März hinausschoben, dadurch gaben sie denen, die von Natur aus nicht schweigen können, Gelegenheit, darüber zu sprechen, und die allzulangen Vorbereitungen sorgten dafür, daß die fremden Nationen schon über einen Monat vorher den vereinbarten Tag kannten.

Überdies war ausgemacht, daß ein ganzes Heer antreten solle, um die Verschwörung durchzuführen, und das war ganz unmöglich, ohne daß alle davon Wind bekamen und alles entdeckten, denn die Protestanten wollten in sämtlichen Provinzen Frankreichs Soldaten ausheben. Das war ein großer Irrtum, um so mehr, als die Guise Freunde hatten und Diener und eine Reihe anderer Leute, die nach ihrer Gunst lechzten, so daß die Sache ihnen unmöglich lange verborgen bleiben konnte. [...]

Einer der allereifrigsten Protestanten, der die Komplizen in seinem Hause zu empfangen pflegte, entdeckte die Verschwörung von Amboise dem Sekretär des Kardinals von Lothringen, und Gott behielt es sich vor, die Mächtigen zu einem andern Zeitpunkt zu bestrafen, und dabei haben alle unweigerlich das Maß seiner Gerechtigkeit zu spüren bekommen.

Für einen Soldaten wie Franz von Guise ist es nicht schwer, die wenigen hundert Verschworenen in die Flucht zu schlagen oder gefangenzunehmen. Der spanische Gesandte Chantonay schreibt darüber an seinen Herrscher Philipp II.:

[Am 16. 3. 1560] nach dem Nachtmahl erfuhr man hier am Hof, daß ringsherum in den Dörfern und in den umliegenden Wäldern sich Truppen dieser Leute versammelt hatten, Kompanien von hundert, zweihundert und dreihundert, Berittene und Fußvolk. Noch spät am Abend schickte man Reiter auf Erkundung aus, und am Sonntag früh, dem 17., hatte man die Gewißheit, daß ihre Zahl von Stunde zu Stunde wuchs. Darum rief man alles am Hof zusammen und schickte überallhin Truppen aus, und vom Morgen bis zum Abend kamen unaufhörlich Gefangene an, in Gruppen von zehn, fünfzehn und dreißig, so daß sie sich schon scharenweise hier im Schloß befinden, und unter ihnen manche, die der Allerchristlichste König schon früher einmal begnadigt hatte. Gott hat wohl ihren Geist verwirrt, denn sie lassen sich einfangen als wären sie Kinder. Da man einsah, daß auch die Milde des Allerchristlichsten Königs nichts geholfen hat, hat man am Sonntagmorgen damit angefangen, sie an den Zinnen des Schlosses aufzuknüpfen. Viele Gefangene werden sie, so glaube ich, an den Händen aneinanderfesseln und ins Wasser werfen müssen, denn es ist unmöglich, sie anders hinzurichten. Von den fünfzig Hauptleuten hat man schon achtzehn gefaßt, und wie durch ein Wunder sind sie nicht imstande, sich zu verteidigen.

Die Condé und die Bourbon fallen vorübergehend in Ungnade, und die grausamen Vergeltungsmaßnahmen schüren den Haß der Hugenotten nur noch mehr. Agrippa d'Aubigné schildert ein Kindheitserlebnis in der dritten Person:

Als der Knabe achteinhalb Jahre alt war, nahm sein Vater ihn mit nach Paris; als er an einem Markttage mit ihm durch Amboise kam, erblickte er die Köpfe seiner Genossen aus der Amboiser Verschwörung, noch erkennbar, auf Pfähle gespießt, und das erschütterte ihn so, daß er inmitten von sieben- oder achttausend Menschen ausrief: »Sie haben Frankreich enthauptet, diese Henker!« Der Sohn gab seinem Pferd die Sporen und ritt an des Vaters Seite, denn er hatte die ungewöhnliche Erregung auf seinem Gesicht bemerkt, da legte er ihm die Hand auf den Kopf und sagte: »Mein Kind, du darfst deinen Kopf nicht schonen, so wenig wie ich den meinen, um diese ehrenvollen Häupter zu rächen! Wenn du ihn schonst, soll mein Fluch dich treffen.« Obwohl der Trupp aus zwanzig Reitern bestand, konnte er nur mit Mühe der Volksmenge entrinnen, die über solche Worte in Wut geriet.

Ende 1560 stirbt Franz II., und der damals zehn Jahre alte Karl IX. folgt ihm auf den Thron. Im gleichen Jahr treten zum erstenmal seit 1484 die Generalstände in Orléans zusammen; Admiral Colgny und Jeanne d'Albret, die Königin von Navarra, bekennen sich öffentlich zur Reformation. Die Königinmutter sucht unter Aufbietung ihrer ganzen Diplomatie das Gleichgewicht zwischen den Parteien aufrechtzuerhalten. In Fontainebleau fordert Coligny bei der Notabelnversammlung freie Ausübung des Gottesdienstes. Der venezianische Gesandte Michieli schreibt an seinen Dogen:

Wenn Gott nicht hilft, ist sehr zu fürchten, daß ihnen das Interim gewährt wird, denn so wollen sie es und fordern es in aller Öffentlichkeit; sie wollen Kirchen haben, in denen sie predigen und unbehelligt ihre Riten ausüben können. Das forderten sie sogar ganz offen auf der Versammlung, die der verstorbene König Ende August in Fontainebleau einberufen hatte. Diese Forderung, die der Admiral [*Coligny*] in aller Form dem König vorgetragen hatte, wurde, wie ich erfahren habe, bei der Ständeversammlung erneut erhoben. Entweder wird nun ihrem Wunsche entsprochen oder aber man hält fest am Gehorsam gegen den Papst und am katholischen Ritus, muß dann jedoch zu Gewaltmaßnahmen greifen, rücksichtslos das Blut der Adligen vergießen, das Königreich in zwei Teile spalten, einen Bürgerkrieg entfachen, der beides, Land und Glauben, zerstören wird. Es ist immer dasselbe und durch allzu viele Beispiele bewiesen (und Eure Durchlaucht weiß es wohl): religiöse Umwälzungen führen immer auch einen Umschwung in der Politik herbei.

Anfang 1561 kann man feststellen, daß die protestantische Lehre immer mehr Anhänger findet. Der Hugenotte Michel de Castelnau beurteilt die Lage folgendermaßen:

Viele, die früher kein Wort zu sagen wagten, gaben sich furchtlos zu erkennen und erörterten offen Religionsfragen, ganz gleich an welchem Ort. Und obwohl das Edikt verboten hatte, öffentliche oder private Versammlungen zu religiösen Zwecken zu veranstalten, konnten die Protestanten es nicht lassen, in Häusern zusammenzukommen, wo man taufte, das Abendmahl empfing, Trauungen vornahm und Gebete nach dem Genfer Vorbild sprach.

Bald schon waren die Versammlungen so gut besucht, daß die Privathäuser, in denen sie sich einzufinden pflegten, sie nicht mehr alle zu fassen vermochten. Es gab aber immer noch nur sehr wenige Pastoren, die bereit waren, sich als solche zu erkennen zu geben, und die meisten von ihnen waren arme Leute, ungebildet und ungeschliffen, die nichts anderes wußten und nichts anderes gelernt hatten als ihren Katechismus und die in Genf gedruckten Gebete. Denn was konnten sie schon gewinnen: nur die Gefahr, ihr Leben und ihre Habe, sofern sie welche besessen hätten, zu verlieren; und die gelehrtesten und am meisten gebildeten von ihnen waren verjagt oder ums Leben gebracht worden. Deshalb schickten die noch Vorhandenen, da sie schlauer waren und ihre Lage besser übersahen, die Ungebildeten vor, um zu erfahren, woher der Wind wehte. Und sobald ein gelehrter Pastor ankam, eilten alle Protestanten herbei und liefen ihm nach wie einem Propheten.

Angesichts dieser Gefahr tun sich der Herzog von Guise, der Konnetabel Montmorency – der sich von der Politik seiner Neffen lossagt – und der Kardinal von Tournon (das »Triumvirat«) zusammen. Dann verlassen Montmorency und Guise den Hof. Eine »katholische Partei« ist entstanden. Die Königin besänftigt sie durch das Edikt vom 13. Juli 1561, das Versammlungen und Predigten der Reformierten verbietet. Katharina von Medici bemüht sich nun, außerhalb des ökumenischen Konzils von Trient ein Nationalkonzil einzuberufen, auf dem katholische Bischöfe und reformierte Pastoren einander gegenüberstehen sollen. Der Papst versagt seine Erlaubnis, und anstelle des Konzils findet im September das Religionsgespräch von Poissy statt. Aber die Theologen können sich nicht einigen.

Calvin hat Théodore de Bèze mit der Wahrnehmung der protestantischen Interessen betraut. Die Eröffnungssitzung schildert dieser selbst (er spricht von sich in der dritten Person):

In Poissy, im großen Refektorium des Nonnenklosters, hatten sich am 9. September um die Mittagsstunde versammelt: der König, der an der Stirnseite des Saales saß, der Herzog von Orléans, sein Bruder, und der König von Navarra, beide zu seiner Rechten, die Königin, seine Mutter, und die Königin von Navarra zu seiner Linken, hinter ihnen zahlreiche Prinzen und Prinzessinnen, Ritter, vornehme Herren und Landedelleute und eine Reihe von Damen aus dem Hochadel. An den beiden Längsseiten des Saales saßen jeweils drei Kardinäle; vor ihnen, etwas niedriger, sechsunddreißig Bischöfe und Erzbischöfe und hinter ihnen eine ganze Schar von Vertretern der Kirche, Doktoren, die als Abgeordnete von Geistlichkeit aller Art und aller Rangordnungen auftraten. Am anderen Ende, dem König gegenüber, befanden sich die Garde und eine höchst bemerkenswerte Versammlung von Leuten aller Stände. Als alles schwieg, sprach der König folgende Worte:

»Meine Herren, ich habe Sie aus verschiedenen Orten meines Königreiches hierhergerufen, um Ihren Rat zu hören in einer Sache, die Ihnen mein Kanzler nachher darlegen wird. Ich bitte Sie, nicht Ihre Leidenschaft sprechen zu lassen, damit wir zu einem Resultat kommen, das allen meinen Untertanen Frieden, Gott die Ehre, unseren Gewissen Entlastung und öffentliche Ruhe bringen möge. Das wünsche ich mir so sehr«, sagte er, »daß ich bestimmt habe, Sie sollen diesen Ort nicht eher verlassen, bis Sie die Angelegenheit in Ordnung gebracht haben, damit meine Untertanen von nun an in Frieden und Einigkeit miteinander leben können, wie auch Sie, so hoffe ich, es tun werden. Indem Sie so handeln, werden Sie mir Gelegenheit geben, Sie ebenso unter meinen Schutz zu nehmen, wie es meine königlichen Vorgänger getan haben.«

Danach wurden die zwölf protestantischen Pastoren und zweiundzwanzig Abgeordnete der Kirchengemeinden in den Provinzen, die zu ihrer Unterstützung gekommen waren, vom Herzog von Guise, dem diese Aufgabe zugefallen war, aufgerufen und vorgestellt und von ihm und dem Gardehauptmann, Herrn de La Ferté, vor die Schranken geführt, vor denen sie entblößten Hauptes stehenblieben. Dann ergriff Théodore de Bèze, der von den andern dazu ausersehen worden war, das Wort:

»Sire, da der Ausgang eines jeden Unternehmens, ob groß oder klein, abhängig ist vom Beistand und von der Gnade Gottes, besonders aber, wenn es um Fragen des Gottesdienstes geht und um das, was über unser Begriffsvermögen hinausgeht, so hoffen wir, daß Eure Majestät es weder als schlecht noch als befremdend empfinden werden, wenn wir zuerst Seinen Namen anrufen und mit folgenden Worten zu Ihm flehen: Gott unser Herr, ewiger und allmächtiger Vater, wir bekennen und erkennen vor Deiner heiligen Majestät, daß wir arme und elende Sünder sind, empfangen und geboren in Sünde und Verderbnis, geneigt, das Böse zu tun und das Gute zu meiden, und daß wir, verstrickt in unsere Laster, unaufhörlich Deine heiligen Gebote übertreten: dadurch ziehen wir durch Dein gerechtes Gericht Vernichtung und Untergang auf uns herab.«

Dann erläutert de Bèze die kalvinistische Lehre:

Wie hernach auch die schlimmsten Kritikaster und Nörgler zugaben, vernahmen alle Anwesenden diese Rede mit Wohlgefallen und folgten ihr mit gespannter Aufmerksamkeit, bis de Bèze gegen Schluß, als er von der Gegenwart Jesu Christi im Abendmahl sprach, behauptete, daß der Leib Jesu Christi, obwohl er uns wirklich dargereicht wird und wir seiner im Abendmahl teilhaftig werden, dennoch vom Brot so weit entfernt sei wie das Himmelsgewölbe von der Erde. Dies Wort allein (obwohl er manches andere gesagt hatte, was der Lehre der römisch-katholischen Kirche ebenso widersprach und genauso schlecht zu ihr paßte) genügte, daß die kirchlichen Würdenträger zu flüstern und zu murren anfingen. Die einen sagten: »Blasphemavit« [*»Er hat Gott gelästert«*]; andere erhoben sich von ihren Plätzen, um den Saal zu verlassen, und etwas Schlimmeres konnten sie in Anwesenheit des Königs nicht tun. [...]

Als Ruhe eingetreten war, sagte de Bèze: »Meine Herren, ich bitte Sie, den Schluß abzuwarten, mit dem Sie zufrieden sein werden«; dann nahm er sein Thema wieder auf und führte es zu Ende. Nach seiner Rede überreichte er Seiner Majestät dem König das Glaubensbekenntnis der reformierten Kirchen. Dieser nahm es huldvoll aus der Hand des Gardehauptmanns, des Herrn de La Ferté, entgegen und reichte es dann an die kirchlichen Würdenträger weiter.

Der Kardinal von Tournon erhob sich, sprach aber so leise, daß man ihn nicht gut verstehen konnte. Um es mit wenigen Worten zu sagen: er bat den König, nichts von dem zu glauben, was gesagt worden sei, hingegen möge er der Religion seiner Vorfahren, angefangen bei König Chlodwig, die Treue halten, jener Religion, in der er aufgewachsen wäre und in der er erzogen werde von der Königin, seiner Mutter; ihm diese Gnade zu erweisen, darum bitte er die glorreiche Jungfrau Maria und alle Heiligen. Im übrigen bat er sich Zeit aus, auf diese Rede zu antworten, und sagte, es würde eine gute Antwort werden, und er hoffe, daß der König, wenn er seine Antwort vernommen hätte, sich bekehre; dann, sich sofort korrigierend: nicht bekehre, sagte er, sondern auf dem rechten Wege bleibe. Das alles sagte er in höchstem Zorn und so, als sei er ganz von Sinnen.

Die Königin gab zur Antwort, man habe nichts anderes getan, als was der Staatsrat beschlossen und das Parlamentsgericht von Paris geraten habe; und es sei nicht geschehen, um eine Neuerung oder eine Änderung herbeizuführen, sondern um die Unruhen zu beschwichtigen, die durch die Meinungsverschiedenheiten über Religionsfragen entständen, und um die Verirrten wieder auf den rechten Weg zu bringen.

Auch der Domherr von Notre-Dame in Paris, Pierre Bruslart, hat an dem Religionsgespräch in Poissy teilgenommen:

Es waren achtundzwanzig Protestanten anwesend. Ihr Anführer und Oberhaupt war ein gewisser Théodore de Bèze, der als Sprecher auftrat und die Bibel nach seinem eigenen Gutdünken auslegte. Man hörte ihm recht aufmerksam zu, bis er Schlimmes über das Sakrament des Altares sagte und einer sich erhob und »Gotteslästerung« rief. Er mußte seine Rede unterbrechen, verlor den Faden und war nicht so leicht imstande, ihn wieder aufzunehmen. Aus diesem Anlaß ließ er eine kurzgefaßte Erklärung zu einigen von ihm vorgetragenen Punkten drucken.

Aber das Religionsgespräch von Poissy verläuft ergebnislos. Der Kardinal und de Bèze können sich nicht verständigen. Am 18. Oktober 1561 wird das Gespräch ohne eine Beschlußfassung beendet:

So ging an diesem Tage die Konferenz zu Ende; die von der römischen Kirche rühmten sich, es den Pastoren ordentlich gegeben zu haben, und als die Pastoren aus dem Kloster herauskamen und manche ungeduldig fragten, wie denn die Sache stehe, gab einer von ihnen laut und vernehmlich zur Antwort, die Messe liege im Sterben, man habe sie nur noch röchelnd in den Händen der Doktoren zurückgelassen. Mit dem Ausdruck »hoquet« [*Röcheln*] spielten sie auf die Worte »Hoc est corpus ...« [*»Dies ist mein Leib ...«*] an. Damit wollten sie den Doktoren zu bedenken geben, daß sie sich arg verrechnet hätten.

In den Gegenden, wo die Hugenotten sich stark fühlen, versuchen sie oftmals mit Gewalt, den protestantischen Gottesdienst einzuführen und die Messe abzuschaffen. Ende September 1561 schreibt der Herzog von Joyeuse, der Statthalter des Königs im Languedoc, an den Konnetabel Montmorency, einen der »Triumvirn« und Gouverneur dieser Provinz:

Hierzulande veranstalten wir jetzt ein Großreinemachen, und wir werden uns tapfer schlagen; in den letzten Tagen haben sich nämlich unsere Herren Aufrührer allenthalben ans Werk gemacht und sich der größten Kirchen in den Städten bemächtigt, wie sie es auch schon in manchen Ortschaften getan haben; also habe ich mich hierher, in die Stadt Béziers, verfügt, just in dem Augenblick, als sie mit ihrem Spiel beginnen wollten. Diesen Spaß werde ich ihnen verderben, hoffe ich, doch glauben Sie mir, gnädiger Herr, das Lumpenpack ist so außer Rand und Band, daß man stündlich auf einen Kampf gefaßt sein muß. In Montpellier haben sie die große Kirche Notre-Dame, die mitten in der Stadt liegt, an sich gerissen. Das habe ich nicht zu verhindern vermocht und auch keinen Widerstand leisten können gegen eine solche Übermacht; denn wie mir die Ratsherren der Stadt und die Leute des Königs mitteilten, waren es ihrer über dreitausend. Und ich habe nur dreißig Arkebusiere und eine Viertelkompanie vom Grafen von Roussillon. Daß das nicht genügt, um an hundert Ecken und Enden Ihres Machtbereiches die Ordnung wiederherzustellen, können Sie sich wohl denken, gnädiger Herr, denn sie halten sich fein säuberlich voneinander getrennt. Von den drei Kompanien, die noch kommen sollen, habe ich noch nicht die geringste Nachricht. In der Gegend von Toulouse behaupten sie das Feld und laufen Sturm gegen die Städte und haben schon Lavaur, Reaulmont, Rabastens, Revel, Castres und etliche andere Städte eingenommen. [...] Bis auf weiteres halte ich diese Front und die umliegenden Städte mit den Leuten, die ich habe.

Sogar in Paris hat man zu den Waffen gegriffen. Am 21. Dezember 1561 geschieht etwas Ähnliches wie seinerzeit in der Rue Saint-Jacques. Die Berichte beider Parteien darüber widersprechen sich. Ein Protestant schildert den Vorfall:

Es ist zur Genüge bekannt, daß der Pfarrer von St. Médard am 27. Dezember gegen drei Uhr, nach dem Vesperläuten oder nach der Andacht oder als er gerade beim »Magnificat«

war, alle Glocken zu läuten befahl. [...] Ein so lautes Geläute in der Nähe – überdies wehte der Wind von dorther – machte es unmöglich, den [*protestantischen*] Pastor zu verstehen. Drei bis vier Gläubige gingen ohne Waffen nach St. Médard hin und baten darum, das Läuten einzustellen, damit eine so große und zahlreiche Gemeinde (etwa acht- bis zehntausend Personen) nicht daran gehindert werde, das Wort Gottes zu hören. [...] Der Pfarrer und die Geistlichen fingen an zu schimpfen und sagten, man würde die Glocken dennoch läuten. Sogleich liefen ein paar mutwillige Burschen von St. Médard zusammen, mit Schwertern, Spießen, Hellebarden, Armbrüsten und Steinen bewaffnet, und stürzten sich auf die Gläubigen. Dabei wurde Paquot [*Hugenotte*] mit sieben Hieben, die fast alle tödlich waren, auf unmenschliche Weise ums Leben gebracht und massakriert. Die übrigen ergriffen die Flucht. Es sei noch bemerkt, daß der Pfarrer damals folgende Worte ausrief: »Stürzt euch auf sie, schlagt zu, bringt sie um, hinter uns stehen die Mächtigen.« Die Tore von St. Médard wurden sofort geschlossen, und sie fingen an, mit Steinen zu werfen und mit der Armbrust zu schießen, für die sie genügend Munition bei sich hatten; auch die Sturmglocke läuteten sie. Da zog ein kleiner Trupp von Rougeoirollos Häschern auf, um einen Aufruhr zu verhindern, und als sie erkannten, daß sie nicht stark genug waren, um Widerstand leisten zu können, eilten sie an den Ort, wo der [*protestantische*] Gottesdienst stattfand, und forderten alle auf, die Waffen bei sich hatten, vorzutreten, um sie zu unterstützen und ihnen zu helfen, die Aufwiegler festzunehmen und die Sturmglocke zum Schweigen zu bringen. Rougeoirolle und einige edle Herren, die Schwert und Degen besaßen, und noch andere, die alles, was sie gerade fanden, Steine und von Bänken und Stühlen losgerissene Holzstücke, als Waffen mitnahmen, verließen den »Patriarch« und begaben sich nach St. Médard. Auch ein Mann, den man »Silbernase« nannte, lief nach Hause und holte ein großes Ritterschwert. Zuerst wurde ihnen übel mitgespielt: Vom Kirchturm herab und aus der Nachbarschaft warf man mit Steinen und schoß mit der Armbrust auf sie. Dann aber gelang es den Unseren, die bessere Waffen besaßen als Verteidigungs- oder Angriffswaffen, nämlich ein mutiges Herz und glühenden Eifer, mit großer Anstrengung und Gottes Hilfe, die Kirchentüren aufzubrechen. Dabei gab es mehrere Verwundete, und als sie auf der Schwelle der Kirchentür ihren armen Glaubensbruder schmählich und meuchlings ermordet liegen sahen, schwoll ihr Zorn noch an, und sie sannen auf Rache.

Vor der Kirche stellte sich ihnen ein Haufen frecher Gesellen entgegen, bewaffnet mit Schwertern, Schild und Spieß, Hellebarden, Armbrüsten und dicken Steinen; sie griffen wütend an und leisteten heftigen Widerstand, doch dem mutigen Einsatz der Unsrigen hielten sie nicht lange stand. [...] Ein Teil von ihnen und sogar der Pfarrer flüchteten in den Kirchturm. Manche wurden geschnappt und dem Stadtvogt Rougeoirolle und seinem Vertreter überantwortet, die sie im kleinen Châtelet hinter Schloß und Riegel setzten.

Verärgert durch das Religionsgespräch von Poissy verlassen die Montmorency und die Guise Ende Oktober 1561 den Hof und ziehen sich auf ihre Güter zurück; ihre Anhänger tun desgleichen. Die Königin gibt den Plan nicht auf, eine Einigung zwischen beiden Parteien herbeizuführen. Sie behält Théodore de Bèze und den Admiral Coligny am Hof. Am 17. Januar 1562 erläßt sie das Edikt von Saint-Germain, das den Reformierten das Recht gibt, außerhalb der Städte öffentlich ihren Gottesdienst abzuhalten und innerhalb der Städte in Privathäusern. Chantonay, der spanische Gesandte, interveniert im Namen seines mächtigen Herrschers gegen die Coligny, die im Februar den Hof verlassen. Die Königinmutter und der König bleiben allein. Über die Stärke der Reformierten äußert sich der Gesandte Michieli:

Nicht eine einzige Provinz ist von der Seuche verschont geblieben, und es gibt einige, wo sogar die Landbevölkerung angesteckt ist, so in der Normandie, fast in der ganzen Bretagne, in der Touraine, im Poitou, in der Guyenne, in der Gascogne, in einem großen Teil des Languedoc, des Dauphiné, der Provence, der Champagne; das sind beinahe drei Viertel des Reiches. Überall haben die Ketzer ihre Zusammenkünfte, die sie Versammlungen nennen, in denen sie nach dem Genfer Vorbild lesen, predigen und leben, ohne sich um die Pfarrer des Königs oder seiner geistlichen Orden zu kümmern. Alle Klassen der Gesellschaft sind infiziert und seltsamerweise sogar die Geistlichen, die Priester, Mönche, Nonnen, ganze Klöster beinahe – nur wenige sind nicht von der Pest befallen – und viele einflußreiche geistliche Würdenträger. Dabei sieht es so aus, als sei das Übel noch gar nicht ganz zum Ausbruch gekommen, dafür sorgen die strengen Gegenmaßnahmen; einstweilen hat es sich nur im niedrigsten Volk wirklich ausgebreitet, das außer dem Leben nichts zu verlieren hat. Wer Hab und Gut und sein Leben zu verlieren fürchtet, geht behutsamer vor; doch Eure Durchlaucht dürfen mir wohl glauben, daß, abgesehen von dem Dritten Stand, der eifrig und fromm in die Kirchen geht und der katholischen Religion die Treue hält, alle andern für schwer verseucht gelten können. Die Adligen sind besonders stark angesteckt und unter ihnen vor allem die, die noch nicht vierzig Jahre alt sind. Viele gehen immer noch zur Messe und nehmen weiter an den katholischen Zeremonien teil, aber nur aus Angst; und wenn sie glauben, daß niemand es bemerkt, verzichten sie gern auf die Messe, und sie vermeiden es, in die Kirchen zu gehen, sooft sie können. Als man erkannte, daß Gefängnisstrafen, Züchtigungen und Feuertod die Sache nur noch schlimmer machten, erging die Anordnung, nur noch jene zu bestrafen, die Predigten halten, das Volk verführen und öffentliche Versammlungen abhalten, die andern aber leben zu lassen. Die Kerker in Paris und in den andern Städten des Königreiches sind geräumt worden; aus den Gefängnissen sind eine Menge Menschen gekommen, die im Königreich geblieben sind und nun öffentlich Predigten halten, dreiste Reden führen, sich rühmen, die Papisten – so bezeichnen sie ihre Feinde – besiegt zu haben. So sehr ist die Furcht vor der Inquisition verflogen. Es herrscht eine Art stillschweigend geduldetes Interim. Früher flohen sie, sobald ein Verdacht auf sie fiel, nach Deutschland oder England und am meisten nach Genf. Und nicht genug damit, daß sie jetzt nicht mehr weggehen: diejenigen, die draußen waren, sind heimgekehrt. Auf meiner Rückreise nach Italien bin ich durch Genf gekommen; dort sagte man mir, daß nach dem Tode des Königs [*Franz II.*] Scharen von Edelleuten nach Frankreich zurückgekehrt seien, die nach dem Vorfall von Amboise nach Genf gezogen waren. Dann sind auch fünfzig sogenannte Pastoren zurückgekommen, wie man bemerkt hat; man hat sie aus verschiedenen Gegenden Frankreichs herbeigerufen, damit sie das Wort (so bezeichnen sie das Evangelium) predigen.

Der Krieg bricht aus

Der bedeutendste Führer der Katholiken, der Herzog Franz von Guise, bringt, wahrscheinlich rein zufällig, den Stein ins Rollen. Vom 15. bis 18. Februar 1562 hatte er in Saverne theologische und politische Gespräche mit dem Herzog von Württemberg geführt. Am 1. März befindet er sich in Begleitung seiner Gemahlin, seines Bruders, des Kardinals, und seines ältesten Sohnes auf der Rückreise nach Hause auf seine Güter. Es kommt zu dem Blutbad von Vassy. Der Herzog berichtet über die Ereignisse folgendes:

Als ich von Janville aufbrach, das mir gehört, um mich zu einer meiner anderen Besitzungen, Esclaron, zu begeben, und als ich auf dem Weg dorthin durch eine kleine Stadt kam, die zur Hälfte dem König gehört und die Vassy [*Wassy im heutigen Departement Haute-Marne, ungefähr 40 km von Chaumont*] heißt, geschah etwas, das ich niemals für möglich gehalten hätte von Leuten, die meine unmittelbaren Nachbarn und zum größten Teil noch meine Untertanen sind und die mich sehr genau kennen müßten. Ich wußte seit langem, daß die meisten von ihnen, obwohl Calvinisten, so doch aufsässige, arrogante und überaus verwegene Leute sind, und wollte deshalb nicht mein Mittagsmahl in Vassy einnehmen, sondern gab Anweisung, es in einem kleinen Dorf, eine halbe Meile weiter, zu bereiten. Ich wollte nämlich meinen Leuten keine Gelegenheit geben, die Bewohner der Stadt zu belästigen und sie zu beschimpfen oder sich mit ihnen über Fragen der Religion zu streiten.

Als wir durch den Ort gezogen waren – es war an einem Sonntag, dem ersten Tag des Monats März – und vor der Kirche haltgemacht hatten, einzig und allein um die Messe zu hören (wie es meine Gewohnheit ist), wurde mir, kaum daß ich die Kirche betreten und der Gottesdienst begonnen hatte, auch schon gemeldet, daß nicht weit entfernt, in einer Scheune, die zu einem Teil mein Eigentum ist, eine Predigt gehalten würde, an der über fünfhundert Personen teilnahmen. Nun hatte man sich schon bei mir darüber beklagt, daß sie, aufgewiegelt von protestantischen Geistlichen, die vor kurzem aus Genf gekommen waren und sich hier aufgehalten hatten, nur noch gleichgültig und nachlässig dem König den schuldigen Gehorsam erwiesen. Da diese Stadt zum Leibgedinge der Königin von Schottland, meiner Nichte [*Maria Stuart*], in ihrer Eigenschaft als Königinwitwe von Frankreich gehört und ich somit, wie ich wohl wußte, hier zu gebieten hatte, befand ich mich meiner Ansicht nach zu sehr in ihrer Nähe – sie waren ja nur auf Sichtweite vom Kirchentor entfernt, und ich hatte bis zu ihnen nur die Straße zu überqueren –, um nicht ein paar mahnende Worte an sie zu richten, die mir dann schon einfallen würden. Als ich diese Überlegungen angestellt hatte und ihnen in liebenswürdiger und anständiger Form einen Verweis zu erteilen gedachte – denn ich wußte ja nicht, daß sie, wie sich später herausstellte, Armbrust, Pistolen und andere Schußwaffen bei sich hatten –, sandte ich zwei oder drei meiner Edelleute zu ihnen hin, um ihnen zu melden, daß ich mit ihnen zu sprechen wünschte. Ich ging gleich hinterher. Sie hatten die Tür, hinter der die Versammlung stattfand, noch nicht ganz geöffnet, da stemmten sich die drinnen heftig dagegen, bis es ihnen gelang, die Tür wieder zuzudrücken und meine Boten roh zurückzustoßen. Sie warfen wütend mit Steinen auf sie, wovon sie einen ganzen Haufen, und zwar ganz dicke, auf einem hohen Podest im Eingang zur Scheune aufgestapelt hatten. Die einen warfen Steine von oben herab, und andere schossen mit Armbrust und Pistolen auf mich und meine Leute; wir mochten etwa dreißig Personen sein und waren nur mit Schwertern bewaffnet. Offenbar hatten sie es auf mich abgesehen und wollten uns erschlagen, so daß schließlich fünfzehn oder sechzehn meiner Edelleute zu meinen Füßen hingestreckt lagen, schwer verwundet oder mißhandelt. Ich selbst wurde dreimal getroffen, doch nicht schwer (Gott sei Dank), denn ich habe nur etwas an einem Arm verspürt, was aber nicht weiter wichtig war. Zu meinem größten Leidwesen bemerkte ich unter den Verwundeten auch Herrn de La Bresse, der viel Blut verloren hatte. Sie taten, was in ihren Kräften stand, mich und die Meinen übel zuzurichten, und um ein Haar wäre es ihnen gelungen, in das Nachbarhaus einzudringen, wo auf einem großen Tisch noch Armbrüste und geladene Pistolen in Haufen lagen. Dieses Haus hatte nämlich einen Durchbruch und lag gleich neben dem Eingang zur Scheune. [...]

Wie sehr sie sich aber auch anstrengten: mit meiner kleinen Truppe brachte ich schließlich doch das Tor in meine Gewalt, wenn ich dabei auch nicht verhindern konnte, was ich unendlich bedaure, daß es auf der Gegenseite fünfundzwanzig bis dreißig Tote und noch mehr Verletzte gab; obwohl ich keinen habe treffen wollen und es meinen Leuten, soweit es möglich war, verboten hatte und auch den andern zugeredet habe, die Feindseligkeiten einzustellen. [...] Niemals hätte sich der Vorfall ereignet, hätten die aus der Stadt uns nicht angegriffen. Die meisten von ihnen waren von unseren Knappen ums Leben gebracht worden, denn als diese den Lärm der Arkebusen und Pistolen vernahmen, während wir in der Scheune kämpften, waren sie herbeigeeilt und hatten ihre Herren schwer verwundet vorgefunden. Als ich ihr eigenmächtiges Vorgehen bemerkte, gab ich unverzüglich den Befehl aufzuhören, obwohl man mir und den Meinen immer noch nach dem Leben trachtete. [...] Ich ließ auch sofort alle, die ich dabei ertappte, festnehmen und einsperren. Nichts auf dieser Welt hätte ich so wenig erwartet wie dies, und ich versichere Ihnen: hätte ich mit einem solchen Vorfall gerechnet, hätte ich dafür gesorgt, daß meine Leute nicht ohne Waffen hingingen und dadurch verwundet wurden, und ich hätte mich gehütet, mich, wie ich es tat, vom Kardinal von Guise, meinem Bruder, begleiten zu lassen und meinen ältesten Sohn und meine Frau, die krank in ihrer Sänfte lag, mitzunehmen.

Ganz anders klingt der Bericht eines Hugenotten:

Der Herzog von Guise tat, als wolle er geradewegs nach Esclaron reisen, ohne Vassy zu berühren, und davon wurde viel Aufhebens gemacht, bevor er aufbrach. [...] In der reformierten Kirche von Vassy wurde gerade zur Predigt geläutet, was den Herzog und seine Leute veranlaßte, sich darüber zu unterhalten und zu fragen, warum man denn läute.

Sie erhielten zur Antwort – sogar von einigen aus der Begleitung des Herzogs von Guise und von anderen aus Vassy –, es handele sich um die Predigt der Hugenotten. Einigen geachteten und geehrten Personen entfuhren da trotz Verstellung und Heuchelei die Worte: »Verflucht, die sollen bald was erleben.«

Der Herzog begab sich mit seinen Leuten direkt nach Vassy, und sie kamen, ausgerüstet mit Waffen und Kriegsgerät, beim Kloster in die Stadt, hielten die Pferde sämtlich am Zügel und stellten sie nicht ein. Als er nun in Vassy war und ihnen noch viele Pagen und Lakaien mit langen Arkebusen, Panzerhandschuhen und Pistolen folgten, blieb er eine gute Weile hier, weil er sich nicht beherrschen konnte. Um sich den Anschein eines frommen und guten Christen zu geben, nahm er kurz Weihwasser und verließ dann wieder mit seinem zahlreichen Gefolge die Kirche. In der Markthalle von Vassy befanden sich vierzig Soldaten und Häscher von der Kompanie, die gewöhnlich hier in Garnison liegt; sie hatten sich hier versammelt und gingen schwer bewaffnet umher.

Die Soldaten und Häscher nun gesellten sich zu ihm, sogar der Kompanieführer und der junge Brosse, und alle marschierten in Reih und Glied dorthin, wo die von der Religion ihre Predigt hörten, in einer Scheune nämlich, die sie eigens zu diesem Zweck erworben hatten; sie lag weit weg vom Kloster, eine Schußweite etwa.

Als sie ankamen, stand die kleine Tür offen; das bemerkte der Herzog und schickte zuerst den jungen Brosse mit sieben Soldaten hinein.

Als sie den Pfarrer und das Volk, zweihundert Personen etwa, gemustert hatten, sagte man zu ihnen: »Setzen Sie sich doch bitte, meine Herren.« Worauf sie kurzerhand zur Antwort gaben: »Verdammt, man sollte sie allesamt umbringen.«

Nach diesen Worten wollten sie wieder hinausgehen, und ein paar von ihnen taten es auch wirklich; die andern blieben drinnen, so daß das Volk auf diese schimpfliche Drohung hin die Tür hinter ihnen schließen lassen wollte; dabei entdeckten sie, daß man etwas gegen sie im Schilde führte und daß draußen noch viele standen. [...] Da bemerkten sie auch den Herzog von Guise, bewaffnet.

Der Herzog und seine Leute, die in der Überzahl waren, legten Arkebusen und Pistolen an und schossen durch die offene kleine Tür auf die ihr am nächsten Stehenden, die getötet oder verwundet wurden.

Sie wichen von der Tür zurück, und so war die Versammlung wehrlos preisgegeben. Da drangen der Herzog und viele andere ein, schossen wild in die dichte Volksmenge und töteten und verwundeten eine große Anzahl.

Dann jagten sie die armen Männer, Frauen und kleinen Kinder mit derben Säbel- und Schwerthieben hinaus, und draußen mußten sie durch zwei Reihen von Soldaten und anderen Leuten seines Gefolges hindurch wie durch eine Allee. Jeder versetzte ihnen harte Schläge mit Schwert und Säbel, so daß ein großer Teil von ihnen schon bald tot zusammenbrach. Immerhin kamen mit Gottes Gnade einige nur mit einer Verwundung oder auch ohne Verletzung davon. Diese jedoch wurden von einer anderen Gruppe aus der Begleitung sofort wieder auf die Beine gestellt und mit der gleichen unbarmherzigen Grausamkeit getötet oder verwundet.

Diejenigen, welche auf das Scheunendach geklettert waren, wurden verfolgt und mit der Arkebuse beschossen. Das schreckliche und grauenhafte Schauspiel dauerte anderthalb

Stunden, ehe es zu Ende war. Danach wurden zum Zeichen des Triumphes und des Sieges die Trompeten geblasen. Das Haus eines gewissen Champignon, das sich in der Nähe des Gotteshauses befindet, wurde geplündert und bis auf das letzte Handtuch ausgeraubt. Der Herzog von Guise nahm den schwerverwundeten Pfarrer gefangen, legte ihn in Ketten und führte ihn fort; dann begab er sich zum Mittagsmahl in das Dorf Alancourt. Und da der Pfarrer seiner Wunden wegen kein Pferd besteigen konnte, wurde er bis Esclaron von vier Männern auf einer Leiter getragen.

Am darauffolgenden Dienstag waren schon fünfundvierzig Personen gestorben und begraben, und es blieben noch achtzig oder hundert Verwundete, von denen manche noch in großer Lebensgefahr schweben.

Condé, der Bruder des Bourbonen, und Coligny stellen sich an die Spitze der protestantischen Partei und rufen zu den Waffen. Die Hugenotten sind jetzt genügend organisiert. Der Herzog von Guise marschiert auf Paris zu und zieht am 16. März in die Stadt ein. Die Führer der Katholiken und die Pariser bereiten ihm einen triumphalen Empfang. Giovanni Correro, ein venezianischer Diplomat, urteilt folgendermaßen:

Das alles konnte ohne das unbedingte Zusammenhalten der Hugenotten nicht zustandekommen. Es ist an der Zeit, Sie kurz über ihre Organisation in diesem Königreich zu unterrichten.

Unter der Bezeichnung Hugenotten versteht man drei Klassen von Personen: die Mächtigen, die Bürger, die Leute aus dem Volk. Die Mächtigen sind der Sekte beigetreten, weil sie ihre Feinde vernichten möchten; die Bürger aus Sehnsucht nach der süßen Freiheit und in der Hoffnung, Reichtümer zu erwerben, vor allem das Vermögen der Kirche; die Leute aus dem Volk schließlich aufgrund von falschen Vorstellungen. Man kann es auch so ausdrücken: bei den ersten war's der Ehrgeiz; bei den zweiten Habsucht; bei den letzten Unwissenheit. Die Mächtigen, denen die Religion nichts anderes war als eine Kupplerin, konnten sich rühmen, zum großen Teil ihr Ziel erreicht zu haben, denn der Name des Prinzen von Condé und der des Admirals [*Coligny*] waren genauso geliebt und gefürchtet wie die des Königs und der Königin. Die Bürger kamen täglich ihrem Ziel ein Stückchen näher; und das niedrige Volk erhoffte sich von der neuen Religion die ewige Seligkeit. In jeder Provinz hatten sie ein Oberhaupt, das dem königlichen Statthalter an Autorität in nichts nachstand, wenn nicht gar der Statthalter selbst einer der ihren war.

Diesem Oberhaupt unterstanden viele Untergebene von Untergebenen unterschiedlichen Ranges, aber sie alle waren Edelleute und aus adligen Familien und über das ganze Land verstreut, ihre Autorität und ihre Macht mehrten sich ständig und hielten das niedrige Volk bei der Stange. Dann kamen die protestantischen Geistlichen, die dafür Sorge trugen, es geschickt zu unterweisen, es in seinem Glauben zu stärken und neue Anhänger zu werben. Ich sagte »geschickt«; besser hätte ich den Superlativ benutzt, denn sie übten ihr Amt mit einem geradezu unglaublichen Geschick und Eifer aus. Wenn unsere Priester sich nur halb soviel Mühe gäben, herrschte jetzt nicht ein solches Durcheinander in der Christenheit. Ihre Geistlichen veranstalteten oft Kollekten in den Kirchen, und sogar die Armen spendeten gern und großzügig. Die Mächtigen und die Leute aus dem Mittelstand verbrauchten dieses Geld für ihren eigenen Vorteil, denn sonst hätten sie die großen Ausgaben nicht bestreiten können, die einem großen König mehr angestanden hätten als kleinen Fürsten und Landedelleuten. Das war die Ordnung, die sie alle so fest zusammenschloß und sie so eng miteinander verknüpfte, sie so unbedingt eines Willens sein ließ, daß es für sie ein leichtes war, sich zu verständigen, geschwind zu gehorchen, sofort die Befehle ihrer Vorgesetzten auszuführen. Deshalb waren sie auch imstande, sich an einem festgesetzten Tag, bei strengster Geheimhaltung, alle auf einmal im Königreich zu erheben und einen so grausamen und gefährlichen Krieg zu beginnen. Doch darüber habe ich ja schon seinerzeit berichtet. Heute möchte ich nur noch bemerken, daß die Streitkräfte der mächtigsten Männer nichts erreichen, wenn ihre Ratgeber nicht loyal und ihre Anführer nicht getreu sind. Diese Wahrheit mußte der arme König erfahren, der das blühendste Heer besaß, das man jemals in Frankreich gesehen hat.

Der Bürgerkrieg bricht im März/April 1562 aus und dauert zunächst etwa ein Jahr. Am 19. März 1563 beendet der Friede von Amboise den »Ersten Hugenottenkrieg«. So kurz er auch war: sein Ablauf ist charakteristisch für die späteren Kriegszüge. Auf militärischem Gebiet tragen die katholischen, also königlichen Streitkräfte in der geschlossenen Schlachtordnung den Sieg davon, zumindest bis zur Schlacht von Coutras im Jahre 1587. Die Hugenotten kämpfen mit dem Mut der Verzweiflung, aber ihre eilig angeworbenen, schlecht ausgebildeten Soldaten sind den erprobten Kriegsleuten des Königs nicht gewachsen. In diesem Krieg bekämpfen sich die Städte untereinander, manchmal auch Bürger ein und derselben Stadt; Anhänger des einen oder andern Glaubens stehen sich feindlich und mitleidlos gegenüber und bringen sich gegenseitig um. Auch das Ausland bleibt nicht neutral. Spanien steht auf der Seite der Katholiken, England unterstützt die Protestanten mit Soldaten und Hilfsgeldern. Überall, wo sie es können, reißen die Hugenotten die Macht in den Städten an sich und nehmen die Katholiken gefangen. Jacques Gaches erzählt, wie die Hugenotten im April 1562 sich darauf vorbereiten, in Castres an die Macht zu kommen, und wie sie auf den Befehl des Prinzen von Condé warten:

Ungeduldig sahen die Katholiken zu, wie die von der Religion immer zahlreicher wurden, und da sie nicht wußten, mit welchen Mitteln sie es verhindern sollten, hetzten sie gegen sie ihre Mönche auf, die sie in ihren Predigten mit Schimpf und Schande traktierten und alle Welt aufriefen, Jagd auf sie zu machen. Dadurch entstanden Unruhen, und die Ratsherren sahen sich veranlaßt einzuschreiten.

Die von der Religion lebten in ständiger Furcht, denn sie sahen, daß die Katholiken unaufhörlich danach trachteten, sie zu vernichten, und in ihrer Not wandten sie sich heimlich an ihre Nachbarn um Hilfe, an die Städte Roquecourbe, Castelnau, Lacaume, St. Amant, Mazamet und an die frömmsten unter den Landedelleuten, an Guillaume de Guilhot, Herrn von Ferrières, und an Antoine de Payrusse, Herrn von Boissezon; und es gab auch noch andere, mit denen sie in Verbindung standen, so auch mit den Hauptleuten Bernas, Goffre, genannt La Manne, und Franc. Jetzt warteten sie nur noch auf den Befehl des Grafen von Crussol, des Stellvertreters des Prinzen [*Condé*], zu dem sie einen Boten geschickt hatten; er überbrachte ihnen den Befehl des Prinzen, die Herrschaft in der Stadt an sich zu reißen und alle Katholiken zu verhaften, um mit ihrer Hilfe alle die von der Religion zurückzufordern, die sich in ihrer Hand befanden. Die Ratsherren trafen alle notwendigen Vorkehrungen und gaben ihren Freunden und Nachbarn in aller Heimlichkeit Bescheid, und die Katholiken merkten erst etwas, als alles schon vorüber war.

Die Nachbarn, die man zu Hilfe gerufen hatte, waren in der Nacht vor die Tore gezogen, die Ratsherren hatten sie still und leise geöffnet, und als sie den Hauptplatz besetzt hatten, erhielten sie den Befehl, sich auf die verschiedenen Stadtviertel zu verteilen, und eine ansehnliche Truppe ließen sie auf dem Platz zurück; die übrigen begaben sich an den ihnen zugewiesenen Ort, die einen an die Stadttore, die andern auf die Mauern; und als sie alles in ihrer Hand hatten, zogen sie zum bischöflichen Palais, doch der Bischof war gerade nicht anwesend, und danach gingen sie in die Klöster, bemächtigten sich ihrer und verhafteten alle Katholiken, die noch zurückgeblieben waren. Viele hatten sich nämlich schon, sobald sie den ersten Lärm der einziehenden Truppen vernommen hatten, aus dem Staube gemacht, unter anderen auch Vater und Sohn de Roquecourbe, die sich in der Morgendämmerung auf ein Boot unter ihrem Fenster gerettet hatten. Man erließ einen Aufruf, in dem es hieß, den Katholiken sei es verboten, ihre

Häuser zu verlassen, um Unruhen und Zusammenstöße zu vermeiden. Über den Richter de La Roche und sein Haus hielt sein Schwager, de La Garrigue, schützend seine Hand, und keinem einzigen Katholiken wurde ein Haar gekrümmt, keinem Geistlichen, keinem Klosterbruder oder irgend jemand sonst; man versicherte sich lediglich ihrer Person, wie es in allen Städten, welche die von der Religion in ihre Gewalt bekamen, Vorschrift und Befehl war.

Als die Reformierten die Stadt unter Kontrolle haben, zelebrieren sie öffentlich ihren Gottesdienst. Jacques Gaches:

Bisher hatten die Predigten im Armenhaus, in der alten Schule und in Privathäusern stattgefunden. Jetzt, nach der Einnahme der Stadt, beschloß man, in katholischen Gotteshäusern Predigten zu halten. Wenige Tage später geschah es, daß einige, als man gerade mit der Predigt beginnen wollte, ausriefen: »Auf zur Platé! Auf zur Platé! [*Kirche Notre-Dame de la Platé.*] Der Raum hier ist zu klein für soviel Volk.« Augenblicklich brach die ganze Versammlung in denselben Ruf aus, daß man nämlich in die Platé gehen müsse, sie solle jetzt Pfarrkirche sein; und da es dort eine Menge Heiligenbilder gab, deckte man Laken darüber, um zu verhindern, daß etwas in Unordnung gebracht wurde.

Am Tage Mariä Lichtmeß zündeten sie vor der Gemeindewaage ein Feuer an und brachten alle Karten [*Spielkarten*], die sie finden konnten, herbei und verbrannten sie öffentlich; und zu Ostern feierten sie in der Platé unter großer Beteiligung das Abendmahl, und der Gottesdienst wurde gehalten von den Pastoren de Bosque, La Rivoire und Savin, die auch während der Kriegswirren weiterhin ihr Amt versahen.

Als nun die von der Religion die Stadt fest in der Hand hatten, fingen sie an, eine Kirchenordnung aufzustellen; die vorher erwähnten Geistlichen wurden zu Pastoren bestellt, und sie pflegten in den Gotteshäusern der Katholiken ihre Predigten zu halten, ohne irgend etwas auch nur anzurühren; man hörte ihnen andächtig zu, und sie machten durch ihre Predigten viel von sich reden, und von auswärts kamen viele herbei und ließen sich aufnehmen. Die Reformation in jener Zeit war etwas Wunderbares, und ein jeder trug fleißig zur Ehre und zum Ruhm Gottes bei: die Pastoren, indem sie ihre Amtspflichten erfüllten, und die Gemeinde, indem sie ihre Lehre befolgte und mit Nutzen anwandte. Die Männer gingen nicht mehr zum Spiel, nicht mehr zum Tanz, zu Maskenfesten und anderen sittenlosen Vergnügungen; auch die Frauen führten ein sittsames Leben, und so tat ein jeder schlicht und einfach, wozu er berufen war. Keiner lästerte mehr und fluchte, und wenn sich einer vergaß, stellte man ihn streng zur Rede.

Auch die bürgerliche Ordnung wird nach dem Vorbild von Genf organisiert:

Dann gründeten sie ein Konsistorium, das sich aus angesehenen Persönlichkeiten zusammensetzte und den Pastoren bei der Regelung kirchlicher Angelegenheiten Beistand leistete; es bestimmte auch, wer den Dienst in der Kirche übernehmen sollte.

Nachdem die Kirchenordnung festgelegt war, besetzte man die militärischen und politischen Ämter. Die Regierungsgeschäfte der Stadt übertrugen sie Herrn de Ferrières, seines hohen Alters und seiner Erfahrung wegen; Herr de Boissezon und der Baron von Ambres sollten ihm zur Seite stehen. Ihnen war ein Rat untergeordnet, der in Kriegsangelegenheiten zu entscheiden hatte; man stellte drei Reiterkompanien auf unter dem Befehl der Herren von Boissezon, von Ambres und Montlédier, ferner drei Infanteriekompanien, die von den Hauptleuten Bernas, Goffre und Franc angeführt wurden, und eine weitere für die Stadtwache. Man bildete außerdem einen Rat, dem die Entscheidung in politischen Dingen oblag und dem die Tag- und Nachtwache in der Stadt unterstand, bestimmte Ratsherren, die dafür zu sorgen hatten, daß der Befehl des Prinzen ausgeführt wurde, nämlich eine Aufstellung zu machen vom Hausrat der geflüchteten Katholiken und von sämtlichem Kirchengerät. So wollte man auch ein Verzeichnis anfertigen von dem silbernen Reliquienschrein in Saint-Vincent, der 640 Lot wog und von dem es in der Überlieferung hieß, ein Graf von Castres habe ihn gestiftet und wer sich unterfinge, ihn zu öffnen, verlöre auf der Stelle sein Augenlicht. Doch keinem der Anwesenden geschah etwas Derartiges, und während man noch überlegte, wie man die Reliquien am besten aufbewahren könnte, stellte sich, nachdem der Schrein geöffnet worden war, heraus, daß man sie herausgenommen hatte und nur noch ein Schal oder Tuch aus weißem Hanf darin lag und darauf ein Fetzen violetten Tafts; in das Tuch waren Lamm- und Ziegenknöchelchen eingewikkelt, und man hat nie erfahren, von wem und wann die Reliquien gestohlen wurden, und auch nicht, was aus ihnen geworden ist. Von dem Schrein und von sämtlichem anderen Silbergerät aus Kirchen und Klöstern wurde ein genaues Verzeichnis angelegt; alles sollte nach der Stadt Lyon gebracht werden, wo man es laut Befehl in Münzen umgießen sollte, um damit die deutschen Reiter zu besolden, die nach Frankreich kamen, um denen von der Religion Hilfsdienste zu leisten.

An anderen Orten, so zum Beispiel in Annonay, geht es nicht so maßvoll zu. Zerschmetterte Statuen und zerstörte Kirchen zeugen von der Herrschaft der Calvinisten. Hier ein Auszug aus den Tagebuchaufzeichnungen des Amtmanns von Annonay:

Am 8. März wollte Herr du Peloux einen Mönch schlagen, daher kam es zum Aufstand.

Bis heute halten sie an ihrem falschen Glauben fest und [. . .] versammeln sich täglich, bei Tag und bei Nacht, und kommen schwer bewaffnet zu ihren Predigten.

Am 15. März zerstörten sie die Pfarrkirche und setzten die Klosterpforte der Franziskaner in unserer Stadt in Brand.

Die Hugenotten haben Wachen aufgestellt und machen alle Abende die Runde, in voller Rüstung.

Sie haben Ratsherren für unsere Stadt ernannt, die die Schlüssel der Stadt verlangen.

Sie haben die Frauen aus dem Heiligkreuz-Kloster und die Verwalter der Ordenspfründen und Kapellen unserer Stadt gezwungen, alle Heiligenbilder aus ihren Kapellen zu entfernen. Sie haben fünf oder sechs Pfarrkirchen in der Umgebung unserer Stadt geplündert und nicht ein einziges Heiligenbild oder anderes Gut, z. B. Möbel, zurückgelassen, alles in Stücke gehauen und weggeschafft. [...]

Am Gründonnerstag sind die Hugenotten wieder in alle Kirchen der Stadt eingedrungen und haben auch alles übrige noch zerstört, vor allem im Kloster der heiligen Klara, wo sie beim ersten Mal nur die Statuen umgestürzt hatten; doch dieses Mal haben sie alle Altäre und das Chorgestühl in Trümmer geschlagen, Kleinholz daraus gemacht und alles, was sie in der Kirche fanden, weggeschleppt.

Der Stellvertreter [*des Amtmannes*] unterstützt sie auch noch. Der Prokurator ist Anstifter und Anführer der Hugenotten und Urheber all ihrer finsteren Machenschaften.

Die Hugenotten ziehen Steuergelder ein und belasten das Volk damit, ohne beim Magistrat die Erlaubnis dafür eingeholt zu haben.

In anderen Städten behalten die Katholiken die Herrschaft den ganzen Krieg hindurch. Ein Einwohner von Toulouse berichtet folgendes:

Mord und Totschlag auf beiden Seiten. Dasselbe in Basacle, wo es ein Gefecht gab, bei dem aber nur ein Christ, der keine Waffen bei sich hatte, den Tod fand, als er Beute wegtrug; von den Neuen [*Protestanten*] kamen sieben ums Leben, unter ihnen einer, der eine vergoldete Rüstung trug und bei dem man eine große Geldsumme fand. In der Erregung und Wut warf das Volk sie ins Wasser und duldete nicht, daß man sie wieder herauszog.

In St. Sernin wurde tapfer gekämpft, denn täglich stürmten sie die Stadt. An jenem Tag kam Herr von Bellegarde mit seinen Arkebusieren und seiner Reiterei an, die er draußen vor der Stadt einsetzte, um zu verhindern, daß sie Hilfe erhielten.

Freitag große Schlägerei. Die Ketzer erobern das Jakobiner- und das Franziskanerkloster und das Kloster von Tryn. Im Jakobinerkloster haben sie das Krankenhaus in Flammen gesetzt, wo über siebzig Sester Getreide lagerten, und zum Teil die Weinfässer zerschlagen. Ein Jakobiner brachte sechs neue Christen um. Es gelang ihnen aber nicht, den Schrein des heiligen Thomas zu stehlen.

Samstag, wie gewöhnlich, wieder Schießerei. Die Neuen lassen jetzt die Klöster in Ruhe. In der Rue de Pérolière, wo die Neuen mehr Schaden angerichtet haben als an irgendeiner anderen Stelle der Stadt, haben die Bürger auf eigene Faust eine Batterie aufgefahren. Nach dem Willen Gottes schlug sich das Volk so gut, daß der Hauptmann, der sich um diese Zeit gerade in unserer Stadt aufhielt, nicht zu Hilfe kommen mußte; sie drangen bis zur Ecke vor, wo die Prediger wohnen, und, nachdem sie die Feinde zurückgeschlagen hatten, sogar weiter bis zum Hause Bérenin. Der Präsident ist geflohen, Herr Chambert, ein Ratsherr, gefangen [*es handelt sich um angesehene Reformierte*], alles geplündert. [. . .] In der Nacht dauernde Schießerei auf beiden Seiten, beide in ihren Stellungen.

Sonntagmorgen: Die neuen Christen nahmen in der Nacht gegen die Abmachung wieder das Gymnasium St. Katharina. Zwischen neun und zehn Uhr gaben sie die Stadt auf und zogen ab, vor der Stadt gab es noch ein fürchterliches Gemetzel. Als dies diejenigen sahen, die noch in der Stadt zurückgeblieben waren, wollten sie wieder in das Rathaus zurückkehren. Aber die Hauptleute hatten es rechtzeitig in ihre Gewalt gebracht. [*Die Neuen,*] die man in der Stadt vorfand, mußten über die Klinge springen oder wurden eingekerkert.

Am Montag kam Herr de Montluc mit einer ansehnlichen Kompanie von hundert Reitern und vierhundert Arkebusieren. [. . .] Das Gericht hat manche hinrichten lassen und mehrere angesehene Leute der Stadt, Männer und Frauen, verhaftet. Es ist so gute Arbeit geleistet worden, daß die Stadt nun in den Händen des Königs ist.

Der Herzog von Joyeuse wiederum hat große Mühe, die Einwohner von Narbonne zum Widerstand zu veranlassen:

Die Bürger denken überhaupt nicht daran, selbst auf Wache zu ziehen; sie schicken ihre Diener oder gedungene Leute von auswärts. Sind die Tore geschlossen, vergehen zwei Stunden, bis die Diener und die Auswärtigen nach ihrer Arbeit Abendbrot gegessen haben und danach für ihre Herren ihren Posten beziehen; während dieser Zeit bleiben die Mauern unbewacht. Da das Gesinde den ganzen Tag über in den Weinbergen oder auf dem Feld gearbeitet hat, verschläft es natürlich den größten Teil der Nacht, tut mit Ach und Krach seine Pflicht und versieht seinen Dienst nur bis eine Stunde vor Tagesanbruch, dann zieht es schon wieder ab und verläßt seinen Posten, um an die Arbeit zu gehen. Andererseits kann man von vielen Bewohnern, die schon sechzig Jahre alt oder gebrechlich sind, nichts verlangen; sollten sie nämlich eine Nacht lang Wache halten, wären sie am nächsten Tag dem Tod und dem Grabe nahe.

Auch die Städte ziehen gegeneinander in den Krieg. Der nachstehende Bericht von Sully[1]*, dem zukünftigen Finanzminister Heinrichs IV., ist zwar zu einem späteren Zeitpunkt verfaßt, zeigt aber, welch groteske Situationen bei diesen sinnlosen Kämpfen entstehen konnten:*

Der Name Villefranche erinnert mich an ein einzigartiges Abenteuer, das sich etwa in jener Zeit zutrug. Die Bürger dieser Stadt hatten untereinander abgemacht, sich durch einen Handstreich des Nachbarstädtchens Montpazier zu bemächtigen, und verabredeten, ihren Plan in der gleichen Nacht durchzuführen, welche auch die ahnungslosen Bürger von Montpazier festgesetzt hatten, um auf die Eroberung von Villefranche auszugehen. Der Zufall wollte, daß jede der Truppen einen anderen Weg einschlug und sie sich auf diese Weise nicht begegneten. Alles verlief ohne das geringste Hin-

[1] Maximilien de Béthune, Baron von Rosny, wurde 1606 zum Herzog von Sully ernannt und ist unter diesem Namen in die Geschichte eingegangen.

dernis, um so mehr, als in beiden Fällen die Mauern unbewehrt waren. Sie plünderten und machten große Beute, alle waren hochbeglückt, bis die beiden Städte bei Tagesanbruch ihren Mißgriff erkannten. Sie schlossen einen Vergleich, in dem bestimmt wurde, daß jedermann nach Hause zurückkehren und daß alles wieder in den ursprünglichen Zustand zurückversetzt werden sollte.

Der Süden und der mittlere Westen Frankreichs stehen in Flammen. Aus einem Brief Chantonays, des spanischen Gesandten, vom August 1562:

Das Jahr rückt vor. Sollten Ausländer den Rebellen zu Hilfe kommen, käme das Königreich in eine höchst bejammernswerte Lage, denn Freund und Feind richten großen Schaden an, und er würde noch größer, wenn die Truppen hier Winterquartiere beziehen müßten. Keine Stadt, kein Dorf, wo nicht die bösen Folgen der Pest zu spüren wären. Getreide und Wein werden täglich teurer, eine befremdende Tatsache für die Jahreszeit, in der wir uns befinden, und es ist zu fürchten, daß es in Zukunft nicht besser wird.

Die Wirtschaftskrise hat zur Folge, daß sich ganze Gegenden Frankreichs, über den religiösen Aufstand hinaus, am Rande einer politischen und sozialen Revolution bewegen, und das zu einer Zeit, in der die protestantischen Führer noch durchaus monarchistisch gesinnt sind. – In der Provinz Guyenne wird Blaise de Montluc, der Autor des nachstehenden Textes, zum Statthalter des Königs ernannt. Er soll dafür sorgen, daß die Befehle des Hofes durchgeführt werden:

Es wurde Recht gesprochen, ohne daß sie aber jemals bestraft worden wären; und wenn sie jemanden umgebracht oder Kirchen zerstört hatten, kamen sofort diese elenden Kirchendiener – so muß man sie zu Recht nennen – und erklärten sich bereit, Informationen zu erteilen, und dabei stellte sich jedesmal heraus, daß die Katholiken den Anfang gemacht hatten und sich im Unrecht befanden und daß sie des Nachts selbst ihre Kirchen verwüsteten, damit es dann hieß, die Hugenotten wären es gewesen. Kein Buch, glaube ich, schildert solche Gaunereien, solche Schwindeleien und Ränke, wie sie in unserem Königreich vorkommen. Hätte die Königin mir auch nur drei Monate später meinen Bestallungsbrief geschickt, wäre das ganze Volk gezwungen worden, sich zu dieser Religion zu bekennen oder zu sterben, denn die Katholiken waren so eingeschüchtert durch die Urteile, die gegen sie ergingen, daß sie sich nicht anders zu helfen wußten, als ihre Häuser zu verlassen oder zu sterben oder sich zu dieser Religion zu bekennen. Die Pastoren erklärten öffentlich in ihren Predigten, wenn sie zu ihrer Religion überträten, müßten sie den Edelleuten keine Abgaben mehr zahlen, auch dem König keine Steuer mehr und keine »taille«[1], nur das, was von ihnen vorgeschrieben würde; andere predigten, daß die Könige nur so viel Macht haben dürften, wie es dem Volk gefiele; dann gab es wieder welche, die predigten, der Adel sei nicht mehr als sie; und tatsächlich: wenn die Verwalter der Edelleute von den Bauern das Lehen verlangten, erhielten sie die Antwort, in der Bibel stehe geschrieben, ob sie bezahlen müßten oder nicht, und wenn ihre Vorgänger dumm und blöde gewesen wären, sie jedenfalls seien es nicht.

Manche Adlige gingen schon so weit, daß sie mit ihnen verhandelten und sie baten, sie doch nur in ihren Häusern wohnen und auf ihren Feldern arbeiten zu lassen, und an Jahreszins und Lehnsgeldern verlangten sie nichts von ihnen. Keiner hatte mehr Mut, auf die Jagd zu gehen, denn sie kamen und töteten die Windhunde und die anderen Hunde mitten auf dem Feld, und es war lebensgefährlich, auch nur ein Wort dagegen zu sagen; und wenn man einen von ihnen auch nur anrührte, wurde es allen Gemeinden sofort gemeldet, und vier oder fünf Stunden später hatte man das Zeitliche gesegnet, oder man mußte fliehen oder sich im Hause von Leuten verbergen, die mit ihnen paktiert hatten, oder nach Toulouse

1 Steuer, die von jedem erhoben wurde, der nicht dem Adel oder der Geistlichkeit angehörte.

flüchten; denn sonst war man nirgendwo mehr seines Lebens sicher.

Das waren die Verhältnisse, die in der Provinz Guyenne herrschten. Ich sehe mich genötigt, auf diese Einzelheiten einzugehen, um Ihnen zu zeigen, ob der König mir zu Unrecht den schönen Titel eines Konservators von Guyenne verlieh und ob es notwendig war, hier einzugreifen.

Ein Krieg, der im Namen einer zentralen Macht gegen einen Volksaufstand geführt wird, bringt gewöhnlich für die Zivilbevölkerung großes Leid mit sich, denn die einen meinen, eine Horde von Briganten zu unterdrücken, die andern glauben, eine in ihren Augen gerechte Sache gestatte ihnen alle Ausschreitungen. Blaise de Montluc, der auch ein tapferer Soldat ist und berühmt für seine Heldentaten bei der Belagerung von Siena, hat »Kommentare« geschrieben, in denen er seine Kriegszüge schildert. Er ist Realist und durchschaut die Dinge genau:

Wenn die Königin und der Admiral in einem Zimmer säßen, dazu der Prinz von Condé und Herr von Guise, so würde ich sie zu dem Geständnis bringen, daß nicht die Religion sie veranlaßt hat, dreihunderttausend Menschen umzubringen, sondern etwas anderes.

Im November 1561 war er nach seinem Feldzug in Italien an den Hof zurückgekehrt. Er schreibt:

Als ich gesehen hatte, was sich seit meiner Rückkehr und seit dem Tode des Königs an neuen Ereignissen zugetragen hatte – denn damals sprach man offen darüber –, faßte ich den Entschluß, an den Hof zurückzukehren, um der Königin und ihren Kindern nicht von der Seite zu weichen und zu ihren Füßen zu sterben und sie gegen alle zu verteidigen, die ihnen etwa feindlich gegenüberträten, denn das hatte ich der Königin gelobt; und so machte ich mich auf den Weg. Damals hielt sich der Hof in Saint-Germain-en-Laye auf. [...] Nur fünf Tage blieb ich dort. Zu dieser Zeit traf gerade die Nachricht ein, daß in Marmande die Hugenotten Unruhen gestiftet, die Franziskanermönche umgebracht und das Kloster in Brand gesteckt hatten; dann kamen plötzlich auch noch weitere Meldungen über das Massaker, das die Katholiken in Cahors unter den Hugenotten angerichtet hatten, dann über das von Grenade, in der Nähe von Toulouse. [...]

Auf diese Weise erfuhr Ihre Majestät, was ich ihr vorausgesagt hatte. Zwei Tage lang konnten sie sich nicht entscheiden, wo sie zuerst den Brand löschen sollten; der König von Navarra [*Anton, Vater des späteren Heinrichs IV.*] schlug vor, die Königin solle an Herrn de Burie Briefe schicken und ihm schreiben, er solle für Ordnung sorgen; die Königin sagte, wenn nicht ein anderer sich darum kümmere, erteile er keinen einzigen Befehl. Die Königin zeigte damit, daß sie ihm mißtraute, und ich erinnere mich noch genau, was sie zu mir darüber sagte. [...] Endlich beschlossen sie, mich nach Guyenne zu schicken, mit Bestallungsurkunden und der Genehmigung, Fußvolk und Reiter auszuheben und allen, die zu den Waffen griffen, das Handwerk zu legen. Ich wies diesen Auftrag nach Kräften zurück, weil ich genau wußte, daß dies keine Sache war, die erst im Entstehen begriffen war, und daß es eines erfahrenen Mannes bedurfte, um dort Ordnung zu schaffen, und ich blieb dabei: ich wollte diese Aufgabe nicht übernehmen. Am nächsten Morgen schließlich ließen die Königin und der König von Navarra mich rufen; er veranlaßte die Königin, Herrn de Valence, meinen Bruder, zu bitten, mich umzustimmen, damit ich die Aufgabe dennoch übernähme. Als ich jetzt vor ihnen stand, und nachdem sie mir tüchtig zugeredet hatten, sah ich mich gezwungen anzunehmen. [...]

Ich bat mir zwei Parlamentsräte [*Richter*] aus der hiesigen Gegend Frankreichs aus, welche die Prozesse führen sollten, weil ich fürchtete, daß die Einheimischen weder etwas gegen die Katholiken noch gegen die Protestanten unternehmen würden, und man wies mir die zwei bösartigsten Männer des Königreichs Frankreich zu: Compain, einen Rat vom Parlamentsgericht, und Girard, den Stellvertreter des Oberhofrichters, deren Ruf seither nicht besser geworden ist. Ich bereute es, sie mir ausgebeten zu haben, aber ich hatte richtig zu handeln geglaubt. So begab ich mich denn schleunigst in die Gascogne.

Er weist Bestechungsversuche der Aufständischen zurück:

Als ich vier oder fünf Tage in meinem Haus in Estillac war, sprach bei mir ein Pastor von ihrer Kirche mit Namen Barelle vor und sagte, sie hätten sich über meine Ankunft sehr gefreut, ebenso über den Auftrag, den die Königin mir erteilt hätte; sie seien jetzt gewiß, daß man über diejenigen, von denen sie hingemetzelt worden wären, zu Gericht sitzen würde. Ich antwortete ihm, er könne sicher sein, daß die Schuldigen bestraft würden. Danach sagte er mir, daß er von der Kirche den Auftrag hätte, mir ein schönes Geschenk zu überreichen, das mir Freude bereiten würde. Ich sagte ihm, es sei keineswegs nötig, mir ein Geschenk zu machen, denn auch mit allen Geschenken der Welt erreiche man nichts anderes von mir, als daß ich meine Pflicht tue. Da sagte er zu mir, daß die Katholiken behaupteten, sie würden es nicht dulden, wenn man über sie zu Gericht säße, und er habe den Auftrag, mir von allen Gemeinden viertausend Mann Fußvolk zur Verfügung zu stellen, die von ihnen den Sold erhielten. Diese Worte versetzten mich in Wut, und ich sagte zu ihm: »Und was für Leute sollen diese viertausend Mann sein, und welcher Nation gehören sie an?« Da erwiderte er: »Diesem Land hier und den Gemeinden.« Daraufhin fragte ich ihn, wer anders denn befugt sei, die Untertanen des Königs zu den Waffen zu rufen und ins Feld zu schicken als der König oder höchstens noch die Königin, die aufgrund der Beschlüsse der Ständeversammlung in Orléans heute das Königreich regiert. »Oh, Sie Bösewicht«, sagte ich zu ihm, »ich sehe genau, worauf Sie hinauswollen. Sie wollen Zwietracht im Königreich säen; und Ihr Pastoren seid es, die das alles unter dem Deckmantel des Evangeliums tun.« Ich packte ihn beim Kragen und schrie ihn an: »Ich weiß nicht, was mich davon abhält, dich hier am Fensterkreuz aufzuhängen, du Lumpenkerl, denn ich habe mit eigener Hand zwanzig Männer erwürgt, die mehr taugten als du.« Da antwortete er mir, am ganzen Leibe zitternd: »Herr, ich bitte Sie inständig, lassen Sie mich zu Herrn de Burie gehen, denn ich bin von den Gemeinden beauftragt, mit ihm zu sprechen; und geben Sie nicht mir die Schuld, ich bin nur ihr Sprecher: wir tun das lediglich zu unserer Verteidigung.« Darauf sagte ich zu ihm, er solle sich zum Teufel scheren, er und sämtliche Pastoren; da ging er fort, von Angst gejagt wie nie zuvor in seinem Leben. Das brachte mich bei den Pastoren gewaltig in Verruf, denn es war eine Majestätsbeleidigung, einen von ihnen auch nur anzurühren.

Im Frühling und Sommer 1562 hat de Montluc alle Hände voll zu tun, zwischen Toulouse und Bordeaux die Rebellen mattzusetzen. Dazu benötigt er eine durchschlagende Rechtsprechung und nicht die Langsamkeit und Skrupel der beiden Juristen des Kriegsgerichts, die ihm aus Paris gefolgt sind und die sich nur mit Formfragen herumschlagen. Er bemerkt dazu in einem Brief, den er im April in Villefranche-de-Rouergue schreibt:

In Villefranche trafen wir mit dem Kardinal von Armagnac zusammen, der uns hier erwartete; er klagte darüber, daß man seine Kirchen verwüstet hatte, sogar in Villefranche, welches zu seinem Bistum Rodez gehört. Als die Ratsherren gemerkt hatten, daß wir anrückten, nahmen sie vier oder fünf Rädelsführer fest, die sich in Haft befanden, als wir ankamen.

Die Herren d'Alesme und de Ferron leiteten ein Verfahren ein gegen die vier oder fünf, die auf Veranlassung des Kardinals von Armagnac verhaftet worden waren; es war aber nicht möglich, Compain und Girard zu bewegen, ein gerechtes Urteil zu fällen, obwohl durch die angesehensten Leute der Stadt bezeugt wurde, daß jene eine Kette von Räubereien und Diebstählen begangen hatten, ganz abgesehen von der Brandschatzung der Kirchen. Acht bis zehn Tage verbrachten sie mit dem Prozeß und kamen immer zu dem Beschluß, daß sie freigelassen werden müßten; Herr de Ferron dagegen, obwohl von ihrer Religion, und ebenso Herr d'Alesme waren der Ansicht, daß sie ihr Leben lassen müßten. Der Kardinal von Armagnac und alle Gerichtsbeamten waren völlig verzweifelt, weil es zu keinem Urteil kam, und machten sich darauf gefaßt, nach unserem Abzug lauter Übeltaten zu erleben, wenn nicht doch noch durch das Urteil eine Abschreckung erfolgen sollte. Zuletzt kamen die Herren d'Alesme und de Ferron in mein Quartier und sagten mir, es gäbe keine Hoffnung, daß diese Leute jemals ein Urteil gegen die von der Religion ergehen ließen und daß sie mit ihnen nichts Vernünftiges anfangen könnten; sie wollten deshalb nach Hause zurückkehren. Ich bat sie, uns auf keinen Fall zu verlassen. Da sagte Herr d'Alesme zu mir: »Wollen Sie ihnen ein Schnippchen schlagen, das Ihrer würdig ist? Lassen Sie sie an den Rathausfenstern aufhängen, dort wo sie eingesperrt sind, und Sie machen dem Prozeß ein Ende; denn anders gibt es keine Hoffnung, daß jemals ein Urteil gefällt wird.« Da sagte ich zu ihnen: »Seid Ihr beide dieser Meinung?« Sie sagten ja. Und das genügte. Ich rief den Sergeanten des Herrn de Saint-Orens und sagte zu ihm in ihrer Gegenwart: »Sergeant, laß den Kerkermeister holen.« Das tat er auch; zu diesem sagte ich: »Übergib ihm die Gefangenen, die bei dir in Gewahrsam sind; und Sie, Sergeant, holen Sie meine beiden Henker und lassen Sie sie an den Rathausfenstern aufhängen.« Er machte auf der Stelle kehrt, und kaum war eine Viertelstunde vergangen, sahen wir sie an den Fenstern hängen.

Gefangene zu machen, ist eine Schwäche, die auch der Reiz eines Lösegeldes nicht entschuldigt:

Wir waren so gering an Zahl, daß wir nicht alle töten konnten; denn damals war keine Rede davon, Gefangene zu machen: und selbst wenn der König die Kompanien hätte besolden lassen, hätte ich in diesen Kriegen nicht erlaubt, die Zahlung von Lösegeld einzuführen, durch die der Krieg nur in die Länge gezogen wurde; aber weder Gendarm noch Soldat erhielten Sold; es war einfach unmöglich. Außerdem gab es kaum welche; vielleicht hat gerade das den Krieg in die Länge gezogen. Es ist nicht wie in den Kriegen gegen ein fremdes Land, wo man aus Liebe, um der Ehre willen kämpft; in Bürgerkriegen muß man Herr oder Diener sein, denn man wohnt ja unter einem Dach; und deshalb muß man Strenge und Grausamkeit anwenden; sonst nimmt die Gewinnsucht derart überhand, daß man lieber die Fortführung des Krieges wünscht als sein Ende.

Gefangene zu machen, ist erst recht eine Schwäche, wenn es sich um einen tapferen Feind handelt. Am 1. August 1562 wird Monségur im Agenais eingenommen:

Mit etwa achtzig bis hundert Soldaten umzingelte ich die Mauern, und sprang dann einer über die Mauer, war er ein toter Mann. Das Gemetzel dauerte bis zehn Uhr oder noch länger, denn man durchsuchte auch noch die Häuser nach ihnen, schnappte aber nur fünfzehn bis zwanzig, die wir aufknüpften, unter ihnen alle Beamten des Königs und die Ratsherren, die noch ihre ledernen Kapuzen anhatten. Lösegeld gab's nicht, höchstens für die Henker. Der Hauptmann, der dort den Befehl führte, hieß Hauptmann Héraud; er hatte in Moncallier meiner Kompanie angehört und in Albe zeitweilig als Gefreiter gedient, ein tapferer Soldat wie kaum einer in Guyenne, er wurde unser Gefangener; viele Leute wollten, daß wir ihm das Leben ließen, weil er so tapfer war, aber ich sagte, daß er, käme er mit dem Leben davon, in jedem Dorf wieder gegen uns Front machen würde und daß mir seine Tapferkeit wohl bekannt sei; gerade deswegen ließe ich ihn hängen. Er dachte immer noch, ich würde ihm das Leben schenken, da ich ja wußte, wie tapfer er war; doch gerade deshalb ließ ich ihn sterben, da ich fest davon überzeugt war, daß er sich nie auf unsere Seite schlagen würde, denn er war völlig starrsinnig und stand ganz im Banne dieser Religion; sonst hätte ich ihn verschont. Man zählte die Toten, und es waren über siebenhundert: auf allen Straßen lagen Leichen, auch an den Mauern entlang, denn es ist nur eine ganz kleine Stadt, und mit Sicherheit fanden noch über vierzig andere den Tod, jene nämlich, die über die Stadtmauern gesprungen waren und die ich hatte umbringen lassen.

Nur eine exemplarische Bestrafung nutzt etwas:

Als ich in der Nähe von La Réole war, wurde mir gemeldet, daß sich in der Gironde sechzig bis achtzig Hugenotten aus der Stadt befanden, die des Nachts auf der Straße, die Herr de Duras eingeschlagen hatte, nach dort zurückgekehrt waren. Auf der Stelle schickte ich meine Kompanie und die Arkebusiere des Barons von Clermont hin; und alle wurden gefangengenommen, es waren etwa sechzig oder siebzig: ich ritt in die Stadt und ließ ohne Umstände alle an den Pfeilern der Markthalle hängen; das versetzte das ganze Land so sehr in Schrecken, daß sich alles am Flußufer entlang in Richtung Marmande und Tonneins absetzte, wohin Herr de Duras sich zurückgezogen hatte, um seine Leute zu sammeln und seine Truppen neu aufzustellen; deshalb sah er sich gezwungen, sich noch weiter zurückzuziehen in Richtung auf die Dordogne. Man konnte erkennen, wo ich durchgezogen war, denn auf unserem Weg sah man an den Bäumen meine Wegweiser hängen. Ein Gehängter schreckte mehr ab als hundert Gefallene. Die Königin von Navarra, die sich in Duras befand, begab sich in ihr Schloß Caumond (bevor ich es erobert hatte), wo sie aber nicht lange blieb; vielmehr reiste sie von dort in ihr Land Béarn; danach kamen wir zum Schloß Caumond. Gott weiß, wie sehr sie mich haßte; einen Tyrannen nannte sie mich und bedachte mich mit allen nur erdenklichen Schimpfwörtern. Sie war Prinzessin und stand im übrigen außerhalb der Kampfhandlungen. Als Diener des Königs und Katholik tat ich meine Pflicht; hätten alle so gehandelt wie ich, hätten wir nicht erlebt, was wir später erlebt haben.

Nicht immer werden die Frauen verschont. Im Laufe des Monats August 1562 wird das Schloß Penne im Agenais mit Hilfe spanischer Söldner gestürmt:

Zuletzt feuerte ich unsere Leute an und trieb sie wieder die Treppe hinauf; manche spornte ich an, anderen drohte ich, denn ich hatte das bloße Schwert in der Faust, um, wenn ich Feiglinge entdeckt hätte, diesen eins draufzugeben.

Ich stand auf halber Höhe, und als ich sah, daß das Tor aufgebrochen war, sagte ich zu Hauptmann Charry, sie sollten durchs Feuer hineinspringen, was sie auch ohne viel Federlesens taten; man brauchte ihm nichts zweimal zu sagen, er fürchtete den Tod nicht. Die vor mir standen, stieß ich, ob sie wollten oder nicht, die Stufen hinauf, und gewaltsam drangen wir ein, stießen im Hof jedoch nur auf Frauen und Mädchen, und auch in den Ställen war alles voll von Weibern. [. . .] Die Frauen mußten die Steintreppe hinuntergehen: die Spanier, die im Schloßhof standen, unten an der Treppe, brachten sie um; sie seien alle verkleidete »Lutheranos« gewesen, behaupteten sie. Mit noch größerer Wucht stürmten wir gegen das Bollwerk zur Linken und bezwangen es, drangen durch eine Tür und zwei Fenster ein und töteten alles, was drinnen war.

In dieser Stunde erkannte ich, daß die Leute des Don Loys zum größten Teil junge Rekruten waren, denn erfahrene Soldaten töten keine Frauen, und jene brachten über vierzig von ihnen ums Leben. Ich war sehr aufgebracht darüber. Auch die Hauptleute waren entrüstet, konnten aber nichts dagegen tun, denn sie behaupteten, es wären verkleidete »Lutheranos« gewesen; als sie nämlich die eine oder andere im Scherz etwas näher untersucht hatten, hatte sich erwiesen, daß es vermaledeite Kerle waren, die sich den Bart abrasiert und Frauenkleider angezogen hatten. Das war also die Erstürmung von Penne, die deshalb von nicht geringer Bedeutung war, weil es sich um einen stark befestigten Platz handelte, der in einem schönen Land an einem Fluß lag, wo mancher Bursch ins Jenseits befördert und dann in einen recht tiefen Brunnen geworfen wurde, der sich im Schloß befand.

Das erste politische Attentat

Die militärischen Operationen in den Jahren 1562/63 sind geordneter als die bis dahin üblichen Handstreiche und der Bandenkrieg. Das Rhônetal ist fast ganz in den Händen der Reformierten. Von Narbonne bis Bordeaux bringt man sich gegenseitig um, doch eine zusammenhängende, wenn auch improvisierte hugenottische Armee kontrolliert den mittleren Westen von La Rochelle bis Blois und hält sogar Le Havre und Rouen. François de La Noue, ein tapferer und redlicher Hauptmann aus dem reformierten Lager, stellt eine Betrachtung über die Soldaten an:

Vier bis fünf bemerkenswerte Dinge fielen mir auf. Erstens: In dieser großen Truppe war nicht ein Fluch mit dem Namen Gottes zu hören; wenn sich nämlich einer mehr aus Gewohnheit als aus Bösartigkeit hinreißen ließ, wurden die anderen zornig; das wirkte abschreckend. Zweitens: In sämtlichen Quartieren hätte man nicht ein einziges Paar Würfel gefunden, auch kein Kartenspiel, die Ursache so vieler Streitereien und Diebereien. Drittens: [*In den Quartieren*] waren keine Frauen zugelassen, die sich hier ja nur aufzuhalten pflegen, um der Zuchtlosigkeit Vorschub zu leisten. Viertens: Niemand entfernte sich von der Truppe, um sich auf eigene Faust Verpflegung zu verschaffen, und alle waren zufrieden mit den zugeteilten Lebensmitteln und mit dem geringen Sold, den sie erhielten. Endlich wurden morgens und abends beim Aufziehen der Wache und bei der Wachablösung gemeinsam Gebete gesprochen, und die Luft hallte wider von Psalmengesang; in diesen Handlungen zeigte sich die Frömmigkeit derer, die im Krieg nicht gerade gewohnt sind, fromm zu sein. Und obwohl damals ein strenges Gericht gehalten wurde, bekamen nur wenige die Härte zu spüren, weil es kaum Übertretungen gab. Manche konnten es gar nicht fassen, ein so erfreuliches Verhalten zu sehen, und einmal sprachen mein verstorbener Bruder, Herr de Teligny, und ich mit dem Admiral [*Coligny*] darüber und rühmten es sehr. Da meinte er: »Es ist wirklich schön, vorausgesetzt, daß es anhält; aber ich fürchte, daß diese Leute hier all ihre Tugend auf einmal verschwenden und daß zwei Monate später nur noch Böses übriggeblieben ist. Ich war lange Zeit Befehlshaber der Infanterie, und ich kenne sie; sie handelt oft nach dem Sprichwort: junger Mönch, alter Teufel. Wenn diese hier anders sein sollten, machen wir ein Kreuz an den Kamin.« Wir mußten lachen und dachten nicht länger über seine Worte nach, bis die Erfahrung uns lehrte, daß er sich in diesem Punkt als Prophet erwiesen hatte.

Tatsächlich ist die Versuchung stärker:

Der erste Verstoß gegen Zucht und Ordnung ereignete sich bei der Einnahme von Boisgency. Diese war den Provenzalen gelungen, indem sie von Laufgräben aus zwei Löcher in die Stadtmauer gebrochen hatten; die von der Religion, die hier wohnten und die Stadt nicht hatten verlassen können, wurden mehr von ihnen gepeinigt und ausgeplündert als die katholischen Soldaten, die sie verteidigten; es kam sogar vor, daß sie Frauen vergewaltigten. Dieses Beispiel machte Schule bei den Gascognern, die kurz darauf bewiesen, daß ihnen im Plündern keiner etwas vormachen sollte. Das Regiment des Herrn d'Yvoy hingegen, das nur aus Franzosen bestand, übertraf die beiden anderen noch, als hätte man einen Preis ausgesetzt für den, der das meiste Unheil anrichtete. So verlor unsere Infanterie ihre jungfräuliche Reinheit, und aus dieser illegitimen Verbindung ging als Sprößling Mademoiselle La Picorée [*Kriegsbeute*] hervor, die seitdem so zu Ansehen und Würde gekommen ist, daß man sie jetzt Madame nennt. Wenn der

Bürgerkrieg noch länger dauert, zweifle ich nicht im geringsten daran, daß sie auch noch Prinzessin wird. Diese schlimme Unsitte nistete sich auch sehr schnell bei den Adligen ein; hatten sie einmal von den ersten Leckerbissen, die sie sich zu Gemüte führten, gekostet, mochten viele unter ihnen sich nicht mehr von anderem Fleisch ernähren.

Auf diese Weise verpestete das Übel, das zunächst vereinzelt, dann überall auftrat, immer mehr den ganzen Körper. Ich habe oft gesehen, mit welchen Heilmitteln man der bösartigen Krankheit Herr zu werden hoffte. Auch der Admiral hat sein möglichstes getan, denn er war ja ein Arzt, der sich wohl am besten dazu eignete, diese Krankheit zu heilen; er kannte keine Nachsicht, und keiner brauchte sich einzubilden, sich mit leichtfertigen Entschuldigungen aus der Affäre ziehen zu können, wenn er etwas auf dem Kerbholz hatte, denn die galten in seinen Augen nichts. Als er auf der Reise in die Normandie war, wurde ihm einmal gemeldet, ein Hauptmann habe mit seinen Arkebusieren ein Dorf gebrandschatzt; sofort schickte er dorthin, und wenn man auch nur den Anführer und vier bis fünf Soldaten schnappte, so wurden sie doch auf der Stelle verurteilt; er ließ sie aufhängen, gestiefelt und gespornt, den Mantel um die Schultern und mit der Fahne als Erkennungszeichen. Dann ließ er zur Ausschmückung der Trophäe die Diebesbeute, Frauenkleider, Bettlaken, Tischtücher, Hühner und Schinken, alles kunterbunt durcheinander, an den Füßen festbinden; das sollte eine in großen Lettern geschriebene Warnung sein für alle, die sich in dem gleichen Handwerk üben wollten. Danach sah man nirgendwo mehr redlichere Leute, jedenfalls einen Monat lang. Dann allerdings kehrten sie wieder zu den lieben Gewohnheiten zurück, die ohne Strenge nicht auszutreiben waren. Den katholischen Truppen sei zu ihren Gunsten noch nachgesagt, daß sie sich anfangs gut aufführten und dem Volk wenig Böses antaten, und bei ihnen tat sich der Adel als leuchtendes Vorbild hervor. Wie lange sie aber durchhielten, vermag ich nicht genau zu sagen; jedenfalls habe ich gehört, daß sie im Handumdrehen und mit vollen Segeln den gleichen Weg einschlugen wie die andern. Wenn uns auch manchmal unsere verwilderten Sitten Stoff zum Lachen geben, so haben wir doch weit öfter Grund zum Weinen, wenn wir sehen, wie viele, die unter den Fahnen stehen, durch ihr schlechtes Betragen nicht verdienen, Soldaten, sondern eher Räuber genannt zu werden.

Beide Lager haben Söldner angeworben; bei den Katholiken sind es vor allem Spanier, Schweizer und Deutsche, bei den Reformierten vorzugsweise Deutsche. Die Söldner der Religionskriege sind immer schwer zu behandeln. Ein protestantischer französischer Offizier bringt im Jahre 1588 zum König von Navarra deutsche Reiter und Landsknechte. Er schrieb darüber folgendes nieder:

Damals hatten uns unsere Schweizer im Stich gelassen, und auch die deutschen Reiter des verstorbenen Friedrich von Verne wollten fortgehen. Dies Beispiel wirkte so zersetzend auf unsere Truppen, daß auch die Franzosen anfingen, sich auf und davon zu machen, wann und wie es ihnen gerade paßte. Herr de Chamerolles führte den Reigen an, ihm folgten die Barone von Lenque und von Reuilly, danach andere, scharenweise, zum Schluß der Prinz von Conty, der immerzu lamentierte, das Heer sei jetzt ruiniert, die Schweizer hätten es im Stich gelassen und man müsse sich vom Feind absetzen.

Wir machten uns indessen in größtmöglicher Eile auf den Weg nach Rouennes, und sie wußten immer noch nicht, was sie tun sollten; das Regiment des Friedrich von Verne meuterte noch und wollte auf und davon, ebenso ein Teil der Landsknechte und die meisten anderen deutschen Reiter, ausgenommen die Anführer, wie der Baron von Dono, der Koronnel Bouc und Dommartin; sie und ihre Freunde sagten, sie wollten mit den Franzosen gehen und zum König von Navarra vorstoßen.

Die Katholiken haben mit ihren Söldnern den gleichen Ärger. Antoine d'Alègre richtet ein Schreiben an den Herzog von Guise, in dem es heißt:

Gnädiger Herr, ich möchte Ihnen auf jeden Fall mitteilen, daß ich auf Ihre Anweisung hin an die Soldaten der hiesigen Garnison Brot und Wein habe verteilen lassen; ich habe ihnen erklärt, daß sie sich jetzt nicht mehr so schlecht aufführen dürften wie in der Vergangenheit, sie müßten sich von nun an besser betragen und mit der einfachen Kost, die der König ihnen gibt, zufrieden sein; daraufhin ließen sie am Morgen die Soldaten aus der Kompanie des Barons von Perdilhan, der vom Hauptmann Chaillou vertreten wird, bewaffnet ausziehen, um zu plündern, zu erpressen und die Bauern auszurauben, wie es ihre Gewohnheit ist. Als ich das erfuhr, habe ich dem Hauptmann Chaillou melden lassen, er möge für Ordnung sorgen; er kam daraufhin in mein Quartier, fuhr mich barsch an, führte hochtrabende Reden, beschimpfte mich und zog zuletzt sogar das Schwert. Zum Glück stürzte er mit dem Schwert in der Faust zu Boden, mir auf Gnade oder Ungnade ausgeliefert, aber ich mochte ihm nichts antun. Die Leute vom Gericht und die Beamten des Königs werden den Fall untersuchen und Ihnen, gnädiger Herr, das Ergebnis zustellen, sobald die Untersuchung abgeschlossen ist. Ich bitte Sie untertänigst, mir eine Buße aufzuerlegen, wenn ich Unrecht tat, und ihn zu bestrafen, wenn er sich falsch betragen hat, ferner, für Ordnung zu sorgen, denn ich versichere Ihnen, heute sind über zweihundert unterwegs und schleppen den Bauern alles weg; ich selbst habe keine Möglichkeit, dagegen einzuschreiten, da der Hauptmann mit ihnen unter einer Decke steckt und sie außerdem die Stärkeren sind. Sie werden sehen, gnädiger Herr, daß Frauen und Mädchen ermordet wurden und daß Fälle von Wucher und Plünderung vorgekommen sind; die Akten über die Gerichtsverfahren stapeln sich über einen halben Fuß hoch.

Die Söldner schlagen sich tapfer, doch ohne Leidenschaft und verschonen den besiegten Feind, um Lösegeld von ihm zu erhalten. In der Schlacht von Dreux am 19. Dezember 1562 wird der Konnetabel Montmorency von Volpert van Derfz, einem deutschen Edelmann in hugenottischen Diensten, gefangengenommen. Volpert van Derfz richtet folgenden Brief an den Konnetabel:

Gnädiger Herr,

als Sie am Tag der Schlacht mein Gefangener wurden, versprachen Sie mir, sich mir dankbar zu erweisen, wie es einem vortrefflichen und tapferen Fürsten ansteht, und alles zu tun, damit ich mit Ihnen zufrieden wäre; ich erlaube mir nun, Ihnen mitzuteilen, daß man mir nur sechstausend Taler zugesagt hat, während Herr de Rochefort neuntausend gab, ganz abgesehen von dem Silbergerät, und er ist nicht ein so hoher Herr wie Sie.

Ich bitte Sie daher ergebenst, doch nicht weniger geben zu wollen und mir die Summe von neuntausend Talern zukommen zu lassen, zusammen mit der Zahlung der uns zustehenden zwei Monate, die noch offensteht. Ich will Ihnen auch nicht verhehlen, daß ich dem Soldaten, der Sie bewachte, eine goldene Kette zur Belohnung gab und auch noch weitere Unkosten hatte; verzeihen Sie mir bitte, wenn ich mir die Freiheit nehme, Ihnen meine Forderung mitzuteilen; und jedesmal wenn ich Gelegenheit habe, Ihnen einen bescheidenen Dienst zu erweisen, werde ich tun, was in meinen Kräften steht.

Indem ich Gott bitte, er möge Ihnen, gnädiger Herr, Wohlergehen und Gesundheit erhalten, empfehle ich mich Ihrem Wohlwollen.

Ihr untertäniger und ergebener Diener

V. v. D.

Ein protestantischer Edelmann mit Namen Saint-Auban muß nach einem für ihn unglücklich ausgegangenen Scharmützel um sein Leben handeln. Er schildert die näheren Umstände:

Wir waren etwa zwanzig Reiter und standen plötzlich hundertzwanzig berittenen Kundschaftern von der Truppe des Herrn d'Epernon gegenüber, der mit etwa sieben- bis achthundert schweren Reitern unterwegs war, zum größten Teil adligen Herren oder Landedelleuten, Höflingen, die alle nicht nur tapfer, sondern auch recht wohlhabend waren. Herr de Fervaques führte den Spähtrupp an; bei dem Gefecht geriet ich unter mein spanisches Pferd, das von einem Degenstich in die Brust und von einem Lanzenstich in die Flanken durchbohrt worden und verendet war. Drei Mann von ihrer Truppe hielten bei mir an und richteten drohend ihre eingelegten Lanzen auf mich, bis ich sie anredete. Da verlangten sie meine Waffen, die ich ihnen aber nicht aushändigen wollte, solange sie mir nicht ihr Wort gegeben hätten, daß sie mir das Leben ließen; als ich ihr Versprechen hatte, wollte ich noch ihre Namen wissen, bevor ich ihnen meine Pistole und mein Schwert gab. Später sind mir aber nur zwei wieder eingefallen. Der eine sagte mir, er sei Quartiermeister von der Kompanie des Herrn de l'Archan; einer der beiden andern nannte sich Herr de Noyon: an den dritten Namen habe ich mich niemals mehr erinnern können. Sie fragten mich, von welcher Kompanie ich sei. Ich erklärte ihnen, daß ich zur Kompanie des Herrn de Châtillon gehöre. Sie fragten mich, ob er hier sei und ob ich Edelmann sei. Ich sagte ja. Sie fragten mich nach meinem Namen und ob ich Geld bei mir hätte. Ich erwiderte ihnen, daß ich Montreal heiße und daß ich fünfzig Taler bei mir hätte, die ich ihnen gab; auf keinen Fall jedoch wollte ich ihnen meinen Helm geben; ich fürchtete nämlich, man könnte mir einen Schwertstreich über den Kopf versetzen, wenn man mich mit bloßem Haupt in ihrer Truppe erblickte; ich dachte daran, daß er ihnen ohnehin gehörte, dazu alles, was ich besaß, da ich ja ihr Gefangener war. Nun entstand die Frage, wie ich wohl unter meinem Pferd hervorkommen sollte; das hatte ich schon zur Genüge vergeblich versucht, bevor sie gekommen waren und nachdem die meisten der hundertzwanzig Reiter an der Stelle, wo ich gestürzt war, vorbeigeritten waren. Auch in ihrer Gegenwart gelang es mir nicht, mich zu befreien, auch nicht, als sie mir halfen und einer mich bei der Hand faßte und ein anderer an einem Ende meiner Feldbinde zog; es half alles nichts, und ich bemerkte nicht den geringsten Erfolg. Da drohten sie mir, mich zu töten, wenn ich mich nicht aus meiner Lage befreie, und kitzelten meine Waffen mit ihren Lanzen. Ich sagte ihnen schließlich, indem ich sie an ihr gegebenes Wort erinnerte und daran, daß sie Edelleute seien, einer von ihnen solle doch vom Pferd heruntersteigen und nachsehen und sich von meinen Bemühungen überzeugen; daß sie mich erst töten sollten, wenn sie der Ansicht wären, ich suche sie zu überlisten. Nach diesem Wortwechsel, der lange dauerte, kam ihnen in den Sinn, daß unsere Leute von neuem angreifen könnten, und sie sannen auf einen Ausweg. Ich sagte zu ihnen: »Meine Herren, einer von Ihnen oder zwei sollen Leute holen, die mich aus meiner Lage befreien, und der dritte soll mich bewachen, damit mich nicht einer aus Ihrer Truppe umbringt«; und ich gab ihnen mein Manneswort und versprach ihnen als Edelmann, ihnen noch einhundert Taler ins königliche Heer zu schicken, wenn sie mich nach meiner Befreiung nicht gefangennähmen: das war ihnen aber nicht genug; eine geraume Weile noch verhandelten sie über mein Leben. Endlich machten sich alle drei auf, um jemanden zu holen, der mich aus meiner Lage befreien könnte; und als sie fortgeritten waren, machte ich wieder einen Versuch, unter meinem Pferd hervorzukommen, und plötzlich merkte ich, wie mein eingeklemmter Stiefel etwas Spielraum hatte, so daß ich die Lederriemen losmachen konnte; und beim zweiten Versuch konnte ich mein Bein herausziehen; der Stiefel blieb unter dem Pferd zurück, dazu Gamasche und Sporn, und augenblicklich lief ich davon, so schnell ich konnte.

Vergeblich suchen beide Parteien nach einer Einigung. Es kommt zu einer Begegnung zwischen der Königin und den Führern der Hugenotten, über die uns de La Noue berichtet:

Ich will von der mündlichen Unterredung berichten, die in der Nähe von Toury in der Provinz Beauce zwischen der Königin, dem König von Navarra und dem Prinzen von Condé stattfand. Sie wollten beratschlagen, mit welchen Mitteln die Differenzen beigelegt werden könnten. Viele waren nämlich der Ansicht, daß ein Treffen und ein Gespräch zwischen den Mächtigen mehr ausrichte als die Botschaften, die sie so häufig einander zuschickten. Und obwohl solche Zusammenkünfte nicht ungefährlich waren, erklärte man sich zuletzt doch damit einverstanden, weil die Königin fest darauf bestand, und zwar unter folgenden Bedingungen: beide Parteien durften nicht mehr als hundert vollbewaffnete Edelleute mitbringen, die Truppen mußten zwei Meilen von dem verabredeten Ort entfernt haltmachen, und von beiden Parteien sollten dreißig Reiter der leichten berittenen Garde sechs Stunden vor dem Treffen das Land auskundschaften, das in dieser Gegend flach ist wie das Meer. Zur festgesetzten Stunde traf die Königin zu Pferd am bezeichneten Ort ein und gleichzeitig der König von Navarra; der Prinz [*Condé*] und der Admiral [*Coligny*], ebenfalls zu Pferd, trafen mit ihr zusammen und verhandelten hier über die öffentlichen Angelegenheiten. Inzwischen hatten die beiden Truppen, eine Elite von meist vornehmen Herren, achthundert Schritte voneinander entfernt haltgemacht. Der Marschall d'Anville befehligte die eine, der Graf von La Rochefoucauld führte die andere an. Als sie eine halbe Stunde einander gegenübergestanden und sich aufmerksam gemustert hatten, wünschte der eine seinen Bruder, der andere seinen Onkel, seinen Vetter, seinen Freund oder seine einstigen Gefährten wiederzusehen, und da baten sie ihre Vorgesetzten um Erlaubnis dazu. Diese erhielten sie nur mit Mühe, denn es war verboten, daß sie miteinander sprachen, weil man fürchtete, es käme zu Beschimpfungen und zu einem Handgemenge. Aber es entstand weder Zank noch Streit, im Gegenteil, alle, die es sich nicht hatten versagen können, ihren Verwandten und Bekannten, mit denen sie einstmals verbunden waren, freundschaftlich zuzuwinken, begrüßten sich freudig und fielen einander in die Arme, obwohl sie jetzt feindliche Farben trugen, denn die Truppe, die den König von Navarra begleitete, hatte dunkelrote Mäntel und rote Wimpel und die des Prinzen von Condé weiße Mäntel und weiße Wimpel. Die Katholiken, im Glauben, die von der Religion seien verloren, redeten ihnen zu, sie sollten doch auch an sie denken und nicht starrsinnig diesen unseligen Krieg entfachen, in dem man die eigenen Verwandten ums Leben bringen müßte. Die anderen erwiderten, sie haßten den Krieg, aber sie müßten sich verteidigen, denn sie wären sicher, die gleiche Behandlung zu erfahren wie so viele andere von der Religion, die überall in Frankreich eines grausamen Todes sterben müßten. Kurz, sie spornten einander an, Frieden zu machen und die Mächtigen ebenfalls davon zu überzeugen. Manche standen ein wenig abseits und stellten tiefere Betrachtungen an. Sie beklagten die Uneinigkeit, die Quelle zukünftiger Übel; und wenn sie darüber hinaus noch bedachten, daß alle diese Freundschaftsbezeugungen sich auf ein kleines Zeichen ihrer Vorgesetzten in blutigen Mord verwandelten und daß, waren die Visiere erst einmal geschlossen und hatte die jäh aufsteigende Kampfeswut die Augen blind gemacht, der Bruder mit seinem Bruder kein Erbarmen mehr hatte, so stiegen ihnen die Tränen in die Augen. Auch ich war dabei, auf der Seite derer von der Religion, und darf wohl sagen, daß ich auf der andern Seite ein Dutzend Freunde besaß, die mir so lieb und teuer waren wie meine eigenen Brüder und die für mich dieselbe Zuneigung hegten. Dennoch machten das Gewissen und die Ehre es uns zur Pflicht, weder an dem einen noch am andern Verrat zu begehen. Die Freundschaften unter den einzelnen waren damals noch lebendig; als aber das große Unheil seinen Lauf nahm und das Gespräch unterbrochen wurde, erloschen sie mit der Zeit. Nachdem die Königin und der Prinz von Condé zwei Stunden miteinander verhandelt hatten und es zu keiner Einigung kam, zogen sie sich zurück, und alle waren bekümmert darüber, daß kein besseres Ergebnis erzielt worden war.

Rouen wird am 26. Oktober 1562 von den Katholiken zurückerobert. Dabei findet der König von Navarra den Tod. Agrippa d'Aubigné war dabei:

Am Tag vor der Einnahme traf den König von Navarra, als er in den Laufgräben pißte, ein Büchsenschuß in die linke

Schulter; man trug ihn auf der Pioniersleiter fort nach Darnetal; er empfing den Leib des Herrn, beichtete noch einmal in aller Stille und ließ sich die Geschichte von Hiob vorlesen.

Danach legte er vor allen Anwesenden den Eid ab, daß er, sollte er noch einmal mit dem Leben davonkommen, sich zur reformierten Religion bekennen wolle; obwohl der Jakobinermönch, den man zu ihm schickte, verkleidet war, kehrte er ihm den Rücken, als er im Sterben lag; er befahl seinen Sohn der Obhut des Arztes La Mézière, der ihn ungeachtet aller Drohungen bis zum letzten Atemzug in der reformierten Religion unterwies. Es fiel ihm zu, dem jungen Prinzen [*Heinrich von Navarra*] unter anderem auch die Nachricht zu überbringen, er solle seinem König treu dienen. Dieser Prinz [*der Verstorbene*] war angenehm im Umgang, aber unbeständig und launisch, mehr aus Schwachheit des Hirns als des Herzens.

Im September 1562 haben die Reformierten der Königin Elisabeth von England die Stadt Le Havre gegeben und erhalten dafür von ihr Truppen und Geld. Katharina ist außer sich darüber. Unter der Führung des Prinzen von Condé, des Bruders des gefallenen Königs von Navarra, ziehen die Hugenotten gegen Paris. Der Protestant de La Noue teilt darüber folgendes mit:

Danach brachen wir das Lager ab und marschierten nach Paris; am Tage bevor wir vor Paris ankamen, wollten wir mit den Feinden Fühlung aufnehmen, um in Erfahrung zu bringen, wie stark sie waren, und weil wir sie zu einem Ausfall verlocken wollten. Sie schickten zwölfhundert Arkebusiere und fünf- bis sechshundert Ritter vor die Laufgräben; und dabei entstand ein heftiges Scharmützel. Schließlich gab der Prinz [*Condé*] das Zeichen zum allgemeinen Angriff, bei dem die Katholiken teils im Trab, teils im Galopp in ihre Laufgräben zurückgeschlagen wurden; sie waren darüber so entsetzt, daß sich der Schrecken sogar im Pariser Volk verbreitete. Strosse blieb mit fünfhundert ausgesuchten Arkebusieren in einiger Entfernung innerhalb der Umfriedungsmauern einer Windmühle in Kämpfe verwickelt; er hielt so tapfer stand, daß wir ihn nicht bezwingen konnten, obwohl unsere Truppen ihn umzingelten und Sturm gegen ihn liefen. Nach dem Rückzug schlugen wir unser Lager in drei nahe beieinander liegenden Dörfern auf, nämlich in Gentilly, in Arcueil und in Montrouge. Sieben oder acht Tage lang wurden nur Unterhändler hin- und hergeschickt; zuletzt erkannten wir, daß die katholischen Anführer sich über uns nur lustig machten; sie hatten nämlich schon so große Vorteile in der Hand, daß ihnen viel mehr am Sieg als am Frieden lag. Ich will noch etwas erzählen, das sich in diesen Tagen zutrug, etwas, in dem sich das Wesen unserer Nation noch besser zeigt: Am Tage des Waffenstillstandes bemerkte man, wie auf freiem Feld zwischen den Wachtposten sieben- bis achthundert Edelleute beider Parteien ungezwungen miteinander plauderten; viele begrüßten sich, andere umarmten sich, so daß den deutschen Reitern des Prinzen von Condé, die unsere Sitten nicht kannten, der Verdacht kam, getäuscht und verraten zu werden von jenen, die sich gegenseitig mit schönen Freundschaftsbezeugungen überhäuften, und sie beklagten sich bei den Vorgesetzten. Nach Beendigung des Waffenstillstandes sahen sie aber, daß gerade die, welche sich am herzlichsten umarmt hatten, sich auch am unerbittlichsten mit den Lanzen bekämpften und mit Pistolen aufeinander schossen und aus dieser Tragödie manchmal mit argen Verwundungen herauskamen. Da beruhigten sie sich ein wenig und sagten zueinander: »Was für Toren, die heute einander lieben und sich morgen gegenseitig töten!« Es ist gewiß schwer, seine Verwandten und Freunde wiederzusehen und dabei ungerührt zu bleiben. Aber wenn wir wieder die Waffen ergriffen hatten und die Büchsenschüsse pfeifen hörten, hatte alle Höflichkeit ein Ende. Die Katholiken verspotteten uns sogar und sagten: »Ihr Herren Hugenotten, glaubt nicht, Paris sei Corbeil.«[1]

[1] Französische Redensart, die sagt, daß man sich in einem großen Irrtum befindet.

Die Königlichen erhalten Verstärkung durch die Spanier. Aus einem Brief des kastilischen Hauptmanns Juan de Ayala an Don Francisco de Cisneros:

Am 25. September zogen wir in Frankreich ein: es war so verwüstet und wir trafen so wenig Leute, die mit Gott und dem König Freund waren, daß wir uns darüber entsetzten. Überall, wo wir durchzogen, brachten wir denjenigen, die ihn vergessen hatten, und das waren die meisten, wieder Gehorsam vor dem König bei: wir ließen jeweils Besatzung zurück; so marschierten wir die 150 Meilen bis Paris. Als wir noch 20 Meilen von dieser Stadt entfernt waren, erfuhren wir, daß der Prinz von Condé sie belagerte und daß sämtliche Truppen des Königs darin eingeschlossen waren, und zwar 6 000 Schweizer, 4 000 Deutsche, 2 000 Franzosen und 1 500 Reiter, denen der Connétable [*Montmorency*] und Herr von Guise nicht recht trauten, und das aus gutem Grund, denn sie sind größtenteils Lutheraner. Sie schickten uns unverzüglich einen Ritter vom Orden des heiligen Michael entgegen, einen gewissen Herrn de Sansac, der uns veranlassen sollte, schnell weiterzumarschieren, und sagte, wir seien seine Rettung. Da der Feind die Durchgänge besetzt hatte, mußten wir einen Umweg von 16 Meilen machen: dadurch sahen wir uns gezwungen, einen Marsch von 36 Meilen zu machen, den wir in vier Tagen zurücklegten trotz schlechten Wetters und der anstrengenden voraufgegangenen Märsche. Am 17. Dezember um vier Uhr nachts erreichten wir Paris. Am nächsten Tag schlugen wir unser Lager außerhalb von Paris auf, in Sichtweite der Feinde, von denen wir etwa gleich weit entfernt waren wie die Kirche Unserer Lieben Frau von Atocha von dem Haus Eurer Gnaden. Noch in derselben Nacht brach der Feind sein Lager ab und hob die Belagerung auf. Mit den Truppen unserer Partei und mit über 2 000 tapferen Gascogner Soldaten verließen wir Paris und folgten dem Feind auf dem Fuße.

Die beiden Armeen stehen sich am 19. Dezember in Dreux gegenüber. Die königlichen Truppen (17 000 Mann) sind stär-

ker als die Reformierten (11 500 Kämpfer) und haben eine größere Artillerie (22 Kanonen gegen 5). Sie tragen den Sieg davon. Juan de Ayala hat uns die Schlacht folgendermaßen dargestellt:

Sie [*die Hugenotten*] marschierten auf die Normandie zu, in der Absicht, sich dort mit 10 000 Engländern zu vereinen, die ihnen von der Insel zu Hilfe geschickt worden waren. Wir marschierten drei Tage und eine Nacht und trafen um ein Uhr am 19. dieses Monats eine Meile von dem Ort entfernt ein, wo die Feinde ihr Lager aufgeschlagen hatten. Wir stellten unsere Truppen folgendermaßen auf: Unsere Spanier bildeten die Vorhut, auf dem rechten Flügel, neben uns, standen 500 Reiter: das war nicht üblich, doch sie waren nur wenige, und man traute ihnen nicht recht. Daneben stellte man die 2 000 Gascogner auf; daneben ein Korps von 4 000 gut bewaffneten Deutschen; dann die 6 000 Schweizer und schließlich etwa 1 000 Reiter. Als unsere Feinde uns bemerkten, verließen sie ihr Lager und stellten ihre Truppen auf: sie teilten sie auf in drei Infanterie-Korps, die etwa 10 000 Mann stark waren; aber keiner hatte Lust, sich mit den Spaniern zu schlagen. Wir waren nur 2 100 Mann, weil wir in Paris viele Kranke zurücklassen mußten, dazu die Feiglinge, welche die Angst dort festhielt. Die Feinde glaubten, wir seien über 4 000. Deshalb stellten sie uns ein Korps von 4 000 Mann Fußvolk und ein weiteres von 2 500 deutschen Reitern gegenüber, die hierzulande sehr geschätzt werden. Außerdem verfügten sie über 3 000 Mann Kavallerie, die gegen den Rest unserer Kavallerie kämpfen sollten.

Pedro de Ayala und ich stellten unser Bataillon in Reihen von sechsunddreißig mit Piken bewaffneten Soldaten auf und zu beiden Seiten einer jeden Reihe elf Arkebusiere, so daß die Front aus achtundfünfzig Mann bestand. Einen Flügel Arkebusiere plazierten wir vor unser Bataillon, dreißig Schritt von einer Seite entfernt. Die besten Männer standen in den ersten Reihen, wie es üblich ist, und in dieser Ordnung marschierten wir dem Feind entgegen, der nun auch gegen uns vorrückte. Unsere Artillerie, die bei weitem stärker war als die ihre, brachte ihnen erhebliche Verluste bei. Ihr Korps von 2 500 Reitern setzte zum Vorstoß an, recht weit von der Infanterie entfernt, ein äußerst kühnes Unterfangen, und kam bis auf einen Steinwurf weit an unseren etwa 400 Mann starken Flügel mit den Arkebusieren heran. Als diese beiden Korps das Feuer eröffnet hatten, hielten die 2 500 Reiter, als sie sahen, in welch tadelloser Ordnung wir dastanden, es für richtig, uns nicht anzugreifen, sondern kehrten dorthin zurück, woher sie gekommen waren, in der Absicht, zuerst gegen die andern Nationen zu kämpfen. Sie stürmten gegen die 6 000 Schweizer an, und obwohl ihnen dieses Bataillon heftigen Widerstand leistete, brachen sie in seine Reihen ein und töteten nahezu 400 Mann. Die 1 000 Reiter, die sich in Schußweite befanden und vom Connétable angeführt wurden, eilten den Schweizern zu Hilfe; aber kaum standen die Reiter Auge in Auge dem Feind gegenüber, ergriffen sie die Flucht; dabei fand ein Sohn des Connétable den Tod. Er selbst wurde gefangengenommen. An dieser Stelle verloren wir eine Menge angesehener Leute. Inzwischen rückten die Feinde von links heran und waren nur noch eine halbe Meile von uns entfernt. Die Franzosen auf unserer Seite kamen zu uns und sagten, wenn wir ihnen nicht entgegenmarschierten, wären wir allesamt verloren. Wir sahen die Notwendigkeit ein und beschlossen, gegen sie vorzurücken. Wir marschierten mit großen Schritten vorwärts und hatten schließlich alle unsere Bataillone weit hinter uns gelassen. Die Feinde erwarteten uns gefaßt; als wir aber in einer Entfernung von 50 Schritt die beiden ersten Salven abgefeuert hatten und sie sahen, daß wir die Piken senkten, um zum Angriff gegen sie vorzugehen, packte sie die Furcht, und wir brachen in ihre Reihen ein, ohne dabei mehr als 6 Mann zu verlieren, und töteten 3 000. Nachdem wir diesen Vorteil errungen hatten, griffen die 500 Reiter, die sich in unserer Nähe befanden, eine Schwadron an, bei der sich der Prinz von Condé befand; sie nahmen ihn gefangen.

Was noch übrig war, ergriff die Flucht. Eine und eine halbe Meile weit verfolgten wir sie. Wir töteten noch etwa 400 Mann und machten viele Gefangene. Da es aber nur noch eine Viertelstunde lang heller Tag sein würde, stellten wir die Verfolgung ein. Dieser Sieg kann dem König wieder die Herrschaft in seinem Königreich sichern. In Religionsfragen allerdings herrscht in diesem Königreich ein solcher Wirrwarr, daß nur Gott helfen kann. – Aus dem Lager von Dreux, wo die Schlacht stattfand.

Mergey, ein protestantischer Edelmann, verläßt als einer der letzten das Schlachtfeld:

Beim letzten Angriff brachten wir am meisten zustande; der Marschall von Saint-André gefallen, Herr La Brosse und viele andere Hauptleute und Edelleute ebenfalls, der Connétable gefangen und nach Orléans gebracht; die Nacht trennte uns, und wir zogen uns in unsere Quartiere zurück, eine Meile von dem Ort entfernt, wo die Schlacht stattgefunden hatte. Ich muß noch sagen, daß ich als letzter der Unseren das Schlachtfeld verließ, nicht, weil ich besonders kampfeslustig gewesen wäre, aber ich hatte mich in die Truppe des Marschalls von Saint-André verirrt, die weiße Mäntel trug mit ein wenig grüner Stickerei, die man kaum wahrnahm, und eine ganze Weile war ich im Glauben, sie seien unsere Leute; denn die Hugenotten trugen alle weiße Mäntel; ich hatte auf den meinen etwas schwarze und gelbe Borde nähen lassen, so daß auch unsere Feinde glauben mochten, ich gehöre zu ihnen. Als ich meinen Irrtum erkannte, machte ich mich mit List und Tücke davon und ritt den Unseren nach, die sich schon auf dem Rückzug befanden, und während ich hinter ihnen herritt, kam mir ein Fähnrich aus einer feindlichen Reiterkompanie in vollem Galopp entgegen; zwei unserer deutschen Reiter waren ihm nämlich auf den Fersen. Ich stellte mich ihm in den Weg, um ihn an der Flucht zu hindern, so daß unsere beiden deutschen Reiter ihn einholten; beide schossen ihre Pistole auf ihn ab, und er fiel tot vom Pferd, die Reiter nahmen seine

Fahne mit, und so kehrten wir heim ins Quartier. Unsere Wirtsleute bereiteten uns in dieser recht kalten Nacht einen überaus schlechten Empfang; ich machte für den Grafen den Stallknecht, denn wir hatten weder Diener noch Troß; die waren anderswo untergebracht.

Der Herzog von Guise will den Hugenotten die Stadt Orléans entreißen. Da verübt am 18. Februar 1563 Poltrot von Méré ein Attentat auf ihn, an dessen Folgen er am 24. 2. stirbt. Es macht den Sohn des Herzogs und den Admiral Coligny zu Todfeinden. Der Bischof von Riez schildert in einem Brief an den König die näheren Umstände:

Sire,
ich erlaube mir, Ihnen Bericht zu erstatten über die letzten Handlungen und Worte des Herrn von Guise. Als ich mit der Königin ins Lager kam, hat er mir die Ehre erwiesen, mich rufen zu lassen; ich sollte ihm auf seinem Sterbelager Beistand leisten und Nachtwache bei ihm halten. [...]

Am Donnerstag – die Friedensverhandlungen waren noch nicht beendet – hatte sich Herr von Guise nach Portereau begeben, wo er sich lange aufgehalten hatte. Er hoffte, auf dem Rückweg den Herren zu begegnen, die von Orléans zurückkamen; da ihre Ankunft sich aber verzögerte, beabsichtigte er, in seinem Quartier auf sie zu warten, und wollte in einem Boot über das Flüßchen Loiret setzen; die von der Religion hatten nämlich die Brücke gesprengt und noch nicht wieder hergestellt. Inzwischen ritt Herr de Crenay, der sich in seiner Begleitung befand, voraus, um Frau von Guise von der verspäteten Rückkehr ihres Gatten zu benachrichtigen und ihr zu sagen, daß er bald einträfe. Nachdem der Mörder, der nicht wert ist, daß man seinen Namen nennt, den Loiret überquert hatte, war er eine ganze Weile am Ufer entlangspaziert, um eine Gelegenheit abzuwarten; er sah ihn und fragte ihn, wann sein Herr käme. Crenay antwortete, er käme gleich nach ihm, und ritt weiter. Als der Verräter sah, daß der Zeitpunkt für sein Vorhaben, nämlich Herrn von Guise zu töten, günstig war, und er die Tat nicht mehr länger aufschieben wollte, wartete er, bis er das Boot verlassen hatte; dann ritt er auf einem spanischen Pferd voraus, das er eigens zu diesem Zweck wenige Tage vorher einem der Leute des Herrn von Guise abgekauft hatte.

Er sah ihn zwischen zwei hohen Nußbäumen hindurch geradewegs über eine Kreuzung kommen und nach links in den Weg einbiegen, der zu seinem Quartier führte; es war gerade eine halbe Stunde vor Einbruch der Dunkelheit (er wollte ihm nicht ins Gesicht sehen aus Furcht, wie er später gestand, daß er ihm nichts Böses antun könnte, wenn er ihn sähe; das war nämlich schon einige Male vorgekommen); er ritt los und gab aus seiner Pistole, die mit drei Kugeln geladen war, von hinten und aus nächster Nähe einen Schuß auf ihn ab; die Kugel traf ihn unter der rechten Schulter und durchbohrte ihn. Der Aufprall war so heftig, daß er vornüberfiel, mit dem Kopf auf den Hals des Pferdes; dann richtete er sich wieder auf, wollte mit der Hand nach dem Schwert fassen und merkte, daß er im Arm keine Kraft mehr hatte. Da ahnte er, daß er tödlich getroffen war. Als er in seinem Quartier angekommen war, trat er in sein Zimmer, wo sich Frau von Guise befand. Sie war sehr erschrocken über einen so plötzlichen und unvorhergesehenen Unglücksfall; er umarmte sie, tröstete sie und sagte zu ihr, er brächte ihr zwar eine schlechte Nachricht, aber sie solle sie hinnehmen als von Gott geschickt und sich seinem Willen fügen: man hätte ihn in der Nähe seines Quartiers meuchlings ermordet, während eines Gespräches mit Herrn de Roftaing über den Friedensschluß. Er wunderte sich darüber, daß es soviel Bosheit unter den Menschen gab; es tat ihm nicht leid, sterben zu müssen, doch schmerzte es ihn, daß einer aus seinem eigenen Volk eine solche Tat vollbringen konnte. In Tränen ausbrechend sagte Frau von Guise, sie werde Gott um Rache dafür anflehen; er rügte sie und sagte, man solle Gottes Zorn nicht herausfordern, denn er befehle uns, unseren Übeltätern zu vergeben und ihm die Rache zu lassen, das ihm wohlgefälligste Geschenk, das der christliche Mensch ihm machen könne: er sei sehr glücklich, zu seiner Ehre und im Dienste des Königs zu sterben. Als er sah, daß der Prinz von Ginville weinte, umarmte er auch ihn und sagte zu ihm: »Gott erweise dir die Gnade [*mein Sohn*], ein guter Mensch zu sein.« Dann gedachte er Ihrer, Sire, und der Königin; er sagte, sicher würde Ihnen sein Mißgeschick sehr zu Herzen gehen und Sie verlören an ihm einen guten Diener, der Sie niemals im Stich gelassen hat. [...]

Ich möchte Ihnen auch noch mitteilen, daß der Meuchelmörder nur von Herrn de Roftaing verfolgt wurde, der unlängst aus dem Dienst der Königin entlassen und zu Herrn von Guise gekommen war und seitdem zu seinem Gefolge zählte. Da aber Herr de Roftaing auf einem Maultier ritt und er in der dunklen Nacht nichts ausrichten konnte, mußte er die Verfolgung schon bald aufgeben. Der Flüchtende hielt sein Schwert in der Hand, schrie laut und tat so, als verfolge er selbst den, der den Schuß abgegeben hatte. Aber Gottes gerechtes Gericht duldete nicht, daß der Mörder sich weit vom Ort seiner Untat entfernte; zwischen Gergeaut und Olivet wurde er gefaßt (wie durch ein Wunder), und zwar von Leuten, die ihn nicht kannten. Nachdem man ihn in Gegenwart der Königin und der Prinzen und der Herren aus dem königlichen Rat verhört hatte, brachte man ihn nach Paris, und dort wurde er vom Parlamentsgericht seiner Schuld entsprechend verurteilt. Ich möchte Ihnen nur noch mitteilen, Sire, daß er unter anderem auch eingestanden hat, zu Herrn von Guise nach Messas unter dem Vorwand gekommen zu sein, er bereue es, die Waffen derer von der reformierten Religion getragen zu haben, und er wolle nunmehr in Ihren Diensten stehen. Auf diese Weise bot sich ihm leichter eine Gelegenheit, ihn zu töten; doch seine große Güte und seine Liebenswürdigkeit, die er an ihm bemerkte, hatten ihn immer davon abgehalten, seine böse Absicht auszuführen.

Der Meuchelmörder ist ein Calvinist aus der Saintonge, Jean de Poltrot, Herr von Méré. Er ist sechsundzwanzig Jahre alt. Bei seiner ersten Vernehmung am 26. Februar 1563 sagt er folgendes aus:

Im Monat Juni oder Juli (1562), als der Prinz von Condé sich in Orléans aufhielt und der Herr de Soubise zu seiner Kompanie gehörte, dessen Diener er war, kam er in diese Stadt.

Hier wandten sich der jüngere Herr de Feuquères, Gouverneur von Roye, und der Hauptmann Brion an ihn und sagten zu ihm, früher hätten sie ihn als einen tatkräftigen und unternehmungslustigen Mann gekannt; wenn er jetzt bereit wäre, im Dienste Gottes, zu Ehren des Königs und zu des Volkes Wohl eine gute Tat zu vollbringen, könnte er Ruhm und Ehre ernten; als er sie bat, freimütiger mit ihm zu sprechen, eröffneten sie ihm, um welches Unternehmen es sich handelte. Er versicherte ihnen, er sei stets bereit, dem König einen guten Dienst zu leisten; als sie seine Bereitwilligkeit bemerkten, schickten sie ihn zum Admiral [*Coligny*] und sagten ihm, von diesem erführe er weiteres über das, was sie ihm angedeutet hätten.

Und tatsächlich führten mich zwei oder drei Tage danach Feuquères und Brion zu Herrn von Châtillon, dem Admiral. Er hatte sein Quartier in Orléans, nahe bei dem Haus, in dem der Prinz von Condé wohnte. Herr von Châtillon befahl allen Anwesenden, sich zurückzuziehen: das taten sie, ebenso Feuquères und Brion, und ich blieb allein bei ihm zurück. Er fragte mich, ob ich mir zutraue, ins Lager des Herrn von Guise zu gehen (damals das königliche Lager bei Beaugency) und den zu töten, der die Gläubigen verfolge. Damit könnte ich mich um Gott und die Menschen verdient machen.

Ich sagte zu Herrn von Châtillon, das sei eine zu große Aufgabe für mich. Herr von Châtillon redete mir noch eindringlicher zu, doch ich bat ihn lediglich, nichts über unser Gespräch verlauten zu lassen, und auch ich sprach mit niemandem darüber. Als Herr de Soubise Orléans verließ und sich nach Lyon begab, begleitete ich ihn und blieb bei ihm bis etwa vierzehn Tage nach der Schlacht von Dreux. De Soubise schickte mich Herrn von Châtillon entgegen und gab mir Briefschaften für ihn mit, ohne mir jedoch zu sagen, was er Herrn von Châtillon geschrieben hatte. Als ich in der Nähe der Stadt Celles im Berry, in einem Ort mit Namen Villefranche angekommen war, traf ich Herrn von Châtillon, dem ich die Briefe übergab. Er befahl mir, nach Orléans zu reisen und dort auf ihn zu warten. Das tat ich auch. Kurze Zeit darauf meldete ich mich bei Herrn von Châtillon, um von ihm zu erfahren, was er von mir wollte. Er fragte mich, ob ich mich noch an unser Gespräch im vergangenen Sommer erinnerte. Ich gab ihm zur Antwort, daß ich mich ganz genau erinnere, daß die Sache aber zu gewagt sei. Herr von Châtillon erklärte mir, daß ich, wenn ich die Tat ausführen wollte, im Dienste Gottes und zum Wohl der Republik handeln würde. In diesem Augenblick kam Théodore de Bèze herein und noch ein anderer Geistlicher von kleinem Wuchs, doch untersetzt und mit schwarzem Bart. Auch sie redeten auf mich ein und fragten mich, ob ich denn nicht glücklich wäre, auf dieser Welt mein Kreuz zu tragen, wie es auch der Herr für uns getan hätte ... Da ließ ich mich überreden und sagte zu Herrn von Châtillon, daß ich Gottes Willen tun wolle und mich ins Lager des Herrn von Guise begeben würde. [...]

Ich erhielt zwanzig Taler und ritt ins Lager von Messas, wo ich mich beim Herzog von Guise meldete und ihm sagte, daß ich es bereue, die Waffen gegen den König getragen zu haben, und daß ich fortan ihm dienen wolle. Der Herzog von Guise hörte mich wohlwollend an und sagte zu mir, ich sei willkommen. Als der Herzog von Guise Messas verließ, um sich nach Blois zu begeben, begleitete ich ihn dorthin und kehrte auch wieder mit ihm zurück. Einige Tage darauf ritt ich wieder nach Orléans und ging zu Herrn Châtillon und versuchte mich dafür zu entschuldigen, daß ich eine so große Aufgabe nicht übernehmen könnte: der Herzog von Guise pflege niemals ohne zahlreiche Begleitung sein Haus zu verlassen.

Doch Herr von Châtillon gab mir wieder neuen Mut und meinte, er wisse noch sehr genau, was er versprochen hätte; ich brauche mich nicht zu entschuldigen. Dann redeten mir auf seine Veranlassung de Bèze und der andere Geistliche, die auch beim ersten Mal mit mir gesprochen hatten, von neuem zu; zuletzt brachten sie mich so um Sinn und Verstand, daß ich mich einverstanden erklärte, zu tun, was sie wollten. Um mich in diesem bösen Entschluß zu bestärken, überreichte Châtillon selbst mir einhundert Taler in einem Stück Papier, damit ich mir ein Pferd kaufen könne für den Fall, daß meins nicht soviel taugte, daß ich mich nach der Tat durch die Flucht retten könnte. Für diese hundert Taler stellte ich ihm eine Quittung aus, kehrte ins Lager von Messas zurück und überlegte, wie ich mein Vorhaben ausführen könnte.

Später zog Herr von Guise mit dem Heer nach Saint-Hilaire bei Saint-Mesmin, und ich folgte ihm. Von Herrn de La Mauvoisinière hatte ich in Messas ein spanisches Pferd gekauft, er verlangte hundert Taler, die ich ihm gab, und obendrein das englische Pferd, das ich bis dahin geritten hatte. Einige Tage logierte ich im Schloß von Corneil, das zwei bis drei Meilen vom Lager von Saint-Hilaire entfernt ist. Mein Vorhaben schob ich immer wieder auf, bis ich erfuhr, daß die Stadt Orléans stark bedrängt würde und man mit allen Kräften versuchte, sie einzunehmen; da fürchtete ich, daß manche rechtschaffenen Leute dort getötet und ausgeplündert werden könnten, und entschloß mich, mein Versprechen wahr zu machen.

Am letzten Donnerstag, dem 18. dieses Monats, nach dem Nachtmahl in einer Meierei, die eine halbe Meile vom Quartier des Herzogs von Guise entfernt liegt, kam mir der Gedanke, an diesem Tag das Vorhaben auszuführen. Als Herr von Guise über den Loiret setzte, um sich nach Portereau zu begeben, begleitete ich ihn und blieb bis Portereau bei ihm; dann kehrte ich über die Brücke und durch das Dorf Olivet, wo die Schweizer im Quartier liegen, zurück und wartete auf Herrn von Guise an der Stelle, wo er über den Loiret mußte, und war entschlossen, die Tat zu vollbringen, gleichgültig, ob er in zahlreicher Begleitung war oder nicht. Als ich das Trompetensignal vernahm, das man blies, als Herr von Guise zurückkam und ins Boot steigen wollte, um über das Wasser zu fahren, ritt ich ans Ufer.

Als Herr von Guise an Land gegangen war, nur begleitet von einem Edelmann, der ihm vorausritt, und von einem andern, mit dem er sich unterhielt und der auf einem kleinen Maultier ritt, folgte ich ihm nach, und in der Nähe seines Quartiers, an einer Kreuzung, von der mehrere Wege nach verschiedenen Richtungen führen, feuerte ich meine mit drei Kugeln geladene Pistole auf ihn ab, und zwar aus einer Entfernung von sechs bis sieben Schritten, darauf bedacht, ihn in die Schulter zu treffen, denn ich vermutete, daß er Waffen bei sich hatte; dann gab ich dem spanischen Pferd die Sporen und ritt mit Windeseile durchs Gebüsch davon. In dieser Nacht legte ich etwa zehn Meilen zurück und meinte, mich von Olivet zu entfernen: doch Gott wollte, daß ich in der dunklen Nacht den rechten Weg verfehlte, wieder zum Dorf Olivet zurückkam und mitten in die Wachtposten der Schweizer hineingeriet; einen von ihnen hörte ich sagen: »Ho, wer do?« Ich machte spornstreichs kehrt und ritt weiter bis zum nächsten Morgen um acht oder neun Uhr; als ich sah, daß mein Pferd müde und abgehetzt war, nahm ich Quartier in einem Bauernhof; dort ruhte ich aus bis zum nächsten Morgen, an dem man mich fand und mich verhaftete.

Poltrot wird hingerichtet. Allgemein hält man seine Beschuldigungen gegen de Bèze und den Admiral für falsch. Er zieht sie übrigens später zurück. Doch den Herzögen von Guise haben sie sich ins Gedächtnis gegraben. Friedensverhandlungen finden statt. Frieden wünscht die Königin, wünschen die gefangenen Anführer der Reformierten. Das Edikt von Amboise gewährt allen Gewissensfreiheit und Freiheit des Kults in den Städten, wenn das Gotteshaus sich in einem Vorort befindet. Nur Paris bleibt katholisch. Indessen befrie-

digen diese Maßnahmen niemanden. Die Söldner der beiden Parteien verlassen das Land und kehren in ihre Heimat zurück. Ein Bericht Claude Hattons zeugt davon, wie sehr sie in den Ortschaften, durch die sie ziehen, gefürchtet werden:

Die deutschen Reiter und die deutschen Söldner Seiner Majestät und die der Hugenotten und des Prinzen von Condé schlossen sich zusammen [*sie sind alle Lutheraner*], um in die Heimat zurückzukehren, und hegten kein Mißtrauen gegeneinander, und die etwa zehn- bis zwölftausend bildeten nur noch eine Truppe und schlugen ein gemeinsames Lager auf. Sie zogen von Orléans nach Pluviers und Etampes und wollten über die Seine auf der Brücke von Samois, die zwischen den Städten Montereau und Melun liegt. In der Karwoche kamen sie an der Brücke an und blieben hier mindestens fünf bis sechs Tage, denn sie warteten darauf, daß die Brücke wieder hergerichtet wurde; am Ostertag, glaube ich, am ersten Tag dieses Jahres [*das Jahr beginnt noch am Ostertag*], zogen sie über die Brücke. Einen ganzen Tag lang dauerte ihr Zug über die Brücke wegen der vielen Fuhrwerke, die sie mit sich führten. Wenn die Einwohner von Corbeil, Melun oder Montereau sie durch ihre Stadt hätten ziehen lassen, hätte im Land Gâtinais große Freude geherrscht, denn dann hätten sie sich dort nicht so lange aufgehalten; doch die Bewohner dieser Städte wollten ihnen den Durchzug nicht erlauben aus Furcht, von den deutschen Reitern geplündert zu werden; tatsächlich ließen diese in den Dörfern, durch die sie gezogen waren, nur zurück, was sie nicht mitnehmen konnten.

Die Leute aus den Dörfern flüchteten und machten aus Angst vor ihnen ihre Häuser leer, teils wegen ihrer Diebereien, teils, weil man sie nicht verstehen konnte.

Das Gleichgewicht der Kräfte

Der nun folgende Waffenstillstand dauert etwa drei Jahre und ist nichts anderes als eine Atempause. Von Januar 1564 bis Mai 1566 reisen Karl IX. und seine Mutter, Katharina von Medici, mit zahlreichem Gefolge durch das Königreich. Katharina sucht eine Begegnung mit ihrem spanischen Schwiegersohn Philipp II., um die Katholiken zu beruhigen, auf die Protestanten Druck auszuüben und, nicht zuletzt, um über weitere Heiraten zwischen ihren Kindern und dem spanischen Hof zu verhandeln. In Bayonne trifft sie mit dem Herzog von Alba zusammen. Die Spanienpolitik der Königinmutter und die Schwierigkeiten bei der Durchführung des Edikts von Amboise bringen die hugenottischen Anführer so auf, daß sie wieder zu den Waffen greifen. Über die Kriegsvorbereitungen schreibt Blaise de Montluc:

Etwa zweieinhalb Monate vor Michaelis [*des Jahres 1566*] hörte ich von einem Edelmann und von einem anderen reichen Mann, die nicht miteinander in Verbindung standen, daß der Prinz von Condé und der Admiral [*Coligny*] alle aufgefordert hatten, sich mit Waffen und Pferden bereit zu halten, alle jedenfalls, die über die nötigen Mittel verfügten; wer hingegen keine Mittel besaß, sollte sich mit Waffen versehen, so gut es ging; außerdem sollten in Montauban große Vorräte an Getreide und anderen Lebensmitteln angelegt werden. Dies mochte wohl wahr sein, denn es gab kein Pferd mehr zu kaufen; und manche begaben sich [*zum Pferdeeinkauf*] nach Spanien, und kein Pferd war ihnen zu teuer, weder alte noch junge.

Ich schickte einen Kurier zur Königin, den Hauptmann de Lussan, und ließ ihr alles melden; aber Ihre Majestät glaubte nicht daran und bat mich, den Meldungen, die ich erhielt, keinen Glauben zu schenken, ich solle nur dafür sorgen, daß die Edikte eingehalten würden. Indessen erfuhr ich täglich aufs neue, daß die Sache immer weiterging und daß in Montauban eine heimliche Zusammenkunft stattgefunden hatte und in Toulouse, im Hause Assezat, eine andere. Ich verständigte die Königin wieder von allem, was ich gehört hatte, aber Ihre Majestät wollte noch immer nicht daran glauben, und so sandte ich drei oder vier Männer nacheinander zu ihr. Zuletzt wurde sie so böse über meine Berichte, daß sie zu Araigues, dem Bürgermeister von Condommois, sagte, ich möchte ihr keine Meldungen mehr machen, sie sei bestens über das genaue Gegenteil von dem, was ich ihr mitteilte, unterrichtet, und ich fürchte mich wohl.

Doch Blaise de Montluc hat die Anzeichen richtig erkannt. D'Aubigné schildert uns die Überlegungen, die man im Lager der Hugenotten anstellt:

Der Admiral wollte alles ertragen, auch das Äußerste, und sich auf unsere Schuldlosigkeit verlassen. Dandelot sagte folgendes: »Nur übertriebene Redlichkeit diktiert Ihnen, glaube ich, Ihre Ansicht über einen weiteren Aufschub; die Lage, in der wir uns befinden, verträgt indessen keine langsam wirkenden Heilmittel mehr. Die Größe unserer Gefahr will sich durch Gefahr erst zeigen. Diesmal brauchen wir viel Mut und Festigkeit, es sei denn, Sie wollen warten, bis man Sie aus dem Königreich verbannt oder mit Ketten an den Füßen in den Kerker wirft oder bis wir, über Stock und Stein gejagt, zum Freiwild des Pöbels, zum Prügelknaben der Mächtigen werden und uns die Verachtung aller Krieger zuziehen. Diese Schuldlosigkeit oder besser Verstellungskunst, die nur allzu gerechten Klagen, an wen sollen wir uns denn damit wenden? Wenn sich schon keiner findet, der nicht aus Haß oder aus Furcht Auge und Ohr vor uns verschließt, bleiben uns nur noch die, welche Mitleid mit uns empfinden und die nur aus Angst nichts unternehmen. Wenn wir diesen unser Leben in die Hand geben und Verrat üben an all den Leben, die ihre Hoffnung auf unsere Waffen setzen, so wollen wir aber wenigstens nicht auf den Gottesdienst verzichten.« Boucard fügte noch die Staatsmaxime hinzu, »daß Nachgiebigkeit manchmal wohl den Frieden zwischen einzelnen Bürgern herstellen mag, in Staatsgeschäften jedoch den Krieg nur noch schneller herbeiführt und das Unglück, das im Trabe nahte, nun im Galopp anrücken läßt«.

Der Admiral beugte sich dieser Ansicht und faßte den Entschluß, zu den Waffen zu greifen. Der Adel aus fünf bis sechs Provinzen sollte sich am siebenundzwanzigsten September in Roye (Oise) sammeln. Und von dort marschierten sie geradewegs nach Meaux und streuten das Gerücht aus, sie wollten zum König, um ihm ein Anliegen vorzutragen.

Blaise de Montluc fährt fort:

Etwa fünfzehn bis zwanzig Tage vor Michaelis begab ich mich in das Haus eines meiner Freunde, eines Edelmannes, und dort fand sich auch einer von denen ein, die mir immer Meldungen brachten, und sagte zu mir, vor zwei Tagen erst sei ein Edelmann des Admirals nach Montauban gekommen und sei von Kirchengemeinde zu Kirchengemeinde geritten und habe gemeldet, sie sollten sich bereit halten, um zur gegebenen Zeit einen Aufstand zu machen; daß wieder ein Edelmann des Admirals oder des Prinzen von Condé in spätestens fünfzehn bis zwanzig Tagen kommen werde. Ich bat meinen Freund, daß er, falls er sich gerade in Montauban aufhalte, wenn der Edelmann ankomme, dafür sorgen möge, daß alle dort lebenden Katholiken gerettet würden.

Endlich erfährt er auch das Datum:

Am Sonntag kam Herr de Saint-Orens zum Mittagsmahl zu mir, und wir verabredeten, am Montag auf die Falkenjagd zu gehen, bei Tagesanbruch sollte er nach Cassagne kommen.

Im Morgengrauen erhob ich mich und ließ mir mein Zeug anlegen, während ich am Fenster stand und Ausschau hielt nach Herrn de Saint-Orens; da kam ein Reiter aus einem Ort an der Garonne. Seinen Namen will ich nicht nennen aus Furcht, daß man ihn umbringt, denn der Mann, der ihn zu mir schickte, lebt noch. Als ich den Brief öffnete, sah mein Kammerdiener, wie ein Zettel zu Boden fiel. Ich begann den Brief zu lesen; darin bat er mich, ich möchte ihm gestatten, einem Portugiesen tausend Zentner Hanf zu verkaufen. Wutentbrannt zerriß ich den Brief und wünschte den Portugiesen zum Teufel, denn ich mußte wieder daran denken, daß mein Sohn in Madeira den Tod gefunden hatte. Dieser Brief war aber nur ein Vorwand, um den Zettel hineinzuschmuggeln. Mein Kammerdiener hob den Zettel auf und sagte mir, er sei heruntergefallen, als ich den Brief öffnete. Darauf stand geschrieben: »Zwischen dem 28. und 30. dieses Monats September der König gefangen, die Königin tot, La Rochelle eingenommen, Bergerac eingenommen, Montauban eingenommen, Lectoure eingenommen und Montluc tot.« Das war der genaue Wortlaut des Zettels. Da verging mir der Gedanke an die Jagd, und ich vergaß meinen Zorn auf den Portugiesen.

Durch Überrumpelung können die Hugenotten in fünfzig Ortschaften ohne einen Schwertstreich die Herrschaft ergreifen. Jacques Gaches schildert den Aufstand von Castres und die Vorbereitungen dazu:

Dem äußeren Anschein nach versprach dieses Jahr überaus ruhig zu bleiben, denn die von der Religion unterwarfen sich und ließen sich alles gefallen. Sie entschlossen sich erst dann, Vorkehrungen für ihre Sicherheit zu treffen, als ihnen zu Ohren kam, daß man in Bayonne insgeheim beratschlagt hatte, sie auszurotten, und weil der Herzog von Alba gesagt hatte – sein Wort war vor allem auf die Anführer gemünzt –, man müsse die großen Lachse fangen, und weiter, der Kopf eines einzigen sei mehr wert als hundert Frösche. Diese Überlegungen brachten den Prinzen von Condé, den Admiral von Châtillon [*Coligny*] und ihre Anhänger zu dem Entschluß, die Waffen zu ergreifen, um diesen gefährlichen und unheilvollen Vorhaben entgegenzutreten. Überall gaben sie Nachricht, man möchte heimlich Boten zu ihnen schicken, diese erführen von ihnen, was sie zu tun hätten. Man schickte sie zurück mit dem Befehl, am 29. September, am Tage Michaelis, in den Kampf zu ziehen.

Die Stadt Castres, die sich schon von ihrer Besatzung befreit sah, atmete für einige Tage auf, während sie auf die Rückkehr ihres Boten, François de Bouffard, Herrn von Fiac, wartete, den sie gleich nach der ersten Aufforderung heimlich ausgeschickt hatte. Inzwischen hatte man den Herren de Ferrières und de Montlédier die Nachricht geschickt, sie möchten sich bereithalten und, um bei den Katholiken keinen Verdacht zu wecken, nur ab und zu in die Stadt kommen, unter dem Vorwand, die Predigten zu hören, in Wahrheit jedoch, um bei dieser Gelegenheit Rat zu halten, was zu tun wäre, wenn sie die Befehle, die Herr von Fiac ihnen überbrächte, erhalten hätten. Sie kamen überein, daß de Ferrières und de Montlédier am festgesetzten Tage anrücken sollten, der erste mit den Streitkräften aus dem Gebirge und aus Roquecourbe, der andere mit denen aus dem Tal und seiner Umgebung, um Castres einzunehmen und alle Katholiken in ihre Gewalt zu bringen, wie der Befehl der Generale lautete. [...] König Karl, der von diesem Vorhaben Wind bekommen hatte, sandte Herrn de Thoré zu dessen Vetter, dem Admiral, um auszukundschaften, was dieser im Schilde führe; der Admiral trug das Gewand eines Winzers und gab sich den Anschein, als kümmere er sich angelegentlich um seine Fässer. Er sagte zu seinem Vetter: »Sie werden dem König sagen, mein Herr, in welchem Aufzug Sie mich angetroffen haben und welch ein Beweis er ist für meine großen Pläne.« Trotzdem zog er drei oder vier Tage darauf ins Feld, und an zweihundert Orten in Frankreich brach der Krieg aus.

Am 29. September drangen de Ferrières und de Montlédier mit ihren Streitkräften, die sie anführten, nachts in die Stadt ein, und nachdem sie sich mit den Stadtbewohnern verbündet hatten, marschierten sie auf den Platz, stellten dort gemeinsam mit ihnen ihre Truppen auf und teilten die Hauptmacht der Einwohner und der Auswärtigen verschiedenen Hauptleuten zu; von hier machten sie sich auf, um das ihnen zugeteilte Stadtviertel zu erobern. De La Garrigue und von Fiac, sein Bruder, die beiden Überbringer des Befehls, blieben auf dem Platz zurück und schickten zum Ersten Bürgermeister La Roche, um von ihm die Schlüssel zum Tor des Rathauses zu fordern; er sah sich gezwungen, sie herauszugeben. Die Herren de Ferrières und de Montlédier sowie der Hauptmann Franc begaben sich geradewegs zum Haus des Bischofs. Der Bischof von Oraison war am Abend zuvor angekommen, denn er wollte denen von der Religion bei der Einnahme der Stadt zuvorkommen; es war ihm nämlich einiges darüber zu Ohren gekommen. Nachdem sie heftig an das Tor geklopft hatten, ließ der Bischof ihnen öffnen. Er lag zu Bett, als sie hereinkamen, und de Ferrières sagte zu ihm: »Wären Sie nicht hierhergekommen, wären wir jetzt nicht hier, um Sie zu holen. Manch einer meint, Guillot an der Nase herumzuführen, und wird von ihm geprellt. Sie sind unser Gefangener.« Dies sagte er, weil er Guilhot hieß und weil man hierzulande dieses Sprichwort anwendet, wenn jemand einem andern eine Grube gräbt und selbst hineinfällt.

Ein neues »Amboise« bereitet sich vor. Der König und der Hof verbringen den Sommer im Schloß Montceaux-en-Brie. Die Hugenotten wollen den jungen König entführen. Hierzu einige Aufzeichnungen des französischen Provinzials der Jesuiten:

Die wieder ausgebrochenen Unruhen ließen ahnen, daß eine große Gefahr heraufzog; einstweilen beschränkte sich alles noch auf einfache Vermutungen, die göttliche Vorsehung wollte jedoch, daß das Komplott aufgedeckt wurde. Ein Pole mit Namen Pierre Coscha [*Kostka*] unterrichtete mich von einer Meldung, die er gerade von einem ketzerischen Edelmann unter seinen Freunden erhalten hatte: König Karl IX. sollte in der folgenden Nacht in Meaux vom Prinzen von Condé verhaftet und Paris die Beute der Hugenotten und Meuchelmörder werden; man hatte ihm diese Mitteilung gemacht, damit er sich vor der Gefahr in Sicherheit bringen konnte. Tatsächlich hatte man an vierzehn Stellen der Hauptstadt entzündliche Stoffe bereitgestellt, die alle zur selben Zeit in Flammen gesetzt werden sollten; der gleichzeitig in verschiedenen Bezirken entstehende Brand sollte Tumult und Verwirrung stiften, damit Condé und seine Anhänger sich in aller Ruhe der Stadt bemächtigen könnten.

Ich fragte diesen Pierre Coscha, ob er bereit sei, wie es mir nützlich und notwendig erschien, um ein so großes Unglück zu verhüten, vor den Behörden auszusagen, was er mir im geheimen anvertraut hatte. Er sagte ja, denn er wolle nicht, und sei es um den Preis seines eigenen Wohles, eine so blühende Stadt zugrunde gehen lassen. Ich ging mit ihm zum Obersten Richter von Paris, dem er alles sagte, was er wußte. Der Oberrichter dankte uns und gestand uns, daß auch er schon etwas davon gehört habe, aber noch nicht so deutlich und ausführlich. Er fügte hinzu, er wolle sogleich für die Sicherheit des Königs Sorge tragen und unverzüglich Kuriere zu ihm schicken, um ihn von der Gefahr zu unterrichten. Drei Edelleute auf schnellen Pferden ritten in Abständen nacheinander los, um der Meldung durch die Wiederholung Gewicht zu verleihen. Wir wurden entlassen und mit Lob überschüttet, weil wir der Stadt und dem König diesen Dienst erwiesen hatten.

Unmittelbar danach befahl eine Abordnung der Miliz allen Bürgern ausdrücklich, an jeder Haustür Leitern und Gefäße mit Wasser bereitzustellen und an die Fenster des ersten Stockwerks brennende Laternen zu hängen, um die Straßen während der Nacht zu erleuchten. Die gewöhnliche Stadtwache, die aus fünfhundert Reitern oder Fußvolk bestand, erhielt den Befehl, sich mit Waffen zu versehen, die Runde zu machen und jeden Versuch eines Aufstandes zu unterdrücken.

Man befahl auch den Bezirkshauptleuten [*der Bürgerwehr, die nach Stadtbezirken eingeteilt war*], ihre Truppen einzuberufen und sich bereit zu halten, um beim ersten Signal aufzumarschieren.

Niemand dachte an Ruhe und Schlaf. Nachdem für die Sicherheit der Stadt gesorgt war, führte man Haussuchungen durch und entdeckte, daß verschiedene Häuser voll waren mit Stroh, Pulver und Brandfackeln.

Die Warnungen veranlassen den König und den Hof, von Meaux abzureisen. Der Provinzial berichtet weiter:

Wenig hätte gefehlt und der König wäre aus Meaux entführt worden. Trotz der wiederholten Warnungen rieten ihm einige Herren vom Hof, nicht fortzugehen. Es bestünde keine Gefahr, behaupteten sie; es sei nur falscher Alarm; die Pariser seien furchtsame Leute, und die Abreise des Königs würde ihre Angst nur steigern. So blieb Karl IX. noch einen ganzen Tag lang in Meaux. Indessen befahl der Connétable von Montmorency, Verrat witternd, den Schweizern, die kurz zuvor angekommen waren und einige Meilen entfernt im Quartier lagen, in Kampfordnung rasch zum König zu marschieren. Dieser Befehl wurde sofort ausgeführt.

Es sind ungefähr sechstausend Schweizer. Colignys Reiter greifen von allen Seiten an. Der Vicomte von Turenne befindet sich am Hof in Meaux. Er schildert, wie der König selbst in den Kampf eingreift:

Als die Nachricht eingetroffen war [*von der Ankunft der Schweizer*], beschloß man, sofort aufzubrechen, und schon am Abend begann man, das Gepäck zu verladen. An diesem Tag war ich zwölf Jahre alt: ich merkte, daß sich etwas ganz Ungewöhnliches abspielte, und es entging mir auch nicht, daß alles mit Überstürzung geschah. [...]

Die Tore von Meaux sind geschlossen, außer dem einen, das nach Paris geht; ab Mitternacht fuhr der ganze Troß dort hinaus, und zwar in der bei Hof üblichen Ordnung. In der

Angst entstand manche Stockung. Um vier Uhr setzten sich zehn Schweizer Fähnlein in Marsch und stellten sich an der Spitze in Schlachtordnung auf; es folgten der König, die Königin, die Brüder des Königs, der Hof und dann die andern zehn Fähnlein. Der Connétable führte die zehn ersten Fähnlein an, ließ sie sich in Bewegung setzen, und in dieser Folge legten wir nicht mehr als eine Meile zurück. Gegen acht Uhr kam Herr von Montmorency und sagte, sie [*die Hugenotten*] seien zu Pferd, es wären aber nicht alle, denn einige Truppen hätten sich noch nicht am verabredeten Treffpunkt eingefunden. Der Connétable ließ alle Schweizer kommen und beorderte den König und das gesamte Gefolge nach rechts, und er selbst hielt sich mit allen einsatzfähigen Leuten, die vorhanden waren, dahinter und zur Linken, von wo die von der Religion kommen konnten. Gegen elf Uhr tauchten sie auf; der verstorbene Herr de Brissac, dieser ungemein tapfere Edelmann, überdies ein recht fideler Bursche, kundschaftete sie aus, und dabei fielen einige Schüsse; währenddessen marschierten wir weiter und sie auf unserem linken Flügel.

Obwohl die Schweizer noch junge Rekruten waren und nur wenig Erfahrung hatten, verhielten sie sich ungemein tapfer, warfen ihre Habe weg, beugten sich fast bis zur Erde, wenn sie mit gesenkten Piken einschwenkten: da machten die andern halt, und wir marschierten direkt nach Claye. Als wir eine halbe Meile weit waren, eröffnen die von der Religion die Feindseligkeiten und fallen den Schweizern in den Rükken; sie hatten sich in vier Schwadronen aufgeteilt, um aus der Flanke angreifen zu können. Der König und alle um ihn herum ziehen das Schwert, er stellt sich an die Spitze des Bataillons, das er hatte schwenken lassen, um sich auf die nächstbeste Schwadron des Feindes zu werfen.

Als sei es etwas Selbstverständliches, tat ich es den andern gleich, hielt mich so nahe wie möglich an der Seite des Königs, mein Schwert in der Hand, und darf behaupten, daß ich mich genauso mutig in die Gefahr stürzte wie irgendeiner sonst, denn ich glaube, daß die guten Geister Personen vornehmer

Herkunft und aus edlem Geschlecht von Kindheit an beistehen und sie lehren, das Leben zu verachten, wenn die Ehre befiehlt, es aufs Spiel zu setzen. [...] Der Connétable eilte herbei und ritt zum König, der die Eskapade eigenmächtig und ohne von jemand beraten zu sein unternommen hatte; er fiel ihm in die Zügel, hielt ihn zurück, und ich hörte, wie er zu ihm sagte:

»Sire, so darf Eure Majestät Ihre Person nicht der Gefahr aussetzen: sie ist uns zu teuer, als daß wir sie einer Truppe anvertrauen, die aus weniger als zehntausend französischen Reitern besteht.« Wie beim ersten Mal machten die von der Religion halt, als sie sich der Spitze und nicht dem Rücken des Bataillons gegenüber sahen und als sie bemerkten, daß die Schweizer fest zusammenstanden. Wir marschierten weiter bis Mitry; dort hielt der Connétable mit den Schweizern die Stellung und schickte den König und den ganzen Hof voraus, der sich nach Paris zurückzog.

Giovanni Correro, der venezianische Gesandte, stellt folgende Betrachtungen an:

Es wird immer Verschwörungen gegen Fürsten, Könige, Kaiser geben; man hat Aufstände von Städten und Provinzen erlebt: daß aber ein so großes Königreich wie Frankreich sich an einem einzigen Tag und sozusagen zur selben Stunde plötzlich erhebt, daß der König, daß seine Mutter, seine Brüder und seine Schwestern unverhofft gleichzeitig angegriffen und der eindeutigen Gefahr ausgesetzt werden, Krone und Leben zu verlieren: das wird es in der Geschichte nicht mehr geben. Der Schrecken und die Flucht aus Meaux, die Unentschlossenheit, die in Monceaux herrschte – der Aufenthalt dort bot nämlich keine Sicherheit, und ein Aufbruch war nicht weniger gefahrvoll –, endlich der riskante Weg nach Paris und die Verwirrung, die in dieser Stadt herrschte; glauben Sie mir: dies alles ist mit Worten nicht zu schildern. Es genügt, wenn ich Ihnen sage, daß tausend Reiter ausreichen, die größte Stadt Europas zu belagern, eine Stadt, in der drei- bis vierhunderttausend Menschen leben, wo der Hof und unzählige vornehme Herren wohnen, die dem Hof gefolgt waren.

Das Ausmaß dieser Verschwörung und die Heimlichkeit, mit der sie vorbereitet wurde, sind wahrhaft erstaunlich: denn wie man weiß, besteht das Verhängnis dieser Art Unternehmungen darin, daß sie wegen der Vielzahl der darin verwikkelten Personen leicht aufgedeckt werden. Und dieser Aufstand hier, von dem mehrere Tausend Menschen Kenntnis hatten, wurde mit solcher Umsicht vorbereitet, daß nicht das leiseste Gerücht darüber laut wurde, bis die Sache fix und fertig war.

Wenn die Reformierten auch anfangs einige Erfolge erzielen, so läuft der Bürgerkrieg doch mit der ihm innewohnenden Logik ab: von Jahr zu Jahr wird er grausamer. Mit wachsender Erbitterung und immer größerem Fanatismus wird gekämpft, gemordet, gemetzelt, werden die Städte ausgehungert. Im Februar 1568 erobern die Reformierten La Rochelle und machen es zu ihrem wichtigsten Stützpunkt an der Westküste. Welche Bedeutung diese Stadt hat, geht aus den Betrachtungen Montlucs hervor:

Der König und die Königin kannten damals nur eine Sorge: den Hugenotten La Rochelle, ihre einzige Zuflucht, zu entreißen. Gott weiß, wie oft ich die Königin beschworen habe, auf meinen Rat zu hören. Auf der Reise nach Bayonne und danach auf der Reise durch die Saintonge habe ich ihr vorgeschlagen, sich der Stadt, ohne Aufhebens und ohne sie zu schleifen, zu bemächtigen. Bei einem so fetten Braten brauchte man nicht davor zurückzuschrecken, die Fasten zu brechen: war es erst geschehen, so mochte man ruhig Lärm schlagen. Es gab genügend Mittel, die Menschen dann wieder zu beruhigen; denn was hätten sie schon sagen können, wenn der König in seiner Stadt eine Zitadelle hätte errichten wollen? Doch jetzt ist es für die Reue zu spät. Diese Stadt hat den Hugenotten die Möglichkeit verschafft, immer wieder neue Kriege zu entfachen, und sie wird ihnen weiter dazu verhelfen, wenn der König sie ihnen nicht entreißt; und um das zu vollführen, darf er nichts unversucht lassen, denn von dieser Stadt aus unterhalten sie Beziehungen zu England und Deutschland und machen auf See große Beute, mit der sie Krieg führen. Auch die Inseln haben sie besetzt, die ihnen wegen des Salzes viel Geld einbringen.

Am 23. August 1568 flammt der Krieg wieder auf. An der Spitze der Protestanten stehen Condé, Coligny, Jeanne d'Albret und Heinrich von Navarra, ihr Sohn, der damals kaum fünfzehn Jahre alt ist. Auch Agrippa d'Aubigné, der nur ein Jahr älter ist als er, zieht ins Feld. In seinen Memoiren, denen er den Titel »Sein Leben für seine Kinder« gab, schreibt d'Aubigné, indem er von sich in der dritten Person spricht:

Schon bald nach Beginn der zweiten Kriegswirren kehrte Aubigné in die Saintonge zu seinem Vormund zurück, der, als er sah, wie sein Mündel sich vergebens bemühte, den Büchern zu entkommen, ihn aus gutem Grund gefangenhielt, bis man zum dritten Mal in den Kampf zog.

Damals hatten seine Gefährten ihm versprochen, eine Salve abzugeben, wenn sie ins Feld zogen. Da ließ sich der Gefangene, dessen Kleider man allabendlich dem Vormund auf den Tisch legte, an seinen Bettüchern aus dem Fenster hinunter und sprang im Hemd und barfuß über zwei Mauern; an der einen wäre er beinahe in einen Brunnen gefallen. Am Hause Riverou holte er seine Gefährten ein, die in den Krieg zogen und aufs höchste verwundert einen ganz weiß gekleideten Menschen erblickten, der hinter ihnen herlief und ihnen zurief und weinte, denn er blutete an den Füßen. Der Hauptmann Saint-Lô wollte ihn zuerst mit Drohungen zur Umkehr bewegen, setzte ihn dann aber hinter sich auf sein Pferd und legte ihm einen alten Mantel unter, weil er sich am Sattelknopf wundrieb.

Als sie eine Meile weit geritten und durch Reau gekommen waren, stieß der Trupp auf eine Kompanie Papisten, die Angoulême erobern wollten: dies vereitelte ein kleines Gefecht, bei dem der neue Soldat im Hemd eine Arkebuse und Lederzeug erbeutete; doch Kleidungsstücke wollte er nicht nehmen, obwohl die Notwendigkeit und seine Kameraden es ihm rieten. Endlich kamen sie zum Treffpunkt Jonzac, wo einige Hauptleute ihm Waffen und Kleidung verschafften. Er schrieb unter seinen Anwerbungsschein: »Ich verpflichte mich, daß ich es dem Krieg nicht zum Vorwurf mache, wenn er mich um meine Habe bringt, da ich nicht schlechter ausgerüstet daraus hervorgehen kann, als ich in ihn hineinzog.«

Mit ihm zog die zweite Generation der Rebellen in den Kampf. Der Herzog von Anjou, der spätere Heinrich III., marschiert im Frühling 1569 in die Charente. Am 14. März findet die Schlacht von Jarnac statt, in der der Prinz von Condé den Tod findet; d'Aubigné erzählt, wie es geschah:

Ein Regiment deutscher Reiter setzte sich in Trab und wollte der Hauptmacht, die der Prinz von Condé anführte, in die Flanke fallen. Da geschah es, daß dem Prinzen, als er seinen Helm aufsetzte, ein Reiter des Grafen von La Rochefoucauld das Bein so zerschmetterte, daß der Knochen aus dem Stiefel heraussah. Er zeigt das Bein seiner nächsten Umgebung und sagt: »Jetzt haben wir, du wahrhaft französischer Adel, was wir uns so heiß gewünscht haben. Laßt uns vollenden, was wir mit den ersten Angriffen begonnen haben, und denken Sie daran, in welchem Zustand Ludwig von Bourbon in die Schlacht zog für Christus und sein Vaterland.« Mit diesen Worten beugt er sein Haupt und wirft sich achthundert Rittern entgegen, unter denen seine Truppe fast verschwindet; er wird sofort von den obenerwähnten deutschen Reitern umringt, sein Pferd unter ihm getötet und um ihn herum alles niedergemacht oder fortgeschleppt. [...]

Beim Tode dieses Prinzen entbrannte einer der erbittertsten und hartnäckigsten Kämpfe der Bürgerkriege; unter den anderen bemerkten wir einen Greis namens La Vergne, der an diesem Tag mitten unter seinen fünfundzwanzig Neffen focht und mit fünfzehn von ihnen auf einem Haufen niedergestreckt wurde; die restlichen zehn wurden fast alle gefangengenommen. Was blieb letzten Endes zweihundertfünfzig Edelleuten, die von zweitausend von vorn, von zweitausendfünfhundert deutschen Reitern auf der rechten und von achthundert weiteren Reitern auf der linken Flanke angegriffen wurden, anders übrig: zwei Drittel von ihnen fielen an Ort und Stelle.

In seiner Eigenschaft als König von Navarra schreibt Prinz Heinrich nach der Schlacht an den Herzog von Anjou. Hier die Antwort des Herzogs:

Mein Bruder, ich habe zwei Briefe von Ihnen erhalten; in dem einen bitten Sie mich, die Gefangenen, die wir bei dem Treffen der beiden Heere machten, und die Verwundeten gut zu behandeln, und zwar als gute Untertanen des Königs, meines Herrn und Bruders, was ich ihnen zwar in dieser Eigenschaft nicht angedeihen lassen kann; dennoch werde ich Sorge tragen, daß sie gut behandelt werden, weil ich Mitleid habe mit Leuten, die hinters Licht geführt und mißbraucht wurden. Sie lassen mich wissen, daß auch Sie Ihrerseits Mitleid haben werden; doch haben wir nur zwei zu nennen: den Baron von Ingrande und den Hauptmann Prunay, die gefangen wurden, weil sie zu lange die der Schlacht Entronnenen verfolgten.

In Ihrem letzten Brief erbitten Sie von mir den Leichnam des gefallenen Prinzen von Condé, um ihm die in einem solchen Fall erforderlichen Ehren zu erweisen. Er befindet sich in den Händen seiner Eltern, die diesbezüglich nichts unterlassen werden; und meiner Ansicht nach sollten Sie selbst gewillt sein, ihnen beizustehen und zum König, meinem Herrn und Bruder, zurückzukehren, der Sie, dessen bin ich sicher, in seiner Güte und in Anbetracht Ihres jugendlichen Alters in die Arme schließen und denen, die Sie dorthin führen, wo Sie nur gegen Seine Majestät und gegen Ihre Pflicht handeln können, nicht mehr gestatten wird, Sie zu mißbrauchen, denn jetzt handelt es sich nicht mehr um Fragen der Religion, wie die bis zur Stunde begangenen Taten klar und deutlich beweisen.

Nehmen Sie also meinen Entschluß und meinen Rat an als von Ihrem lieben Bruder, der Ihr Wohl und Glück mehr wünscht als die, deren Ehrgeiz und schlechter Rat Ihnen nur großen Schaden zufügen. Und damit empfehle ich mich Ihnen und bitte Gott, Sie in seinen heiligen Schutz zu nehmen.

Geschrieben im Lager von Aulnay, am XXV. März 1569

Ihr lieber Bruder Henry

Am 3. Oktober 1569 treffen die Reformierten erneut auf die Hauptmacht des königlichen Heeres in Moncontour bei Loudon (20 000 Königliche unter der Führung des Herzogs von Anjou gegen 18 000 Reformierte unter Coligny). De La Noue, einer der reformierten Befehlshaber, schreibt über seine Erlebnisse in seinen Memoiren:

Monseigneur[1] [*der Herzog von Anjou*] wollte den Ort Moncontour auskundschaften und mit den Hugenotten Fühlung suchen, aber er stieß schon in den stark befestigten Vororten auf sie, denn es gab nur diesen einen Zugang.

Zwei katholische Edelleute, die sich von den andern entfernt hatten, führten mit ein paar Soldaten über einige Gräben hinweg ein Gespräch: »Meine Herren«, sagten sie, »wir tragen zwar feindliche Abzeichen, aber wir hegen nicht den geringsten Haß gegen Sie und Ihre Partei. Melden Sie dem Admiral, er solle sich hüten, gegen uns zu kämpfen, denn unser Heer ist groß und mächtig; wir haben nämlich Verstärkung erhalten und sind überdies zu allem entschlossen; er brauche aber nur einen Monat zu warten, denn der gesamte Adel hat geschworen und zu Monseigneur gesagt, noch länger wolle er nicht untätig bleiben, er solle sie in dieser Zeit nur anstellen, sie würden schon ihre Pflicht tun. Er solle bedenken, daß es gefährlich ist, den Zorn der Franzosen herauszufordern, der ebenso schnell verfliegt: und wenn sie nicht sofort den Sieg davontragen, werden sie gezwungen sein, Frieden

[1] »Madame« und »Monsieur« bzw. »Monseigneur« (ohne Zusatz) nannte man die älteste Schwester und den ältesten Bruder des Königs von Frankreich.

zu machen, und das aus verschiedenen Gründen, und sie werden dann einen vorteilhaften Frieden anbieten. Sagt ihm, daß wir das aus sicherer Quelle wissen und daß uns viel daran liegt, ihm dies zu melden.«

Danach ritten sie fort. Die andern begaben sich unverzüglich zum Admiral und erstatteten ihm Bericht.

De Mergey, ein anderer hugenottischer Adliger, gibt die Fortsetzung:

Der Admiral schlug die Warnung in den Wind, weil er meinte, es seien lose Gesellen gewesen, die uns hinters Licht führen wollten, beachtete sie also nicht und vertraute darauf, daß die Feinde gar nicht bis zu uns vordringen könnten wegen des Sumpfes, den man nur entweder über die Brücke von Moncontour passieren konnte oder an der Quelle des Sumpfes, zwei Meilen von unserem Standquartier Saint-Cler entfernt. Der Herzog ließ jedoch sein Heer in der Nacht zur Quelle des Sumpfes marschieren, und gegen sieben Uhr morgens entdeckten unsere berittenen Wachtposten, die ziemlich weit entfernt von Saint-Cler auf einem Hügel Stellung bezogen hatten, das katholische Heer, das in Schlachtordnung gegen uns vorrückte; seine Vorhut ritt direkt auf unseren Hügel zu, um ihn in ihre Gewalt zu bringen. Herr de Bonneval hatte hier acht bis zehn Reiter seiner Wachtkompanie aufgestellt: es kam zu einem Scharmützel mit dem Spähtrupp, bei dem mein Pferd von einem Büchsenschuß getroffen wurde; ich sah mich deshalb gezwungen, und meine Kameraden ebenso, den Rückzug in unser Quartier Saint-Cler anzutreten, wo ich aber nur noch meinen Diener mit einem spanischen Pferd vorfand. Als ich aufsitzen wollte, stellte sich heraus, daß sich an einem seiner Vorderhufe das Hufeisen gelöst hatte. Man kann sich denken, in welcher Not ich mich befand: es bleibt mir nichts anderes übrig, als durch den Bach zu reiten, der mitten durch den Sumpf floß – an einer Furt war er leicht zu überqueren –, und einen Hufschmied aufzusuchen, der am andern Ende des Sumpfes wohnte, gegenüber von Saint-Cler; er sollte mein

Pferd mit einem neuen Eisen beschlagen, während mein Diener, den ich bei mir hatte, den Fuß halten sollte.

An der Schmiede angekommen, traf ich drei unserer deutschen Reiter, die auch ihre Pferde beschlagen ließen, und ich mußte warten, bis sie fertig waren. Unterdessen vernahm ich großen Lärm in Saint-Cler, unserem Quartier: als mein Pferd beschlagen war, wollte ich wieder über den Bach zurück und in unser Quartier reiten, um wieder zu meiner Kompanie zu kommen; als ich nun am Ufer des Baches stand und hinüber wollte, trat ein Mann zu mir, schwarz gekleidet, von stattlichem Aussehen, und sagte: »Mein Herr, wenn Sie hinüberreiten, sind Sie verloren, denn die Feinde sind schon in den Ort eingedrungen; Sie müssen nach Moncontour, wenn Sie über das Wasser und zu Ihrem Heer stoßen wollen.« Das verwunderte mich ein wenig: ich mache also kehrt und wollte am Ufer entlangreitend Moncontour erreichen. Zum Glück treffe ich einen alten Mann, der am Wegrand sitzt und Körbe flicht, und frage ihn, ob man nicht über den Sumpf könne, ohne nach Moncontour zu müssen, das doch noch eine Meile weit sei; er antwortet mit Ja, aber es sei sehr schwierig für einen, der den verschlungenen Weg nicht kenne. Doch in der Not tut man viel: ich bitte ihn also, mir den Weg zu beschreiben; er tut das auch und macht mich auf bestimmte Merkmale aufmerksam. Ich versuche also mein Glück und reite nach den Anweisungen des Mannes quer durch den Sumpf; aber mein Pferd verlor dabei sein zweites Hufeisen. Als ich den Sumpf hinter mir habe und oben auf der Ebene bin, stehe ich im Rükken der katholischen Armee, die eng zusammengeschlossen und wohlgeordnet marschierte, um sich der unseren gegenüberzustellen. Da schlug ich einen großen Bogen, um mich von ihr zu entfernen und auf die Suche nach unserem Heer zu gehen, das, wie ich jetzt von weitem sah, auch vorrückte, um zur Schlacht anzutreten; nur war es nicht so zahlreich und nicht so geordnet wie das feindliche Heer. Da ich nun wußte, wo es war, brauchte ich nur noch mein Pferd beschlagen zu lassen. Ich finde auch einen Schmied, der ein Hufeisen besaß, das ich ihm abkaufte, aber Nägel hatte er nicht; danach fand ich einen andern, der welche hatte, er beschlug auch mein Pferd, und ich machte mich unverzüglich auf zu unserer Schwadron; meine Kameraden freuten sich unbändig, denn sie dachten schon, sie hätten mich verloren.

Kaum war ich angekommen, als auch schon die katholische Artillerie begann, uns zu begrüßen; bei der ersten Salve wurden zwei meiner Kameraden hinweggerissen, der eine dicht neben mir: die beiden Heere prallten gegeneinander. Der Admiral, der die Vorhut anführte, schlug sich höchst tapfer, ebenso Graf Ludovic, der den Befehl bei der Schlacht führte. Beim ersten Angriff hatte ich einen Italiener in voller Rüstung gefangengenommen, der sich mir ergeben hatte; ich hielt sein Pferd am Zügel – sein Schwert hatte ich an mich genommen – und führte ihn weg. Da kamen zwei unserer deutschen Reiter und sagten zu mir: »Nix Prisonnier!« Und beide gaben einen Schuß aus ihrer Pistole auf ihn ab und töteten ihn; immer noch führte ich das Pferd am Zügel, weil ich es retten wollte, aber da sah ich zwei katholische Lanzenreiter hinter mir, die mich verfolgten; da lasse ich das Pferd los und mache mich davon. Wir verloren die Schlacht, aber es ging nicht drunter und drüber, denn wir zogen uns geordnet zurück; unsere Reiter, die sich wieder gesammelt hatten, bildeten den Schluß mit der Schwadron des Herrn de Bonneval, der sich mit ihnen zusammengeschlossen hatte. Nicht ein einziges Mal wagte der Feind, der hinter uns herzog, uns anzugreifen, und wenn einzelne sich von der Hauptmacht des Heeres trennten, wurden sie von den Franzosen aus der Schwadron des Herrn de Bonneval abgewiesen; seither schwärmten die deutschen Reiter für diese Schwadron, und jedesmal, wenn sie sie erblickten, riefen sie: »Gutes Frankreich! Gutes Frankreich!« Das war unser Rückzug; bei Airvault und in anderen Orten bezogen wir Quartier. Und die Prinzen, die der Admiral schon am Morgen nach Niort geschickt hatte, zogen sich nach La Rochelle zurück.

Über die Siegesfeier in Paris schreibt Bruslard, Domherr von Notre-Dame:

Die Nachricht von der gewonnenen Schlacht [*bei Moncontour*] gelangte am 5. des Monats nach der Stadt Paris. Sofort begaben sich die Herren vom Hof mit großem Gefolge in die Kirche von Paris, priesen Gott und ließen das Tedeum singen; danach kehrten sie in den Palast zurück. [...]

Am achten dieses Monats veranstaltete man eine allgemeine Prozession, um Gott zu danken für den errungenen Sieg; dieser Tag war ein Feiertag, und die Läden im Palais [*Justizpalast*] blieben geschlossen.

Im Westen und Südwesten geht der Bürgerkrieg weiter. Von Blaise de Montluc erfahren wir, wie es bei dem berühmten Sturm auf Rabastens (23. Juli 1570) zuging:

Als es zwei Uhr geworden war, ließ ich acht bis zehn Flaschen Wein herbringen, die Frau de Panjas mir geschickt hatte, reichte sie den Edelleuten und sagte: »Laßt uns trinken, Kameraden, denn bald wird sich zeigen, wer gute Milch an der Mutterbrust getrunken hat; gebe Gott, daß wir eines Tages wieder zusammen trinken können. Sollten aber unsere letzten Tage gekommen sein, steht es nicht in unserer Macht, den Lauf des Schicksals zu ändern.« Und als alle getrunken hatten, machten sie sich gegenseitig Mut. Zuvor hatte ich ihnen noch eine kleine Ansprache gehalten und in kurzen Worten folgendes gesagt: »Liebe Freunde und Kameraden, wir sind zum Kampf bereit; ein jeder muß nun zeigen, was er kann. Die an diesem Ort leben, gehören zu denen, die mit dem [*protestantischen*] Grafen von Montgomery eure Kirchen zerstörten und eure Häuser plünderten; nun wollen wir dafür sorgen, daß sie alles wieder ausspeien. Wenn wir diese Festung einnehmen und sie ans Messer liefern, werden Sie mit dem übrigen Béarn leichtes Spiel haben; glauben Sie mir, nichts wird Ihnen dann noch Widerstand leisten: gehen Sie also, ich werde Ihnen bald folgen.« [...]

Dann nahm ich Herrn de Goas bei der Hand und sagte zu ihm: »Herr de Goas, ich will, daß wir beide zusammen kämpfen. Wir wollen uns, bitte, nicht trennen; sollte ich getötet oder verwundet werden, so kümmern Sie sich nicht darum, sondern lassen Sie mich liegen; stoßen Sie weiter vor, und sorgen Sie dafür, daß der Sieg auf der Seite des Königs ist.« Dann marschierten wir los, alle von eisernem Willen erfüllt: nie in meinem Leben sah ich Leute so vorstürmen; zweimal blickte ich mich um und bemerkte, daß alle Leib an Leib nebeneinander marschierten. Über eine Strecke von einhundertfünfzig Schritt oder mehr, die völlig ungedeckt und dem feindlichen Feuer ausgesetzt war, marschierten wir geradewegs auf die Bresche zu: von dort schossen die Feinde auf uns, und sechs Edelleute in meiner Nähe wurden verwundet.

Es gab da zwei kleine Räume, nicht höher als eine lange Pike und noch etwas mehr: diesen Raum verteidigten die Feinde von unten nach oben, so daß keiner von uns unbemerkt mit dem Kopf über die Mauer sehen konnte. Unsere Leute machten sich daran, große Steine hineinzuwerfen, und auch sie warfen mit Steinen auf uns, doch unsere Leute waren im Vorteil, da sie von oben nach unten warfen. Ich hatte drei oder vier Sturmleitern an den Grabenrand stellen lassen, und als ich mich gerade umwandte und Befehl erteilen wollte, man solle zwei Leitern herbeibringen, erhielt ich einen Schuß mitten ins Gesicht, und zwar an der Ecke einer Barrikade, die an den Turm reichte: ich glaube, es waren dort noch nicht vier Arkebusiere, denn der ganze Rest der Barrikade war von zwei Kanonen, die von der Flanke her schossen, dem Erdboden gleichgemacht worden. Plötzlich schwamm ich in Blut, es quoll mir aus Mund, Nase und Augen. Herr de Goas wollte mich stützen, weil er fürchtete, daß ich zu Boden fiel; ich sagte zu ihm: »Lassen Sie nur, ich falle nicht: bleiben Sie am Feind.« Da bekamen es fast alle Soldaten und fast alle Edelleute mit der Angst zu tun und wollten zurückweichen. Obwohl ich kaum richtig sprechen konnte, weil mir das Blut in Strömen aus Mund und Nase floß, rief ich ihnen zu: »Wo wollt ihr hin?

Jage ich euch einen solchen Schrecken ein? Rührt euch nicht von der Stelle, und gebt den Kampf nicht auf, denn mir ist nichts geschehen, und jeder soll an seinen Platz zurückkehren!« So gut ich konnte, bedeckte ich das Blut mit der Hand und sagte zu Herrn de Goas: »Oh, Herr de Goas, achten Sie bitte darauf, daß keiner Angst bekommt, und führen Sie den Kampf weiter.« Ich konnte nicht mehr dort bleiben, denn die Kräfte verließen mich, und ich sagte zu den Edelleuten: »Ich gehe und lasse mich verbinden, niemand soll mit mir kommen, und rächt mich, wenn ihr mich liebt.« Ich nahm einen Edelmann bei der Hand, dessen Namen ich nicht angeben könnte, denn ich konnte fast nichts erkennen, und kehrte auf demselben Weg, auf dem ich gekommen war, zurück; ich fand ein kleines Pferd, das einem Soldaten gehörte, und so gut ich konnte, saß ich mit Hilfe des Edelmannes auf. So brachte man mich in mein Quartier, wo ich einen Feldscher vom Regiment des Herrn de Goas, genannt Maître Simon, antraf, der mich verband und mir mit den Fingern die Splitter der beiden Backenknochen herausnahm, so groß waren die Löcher; er schnitt mir große Stücke Fleisch aus dem Gesicht, das ganz kalt war.

Dann kam Herr de Madaillan, mein Leutnant, der beim Sturmangriff auf meiner einen Seite war – Herr de Goas auf der anderen; er wollte nachsehen, ob ich gestorben sei, und sagte zu mir: »Freuen Sie sich, mein Herr, fassen Sie Mut, wir sind drinnen. Die Soldaten kämpfen und bringen alles um, und seien Sie sicher, daß wir uns für Ihre Verwundung rächen.« [...] Da kehrte er schleunigst wieder zurück, selbst alle meine Diener gingen hin, nur noch zwei Pagen blieben bei mir zurück, der Advokat de Las und der Feldscher. Man wollte den Geistlichen und den Hauptmann der Stadt, mit Namen Ladon, lebendig herausbringen, um sie vor meinem Quartier am Galgen aufzuhängen; doch die Soldaten rissen sie denen, die sie festhielten, aus den Händen und wollten sie selbst töten und hieben sie in tausend Stücke. Die Soldaten warfen fünfzig bis sechzig von der Spitze des hohen Turmes, wo sie sich verschanzt hatten, in den Wassergraben. Hier ertranken sie. Sie fanden auch einen spanischen Kaufmann, der in dem Turm gefangengehalten worden war, und auch einen anderen katholischen Händler, die gerettet wurden. Alles was an Menschen in dieser Stadt am Leben blieb, waren nur zwei von ihnen, die einer vor den Soldaten versteckt hatte, und diese beiden katholischen Händler. Ihr, die Ihr dieses Buch lest, glaubt nicht, daß ich das Gemetzel befahl, um mich für meine Verwundung zu rächen, auch nicht, um das ganze Land in Schrecken zu versetzen, damit keiner mehr Mut hätte, sich unserem Heer entgegenzustellen. Ich meine: jeder Kriegsmann soll zu Beginn einer Eroberung so handeln gegen den, der es zu einem Angriff kommen läßt; Vermittlungs- und Kapitulationsvorschlägen darf er kein Gehör schenken, wenn er sich bei seinem Unternehmen keinen großen Schwierigkeiten ausgesetzt sieht und wenn sein Feind ihn nicht zwingt, sich eine Sturmlücke zu erkämpfen. Und wie es der Strenge – nennt es Grausamkeit, wenn Ihr wollt – bedarf, so muß man andererseits Milde walten lassen, wenn Ihr seht, daß man sich Euch rechtzeitig auf Gnade oder Ungnade ergibt.

Gegenseitige Erschöpfung führt die beiden Parteien zum Frieden von Saint-Germain (8. August 1570), der den Reformierten ernsthafte Garantien bringt. Sie besitzen nunmehr vier feste Plätze: La Rochelle, Montauban, Cognac und La Charité.

Die Bartholomäusnacht

Inzwischen sind die Guise am Hof in Ungnade gefallen; sie ziehen sich auf ihre Güter zurück, und Coligny, der 1569 auf dem Grève-Platz »in effigie« hingerichtet worden war, wird nun, zwei Jahre später (im September 1571), wieder an den Hof gerufen. Er übt großen Einfluß auf den jungen König aus. Dieser schmiedet heimlich Kriegspläne mit ihm, von denen Karl nicht einmal seiner Mutter etwas sagt. Über den Empfang Colignys bei Hof schreibt Agrippa d'Aubigné folgendes nieder:

Der König ließ den Grafen Ludovic und La Noue kommen und traf sich verkleidet und heimlich mit ihnen im Garten von Blois, um mit ihnen über den Krieg in Flandern zu sprechen; dann legte er alles in die Hände des Admirals [*Coligny*] und ließ ihm melden, es sei nun Zeit, »auf die Erforschung Indiens auszugehen«. [...] Bei seiner Ankunft nannte der König ihn seinen Vater, umarmte ihn dreimal, und beim letzten Mal, seine Wange an die des anderen gelegt, sagte er huldvoll und drückte dabei die Hand des Greises: »Jetzt halten wir Sie fest, jetzt dürfen Sie uns nicht mehr verlassen, wann es Ihnen beliebt.« Die Königinmutter und Monsieur [*der Herzog von Anjou*] setzten diese liebevolle Begrüßung äußerst geschickt mit wohleinstudierten Worten und Mienen fort. Und um diesen Schatten etwas Greifbares hinzuzufügen, gab man ihm einen ansehnlichen Teil der Pfründen, die der Kardinal, sein Bruder, hinterlassen hatte, zum Nießbrauch auf ein Jahr und außerdem einhunderttausend Livres in bar, damit er Châtillon neu einrichten konnte. Doch bemerkte der König, als jener seine erste Reise dorthin antrat: »Ich weiß ja«, sagte er, »daß Sie gern im Garten arbeiten.« Seitdem diese Worte von Mund zu Mund gingen, wollten manche wissen, daß man an dem Tag, bevor man in den Kampf zog, jemanden zu ihm hingeschickt hatte, um ihn auszuhorchen, und dieser ihn bei seinem Besuch dabei antraf, wie er, eine Gartenschere in der Hand, seine Pfröpflinge beschnitt und auf diese Weise das Mißtrauen zerstreute.[1]

Der Venezianer Michieli notiert, was er über die Organisation der protestantischen Partei weiß:

Man erzählt sich, daß die von der Religion achtzig Kirchengemeinden haben, die sich über alle Provinzen Frankreichs verteilen. Steht eine öffentliche Angelegenheit zur Debatte, müssen die Pastoren, ein jeder in seiner Gemeinde, die Meinung eines jeden einzelnen ihrer Untergebenen einholen und sie an sechs andere weiterleiten, ebenfalls Pastoren, die aus ihren Reihen als maßgeblichste ausgewählt wurden. Diese sechs erstatteten dann den beiden obersten Führern Bericht: solange diese noch lebte, der Königin von Navarra und dem Admiral; und was diese beiden für richtig fanden und was sie befahlen, wurde alsdann ausgeführt. Diese Gemeinden bringen jährlich durch Kollekte und regelmäßige Steuerzahlungen die Summe von 800 000 Franken auf, jeder zahlt ohne Unterschied seinen Anteil nach seiner eigenen Schätzung, ja sogar die Leute aus dem Volk und die Tagelöhner: die Landarbeiter, Handwerker, Dienstboten und andere. Jeder schätzt sich nach seinem Gewissen selbst ein und entrichtet eine höhere oder geringere Abgabe, die er tragen zu können glaubt, und zahlt so pünktlich und so bereitwillig, daß es zu bewundern ist. Mit diesen 800 000 Franken werden die laufenden Unkosten und Ausgaben gedeckt; darüber hinaus erhielt die Köni-

[1] Ein anderer Zeuge behauptet, daß der Admiral am Vorabend der »Septemberüberraschung« so tat, als sei er mit der Weinlese beschäftigt (s. S. 144).

gin von Navarra als Oberhaupt die Summe von 100 000 Franken; der Admiral 40 000 für seinen Unterhalt und als Gehalt; Herr de La Rochefoucauld 10 000; die Hauptleute Piles und Briquemaut und ähnliche Kriegsleute, erprobte und tapfere Männer, jeweils 3 000 und 4 000; der Rest wird als Reserve für Unvorhergesehenes beiseite gelegt. In Zeiten größter Not erhöhen sich die Steuern auf das Doppelte und Dreifache. Es herrscht solche Einigkeit und solche Eintracht unter ihnen, und sie leisten ihren Vorgesetzten so unbedingten Gehorsam, daß, so heißt es, auch ein Türke etwas Derartiges nicht erreicht. [...] Kurz, der Admiral hat im Königreich eine Art eigenen, vom König unabhängigen Staat.

Im Staatsrat bemüht sich der Admiral um eine antispanische, also auch antikatholische Außenpolitik und sucht die protestantischen Niederlande in ihrem Aufstand gegen Spanien zu unterstützen. Der junge König von Navarra wird bald neunzehn Jahre alt. Der Gesandte Lippomano schreibt über ihn verächtlich:

Er ist klein und schmächtig; man erzählt sich von ihm, daß er gar keinen Glauben hat, denn, so behauptet man, er macht sich über die hugenottischen Prediger sogar dann lustig, wenn sie auf der Kanzel stehen. Einmal, als einer jener Verruchten seine Predigt hielt, aß der König Kirschen und warf ihm die Steine ins Gesicht, so daß jener um ein Haar ein Auge verloren hätte. Man hält nicht viel von seiner Beständigkeit, und deshalb wenden sich manche Herren, die ihm gern gefolgt wären, von ihm ab. Er ist unterwürfig und steht mit dem König auf gutem Fuß. Er ist Gouverneur der Gascogne und regiert über einen Rest seiner Staaten in den Bergen des Landes Foix und von Asturien.

Katharina von Medici will Heinrich mit ihrer Tochter Margarete verheiraten, um den Frieden durch diese Hochzeit zu festigen. Aus den Tagebuchaufzeichnungen der Margarete von Valois:

Es ging die Rede von einer Heirat zwischen dem Prinzen von Navarra und mir. Die Königin, meine Mutter, sprach eines Tages bei der Tafel sehr lange mit Herrn de Meru davon. [...] Nach der Tafel sagte er mir, sie habe ihm aufgetragen, mit mir darüber zu sprechen. Ich erwiderte ihm, das sei ganz überflüssig, ich hätte keinen andern Willen als den ihrigen; doch bäte ich sie inständig, zu bedenken, daß ich eine gute Katholikin sei und daß es sehr schmerzlich für mich wäre, einen Gemahl zu haben, der nicht von meiner Religion sei. Danach ließ die Königin mich zu sich in ihr Kabinett kommen und sagte mir, die Herren von Montmorency hätten ihr diese Heirat nahegelegt, sie wolle nun meine Meinung darüber hören. Ich gab ihr zur Antwort, ich hätte keinen andern Willen als den ihrigen, und ihre Wahl sei auch die meine und daß ich sie inständig bäte, zu bedenken, daß ich eine gute Katholikin sei.

Am 3. März 1572 kommt die Königin von Navarra, Jeanne d'Albret, nach Blois, um über den Ehevertrag zu verhandeln, das heißt über die Mitgift und die Form der Hochzeitszeremonie, also über die Messe. Aus einem Brief der Königin von Navarra an ihren Sohn Heinrich geht hervor, welch üblen Eindruck sie von Katharina hat:

Es steht mir keinesfalls frei, mit dem König oder mit Madame [*Margarete*] zu sprechen, nur mit der Königinmutter, die mich mit der Mistgabel traktiert, wie Ihnen der Überbringer dieses Schreibens bestätigen wird. Was Monsieur [*den Herzog von Anjou*] anbetrifft, so bestimmt er über mich, und zwar höchst eigenmächtig, halb im Scherz, halb in versteckten Ernst. Madame habe ich nur bei der Königin gesehen, einem unreinlichen Ort, von wo sie sich nicht wegrührt: und in ihr Zimmer geht sie nur zu Zeiten, die mir für ein Gespräch nicht passen; auch weicht Frau de Curton nicht von der Stelle, so daß ich nicht sprechen könnte, ohne daß sie es hört. [...] Sie antwortet mir immer nur in allgemeinen Redewendungen: daß sie Ihnen und mir gehorsam sein will, wenn sie Ihre Frau geworden ist. Als ich nun sah, mein Sohn, daß ich nicht vorwärtskam, daß man alles übers Knie brechen wollte und nicht der Reihe nach vorzugehen gewillt war, habe ich dreimal mit der Königin darüber gesprochen, die sich aber nur über mich lustig macht und darüber hinaus jedem das Gegenteil von dem erzählt, was ich zu ihr gesagt habe. »Madame, Sie haben das und das gesagt.« Und obschon sie selbst es mir gesagt hat, streitet sie es nachdrücklich ab und lacht mir ins Gesicht und setzt mir so zu, daß ich mehr Geduld aufbringen muß als Griseldis. Wenn ich sie verlassen habe, bin ich von einer Schwadron Hugenotten umgeben, die zu mir kommen, um mich zu unterhalten, mehr aber, um Spionagedienste zu leisten, als mir beizustehen; außerdem von Würdenträgern und Leuten, mit denen ich gezwungenermaßen viel schwätzen muß, was sich nicht vermeiden läßt, wenn ich keinen Streit mit ihnen haben will. Ich habe auch noch welche von anderer Wesensart, die mir nicht weniger im Wege stehen, deren ich mich aber, so gut ich kann, erwehre: die Hermaphroditen der Religion [*heute Hugenotten, morgen Katholiken*]. Ich kann nicht behaupten, daß ich ohne Rat dastehe, denn jeder gibt mir einen, und jeder einen anderen. Da die Königin sieht, wie unschlüssig ich bin, hat sie mir gesagt, sie könne mit mir nicht einig werden, unsere Leute müßten sich zusammensetzen, um Mittel und Wege ausfindig zu machen. Sie nannte mir die, welche heute auf dieser, morgen auf der andern Seite stehen; an allem ist nur sie schuld. Dies ist der Hauptgrund, mein Sohn, weshalb ich eilends diesen Kurier sende, um Sie zu bitten, meinen Kanzler zu mir zu schicken, denn hier habe ich keinen Menschen, der verstände und zu tun vermöchte, was dieser tun wird. [...] Sie hält mich in einem fort zum Narren und will, was die Messe angeht, nicht nachgeben, über die sie noch nie so gesprochen hat, wie sie es jetzt tut. Der König andererseits will, daß man ihm schreibt. Sie haben mir gestattet, Pastoren herzuholen, nicht, um mit ihnen herumzustreiten, sondern weil sie ihren Rat hören wollen. Wenn Sie wüßten, in welcher Not ich mich befinde, hätten Sie Mitleid mit mir;

man behandelt mich mit unvorstellbarer Kälte, hält mir eitle Reden und macht sich über mich lustig, anstatt ernsthaft mit mir zu verhandeln, wie ich es verdiene. So daß ich fast umkomme, denn ich bin so fest entschlossen, nicht in Zorn zu geraten, daß meine Geduld ans Wunderbare grenzt.

Der Hof mißfällt ihr sehr:

Ihr Bild [*das Porträt der Margarete von Valois*] werde ich in Paris holen lassen. Sie ist schön, gut erzogen und artig, doch aufgewachsen in der verworfensten und korruptesten Gesellschaft aller Zeiten, denn ich wüßte keinen, der davon unberührt bliebe. Ihre Kusine, die Marquise, hat sich hier so verändert, daß man bei ihr von der [*reformierten*] Religion nichts mehr merkt, außer, daß sie nicht zur Messe geht, denn in ihrer übrigen Lebensweise tut sie es den Papisten nach; und die Prinzessin, meine Schwester, treibt es noch schlimmer. Ich werde Ihnen das vertraulich mitteilen. Dieser Kurier wird Ihnen berichten, was für Freiheiten sich der König herausnimmt; es ist ein Jammer. Um nichts in der Welt möchte ich, daß Sie hier längere Zeit verbringen müßten. Deshalb wünsche ich Ihre Heirat und möchte, daß Sie und Ihre Gemahlin sich von diesem verworfenen Leben zurückziehen, denn wenn ich es auch schon immer für schlimm hielt, so sehe ich doch jetzt, daß es noch viel schlimmer ist. Hier bitten nicht die Männer die Frauen, die Frauen bitten die Männer. Wären Sie hier, würden Sie sich dem niemals ohne große Gnade Gottes entziehen können. Ich schicke Ihnen ein Sträußchen, über dem Ohr zu tragen, da Sie ja verheiratet werden wollen, und Knöpfe für eine Kappe. Augenblicklich tragen die Männer Edelsteine in Mengen, doch zahlt man dafür hunderttausend Taler, und man kauft jeden Tag welche.

Am 11. März 1572 schreibt Jeanne d'Albret an Herrn de Beauvoir:

Beinahe hätte die Königin mir bestätigt, was Brodeau mir über Sie gesagt hatte, nämlich: Sie hätten ihm Hoffnung gemacht, daß jemand meinen Sohn bei der Hochzeit während der Messe vertreten würde. Ich sagte zu ihr: »Madame, ich kann kaum glauben, daß Herr de Beauvoir Ihnen das gesagt hat, denn er selbst hat mir erklärt, er habe Ihnen versichert, daß man das unmöglich tun könne.« Sie erwiderte mir: »Er hat mir also gesagt, daß er es Ihnen ausrichten würde?« »Ich glaube nicht, Madame«, versetzte ich. Schließlich, als sie sich in die Enge getrieben sah und als sie merkte, daß ich ihr keinen Glauben schenkte: »Er hat mir doch irgend etwas gesagt.« »Ich glaube das sehr wohl, Madame, aber etwas ganz anderes.« Sie brach in Lachen aus, denn bedenken Sie, daß sie mit mir nur im Scherz redet. Sie hat mir wohl vieles gesagt, was sie zu Herrn de Biron gesagt hatte und sogar in seiner Gegenwart. De Biron ist mit seiner Kunst zu Ende, er weiß nicht mehr, was er sagen soll, denn einerseits fürchtet er die Königin, andererseits werfe ich ihm, wenn auch lachend, vor, er habe mich hintergangen; er zuckt die Achseln und sucht, so gut er kann, die Königin zu entschuldigen.

Schließlich wird der Vertrag am 11. April 1572 unterzeichnet. Margarete erhält eine Mitgift von 300 000 Talern von ihrem Bruder und 300 000 Livres von der übrigen Familie. Die Hochzeit soll vor der Kirche stattfinden. Heinrich wird also nicht zur Messe gehen. Aber am 9. Juni stirbt Jeanne d'Albret. Am 13. Juni schreibt de Biron an Karl IX.:

Als wir heute vor dem Nachtmahl hier [*in Chaunay*] ankamen, trafen wir einen Hofmeister der Königin von Navarra an, der die Nachricht von ihrem Tod brachte; und obwohl wir beschlossen hatten, sie meinem Herrn, dem Prinzen [*Heinrich*], erst ein paar Stunden nach dem Nachtmahl zu übermitteln, und jeder sich nach Kräften zusammennahm, vermochten wir nicht zu verhindern, daß er es merkte; nicht einmal bei den Gebeten gelang es uns, denn der Pastor brachte es nicht fertig, den Namen der Königin, seiner gerade erst verstorbenen Herrin, auszusprechen, und glaubte, unbemerkt darüber hinweggehen zu können. Es war ein Dolchstoß in des

Prinzen Herz; er erhob sich nach dem Gebet und zog sich gefaßt in ein anderes Zimmer zurück. Als seine nächsten Freunde hineingingen, hörten sie ihn wehklagen über den Verlust der Königin, seiner Mutter. Einige Stunden später suchte ich ihn auf. Wir fanden ihn in Tränen aufgelöst, jedenfalls in einer Haltung, die zugleich kindliche Liebe und Anhänglichkeit bewies.

Margarete von Valois vor dem Totenbett der Königin von Navarra:

Frau von Nevers, deren Wesensart Ihnen bekannt ist, hatte sich mit dem Kardinal von Bourbon, Frau von Guise, der Prinzessin von Condé, ihren Schwestern und mir in das Haus der verstorbenen Königin von Navarra in Paris begeben, um die letzte Pflicht ihr gegenüber zu erfüllen, die wir ihrem hohen Rang und der nahen Verwandtschaft schuldig waren: es geschah jedoch nicht mit den Zeremonien unserer Religion, sondern mit dem kleinen Pomp, den die Hugenotten gestatten, nämlich: sie in ihrem gewohnten Bett, bei geöffneten Vorhängen, ohne Licht, ohne Priester, ohne Kreuz und ohne Weihwasser, und wir fünf bis sechs Schritte von ihrem Bett entfernt mit der übrigen Gesellschaft. Frau von Nevers, die von der Königin zu ihren Lebzeiten mehr als irgend jemand sonst auf der Welt gehaßt worden war und die der Königin das in Gedanken und Worten heimgezahlt hatte – Sie wissen ja, wie schlecht sie ihr verhaßte Personen zu behandeln verstand: diese nun löste sich von unserer Gruppe und trat mit einigen schönen, ehrerbietigen und tiefen Verbeugungen an das Bett, ergriff ihre Hand und küßte sie; dann trat sie mit einer tiefen, respektvollen Verbeugung wieder zu uns zurück.

Am 7. Juli treffen Heinrich von Navarra, Coligny und Heinrich von Condé, der Sohn des Prinzen Ludwig von Condé, der bei Jarnac den Tod gefunden hatte, in Paris ein. L'Estoile, ein angesehener Pariser Bürger aus dem Richterstand, Berichterstatter in der Staatskanzlei, notiert in sein Tagebuch:

Als der Admiral gerade auf sein Pferd steigen wollte, um zur Hochzeit des Königs von Navarra nach Paris zu reiten, trat ihm eine Bäuerin aus Châtillon, eine seiner Untertanen, in den Weg, warf sich ihm zu Füßen und umschlang inbrünstig seine Knie: »Ach«, rief sie, »guter Herr, Ihr rennt in Euer Verderben, ich werde Euch nie mehr wiedersehen, wenn Ihr nach Paris reitet, denn dort werdet Ihr sterben, Ihr und alle, die mit Euch ziehen. Und wenn Ihr nicht Mitleid mit Euch selbst habt«, so sagte sie unter Tränen, »so habt doch wenigstens Mitleid mit Eurer Gattin, mit Euren Kindern und all den guten Leuten, die Euretwegen umkommen werden.« Und als der Admiral sie zurückstieß und zu ihr sagte, sie sei nicht ganz bei Sinnen, ging die arme Frau hin und warf sich der Admiralin zu Füßen, beschwor sie, zu verhindern, daß ihr Mann nach Paris reise, sie sei ganz sicher, daß er niemals mehr zurückkehre, wenn er erst einmal nach Paris geritten sei, und er sei dann schuld am Tod von zehntausend Menschen. Vernommen aus dem Munde eines, der es gesehen und gehört hat.

Zahlreiche protestantische Edelleute begleiten sie. Unter ihnen befindet sich auch Agrippa d'Aubigné, der am 17. und 18. August 1572 an der Hochzeit teilnimmt. Er weiß darüber folgendes zu erzählen:

Vor dem Gotteshaus Notre-Dame hatte man eine große Bühne errichtet, von der aus eine niedrigere durch das ganze Kirchenschiff bis zum Chor führte und von da aus weiter zu einer dritten, über die man durch einen gedeckten Gang das bischöfliche Palais erreichte; das Ganze war gegen die Volksmenge durch ein Geländer abgeschirmt. Zwei Tage nach dem Verlöbnis kamen der König und die Königin, seine Mutter, in Begleitung der Prinzen von Geblüt, der Herren von Lothringen und der Würdenträger der Krone ins Bischofspalais und holten dort die Braut ab; von der andern Seite kam der König von Navarra mit seinen beiden Vettern, dem Admiral, dem Grafen von La Rochefoucauld und anderen. Beide Gruppen betraten gleichzeitig die Bühne, und der Kardinal von Bourbon sprach die Worte und vollzog die Zeremonie, die man ihm vorgeschrieben hatte. Und während die Braut die Messe hörte, ergingen sich die Reformierten im Kreuzgang und im Kirchenschiff. Hier machte der Marschall d'Anville auf die bei Moncontour erbeuteten Banner oben im Kirchenschiff aufmerksam, und der Admiral gab daraufhin zur Antwort: »Die da müssen bald weg und bessere dort hingehängt werden.« (Diese Andeutung bezog sich auf die spanischen Flaggen, die er zu erbeuten hoffte.) Diese Bemerkung faßten manche als Drohung auf.

Den Nachmittag verbrachte man im großen Saal des Palastes mit festlichen Spielen und Musik, den Tag darauf auf dem Fest, das Monsieur gab, bei Ballettdarbietungen im Louvre. Ich will mich nicht aufhalten und nur das Ballett beschreiben, das am Mittwoch im Palais Bourbon stattfand [*das neben dem Louvre lag*]: darin verteidigten der König und seine Brüder einen Himmel, in den der König von Navarra und die Seinen vergeblich einzudringen suchten und in die Hölle zurückgestoßen und verbannt und nur durch die Fürbitten Amors daraus befreit wurden. Jene, die man für Narren hielt, sahen darin eine Prophezeiung. Zu diesen gehörte auch Langoiran, der spätere Herzog von Montferrand, von dem noch in unserer Geschichte die Rede sein wird. Er begibt sich am nächsten Morgen zum Admiral, sich zu verabschieden, und auf seine Fragen, warum er fortginge, gab er nur zur Antwort: »Ich gehe, weil man Ihnen einen so gar freundlichen Empfang bereitet; ich will lieber zu den Toren gehören als zu den Dummen, denn vom ersten wird man geheilt und vom andern nie.«

Am 18. August schreibt der Admiral den letzten Brief an seine Frau:

Wäre ich nur auf mein Glück bedacht, würde es mir viel mehr Freude bereiten, zu Ihnen zu kommen, als hier am Hof zu bleiben, und das aus vielerlei Gründen, die ich Ihnen sagen werde. Aber man muß ja das öffentliche Wohl mehr im Auge haben als das eines einzelnen. Ich habe Ihnen auch noch verschiedenes andere zu sagen, wenn es mir vergönnt sein wird, Sie wiederzusehen, wonach es mich so sehr verlangt, daß Sie nicht annehmen dürfen, ich verlöre auch nur einen Tag oder eine Stunde. Bleibt mir noch zu berichten, daß heute nachmittag um vier Uhr die Hochzeitsmesse gelesen wurde. Unterdessen ging der König von Navarra mit denen von der Religion, die sich in seinem Gefolge befanden, in einem Hof spazieren. Es gab einige kleine Zwischenfälle, von denen ich Ihnen erzählen werde, aber ich muß Sie sehen. Inzwischen bitte ich den Herrgott, Sie, mein Mädchen, meine Beste, unter seinen heiligen Schutz und Schirm zu nehmen. Aus Paris, am 18. August 1572.

Schreiben Sie mir, wie es dem Kleinen oder der Kleinen geht. [...]

Ihr liebster Mann und Freund
Châtillon

Bis zum 21. August dauern die Hochzeitsfestlichkeiten. Hierüber äußert sich ein ungenannter Zeitgenosse:

Es gab Spiele von großem Gepränge, prächtige Gelage und allerlei Kurzweil; auch der König war so entzückt von den Lustbarkeiten, daß er sich nicht einmal Zeit zum Schlafen nahm, geschweige denn die Staatsgeschäfte im gewöhnlichen Rat wahrnahm; doch die Ratschläge waren schon eingeholt, und er tat so wie der Jäger, der ein Loblied singt auf das Tier, das er während des Jagens noch zum Teufel wünschte und verfluchte. Nun finden am Hof von Frankreich Ball, Tanz, Maskeraden und ähnliche eitle Vergnügungen, an denen der König ein besonderes Gefallen findet, meist des Nachts statt; die Stunden des Tages, in denen man Rat halten und die Staatsgeschäfte wahrnehmen sollte, braucht man dann wegen der Ausschweifungen in der vorhergehenden Nacht notwendigerweise zum Schlafen. Im übrigen herrscht schon seit langem ein so vertrauter Umgang zwischen den Edelleuten am Hof und den Hofdamen der Königinmutter, und alle lachen so zügellos und führen so unzüchtige Gespräche, daß es die anderen

Nationen nicht zu glauben vermöchten, und alle anständigen Leute sind davon überzeugt, daß die jungen Fräulein hier nicht am richtigen Ort sind, um ihre Keuschheit zu bewahren. Und was noch schlimmer ist: kommt ein Kuppler oder eine Kupplerin daher, ein Wüstling und Taugenichts, die sich darauf verstehen, neue Schandtaten zu ersinnen, zählen sie im Handumdrehen zu den am meisten bevorzugten Günstlingen. Besonders seitdem die Königinmutter die Herrschaft über das Königreich ausübt, hat sich hier ein wahrer Ameisenhaufen an Italienern eingenistet, vor allem am Hof, so daß viele ihn jetzt »Franko-Italien«, andere ihn die »Kolonie und Kloake Italiens« nennen. Dieses tolle Treiben und die eitlen Vergnügungen des Hofes machen es dem Admiral unmöglich, mit dem König zu sprechen und über ernstere Dinge mit ihm zu verhandeln.

Die politischen Ereignisse überstürzen sich. Seit Beginn des Monats August bereitet Coligny, der sich auf seinen Einfluß auf den König verläßt, eine militärische Intervention in den Niederlanden vor. Davon zeugt eine Aufzeichnung Brantômes:

Der Admiral trat in den Saal, wo er Herrn d'Estrozze und mich traf, uns beide ganz allein. Als er an die Tür zum Gemach der Königin klopfte, um zu ihr hineinzugehen, sagte ihm eine ihrer Kammerfrauen, die fast alle, zumindest die maßgeblichen, Hugenottinnen waren, die Königin warte noch darauf, daß ihr Abführmittel seine Wirkung täte, und er möchte sich noch ein wenig gedulden; das tat er auch, ging mit uns auf und ab und sprach mit uns über die Lage in Flandern. Es stand gut darum, denn die Städte Valenciennes und Mons waren überrumpelt worden, worüber er hoch erfreut war; dann sprach er mit uns über unsere Einschiffung in Brouage und darüber, welche Befehle er den Häfen seiner Admiralschaft gegeben habe, damit sie uns in allem behilflich wären. »Wohlan denn«, sagte er, »alles läßt sich gottlob gut an; binnen kurzem werden wir Spanien aus den Niederlanden vertrieben haben, und unser König wird dort herrschen, oder wir werden dort sterben, alle, und ich als erster; und ich will nicht klagen, wenn ich mein Leben lassen muß für eine so gute Sache.«

Dringt er mit seiner Politik durch, so bedeutet sie erneut Krieg mit der fürchterlichen Großmacht Spanien. Katharina ist außer sich und verbündet sich sofort mit den Guise, mit Herzog Heinrich, dem Sohn des »Genarbten«, und mit seinem Bruder, dem Kardinal. Sie faßt den Entschluß, sich des Admirals zu entledigen.

Charles de Louvier, Herr von Maurevert, hat die Aufgabe, auf ungewöhnlichem Wege alle Todesurteile zu vollstrecken, die der König gegen die erläßt, die er nicht auf gerichtlichem Wege belangen kann. Er hat sich schon mehrfach als Faktotum für Verbrechen erwiesen. So hatte er im Jahre 1569 in der Nähe von Niort den Hugenottenführer de Mouy umgebracht, und damals hatte er auch einen Anschlag auf den Admiral verübt, der aber mißlang. Wie sich der König erkenntlich zeigt, geht aus einem Brief hervor, den Karl IX. an den Herzog von Alençon schreibt:

Lieber Bruder,

für den besagten Dienst, den Charles de Louvier, Herr von Maurevert, der Überbringer dieses Schreibens, mir erwiesen hat und der Ihnen berichten wird, wie er Mouy getötet hat, bitte ich Sie, lieber Bruder, ihm in meinem Namen die Kette meines Ordens zu überreichen, denn er wurde von den Mitgliedern des Ordens ausersehen und erwählt, in den Orden aufgenommen zu werden; ferner dafür zu sorgen, daß er von den Bürgern meiner guten Stadt Paris für seine Verdienste ein Ehrengeschenk erhalte. Gott möge Sie, lieber Bruder, in seinen heiligen und würdigen Schutz nehmen.

Geschrieben in Plessis-lez-Tours, am X. Tag im Oktober 1569.

Ihr lieber Bruder
Charles

Am 20. August schleicht sich Maurevert mit seiner Arkebuse in das Haus des Domherrn Villemur, der mit den Guise befreundet ist. Als am 21. August der Admiral an diesem Haus vorbeikommt, wie jeden Morgen, wenn er zum Gottesdienst reitet, gibt Maurevert einen Schuß ab. Glücklicherweise beugt sich der Admiral gerade vor. Jacques Pape, Herr von Saint-Auban, war dabei:

Da ich die Ehre hatte, dem Gefolge des Admirals von Châtillon anzugehören, befand ich mich in seiner Nähe, als er von Maurevert durch einen Schuß aus einer Arkebuse an beiden Armen verwundet wurde. Wir Edelleute, alle zu seiner Truppe gehörend, versuchten das Tor des Hauses aufzubrechen, aus dem der Schuß abgegeben worden war, und da es uns nicht gelang, folgten wir dem Admiral in seine Wohnung, dort baten Herr de Ceré und ich Herrn de Teligny [*Colignys Schwiegersohn*] inständig, er möge uns gestatten, aufs Pferd zu steigen und die Verfolgung Maureverts aufzunehmen, der, wie wir vernommen hatten, das Haus durch die Hintertür verlassen und sich aufs Pferd geschwungen hatte. Herr de Teligny hielt uns eine Weile auf; schließlich aber saßen Herr de Ceré und ich auf, und wir verließen Paris durch die Porte St. Antoine, durch die der Mörder entkommen war. Als wir in Charenton waren, ergriffen wir einen Diener des Herrn Georges de Lompry, bei dem Maurevert sein Pferd gewechselt hatte und der den grauen Mantel trug, den Maurevert anhatte, als er Paris verließ. Wir verhafteten ihn, übergaben ihn als Gefangenen dem Richter von Villeneuve St. Georges und unterrichteten Herrn de Teligny davon durch einen von meiner Hand unterzeichneten kurzen Brief. Auf diese Nachricht hin schickte er am nächsten Morgen, einem Samstag, die Herren de Valevoire, de Moreau, de Merle, den jungen Beaufort, genannt des Aureaux, und noch einige andere hierher, und diese brachten ihn nach Paris ins Gefängnis Four-l'Evêque. Als wir das Billett abgeschickt hatten, ritten Herr de Ceré und ich sofort nach Melun, und nicht weit von Corbeil entdeckten wir, daß der Mörder sich in das Haus des Herrn de Chailly geflüchtet hatte. Da die Zugbrücke hochgezogen war und die Mauern zu beiden Seiten mit Arkebusen gespickt waren, verbrachten wir die Nacht in der Nähe des Hauses in dem Glauben, der Mörder, der sich dort nicht sicher fühlen könne, müsse herauskommen, doch es war umsonst. Wir mußten also zum Admiral zurückkehren, der in der Rue de Betisi wohnte.

Maurevert findet im Jahre 1584 ein trauriges Ende, das L'Estoile folgendermaßen darstellt:

Herr de Mouy, der schon seit langem alles daransetzte, sich an Maurevert für den Tod seines Vaters zu rächen, den dieser 1569 bei Niort ermordet hatte, war am Donnerstag, dem 14. April, gegen zwei Uhr nachmittags in der Nähe der Kirche La Croix des Petits-Champs, in Richtung St. Honoré, Maurevert begegnet. Mit dem Schwert in der Hand stürzte er sich auf ihn und drängte ihn gegen die Barrière des Sergents vor der Kirche St. Honoré. Da Maurevert nur einen Arm hatte, konnte er sein Schwert nicht ziehen, taumelte zurück, und Mouy stach ihm zwei- oder dreimal tief mit dem Schwert in den Leib (ein Stich durchbohrte ihn vom Unterleib bis zur linken Brustwarze). Diesen Hieb versetzte ihm Herr de Mouy, weil er glaubte, er trüge einen Panzer. [...] Er verfolgte ihn bis zum Bach in der Grande Rue St. Honoré, wo er ihn einholte und ihm die Kehle durchschneiden wollte. Ein Soldat Maureverts gab ganz aus der Nähe auf Herrn de Mouy einen Schuß ab, der ihn tödlich traf, denn die Kugel drang durch den Mund ein, zerschmetterte ihm Unterkiefer und Zunge, durchbohrte das Gehirn und trat am Hinterkopf wieder aus, so daß er tot in den Bach fiel (bei diesem Gefecht hatte nämlich jeder etwa neun bis zehn auf seiner Seite). Der junge Saucourt, ein Kampfgenosse Mouys und sein Verwandter, wurde durch einen Schuß in die Brust verwundet und starb bald danach; Maurevert verschied in der darauffolgenden Nacht.

Alle ahnen, wer hinter Maurevert steckt, wie aus einer Äußerung des Gesandten Michieli hervorgeht:

Der Schuß mit der Arkebuse war ein abgekartetes Spiel des Herrn von Anjou [*des späteren Heinrichs III.*] und der Königin; und ganz im geheimen habe ich erfahren (und es ist gut, wenn das Geheimnis hier streng gehütet wird), daß sie, da sie sich einem Franzosen nicht anvertrauen wollten, einen Hauptmann aus Florenz, eine Kreatur der Königin und intimen Freund Herrn von Anjous, namens Pierpaolo Tosinghi[1], der allen nach Frankreich gekommenen Venezianern bekannt ist, übrigens einen im Kriegshandwerk recht geschätzten Mann, veranlaßt haben, den Schuß abzugeben. Dieser Tosinghi hat sich einige Tage danach einem Freund gegenüber dessen gerühmt; doch hat man das Gerücht verbreitet, es sei ein Franzose gewesen mit Namen Maurevert, der den gleichen Beruf ausübte wie Tosinghi und der, scheint es, mit einem Schuß aus einer Arkebuse einen berühmten hugenottischen Hauptmann, Herrn de Muy [*Mouy*], getötet hat.

Ein Bürger aus Straßburg, ein Augenzeuge, macht im September 1572 in Heidelberg eine notariell beglaubigte Aussage:

Ein Bürger aus Straßburg sagt aus, er habe Paris im August verlassen. [...] Der Admiral hat sich in sein Haus bringen und sich dort verbinden lassen. Am Nachmittag haben sich der König und seine Brüder zu ihm begeben, ihn laut beklagt, als empfänden sie aufrichtigen Schmerz, und der König selber versprach ihm mit tausend Eiden (oder Flüchen), eine solche Tat nicht ungestraft zu lassen. Was die alte Königin anbelangt, so hat er nicht erfahren, daß sie sich zum Admiral begeben hätte.

Noch ist der König der einzige oder doch fast der einzige, der nichts ahnt. Er beabsichtigt, den Fall gerichtlich untersuchen zu lassen. Da sieht Katharina sich in die Enge getrieben

1 Hier hat sich Michieli geirrt.

und faßt einen verzweifelten Entschluß. An diesem Freitag, dem 22. August, mobilisieren der Vorsteher der Kaufmannschaft Le Charron, sein Amtsvorgänger Claude Marcel, ein Goldschmied, und die Schöffen, die das Attentat auf Coligny nichts Gutes ahnen läßt, die sechzehn Bezirkshauptleute. In Paris riecht es nach Pulver. – Der Bürger aus Straßburg sagt über den Nachmittag des 23. August 1572:

Am Samstagnachmittag ließ der König dem Admiral, der sich den Arm abnehmen lassen wollte, sagen, er solle noch warten, er habe einen besonders tüchtigen Arzt holen lassen, der noch vor Sonntagmorgen bei ihm sein werde und ihm Hilfe bringe.

Am 23. August, um acht Uhr abends, befinden sich die Königinmutter und der Herzog von Anjou (der spätere Heinrich III.) beim König im Louvre. Michieli berichtet darüber folgendes:

Die Königin und Anjou zogen sich in das Kabinett des Königs zurück, weil sie die Sache beschleunigen wollten. Die Königin eröffnete dem König, was sie vorhatte; sie machte ihm klar, welch glänzende Gelegenheit sich bot und wie leicht und sicher sie einen Rachezug gegen die Rebellen unternehmen könnten, denn sie habe sie alle in den Mauern von Paris wie in einem Käfig zusammengepfercht. Auf diese Weise könne er die Infamie ungeschehen machen, daß er mit ihnen habe verhandeln müssen, er habe ja zugegeben, sie hätten es nur mit Gewalt von ihm erreicht und indem sie ihm Angst eingejagt hätten; demnach wäre er nicht verpflichtet, irgendeinen Vertrag einzuhalten. Sie hielt ihm vor Augen, daß die Ratschläge des Admirals nur ein künstliches Gebäude seien, aufrührerische Ratschläge wie die, Seine Majestät in einen Krieg zu verwickeln, der kein anderes Ziel habe, als das ganze Königreich dem Untergang zu weihen, das dann auf Jahre hinaus der Armut preisgegeben sei, vernichtet durch die ungeheure Schuld der Krone. [...] Aber es gab noch Schlimmeres! Wenn man den Admiral nicht tötete, müßte man dann nicht neue Bürgerkriege gewärtigen, weil er und die Seinen mit allen Mitteln auf Rache sinnen würden? Kurz, man mußte ihnen zuvorkommen, bevor man selbst überrumpelt würde.

Über die Unterredung mit dem König äußert sich der Herzog von Anjou so:

Wir setzten unseren Willen durch und nahmen im gleichen Augenblick am König eine plötzliche Veränderung und wunderbare und seltsame Wandlung wahr; er stellte sich auf unsere Seite und war der gleichen Ansicht wie wir, ging dabei noch viel weiter und machte noch sträflichere Vorschläge: denn so schwer er vorher zu überzeugen gewesen war, jetzt mußten wir ihn zur Mäßigung anhalten. Denn er sprang auf, gebot uns Schweigen und schrie wutentbrannt, bebend vor Zorn und »Tod und Teufel« fluchend, wenn wir es schon für richtig hielten, den Admiral umzubringen, sei es ihm recht, aber dann sollten auch alle andern Hugenotten in ganz Frankreich daran glauben, nicht einer solle übrigbleiben, der ihm nachher mit Vorwürfen kommen könne, und wir sollten sofort den Befehl dazu erteilen. Dann ging er wütend hinaus und ließ uns in seinem Kabinett zurück, wo wir beratschlagten, wie sich das Unternehmen am besten durchführen ließe.

Noch herrscht im Palast völlige Ruhe. Der Bürger aus Straßburg fährt fort:

Am Samstag, gegen Abend, war alles am Hof noch guter Dinge; er, der Erzähler, brachte dort über eine Stunde zu und begab sich von dort ganz ruhig und ungehindert nach Hause.

Verschiedene protestantische Edelleute bleiben im Louvre beim König von Navarra, wie sie es auch am Abend zuvor getan hatten. Ein unbekannter Zeitgenosse notiert:

Am Tage, als der Admiral verwundet worden war, hatte der König seinem Schwager, dem König von Navarra, nahegelegt, in seinem Zimmer zehn bis zwölf seiner engsten Vertrauten schlafen zu lassen, um sich so vor den Machenschaften des Herzogs von Guise zu schützen, den er einen boshaften Kerl nannte.

Um die 10000 Hugenotten, die in Paris sind, unschädlich zu machen, bedarf man der Unterstützung des Magistrats von Paris und seiner Bürgermiliz. Michieli schildert die Vorgänge um 11 Uhr abends:

Der König, den die Königin und sein Bruder für sich gewonnen und überredet hatten, ließ den Vorsteher der Kaufmannschaft von Paris kommen, der Marcel hieß[1], ein tatkräftiger Mann, der dem Louvre auf Tod und Leben ergeben war. Man fragte ihn, mit wieviel Männern der König in Paris rechnen könne, falls er sie benötigte. Marcel antwortete, es hinge davon ab, in welcher Zeit man sie benötige.

»In einem Monat?« lautete die Frage.

»Über einhunderttausend«, sagte er, »und im übrigen soviel wie der König wünscht.«

»Und wenn man sie innerhalb einer Woche haben müßte?« fügte die Königin hinzu.

»Die Zahl stünde im Verhältnis zu hunderttausend in einem Monat«, erwiderte der Vorsteher der Kaufmannschaft.

»Und wenn es innerhalb eines Tages sein müßte?«

»Zwanzigtausend und mehr.«

Er mußte einen heiligen Eid leisten, Stillschweigen zu bewahren und das Geheimnis zu hüten. Man befahl ihm, den Befehlshabern der Stadtbezirke aufzutragen, sich noch in derselben Nacht nach Leistung desselben Eides, ein jeder in seinem Hause, bereitzuhalten und Waffen und Licht bei der Hand zu haben. Alles wurde mit so viel Umsicht und in solcher Heimlichkeit vollzogen, daß der eine nicht wußte, was der andere tat; niemandem gelang es zu erfahren, um was es ging; um so gespannter erwartete jeder die Ereignisse.

1 In Wirklichkeit hieß der damalige Vorsteher der Kaufmannschaft Le Charron; dieser erscheint zusammen mit Marcel, der sein Hintermann ist.

Bei Brantôme finden wir eine andere Darstellung dieser Szene:

Ich habe gehört, daß man, um das Fest richtig zu feiern, mit dem Vorsteher der Kaufmannschaft und den Würdenträgern von Paris Verbindung aufnehmen und sie einen Abend vorher holen lassen mußte; sie machten große Schwierigkeiten und kamen mit Gewissensbedenken, doch Herr de Tavannes fuhr sie in Gegenwart des Königs barsch an, beschimpfte sie und drohte ihnen, wenn sie sich nicht einverstanden erklärten, ließe der König sie alle hängen, und er sagte zum König, er solle die Drohung ihnen gegenüber wiederholen. Da die armen Teufel keinen Ausweg sahen, gaben sie zur Antwort: »Ha! Nehmen Sie es auf sich, Sire, und Sie auch, Herr? Wir schwören Ihnen, daß Sie noch von uns hören werden, denn nun werden wir so blindlings dreinschlagen, daß man für alle Zeiten an das Fest der Bartholomäusnacht denken wird.« Und das, ich versichere es euch, taten sie auch; nur wollten sie nicht den Anfang machen. Das zeigt, wie ein erzwungener Entschluß größere Gewalt besitzt als ein anderer, und es ist nicht gut, das Volk aufzuhetzen, denn nachher ist es erbitterter als man will.

Die Sturmglocke von Saint-Germain-l'Auxerrois soll das Zeichen zum Beginn geben. Der Herzog von Guise erfährt, daß nunmehr die Stunde gekommen ist, in der er Rache für den Tod seines Vaters nehmen kann. Michieli hat darüber folgendes erfahren:

Als Marcel entlassen worden war, rief man nach Herrn von Guise. Er erhielt den Auftrag, zusammen mit seinem Onkel, Herrn von Aumale, und mit dem Ritter, einem natürlichen Bruder des Königs, hinzugehen und den Admiral Coligny, seinen Schwiegersohn und die Seinen umzubringen; der Marschall de Tavannes und der Herzog von Nevers sollten Herrn de La Rochefoucauld übernehmen (einen Mann, der doch dem König so teuer war). Euer Gnaden können sich vorstellen, mit welcher Freude Herr von Guise diesen Auftrag entgegennahm und mit welchem Eifer er ihn ausführte.

Zum Schein begibt sich ein jeder zur Ruhe. Auch Margarete von Valois hat ihre Erlebnisse jener Nacht aufgeschrieben:

Als Katholikin hielten mich die Hugenotten für verdächtig und die Katholiken, weil ich den König von Navarra, einen Hugenotten, geheiratet hatte, so daß keiner mir etwas sagte, bis zu dem Abend, da ich beim Zubettgehen der Königin, meiner Mutter, auf einer Truhe saß, neben meiner Schwester, der Herzogin von Lothringen, die sehr niedergeschlagen war; die Königin bemerkte mich, während sie ein Gespräch führte, und befahl mir, mich zu Bett zu legen. Als ich mich verneigte, ergriff meine Schwester mich am Arm und hielt mich zurück; in Tränen ausbrechend rief sie: »Mein Gott, Schwester, geh nicht hin«, worüber ich heftig erschrak. Die Königin, meine Mutter, merkte es, rief meine Schwester zu sich, war sehr zornig auf sie und verbot ihr, mir etwas zu sagen. Meine Schwester hielt ihr vor, es sei doch kein Grund vorhanden, mich einfach fortzuschicken und im Stich zu lassen, sie würden sich, wenn sie etwas entdecken sollten, gewiß an mir rächen. Darauf antwortete ihr die Königinmutter, wenn es Gottes Wille wäre, so würde mir nichts Böses geschehen; wie dem aber auch sei, ich müsse gehen, da sie sonst Verdacht schöpfen könnten.

Ich sah wohl, wie sie miteinander stritten, konnte aber kein Wort verstehen. Sie befahl mir noch einmal sehr streng, zu Bett zu gehen. Meine Schwester, die in Tränen aufgelöst war, wünschte mir gute Nacht, ohne mir weiter etwas sagen zu dürfen; und ich ging, starr vor Furcht und völlig außer mir, ohne eine Vorstellung davon zu haben, was ich zu fürchten hatte.

Sobald ich in meinem Kabinett war, betete ich zu Gott, daß er mich gnädig in seinen Schutz nehmen möge und daß er mich behüte, ohne daß ich wußte, gegen was und gegen wen.

Der Straßburger Bürger:

Alle hohen Herren von der Religion begaben sich ebenfalls [...] wie auch allabendlich in der vorhergehenden Woche nach Hause zurück.

De Mergey, ein protestantischer Edelmann, der nach Paris gekommen war, um an den Hochzeitsfeierlichkeiten teilzunehmen, und in der Rue de Bethisy in der Nähe Colignys[1] *wohnte, berichtet:*

Am Samstag, dem Vorabend von St. Bartholomäus, befand sich der Graf [*La Rochefoucauld, den Tavannes und Nevers umbringen sollten*], wie es seine Gewohnheit war, noch als letzter im Gemach des Königs und wollte sich gerade zurückziehen; einer seiner Edelleute namens Chamont und ich warteten im Vorzimmer auf ihn. Als ich das Scharren der Schuhe vernahm, das zu hören ist, wenn einer seine Reverenz macht, ging ich auf die Tür zu und hörte, wie der König zum Grafen sagte: »Foucauld«, denn so nannte er ihn, »geh nicht fort, es ist schon spät, wir wollen den Rest der Nacht verplaudern.« »Das geht nicht«, gab ihm der Graf zur Antwort, »denn wir müssen schlafen und zu Bett gehen.« »Du kannst ja mit meinen Kammerdienern zusammen schlafen«, sagte er zu ihm. »Die haben nur stinkende Füße«, gab er zurück; »lebt wohl, liebster Herr.« Dann kam er heraus und begab sich in das Zimmer der verwitweten Prinzessin von Condé, deren Geliebter er war. Dort blieb er noch fast eine Stunde. Als er sie verlassen hatte, ging er in das Gemach des Königs von Navarra, sagte ihm gute Nacht, kam wieder heraus und wollte nach Hause gehen. Am Fuß der Treppe trat ein schwarzgekleideter Mann auf ihn zu, zog ihn auf die Seite und unterhielt sich längere Zeit mit ihm, dann verschwand er. Der Graf rief mich zu sich und gab mir den Auftrag, noch einmal in das Zimmer des Königs von Navarra zu gehen und ihm zu sagen, man hätte ihm gerade berichtet, die Herren Guise und Nevers seien in der Stadt und schliefen nicht im Louvre. Ich tat es und

1 Coligny wohnte in der heutigen Rue de Rivoli, ungefähr 400 m Luftlinie entfernt vom Louvre des XVI. Jahrhunderts.

fand ihn mit der Königin, seiner Frau, im Bett liegend. Ich flüsterte ihm ins Ohr, was der Graf ihm sagen ließ. Er trug mir auf, ich solle ihm sagen, er erwarte ihn früh am Morgen, wie er es ihm versprochen habe. Ich kehrte zum Grafen zurück, der noch unten an der Treppe stand zusammen mit Gaspard de La Chatre, Herrn von Nancey, dem Hauptmann der Leibwache, in dessen Gegenwart ich ihm nicht sagen wollte, was der König von Navarra ihm ausrichten ließ. Der Graf und Nancey gingen wieder in das Gemach des Königs von Navarra, wo sie allein eintraten, sich aber nicht lange aufhielten.

Nun hatte der König dem König von Navarra gesagt, er solle so viele Edelleute wie möglich in seiner Nähe behalten, denn er fürchte, die Leute der Guise könnten ihm etwas antun. Deshalb war das Ankleidezimmer des Königs von Navarra voll von Edelleuten. Dieser Raum war nur durch einen Wandteppich abgetrennt. Nancey schob den Teppich zur Seite, steckte den Kopf in das Ankleidezimmer und sah, daß es fast voll war. Manche saßen beim Spiel, andere plauderten, und ich bemerkte, wie er sie ziemlich lange musterte und mit dem Kopf zählte und gedehnt sagte: »Meine Herren, wenn noch jemand von Ihnen nach Hause möchte, wir gehen jetzt und schließen das Tor.« Sie gaben ihm zur Antwort, sie wollten die Nacht beim Spiel verbringen. Danach gingen der Graf und er in den Schloßhof hinunter, wo schon sämtliche Kompanien der Leibwache aufmarschiert waren, Schweizer, Schotten und Franzosen. Alles hatten sie besetzt, von der Treppe zum großen Saal bis zum Tor, wo Herr de Rambouillet, der Schloßhauptmann, auf einem Holzklotz saß, dicht neben der kleinen Pforte, die als einzige geöffnet wurde. Er kannte mich und mochte mich gern, wir waren nämlich zusammen in Flandern in Gefangenschaft gewesen; als ich hinausgehen wollte, streckte er mir die Hand hin, ergriff meine, drückte sie und sagte zu mir, Mitleid in der Stimme: »Herr de Mergey, lieber Freund, leben Sie wohl.« Er wagte nicht, mir zu sagen, was er mir später wohl gesagt hat, denn er hatte gewußt, was bevorstand; doch hätte er es mit dem Leben bezahlen müssen, hätte er etwas verlauten lassen.

Dies sind die letzten Protestanten, die heil aus dem Louvre herauskommen. Was sich früh am Sonntag, dem 24. August, am Sankt-Bartholomäus-Tag, ereignete, schildert Filippo Cavriana aus Mantua, Arzt der Katharina von Medici:

Die ganze Nacht über hielt man Rat im Louvre. Man hatte die Wachen verdoppelt, und damit der Admiral nicht gewarnt würde, ließ man nur hinaus, wer vom König ausdrücklichen Befehl dazu hatte.

Sämtliche Damen waren im Gemach der Königin versammelt, und da sie nicht wußten, was vorging, starben sie fast vor Angst. Endlich, als man mit der Ausführung des Plans begann, eröffnete ihnen die Königin, Verräter hätten beschlossen, am kommenden Dienstag sie, den König und den ganzen Hof umzubringen; das hätte sie aus Briefen erfahren, die ihr in die Hände gefallen seien. Als die Damen dies hörten, erstarrten sie vor Entsetzen. Der König kleidete sich nicht aus; lachend hörte er sich die Meinung der Ratsmitglieder Guise, Nevers, Montpensier, Tavannes, Retz, Birague und Morvilliers an. Als Morvilliers, den man hatte wecken lassen und der ganz verstört angekommen war, weil der König ihn zu dieser ungewöhnlichen Stunde hatte rufen lassen, aus dem Munde Seiner Majestät erfuhr, warum der Rat in der Nacht einberufen worden war, spürte er, wie sein Herz sich vor Schreck zusammenkrampfte, und bevor der König ihn noch um seinen Rat gefragt hatte, brach er auf seinem Stuhl zusammen, außerstande, auch nur ein einziges Wort herauszubringen. Als er sich etwas gefaßt hatte, fragte Seine Majestät ihn um seine Meinung. »Sire«, antwortete er, »das ist eine sehr ernste Sache und von weittragender Bedeutung, sie kann den Bürgerkrieg wieder aufflammen lassen, unversöhnlicher als je zuvor.« Als der König ihn drängte und ihn darauf hinwies, welche Gefahr ihnen drohte, kam er schließlich nach langem Hin und Her und heftigen Bedenken zu dem Schluß, daß man, wenn alles, was man ihm sage, der Wahrheit entspreche, dem Willen des Königs und der Königin gehorchen und die Hugenotten ums Leben bringen müsse. Während er sprach, konnte er sich der Seufzer und Tränen nicht erwehren.

Geräuschlos greifen die Bürger zu ihren Waffen und versammeln sich. Im Louvre will Margarete von Valois im Morgengrauen endlich zur Ruhe gehen:

Darauf bat mich der König, mein Gemahl, der schon zu Bett lag, ich solle jetzt schlafen gehen. Was ich auch tat; ich fand aber mein Bett umringt von dreißig bis vierzig Hugenotten, die ich noch gar nicht kannte. Die ganze Nacht sprachen sie von dem Attentat auf den Admiral; sie wollten gleich bei Tagesanbruch zum König gehen und von ihm Genugtuung fordern gegen den Herrn von Guise, und wenn man ihnen keine Genugtuung gäbe, so wollten sie sie sich selbst verschaffen. Auf meinem Herzen lasteten immer noch die Tränen meiner Schwester, und ich konnte vor Furcht nicht einschlafen, ohne doch zu wissen wovor. So verging die Nacht, ohne daß ich ein Auge zutat. Im Morgengrauen sagte der König, mein Gemahl, er wolle Ball spielen, bis König Karl aufwache. Er verließ mein Gemach, und alle seine Edelleute folgten ihm.

Als ich sah, daß der Tag angebrochen war, meinte ich, die Gefahr, von der meine Schwester gesprochen hatte, sei vorüber; der Schlaf überwältigte mich, und ich befahl daher meiner Amme, die Tür zu verschließen, damit ich ruhig schlafen könnte.

In Wirklichkeit begibt sich Heinrich von Navarra zum König. Cavriana:

Der König befahl sofort den König von Navarra und den Prinzen von Condé zu sich, und zu dieser ungewöhnlichen Stunde begaben sie sich in das Zimmer des Königs; die Männer ihres Gefolges begleiteten sie. Als diese hineingehen wollten – unter ihnen befanden sich Monin und Piles –, verwehrten die Soldaten der Leibwache ihnen den Eintritt. Da wandte sich der König von Navarra zu seinen Leuten, Kummer und Sorge im Gesicht, und sagte zu ihnen: »Lebt wohl, meine Freunde, Gott weiß, ob ich euch wiedersehe!«

Im selben Augenblick verließ Guise den Palast und suchte den Hauptmann der Bürgerwehr auf, um ihm Befehl zu erteilen, zweitausend seiner Leute zu den Waffen zu rufen und den Faubourg Saint-Germain, wo über fünfzehnhundert Hugenotten wohnten, zu umzingeln, damit das Blutbad auf beiden Seiten des Flusses gleichzeitig stattfinden könne.

Ist es wirklich erst drei Uhr morgens? Der Tag beginnt früh. Das Wetter ist schön, die Nacht warm, selbst in den Gärten. Der Herzog von Anjou, der spätere Heinrich III., erzählt weiter:

Wir hatten nachts nur zwei Stunden geruht, und sobald der Morgen graute, gingen der König, die Königin, meine Mutter, und ich zum Hauptportal des Louvre, dann ins Ballhaus hinüber in ein Zimmer, das auf den Hof hinausgeht, um dort den Beginn der Exekution mitzuerleben. Wir waren noch nicht lange dort, stellten Betrachtungen an über die Ereignisse und überlegten, welche Folgen wohl ein so großes Unternehmen haben könnte – darüber hatten wir, um die Wahrheit zu sagen, bis dahin noch kaum recht nachgedacht –, als wir auch schon hörten, wie jemand einen Pistolenschuß abgab; ich wüßte nicht zu sagen, an welcher Stelle, auch nicht, ob dadurch jemand verletzt wurde. Ich weiß aber wohl, daß wir alle drei bis ins Innerste erschüttert waren, daß er uns um Sinn und Verstand brachte und uns Grauen und Schrecken packte vor dem großen Tumult, der nun entstehen mußte. Um ihm zuvorzukommen, schickten wir schleunigst und in höchster Eile einen Edelmann zu Herrn von Guise und ließen ihm sagen und ihm den ausdrücklichen Befehl erteilen, er dürfe auf gar keinen Fall etwas gegen den Admiral unternehmen; denn dieser Befehl allein hätte alles übrige zu verhindern vermocht. Man hatte nämlich überall in der Stadt angeordnet, daß nichts unternommen werden solle, bevor man nicht dem Admiral den Todesstoß versetzt hätte. Doch kurz darauf kehrte der Edelmann zurück mit der Nachricht, Herr von Guise habe ihm geantwortet, daß der Befehl zu spät komme, der Admiral sei bereits tot, und das Blutvergießen hätte überall in der Stadt begonnen.

De Mergey hat sich gerade zu Bett gelegt. Er wohnt dem Haus des Admirals gegenüber:

Der Graf wohnte seit kurzem in einem Hause, das höchst dürftig eingerichtet war; dennoch wollten Chamont und ich gern bei ihm bleiben, aber er wollte es nicht gestatten. Herr de Coulaines hatte sich seinen Strohsack und eine Matratze bringen lassen und blieb bei ihm. Chamont und ich gingen nach Hause in unser Quartier, gegenüber dem Hause des Admirals. Wir begaben uns zur Ruhe und lagen noch kaum zu Bett, als wir auch schon hörten, wie man Alarm schlug und wie die Wache, die der König selbst zum Schutze des Admirals dort hinbeordert hatte, in sein Haus eindrang. Ich ahnte indessen wohl, daß das Unglück größere Ausmaße annehmen würde.

Überall in Paris läuten die Glocken Sturm. Sully, der spätere Finanzminister Heinrichs IV., war damals gerade zwölf Jahre alt. Auch er hat über seine Erlebnisse in der Bartholomäusnacht Aufzeichnungen gemacht:

Am Abend zuvor war ich früh zu Bett gegangen. Drei Stunden nach Mitternacht weckten mich das Läuten sämtlicher Glocken und das Mordgeschrei des Pöbels. Saint-Julien, mein Erzieher, stürzte mit meinem Kammerdiener aus dem Haus, um nach der Ursache zu forschen, und seither habe ich von den beiden Männern nie mehr etwas erfahren können. Sicher sind sie unter den ersten gewesen, die der Volkswut zum Opfer fielen.

Der Admiral hat sich gegen Mitternacht schlafen gelegt. Seine Wunde ist noch nicht geheilt. Der Gascogner Cosseins und die königliche Leibwache, die zu seinem Schutz bestellt worden waren, treten auf die Seite der Guise. Von innen bewachen das Tor protestantische Schweizer, die Heinrich von Navarra dort eingesetzt hatte. Beim Admiral befinden sich Merlin, ein Pastor, Nikolaus Muss, ein Deutscher, und Ambroise Paré, der seinem Patienten nicht von der Seite gewichen ist. – Die Geschehnisse werden in verschiedenen Versionen berichtet. D'Aubigné beruft sich auf bestimmte Zeugen und behauptet, Coligny sei dem Todesstoß des Tschechen Simanowitz mit dem Spitznamen »Besme« (»Böhme«) erlegen:

Als die erste Sturmglocke läutete, waren der Herzog von Guise und der Ritter von Angoulême, welche die ganze Nacht hindurch überall Befehle ausgeteilt hatten, nicht mehr zu halten. Sie nahmen den Herzog von Aumale mit und begaben sich zum Hause des Admirals, der, als er den Lärm vernahm, an einen Aufruhr gegen den König dachte. Er wurde indessen sofort eines Besseren belehrt, als Cossins [*Cosseins*] sich von dem Mann, der die Schlüssel hatte, das Tor öffnen ließ und ihn danach vor den Augen der Schweizer erdolchte. Auch von ihnen wurde einer niedergemacht, als er sich schützend vor das Tor stellte. Es war La Bonne, der Haushofmeister. Ein paar Schweizer, die der König von Navarra dem Admiral zum Schutze seines Hauses mitgegeben hatte, eilten mit anderen Bediensteten herbei, schlugen die Tür zu und verbarrikadierten sie mit Truhen. Durch das Tor hindurch wurde noch ein Schweizer getötet; ein junger Mann mit Namen Certon, der eine Truhe tragen half, rannte weg in das Zimmer, aus dem Cornaton, der junge Yolet, Merlin, der Sekretär Belon, der Aufseher Bruneau und der Chirurg Thomas schon geflüchtet waren. Nur Nikolaus Mouche [*Muss*], der Dolmetscher, war noch dort. Er hatte sich nicht durch die Flucht retten wollen, obwohl sein Herr es ihm nahegelegt hatte. Er hatte zu ihnen gesagt: »Meine Freunde, ich bedarf der menschlichen Hilfe nicht mehr; ich empfange gern den Tod aus der Hand Gottes, bringt euch in Sicherheit.« Cossins, der mit einiger Mühe das Tor aufgebrochen hatte, fand den Admiral auf den Knien liegend vor seinem Bett. Der Admiral erblickte ihn, Besme lief an Cossins vorbei und fragte: »Bist du der Admiral?« Einem Bericht des Hauptmanns Atain zufolge, der mit Sarlaboz-Cardillac und einem Italiener Cossins auf dem Fuße gefolgt war, gab er ihm zur Antwort: »Junger Mann, du solltest Ehrfurcht haben vor meinem Alter.« Dann sagte er beim ersten Hieb: »Stürbe ich doch durch die Hand eines Ritters und nicht durch diesen Buben!« Bei diesen Worten stach Besme mit doppelter Kraft auf ihn ein und versetzte ihm einen Hieb mit dem Schwert, der ihm den Leib durchbohrte, und als er es wieder herausgezogen hatte, hieb er es ihm mit aller Macht über den Kopf.

Die Herzöge von Guise und von Aumale und der Ritter von Angoulême, die schon im Hof angelangt waren, fragten, ob die Arbeit getan sei, und als Besme es bejahte, befahl man ihm, den Leichnam aus dem Fenster zu werfen, was er auch tat. Und der Admiral, der noch nicht tot war, krallte sich mit den Händen an einem Stück Holz fest, das er mit sich hinabriß. Man sagt, daß sie ihm mit einem Taschentuch das Blut aus dem Gesicht gewischt hätten, um ihn zu erkennen, und auch, daß der Herzog ihm Fußtritte in den Leib versetzt hätte, bevor er wieder auf die Straße lief, um überall die Leute anzuspornen, zu einem guten Ende zu bringen, was so glücklich begonnen hätte.

Studer von Winkelbach, der Anführer der Schweizer, die mit Guise gekommen waren, schildert die Vorgänge anders:

Sonntag, der 24. August, war der Tag des heiligen Bartholomäus. In der Nacht sagte der König zu seinem Bruder, dem Herzog von Anjou: »Heute will ich beweisen, daß ich König von Frankreich bin, denn bis jetzt bin ich nicht König gewesen. Von heute an will ich die Tage meiner Herrschaft zählen.«

Gegen zwei Uhr morgens etwa forderte er die Palastwache, von der hundert Leute ihm, dem König, gehörten, sechsundfünfzig Anjou und fünfzig Alençon, die beide mit von der

Verschwörung waren, auf, einen Eid zu leisten und bei Strafe der Leibeszüchtigung seine weiteren Befehle abzuwarten.

Daraufhin nahm der Herzog von Anjou alle Schweizer und Häscher und führte sie gegen fünf oder sechs Uhr morgens vor das Haus des Admirals, denn der Herzog von Guise hatte Befehle erteilt, als gälte es, gegen einen Feind zu kämpfen.

Die Franzosen stürmten die Tore, die von acht Wachen verteidigt wurden; diese kämpften gegen sie, verjagten sie und schlossen die Tore wieder. Im Tumult kam einer von ihnen ums Leben.

Die Schweizer rannten gegen die Tore und brachen sie mit ihren Hellebarden auf. Der Herzog von Guise rief den Männern zu, die unten vor dem Haus kämpften, sie sollten ihre Waffen wegwerfen, sonst würden sie alle durchbohrt.

Als sie zum Admiral liefen, drang Moritz Grünenfelder aus Niederurnen im Lande Glaris als erster in das Zimmer des Admirals, legte ihm Fesseln an und wollte ihn gefangen wegschleppen. In diesem Augenblick sagte Martin Koch aus Fribourg, der Quartiermacher des Herzogs von Anjou, zu ihm: »Das hat man uns nicht befohlen.«

Als der Admiral sie inständig bat, mit seinem Alter Mitleid zu haben, schwang er seine Pike und durchbohrte ihn.

Hauptmann Josua Studer aus Sankt Gallen sagt, Moritz hätte ihn angetroffen, wie er im Nachtgewand dastand, hätte ihn ans Licht gezogen und gesagt: »Vermaledeiter Kerl, bist du's?« Und wie schon oben gesagt, durchbohrte er mit seiner Hellebarde den Admiral, der ihn bat, mit seinem Alter Mitleid zu haben. Kurz danach tat der andere dasselbe.

Guise fragte, ob der Admiral tot sei, man solle ihn auf die Straße hinabwerfen. Als er in seiner Todesnot um sich schlug, stieß er ihm seinen Spieß in den Mund. Man legte ihn auf die Erde, etwas abseits, um ihn später wiederzuerkennen.

Ein anderer Schweizer, der Jesuitenpater Joachim Opser, Vorsteher des Collège de Clermont, schreibt am 26. August an seinen Landsmann, den Abt von Sankt Gallen:

Hören Sie, was ich über die Ermordung des Admirals weiß; die Einzelheiten habe ich von dem Mann, der ihm mit seiner Streitaxt den dritten Hieb versetzte, von jenem Conrad Bürg, der seinerzeit bei dem Ökonomen Joachim Valdemann in Wyl Pferdeknecht war. Als die Schweizer auf Befehl des Herzogs von Anjou die Tore aufgebrochen hatten, drangen Conrad und hinter ihm Leonhard Grunenfelder aus Glaris und Martin Koch (Anführer dieser Truppe war Studer) in das Zimmer des Admirals ein, das dritte im Haus. Zuerst machte man seine Bediensteten nieder; der Admiral trug einen einfachen Hausmantel, und zunächst wollte niemand Hand an ihn legen. Doch Martin Koch, dreister als die andern, schlug auf den Elenden mit seiner Streitaxt ein; Conrad versetzte ihm den dritten Schlag, und beim siebten fiel er endlich tot gegen den Kamin seines Zimmers. Auf Befehl des Herzogs von Guise warf man den Leichnam zum Fenster hinaus, und nachdem man ihm wie einem Übeltäter eine Schnur um den Hals gedreht hatte, zeigte man ihn öffentlich allem Volk und schleppte ihn zur Seine.

Die Sturmglocke läutet in Saint-Germain-l'Auxerrois, der Pfarrkirche der Könige von Frankreich. Die hugenottischen Edelleute sind von Heinrich von Navarra getrennt worden, der in das Zimmer des Königs gegangen war. Ein Unbekannter schildert die Vorgänge im Louvre:

Während nun diese Edelleute und mit ihnen noch einige andere, die im Vorzimmer des Königs von Navarra geschlafen hatten, und die Edelleute des Prinzen von Condé, die Kammerdiener, Erzieher, Hofmeister und Diener dem König mit lauter Stimme nachriefen, er solle an sein Versprechen denken, nahm ihnen Nanssey [*Nancey*], der Hauptmann der Leibwache, Schwert und Dolch ab und vertrieb sie aus den Zimmern, in denen sie zur Ruhe gegangen waren. Dann führte man sie zum Tor des Louvre, wo sie (in Gegenwart des Königs, der vom Fenster aus zusah) grausam niedergemetzelt wurden, vor den Augen des Königs, der hinabrief, sie sollten nur ja keinen einzigen entwischen lassen. Unter ihnen befanden sich der Baron von Pardaillan, Saint-Martin, Bourses und Beauvais, der Erzieher des Königs von Navarra, Hauptmann Piles und andere. Als Piles, der überaus verhaßt war, weil er vor Saint-Jean-d'Angély allen Katholiken Schimpf und Schande angetan hatte, sich von den Mördern umringt und die Leichen der schon Ermordeten sah, schrie er Zeter und Mordio, rief den König zu Hilfe (der ihn sehr wohl hörte) und riß sich, angeekelt von dem niederträchtigen Verrat, seinen kostbaren Mantel vom Leib und hielt ihn einem ihm bekannten Mann hin. »Den gibt Ihnen Piles«, sagte er, »zum Andenken an den Tod eines Mannes, den man so unwürdig ums Leben bringt.« »Herr Hauptmann« (gab der andere zurück), »ich gehöre nicht zu dieser Truppe, ich danke Ihnen für den Mantel, um diesen Preis nehme ich ihn nicht«, und wies ihn tatsächlich zurück. In diesem Augenblick durchbohrte einer der Häscher Piles mit seiner Hellebarde, und dieser fiel auf der Stelle tot zu Boden. Seinen Leichnam warf man auf einen Haufen, zu den andern, und als Leute vorbeikamen und sie zu ihrem Spaß angafften, riefen die Mörder: »Die haben uns Gewalt antun wollen, um dann den König zu ermorden.« Ein anderer Edelmann aus dem Gefolge des Königs von Navarra, Leyran, der schon einige Hiebe abbekommen hatte, floh schnurstracks in das Zimmer der Königin von Navarra.

Margarete von Valois berichtet darüber:

Eine Stunde später, als ich in tiefem Schlaf lag, schlug ein Mann mit Händen und Füßen an die Tür und rief: »Navarra, Navarra!« Meine Amme meinte, es sei der König, mein Gemahl, und lief geschwind zur Tür. Es war ein Edelmann namens Téjan [Le*yran*], der von einem Degenstoß am Ellbogen und von einer Hellebarde am Arm verwundet war; er drängte sich mit vier Häschern, die ihn verfolgten, in mein Zimmer. Um sich zu retten, warf er sich auf mein Bett. Als ich alle diese Männer spürte, die sich über mich herwarfen, flüchtete ich mich hinters Bett, und er hinter mir her, indem er sich an meinem Leib festklammerte. Ich kannte diesen Mann gar nicht und wußte nicht, ob er hereingestürmt war, um mir ein Leid anzutun, und ob die Häscher hinter ihm oder hinter mir her waren. Wir schrien beide, und einer war so erschrocken wie der andere. Gott gab es, daß endlich Herr von Nancey, der Hauptmann der Leibwache, hereinkam, der, als er mich in dieser Lage sah, sich des Lachens nicht erwehren konnte, obgleich er Mitleid mit mir hatte; er schimpfte auf die Häscher wegen ihrer Zudringlichkeit, jagte sie hinaus und schenkte mir das Leben dieses armen Menschen, der sich immer noch an mir festhielt. Ich ließ ihn in mein Kabinett bringen, wo er gebettet und verbunden wurde. Dort blieb er bis zu seiner Genesung. Während ich ein anderes Hemd anzog, weil er mich voll Blut gemacht hatte, erzählte mir Herr von Nancey, was soeben vorging, und versicherte mir, der König, mein Gemahl, befände sich im Gemach des Königs, wo ihm kein Leid geschähe. Er ließ mich einen Schlafrock überwerfen und führte mich in das Zimmer meiner Schwester, der Herzogin von Lothringen, wo ich mehr tot als lebendig ankam; als ich in das Vorzimmer trat, dessen Türen weit offen standen, wurde ein Edelmann mit Namen Bourse, der sich vor den Häschern retten wollte, nur drei Schritte von mir von einer Hellebarde durchbohrt. Fast ohnmächtig fiel ich Herrn von Nancey in die Arme und meinte schon, dieser Stoß hätte uns beide durchbohrt. Als ich mich ein wenig erholt hatte, ging ich in das kleine Zimmer, in dem meine Schwester schlief.

Während ich noch dort war, erschienen Herr de Miossans, der erste Edelmann des Königs, meines Gemahls, und Armagnac, sein erster Kammerdiener, und baten mich, ihnen das Leben zu retten. Ich ging hin und warf mich dem König und der Königin, meiner Mutter, zu Füßen und bat sie darum, was sie mir auch schließlich gewährten.

Es ist ungeklärt, ob Karl IX. wirklich der »Wildjäger« war, als den ihn Brantôme und d'Aubigné schildern. Bei Brantôme heißt es von ihm:

Die Berichte über ihn sind so unterschiedlich, daß man nicht weiß, was man glauben soll. Die Königin lag ihm in den Ohren, und der Marschall de Retz redete auf ihn ein, so daß er sich widerstandslos treiben ließ und sich bereitwillig fügte. Danach war er dann blutgieriger als alle andern; denn als das Spiel in Gang und es Tag geworden war und er zum Fenster seines Gemachs hinaussah und bemerkte, wie in den Vororten von Saint-Germain eine Bewegung entstand und einige sich auf und davon machten, griff er nach einer großen Jagdarkebuse, die er bei sich hatte, und schoß wild hinter ihnen her, doch vergeblich, denn die Arkebuse schoß nicht weit genug. In einem fort schrie er: »Nieder mit ihnen, nieder mit ihnen!« Er wollte, daß niemand entkam, außer Maître Ambroise Paré, seinem ersten Wundarzt und dem berühmtesten der Christenheit überhaupt. Deshalb hatte er ihn am Abend zu sich in seine Garderobe holen lassen und ihm befohlen, sich nicht von dort wegzurühren, und meinte, es sei wider die Vernunft, jemanden, der einer ganzen kleinen Welt noch nützlich sein könnte, so hinzumetzeln.

In allen Straßen von Paris wird gemordet. Der Straßburger Bürger berichtet weiter:

Im Morgengrauen, zwischen drei und vier Uhr, läuteten sie Sturm, dazu noch zwei kleine Glocken, die man die »Kriegsglocken« nannte, und augenblicklich ging das Gerücht um, der König hätte erlaubt, allen Hugenotten die Hälse abzuschneiden und ihre Häuser zu plündern.

Da setzte überall in Paris ein Gemetzel ein, daß es bald keine Gasse mehr gab, auch die allerkleinste nicht, wo nicht einer den Tod fand, und das Blut floß über die Straßen, als habe es stark geregnet.

Aus den Aufzeichnungen eines ungenannten Protestanten:

In der ganzen Stadt häuften sich im Handumdrehen die Leichen, jeden Geschlechts und jeden Alters; es herrschte eine derartige Verwirrung und ein solches Drunter und Drüber, daß jeder töten konnte, wen er wollte, ob von der Religion oder nicht, wenn nur etwas bei ihm zu holen war oder wenn einer ein Feind war, so daß selbst manche Papisten ihr Leben lassen mußten und sogar manche Äbte und andere hohe Geistliche, nur damit ihre Pfründen in neue Hände kamen. Der größten Mordwut aber fielen wir zum Opfer; und um den Mördern noch fettere Beute hinzuwerfen, befahl man ihnen, die Häuser zu plündern und zu brandschatzen, damit sich die Wüstlinge, Beutelschneider, Lumpen und Taugenichtse, deren es ja immer eine Menge gibt, mit noch gierigerer Lust auf uns stürzten, denn sie hofften ja auf Beute. Es sei denn, diese wäre zufällig einmal zu groß gewesen, dann behielten die obersten Anführer sie für sich, so fiel unter anderem das Haus des Thierry Badoire, eines reichen Edelsteinhändlers, den Schweizern in die Hände oder, so behaupten manche, in die Hände des Herzogs von Anjou, weil sie hier viele kostbare Steine und Geschmeide fanden. Das Haus des Bischofs von Chartres bekam der Bastard von Angoulême, dem man schon die Bischofswürde versprochen hatte. Es wurde aber nicht nur gemordet und geplündert, vielen Frauen und Mädchen wurde auch Gewalt angetan, jeglicher Unzucht waren sie ausgesetzt, besonders die, deren Eltern oder Ehegatten sich unbeliebt gemacht hatten; ihre Namen könnten wir nennen, wenn es notwendig wäre. Kurz, diese drei schweren Laster wüteten in der Stadt, nämlich: Mord, Diebstahl und Unzucht. Es ist unbeschreiblich, mit welcher Grausamkeit diese Personen und zahllose andere an jenem Sonntag und an den darauffolgenden Tagen hingemetzelt wurden. Die meisten brachte man ums Leben, indem man sie erdolchte oder mit dem Schwert erstach; andere hatte man an sämtlichen Körperteilen mißhandelt, ihre Glieder verstümmelt, sie verhöhnt und beleidigt mit beißendem Spott, der feiner stach als die Spitze einer dünnen Lanze.

Ich vergaß noch zu sagen, daß man auch manche alten Leute zu Tode quälte, indem man sie mit dem Kopf gegen die Kaimauern schlug, dann warf man sie halbtot ins Wasser. Ein paar neun- bis zehnjährige Knaben zerrten ein Wickelkind durch die Straßen, an einem Gürtel, den sie ihm um den Hals geschlungen hatten. Ein anderes kleines Kind, das ein blutdürstiger Mensch wegschleppte, spielte mit seinem Bart und lächelte ihn an, aber anstatt von Mitleid gerührt zu sein, stieß der teuflische Barbar ihm seinen Dolch in den Leib und warf es ins Wasser, das vom Blut so rot war, daß es lange Zeit dauerte, bis es seine ursprüngliche Farbe wieder annahm.

Das Papier würde weinen, wiederholte ich die entsetzlichen Gotteslästerungen, die diese Ungeheuer und blutgierigen Teufel in der Raserei des allgemeinen Gemetzels ausstießen. Der Sturm, das unaufhörliche Schießen aus Arkebusen und Pistolen, die Klagerufe und Schreckensschreie der zu Tode Gequälten, das Gebrüll der Mörder, die Leiber, die man aus dem Fenster warf, mit Hohngelächter und sonderbarem Gepfeife durch den Kot zog, das Aufbrechen von Toren und Fenstern, die Steine, die man dagegen warf, und das lange andauernde Plündern von über sechshundert Häusern können vor den Augen des Lesers nur das ständig wiederkehrende Bild unvorstellbaren Unglücks heraufbeschwören.

Der Straßburger Bürger schildert die Ereignisse am frühen Morgen:

Die Kommissare, die Hauptleute, die Anführer der Bezirksmannschaften und der Unterbezirke zogen mit ihren Leuten von einem Haus zum andern, wo sie Hugenotten zu finden glaubten, schlugen die Türen ein und massakrierten dann grausam alles, was ihnen in den Weg kam, ohne Rücksicht auf Geschlecht und Alter. Dazu hatten die Herzöge von Aumale, Guise und Nevers sie angestiftet und verleitet; sie liefen durch die Straßen und riefen: »Tötet, tötet alles; der König befiehlt es!« Die Karren mit Leichen von Edelfräulein, Frauen, Mädchen, Männern und Kindern fuhr man zum Fluß und leerte sie dort aus. Schon war der Fluß mit Leichen bedeckt und ganz rot von Blut, das auch noch an vielen anderen Orten der Stadt floß, so auch im Hofe des Louvre-Palastes.

Der Erzähler wohnte bei einem Bürger, doch konnte er erst am Morgen das Haus verlassen, als ihm der Herzog von Aumale das Losungswort und das Erkennungszeichen der Katholiken[1], die ihm die Freiheit sicherten, bekanntgegeben hatte. Da sah er, wie man die Leiche des Admirals, den man in den Fluß geworfen hatte, wieder aus dem Wasser zog, wie einer ihm ein Ohr abschnitt, ein anderer ihm ein Auge ausstach, wieder andere ihm die Nase und die Geschlechtsteile abschnitten, andere endlich die Zehen. Zuletzt kam einer und verkündete, er bekäme 6 000 Kronen für seinen Kopf; da trennten sie den Kopf vom Rumpf und brachten ihn weg, obwohl er von dem Sturz schon schrecklich zugerichtet war. Dann packten Taugenichtse die Leiche an den Füßen, schleppten sie durch die Stadt und hingen sie in Montfaucon am Galgen auf.

In diesem Tumult gelingt es Sully, sein Leben zu retten:

Ich blieb allein in meinem Zimmer zurück und kleidete mich an. Da trat einige Augenblicke später mein Gastgeber bleich und bestürzt ein. Er war von der Religion. Er hatte gehört, was geschah, und den Entschluß gefaßt, zur Messe zu gehen, um sein Leben zu retten und sein Haus vor Plünderung zu bewahren, er kam und wollte mich überreden, dasselbe zu tun, und wollte mich mitnehmen. Ich mochte ihm aber nicht folgen. Ich entschloß mich, in das Bourgogne-Gymnasium zu eilen, wo ich studierte; ich wollte mein Glück versuchen, obwohl das Haus, in dem ich wohnte, vom Gymnasium weit entfernt war. Das machte meinen Plan zu einem recht gefahrvollen Unternehmen: ich zog mein Schülerkleid an, klemmte ein dickes Gebetbuch unter den Arm und ging hinunter. Schrecken packte mich, als ich auf die Straße trat und die Mordwütigen sah, die von allen Seiten herbeistürzten, in die Häuser einbrachen und brüllten: »Mord, Mord, nieder mit den Hugenotten!« Und das Blut, das überall vor meinen Augen floß, steigerte meine Furcht noch. Ich rannte geradewegs

1 Das Kennzeichen der Katholiken war ein weißes Kreuz am Hut.

einem Leibgardisten in die Arme, der mich anhielt. Er verhörte mich; man wollte schon anfangen, mich zu mißhandeln, als sie zum Glück für mich das Gebetbuch entdeckten, das ich bei mir trug und das mir nun als Freipaß diente. Noch zweimal geriet ich in dieselbe Gefahr, der ich mit demselben Glück entrann. Endlich kam ich am Bourgogne-Gymnasium an: dort erwartete mich aber eine noch größere Gefahr. Nachdem der Pförtner mir zweimal den Eintritt verweigert hatte, stand ich mitten auf der Straße, den Mordbuben, deren Zahl ständig wuchs, auf Gnade und Ungnade ausgeliefert, denn sie gierten nach Beute. Da faßte ich einen kühnen Entschluß und verlangte, den Rektor des Gymnasiums, Herrn Lafaye, zu sprechen, einen rechtschaffenen Mann, der mich zärtlich liebte. Den Pförtner machte ich mir mit ein paar kleinen Münzen, die ich ihm in die Hand drückte, gefügig, und er erklärte sich bereit, ihn zu holen. Der brave Mann brachte mich in sein Zimmer, wo zwei unmenschliche Priester, die, wie ich wohl hörte, die sizilianische Vesper erwähnten, mich ihm aus den Händen zu reißen suchten, um mich zu vierteilen, und behaupteten, es sei Befehl, alles niederzumachen bis hinab zu den Säuglingen. Es blieb ihm nichts anderes übrig, als mich heimlich und verstohlen in ein abgelegenes Kabinett zu bringen, in das er mich einschloß.

Ein Zimmermann entkommt den Schergen, aber sein Glück währt nicht lange. Davon erzählt ein unbekannter Zeitgenosse:

Die Ehefrau eines mir bekannten armen Zimmermanns aus der Rue d'Espronnelles, eines schon betagten Mannes, legte eine seltene und ungeheuerliche Bosheit und Grausamkeit an den Tag. Sie hatten ihn nachts in den Fluß geworfen, und er konnte sich schwimmend ans Ufer retten und von dort die dicken Brückenträger hinaufklettern. Nackt kam er bis in die Nähe von Couture Sainte-Catherine, wo seine Frau sich bei einer Verwandten aufhielt, weil sie glaubte, dort einigermaßen in Sicherheit zu sein. Anstatt ihn jedoch aufzunehmen, schickte seine Frau ihn weg und jagte ihn fort, nackt wie er war; der arme Mann, der nicht wußte wohin und sich obdachlos in diesem Aufzug mühsam fortschleppte, wurde bei Tagesanbruch schon bald wieder geschnappt und ertränkt.

Andere setzen sich zur Wehr:

[...] wie der stellvertretende Marschall des Prevotalgerichts, der lange mit nur einem einzigen Soldaten gegen das ganze Volk ankämpfte und manche niederschoß, bevor man es fertigbrachte, ihn zu überwältigen. Den ganzen Tag lang hatte er sich verteidigt und stand schließlich abgekämpft und ohne Pulver da; der König murrte schon, weil man ihm noch nicht seinen Kopf gebracht hatte, und schickte sämtliche Leibgardisten zu ihm hin, die, bis zum Hals bewaffnet, mit Stahlschilden bedeckt, als gälte es, Sturm zu laufen, mit Gewalt in das Haus eindrangen, dessen Mauern und Dach bereits durchlöchert waren; und er, der von ihnen keine Gnade erwartete, ging ihnen entgegen, zwei Pistolen in der Faust, die er auf die ersten abfeuerte, und verteidigte sich dann mit dem Schwert bis zum letzten Atemzug.

Es wimmelt von Meuchelmördern. Einer von ihnen ist jener Thomas, von dem L'Estoile folgende Greueltat berichtet:

Ein abgefeimter Schurke, Thomas mit Namen, den man allgemein nur den »Golddrahtzieher« nannte, brachte in seinem Hause einen gewissen Rouillard um, der Rat beim Parlamentsgericht und Domherr von Notre-Dame war; er tat es, obwohl dieser ein guter Katholik war, wie sein Testament bezeugt, das man nach seinem Tode fand; nachdem er ihn drei Tage bei sich behalten hatte, schnitt er ihm die Kehle durch und warf ihn durch eine Falltür in seinem Haus ins Wasser. Dieser vom König und den höchsten Herren bevollmächtigte Henker rühmte sich der unglaublichen Mordtaten, die er Tag für Tag an den Hugenotten verübte, und prahlte damit, daß er an einem Tag mit eigener Hand bis zu achtzig

Hugenotten umgebracht habe; gewöhnlich aß er mit blutverklebten Händen und Armen und behauptete, es sei für ihn eine Ehre, denn dieses Blut sei das Blut von Ketzern.

Ein anderer ist »René Italien«, ein bezahlter Giftmischer und Parfumeur:

Messire René Italien betätigte sich auch als Henker in der Bartholomäusnacht; er war ein Mann, der voll Grausamkeit und Bosheit steckte, der in die Gefängnisse ging und die Hugenotten erstach, nur von Mord, Raub und Verhaftungen sein Leben fristete, der unter anderem auch kurz vor der Bartholomäusnacht die Königin von Navarra vergiftet hatte und am Tag nach dem Blutbad unter dem Scheine der Freundschaft einen ihm bekannten Juwelier in sein Haus gelockt hatte, unter dem Vorwand, ihn retten zu wollen. Nachdem er ihm seine gesamte Ware gestohlen hatte, wobei er sich den Anschein gab, als wolle er sie kaufen, schnitt er ihm die Gurgel durch und warf ihn ins Wasser. Auch das Ende dieses Mannes war furchtbar, und sein ganzes Haus wurde zu einem wahren Spiegel göttlicher Gerechtigkeit, denn er starb kurz darauf auf dem Misthaufen und wurde von Würmern zerfressen; zwei seiner Kinder wurden gerädert, und seine Frau endete im Dirnenhaus.

Wieder ein anderer ist Annibal von Coconnas, ein piemontesischer Hauptmann, der 1574 wegen eines mißlungenen Komplotts hingerichtet wurde:

Als der König von seinem Tod hörte [*1574*], kam ihm in Anwesenheit mehrerer anderer wieder in den Sinn, was man ihm einmal berichtet hatte. Er sprach folgende Worte: »Coconnas war ein tapferer und mutiger Edelmann, aber böse, ja ich glaube sogar, einer der boshaftesten Menschen in meinem Königreich: ich entsinne mich, daß ich hörte, wie er sich unter anderem rühmte, er habe in der Bartholomäusnacht bis zu dreißig Hugenotten vom Volk losgekauft, nur um sie zu seinem Vergnügen nach seiner Weise ins Jenseits zu befördern.

Er versprach, ihnen das Leben zu retten, und brachte sie auf diese Weise dazu, ihre Religion zu verleugnen. Und wenn sie dies getan hatten, brachte er sie mit kleinen Dolchstichen, sie langsam zu Tode quälend, grausam ums Leben. Seither«, sagte der König, »habe ich Coconnas nicht mehr gemocht und bin der Ansicht, daß er den Tod gefunden hat, den er verdiente.«

Auf die Anführer der protestantischen Partei, die adeligen Hugenotten, wird methodisch Jagd gemacht. Aus den handschriftlichen Aufzeichnungen des Advokaten Conon:

Der Graf von La Rochefoucauld, der Samstag noch nach elf Uhr nachts mit dem König geplaudert, gelacht und gescherzt hatte, lag kaum im ersten Schlaf, als er davon aufwachte, daß sechs bewaffnete und maskierte Männer in sein Zimmer drangen. Im Glauben, es sei der König, der gekommen sei, um ihn zum Scherz mit der Peitsche zu traktieren, bat er um milde Behandlung; nachdem sie seine Truhen aufgebrochen und geplündert hatten, erschlug ihn einer der Maskierten (der Kammerdiener des Herzogs von Anjou) auf Befehl seines Herrn, der auf den Grafen böse war.

Hauptmann Le Barge, einer der Maskierten, hatte Befehl vom König, ihn umzubringen, und von ihm das Versprechen erhalten, die Gendarmenkompanie des Grafen zu bekommen; nur unter dieser Bedingung erklärte er sich bereit. Und obwohl der Kammerdiener (wie schon gesagt) ihm zuvorgekommen war, erhielt er dennoch die Kompanie des ermordeten Grafen.

Téligny (der Schwiegersohn des Admirals) wurde von mehreren Angehörigen des Königshofes gesehen, und obwohl sie den Auftrag hatten, ihn zu töten, brachten sie nicht den Mut auf, ihm gegenüberzutreten und ihn umzubringen, denn er hatte ein so mildes Wesen und war bei allen beliebt. Schließlich metzelte ihn einer nieder, der ihn nicht kannte.

Loménie, der Sekretär des Königs, wurde auf unmenschliche Weise massakriert (mit dem Versprechen, ihm das Leben zu retten, hatte man ihn veranlaßt, seinen schönsten Besitz zu verschenken und auf seine Standeswürde zu verzichten), und genauso ging es manchen anderen, deren Namen nicht aufgezeichnet sind.

Die Leichen von Edelfräulein, Frauen, Mädchen, Männern und Kindern wurden auf Karren zum Fluß gefahren.

Als Coligny aus dem Wege geräumt war, machen die Guise sich auf die Suche nach Montgomery und dem Vicomte von Chartres, die im Faubourg Saint-Germain wohnen. Doch der Befehl, den Guise zwischen Mitternacht und drei Uhr morgens Marcel erteilt, nämlich den Faubourg Saint-Germain zu umzingeln, ist schlecht durchgeführt worden. Conon berichtet:

Glücklicherweise wohnten Herr von Fontenay, der Bruder des Herrn von Rohan, der Stiftshauptmann von Chartres, der Graf von Montgomery, ein Angehöriger der Familie Pardaillan, Beauvais-la-Nocle und noch verschiedene andere hugenottische Edelleute im Faubourg Saint-Germain, gegenüber dem Louvre und durch den Fluß davon getrennt. Gott wollte, daß Marcel, der Vorsteher der Kaufmannschaft, die tausend bewaffneten Männer, die er auf Befehl des Königs zu seiner Verfügung bereithalten sollte, nicht hatte und daß du Mas, der Kommissar, die festgesetzte Stunde verschlief. Unterdessen war ein Mann (von dem niemand wußte, wer er war, und den man seither auch nicht mehr gesehen hat) in einem Nachen von der Stadt nach dem Faubourg Saint-Germain hinübergefahren; er hatte erlebt, was man den Hugenotten die ganze Nacht hindurch angetan hatte, und meldete gegen fünf Uhr am Sonntagmorgen dem Grafen von Montgomery, was er wußte. Dieser ließ den Stiftshauptmann von Chartres und die übrigen hugenottischen Herren und Edelleute, die im Vorort wohnten, warnen. Manche von ihnen wollten gar nicht glauben, daß der König der Urheber dieses Gemetzels sei, und beschlossen, in einem Kahn über den Fluß zu setzen und beim König vorzusprechen; sie wollten ihm lieber einen Beweis ihres Vertrauens geben, als durch die Flucht ihr Mißtrauen zu bekunden. Andere wieder meinten, der Schlag sei gegen den

König selbst gerichtet gewesen, und wollten sich zu ihm begeben und ihm ihren Dienst anbieten und, wenn nötig, zu seinen Füßen sterben. Als sie aber sahen, wie über zweihundert bewaffnete Soldaten aus der Leibwache des Königs über den Fluß kamen und geradewegs auf sie zufuhren und schrien: »Schlagt sie tot, schlagt sie tot!« und vor den Augen des Königs, der am Fenster seines Gemachs stand (und man hat mir sogar gesagt, der König hätte mit einer Jagdarkebuse in der Hand und Gotteslästerungen ausstoßend gerufen: »Feuer, Feuer, sie entkommen!«), aus ihren Arkebusen auf sie schossen, mußten die unglücklichen Herren und Edelleute zu Fuß, zu Pferd, in Stiefeln oder ohne Stiefel und Sporen die Flucht ergreifen, um ihr Leben zu retten, und alles, was ihnen lieb und teuer war, zurücklassen. Kaum waren sie fort, plünderten und brandschatzten die Soldaten, die Schweizer aus der königlichen Leibwache und manche Leute vom Hof ihre Häuser und brachten alle um, die ihnen noch in die Hände fielen. [. . .]

Der Herzog von Guise, von Aumale, der Ritter von Angoulême und andere adelige Häscher verfolgten sie trotzdem noch acht Meilen weit. Der Herzog von Guise ritt bis Montfort, dort hielt er an und ließ Cegnier und anderen Edelleuten aus der Umgebung melden, sie müßten dafür Sorge tragen, daß ihnen von den Hugenotten, die sich eilends aus dem Staube machten, nicht einer entkäme. Dasselbe ließ er in Houdan und in Dreux bekanntmachen. Bei dieser Menschenjagd gab es zwar ein paar Verwundete, aber nur ganz wenige oder überhaupt keine Toten.

Auf diese Weise kommen einige hugenottische Führer mit dem Leben davon. Die Bartholomäusnacht erweist sich als zum Teil gescheitert. – Der Herzog von Caumont-La Force wollte nicht mit Montgomery aufbrechen. Er bleibt mit seinen Kindern in einem Zimmer. Sein Sohn, der der Hölle lebend entkam, schildert die Vorgänge:

Plötzlich schlugen Soldaten an die Tür und riefen fluchend und schimpfend: »Aufmachen, aufmachen!« Er [*der Herzog*] befahl einer Magd, zu öffnen, und er selbst beschloß, ruhig seinem von Gott gewollten Geschick entgegenzusehen. Der Hof füllte sich sofort mit Soldaten, deren Anführer ein gewisser Hauptmann Martin war. Sie stürmten mit gezogenem Schwert ins Zimmer hinauf und schrien: »Schlagt sie tot, schlagt sie tot!« Als sie La Force erblickten, der mit seinen beiden Kindern betete, legte sich ihre erste Wut ein wenig; doch der Hauptmann ließ ihnen ihre Schwerter abnehmen, drängte sie in eine Zimmerecke und sagte zum Grafen: »Bete zu Gott, wenn du willst, denn du mußt sterben!«

Von La Force antwortete ruhig und gefaßt: »Meine Herren, machen Sie mit mir, was Sie wollen, ich habe ohnedies nicht mehr lange zu leben, doch haben Sie Mitleid mit diesen kleinen Kindern, die keinem etwas zuleide getan haben und deren Tod Ihnen keinen großen Gewinn bringt. Ich habe Mittel, Ihnen ein anständiges Lösegeld zu geben, das Ihnen mehr nützen wird.«

Während er so ihre Herzen zu erweichen suchte und ihr Hauptmann mit ihm verhandelte, machten die Soldaten sich daran, das Haus zu plündern, und da sie die Schlüssel zu den Truhen nicht finden konnten, weil der Kammerdiener mit dem größten Teil des Gesindes geflohen war, schleppten sie Kästen und Schränke mitten ins Zimmer und schlugen mit den Feuerhaken vom Kamin darauf ein. So plünderten sie alles, was an Silbermünzen, Silbergerät, Möbeln und Kleidern vorhanden war.

Danach fingen sie von neuem an zu schreien und zu fluchen, wir müßten sterben, sie hätten Befehl, alles ausnahmslos umzubringen. Doch Gott hatte es anders bestimmt: von La Force redete ihnen unaufhörlich gut zu und rührte ihre Herzen, und bei der Aussicht auf das versprochene Lösegeld in Höhe von zweitausend Talern sagte Hauptmann Martin schließlich zu ihnen: »Folgt mir also alle nach.«

Sie gingen in den Hof hinunter, und bevor sie aus dem Hause traten, mußten sie ihre Taschentücher zerreißen, sie kreuzweise über ihre Hüte und Kappen legen und auch den rechten Ärmel bis zur Schulter aufkrempeln: das war das Erkennungszeichen aller Mordgesellen. Es waren nur der Vater und seine beiden Kinder, ihr Page mit Namen La Vigerie und ihr Diener Gast; im ganzen fünf. In dieser Reihenfolge führte man sie am Fluß entlang, den sie beim Louvre überquerten. Jetzt glaubten sie fest, ihr Tod sei beschlossen, denn sie sahen, wie man Unzählige von der Religion niedermetzelte und in die Seine warf, die an vielen Stellen schon rot von Blut war.

Doch sollten sie für eine Weile noch am Leben bleiben, denn der Hauptmann Martin führte sie weiter auf dem Weg zu seiner Wohnung, und als sie am Louvre vorbeikamen, sahen sie eine Unmenge Leichen, darunter auch die des Herrn de Piles. In seinem Hause in der Rue des Petits-Champs sagte der Hauptmann zu Herrn von La Force: »Wann bekomme ich das versprochene Lösegeld?«

»In zwei Tagen«, gab Herr von La Force zurück.

»Gut«, sagte er zu ihm, »geben Sie mir Ihr Ehrenwort, nicht von hier wegzugehen, nicht Sie und auch nicht Ihre Kinder?«

»Ja«, erwiderte La Force, »ich gebe Ihnen mein Ehrenwort, daß ich und auch meine Kinder hierbleiben.«

Daraufhin ließ Hauptmann Martin sie, von zwei Schweizern bewacht, zurück, ging mit seinen Leuten hinaus und fuhr fort zu plündern und seine Grausamkeiten zu verüben.

Doch sind bei weitem nicht alle Katholiken so blutdürstig. De Thou, der Sohn des Ersten Vorsitzenden des Parlamentsgerichts von Paris, schreibt von sich in der dritten Person:

De Thou verließ am Morgen das Haus und wollte die Messe hören. Entsetzt erblickte er die Leiche Jérôme Groslots, des Amtmannes von Orléans, und auch die von Calixte Garrault, die man auf dem nächsten Wege zum Fluß schleppte. Er mußte das Schreckliche mit ansehen und wagte nicht einmal, eine Träne zu vergießen, obwohl er so empfindsam war, daß er nicht einmal den Tod eines unschuldigen Tieres ungerührt mit ansehen konnte. Die Qual, die er darüber empfand, zwang ihn, nicht mehr auszugehen, aus Furcht, ein ebensolches Schauspiel wieder zu erleben.

Cavriana:

Der Louvre blieb geschlossen; alles war gelähmt vor Schreck. Der König blieb in seinem Gemach; er war freundlich, er scherzte und spottete.

Gegen Mittag befiehlt der König, das Morden einzustellen. Am Morgen des 25. strömt das Volk von Paris zusammen, um ein »Wunder« zu sehen, das seine Hysterie von neuem entfacht. Was geschehen war, erfahren wir von L'Estoile:

Am Tag nach Sankt Bartholomäus, etwa um die Mittagsstunde, entdeckte man auf dem Friedhof St. Innocent einen blühenden Weißdornstrauch. Sobald sich das Gerücht davon in der Stadt verbreitet hatte, kam das Volk von allen Seiten in Scharen herbeigeströmt, so daß man eine Wache aufstellen mußte. Man begann von einem Wunder zu sprechen, und man läutete die Glocken wie zu einem Freudenfest. Das Volk, noch in Aufruhr und Wut, meinte, dies sei ein Zeichen Gottes, daß er das Blutbad billige, und stürzte sich von neuem auf die Hugenotten. Viele Katholiken deuteten das Ausschlagen des Weißdorns als ein Wiederaufblühen des französischen Staates.

Der König hält aber seinen Befehl, das Morden einzustellen, aufrecht. – Währenddessen befinden sich der junge Caumont-La Force, sein Vater und sein Bruder in den Händen des schrecklichen Annibal von Coconnas:

Am nächsten Morgen, an dem Tage, an dem Hauptmann Martin das ihm versprochene Lösegeld erhalten sollte, erschien der Graf von Coconnas mit vierzig oder fünfzig schweizerischen und französischen Soldaten. Allesamt stiegen sie in die Wohnung hinauf, und er sagte zu Herrn von La Force: »Ich bin hier, um Sie auf Befehl von Monsieur, Bruder des Königs, abzuholen, der Meldung davon bekommen hat, daß man Sie hier gefangenhält; er will mit Ihnen sprechen.« Aus seinem Wesen und seinem Verhalten ging deutlich seine Absicht hervor.

Sie nahmen ihnen sofort Mantel, Hut und Kappe ab, und sie mutmaßten ganz richtig, daß dies geschähe, um ihnen das Leben zu nehmen.

Herr von La Force hielt ihnen vor, man führe sie ja wohl nicht in den Louvre, sondern ins Schlachthaus; er beklagte sich heftig über die Wortbrüchigkeit und versicherte, das versprochene Lösegeld liege bereit. [...]

Coconnas hörte gelangweilt seine Worte an und trieb sie aus dem Haus, jeder wurde rechts und links von einem Soldaten bewacht.

An der Spitze ging der Vater; dann kam sein ältester und zuletzt der jüngste Sohn. Als sie am Ende der Rue des Petits-Champs angekommen waren, in der Nähe des Walles, riefen die Soldaten: »Schlagt sie tot, schlagt sie tot!« Zuerst versetzten sie dem ältesten Sohn mehrere Dolchstiche, und dieser rief, während er hinfiel: »O Gott, ich bin tot!« Der Vater, der sich nach seinem Sohn umwandte, ist sofort von Dolchen durchbohrt; der jüngste, blutüberströmt, aber wie durch ein Wunder nicht getroffen, rief auch, als hätte der Himmel es ihm eingegeben: »Ich bin tot!« Und im gleichen Augenblick ließ er sich zwischen seinen Vater und seinen Bruder fallen, denen man noch am Boden zahlreiche Stiche versetzte, während ihm nicht einmal die Haut geritzt wurde. Gott beschützte ihn sichtlich, denn obwohl die Mörder ihnen die Kleider vom Leib rissen und sie splitternackt und ohne Hemd liegenließen, bemerkten sie nicht, daß einer von ihnen nicht einmal verwundet war.

In der Meinung, sie hätten sie alle ermordet, machten sie sich davon und sagten: »Die drei sind gut untergebracht. [...]«

Er [*der Überlebende*] blieb da liegen, bis gegen vier Uhr nachmittags Leute aus den benachbarten Häusern herauskamen, teils aus Neugier, teils in der Hoffnung, noch etwas zu ergattern, was die Henker womöglich nicht mitgenommen hatten, und kamen heran und durchsuchten die Leichen. Ein

Schiedsrichter beim Ballspiel aus der Rue Verdelet wollte ihm einen Strumpf ausziehen, den er noch an einem Bein hatte, drehte ihn um, denn er lag mit dem Gesicht zur Erde, und als er sah, wie jung er noch war, rief er: »Ach, das ist ja nur ein armes Kind; ist das nicht jammerschade? Was kann das Kind schon jemandem zuleide getan haben?«

Als der junge Caumont das hörte, hob er vorsichtig den Kopf und flüsterte: »Ich bin nicht tot; ich bitte Sie, retten Sie mir das Leben.«

Sofort aber legte er ihm die Hand auf den Kopf und sagte: »Rühr dich nicht, sie sind noch da.« Das tat er auch; der Mann ging ein wenig umher und kam nach kurzer Zeit zu ihm zurück und sagte zu ihm: »Steh auf, sie sind weg«, warf ihm rasch einen verschlissenen Mantel um die Schultern, denn er war ja ganz nackt, und tat so, als verprügelte er ihn, und stieß ihn vor sich her.

»Wen bringen Sie denn da?« fragten die Nachbarn.

»Das ist mein kleiner Neffe, er hat sich einen Rausch angetrunken, der hat jetzt die Peitsche verdient«, antwortete der Schiedsrichter.

Er nahm ihn mit, an mehreren Leibgardisten vorbei, denn die standen noch an allen Straßenecken, und brachte ihn in sein Haus, ganz oben unters Dach, in ein Stübchen, wo seine Frau und sein Neffe waren. Dort versteckte er ihn im Stroh seines Bettes.

Kurz darauf, als der Schiedsrichter bemerkt hatte, daß er einige Ringe am Finger trug, jammerte er ihm vor, er sei so arm, daß er ihm nicht einmal etwas zu essen geben könne, und verlangte seine Ringe. Der kleine Caumont-La Force gab sie ihm alle, bis auf einen Diamanten, den er behielt, weil er ihn von seiner Mutter hatte. Als das die Frau des Schiedsrichters vernahm, sagte sie zu ihm, wenn man ihm schon das Leben gerettet habe, so sei es nur recht, wenn er alles hergäbe. Es nutzte ihm nichts, daß er sagte, er könne diesen Ring nicht entbehren, denn er habe ihn von seiner Mutter und er diene ihm als Erkennungszeichen. Die eigensinnige Frau wollte ihn aber unbedingt haben und sagte, wenn er ihn nicht hergeben wolle, ließe sie ihn wieder schnappen. Da gab er ihr den Ring, und als sie ihn hatte, brachte sie ihm etwas zu essen und einen Schoppen Wein. Dann fragte der Schiedsrichter ihn, was denn nun aus ihm werden solle, und er erbot sich, ihn zu bringen, wohin er wolle. Er bat ihn, er möge ihn in den Louvre bringen, wo er eine Schwester, Frau von Larchant, hatte, die zum Gefolge der Königin gehörte. Darauf antwortete der Schiedsrichter: »Mein Kind, ich wage nicht, dich dorthin zu bringen. Dort muß man an so vielen Wachtposten vorbei, daß dich jemand erkennen könnte und wir alle beide umgebracht würden.«

Da schlug der kleine La Force ihm vor, ihn ins Arsenal zu bringen, dort wohnte seine Tante, Frau von Brisambourg.

Am nächsten Tag, beim Morgengrauen, gab er ihm ein Paar abgetragene, schmierige Leinenhosen, ein Wams von der gleichen Beschaffenheit und den Mantel, den er ihm schon am Vortage geliehen hatte, dazu eine verschlissene rote Kappe, der er ein bleiernes Kreuz anheftete. So ausstaffiert, brachte er ihn über die Wälle zum Arsenal. Sie erreichten das erste Tor, als der Tag gerade anbrach.

Am Abend des 25. kehren die Guise nach Paris zurück. Vergeblich haben sie Montgomery und seine Gefährten verfolgt.

Gegen Abend gingen der König, die Königin, seine Mutter, und die Damen aus und besahen sich alle Leichen, eine nach der andern. So wollte die Königinmutter den Leichnam des Herrn de Soubise sehen, weil sie wissen wollte, warum er unfähig gewesen war, seiner Frau beizuwohnen.

Heinrich von Navarra und Condé, die mit dem Leben davongekommen sind, gehen zur Messe. Hierzu eine Äußerung des Juan de Olaegui:

Sie wagen nicht ein einziges Wort zu sagen, und ein Offizialrat des Staatssekretärs Villeroi, der ein paar Posten mit besagtem Olaegui bis Bordeaux zusammen ritt, erzählte ihm, sie seien am 27. mit dem König zur Messe gegangen.

Am Dienstag, dem 26., hält der König auf Drängen der Guise einen großen Gerichtstag im Parlament und legitimiert das Massaker. De Olaegui resümiert:

Der Allerchristlichste König begab sich im Königsornat in den [*Justiz-*]Palast und erklärte vor dem Parlament, daß der mit den Hugenotten geschlossene Frieden ein erzwungener Frieden gewesen sei, denn sein Volk sei erschöpft und ruiniert gewesen; jetzt aber, da Gott ihm den Sieg über seine Feinde geschenkt habe, erkläre er das Edikt, das er zur Vollziehung dieses Friedens erlassen habe, für null und nichtig, und sein Wille sei, daß das vorhergehende wieder Gültigkeit habe, wonach keine andere Religion als die katholische, apostolische und römische in seinem Königreich ausgeübt werden dürfe.

Einigen Fürsten, die dem König gesagt hatten, die Deutschen und Engländer fühlten sich durch das Blutbad beleidigt, gab er zur Antwort, das kümmere ihn überhaupt nicht, wenn ihm nur die Freundschaft des katholischen Königs [*von Spanien*] sicher sei.

Etliche Neugierige wollen sehen, was aus dem verstümmelten Leichnam des Admirals geworden ist. Brantôme berichtet:

Einige Tage, nachdem man den Admiral getötet, nach Montfaucon gebracht und ihn dort an den Füßen aufgehängt hatte, ging der König hin und betrachtete ihn. Einige aus seinem Gefolge hielten sich wegen des Leichengeruchs die Nase zu. Er tadelte sie deswegen und sagte zu ihnen: »Ich halte mir die Nase nicht zu wie ihr, denn der Geruch eines Feindes ist ein feiner Geruch«; gewiß kein feiner Geruch und auch ein schlechtes Wort.

De Thou hat erfahren, daß der Leichnam Colignys schließlich doch eine Grabstätte fand:

Der Marschall von Montmorency war durch seine Entlassung dem Massaker entgangen; zum Wohl seines ganzen Hauses, das dem Staat so sehr von Nutzen war. Er ließ den unseligen Leichnam bei Nacht von dem schimpflichen Ort wegholen und ihn nach Chantilly bringen und an einem geheimen Ort verstecken. Er hat ihn in einen Bleisarg legen lassen und verboten, ihn in der Kapelle zu beerdigen, aus Angst, man könne ihn dort wieder herausholen. Später brachte man ihn nach Châtillon-sur-Loing, in die Grabstätte seiner Vorfahren.

Am Mittwoch ist auch der junge Sully nicht mehr in Gefahr. Er fährt in seiner Erzählung fort:

Ich blieb drei volle Tage in Ungewißheit über mein Schicksal, und nur ein Diener dieses barmherzigen Mannes half mir und brachte mir von Zeit zu Zeit etwas zu essen und zu trinken. Dann, als endlich öffentlich bekanntgegeben wurde, es sei von jetzt an verboten, zu töten und zu plündern, wurde ich aus meiner Zelle befreit. Und fast unmittelbar danach sah ich, wie Ferrière und La Viéville, zwei Häscher von der Wache, Schützlinge meines Vaters, ins Gymnasium kamen. Sie wollten in Erfahrung bringen, wie es mir ergangen sei, sie trugen Waffen, sicher, um mich mit Gewalt zu befreien, wo auch immer sie mich finden würden. Sie berichteten meinem Vater von meinem Abenteuer, und ich erhielt acht Tage später einen Brief von ihm. Darin bezeugte er mir, wie sehr er sich um mich gesorgt hatte; daß ich aber seiner Meinung nach dennoch weiter in Paris bleiben solle, denn der Prinz [*Heinrich von Navarra*] dürfe die Stadt nicht mehr verlassen, wie und wann er wollte; doch um mich nicht einer offensichtlichen Gefahr auszusetzen, sollte ich mich entschließen, das zu tun, was auch der Prinz selbst getan hatte, nämlich zur Messe gehen.

Am 30. August, nach zwei weiteren Erklärungen des Königs, hört das Morden in der Stadt endlich auf. Wie viele Tote? Man weiß es nicht. Drei- bis fünftausend vielleicht, von denen die meisten in die Seine geworfen wurden.

Mit einer gewissen Verzögerung bricht hier und da im übrigen Königreich die Wut gegen die Protestanten aus. In manchen Städten bleibt es ruhig, in anderen finden Massaker statt. Ein junger Deutscher, Student in Orléans, hatte geschrieben:

Nostradamus hatte verkündigt, die Protestanten würden »im Schlaf ergriffen«. Und so ist es auch gekommen.

Der weiße Helmbusch

Die Bartholomäusnacht hat die Führung der Reformierten auf eine harte Probe gestellt, ohne sie aber tödlich zu treffen. Die Masse der Gläubigen und Anhänger der protestantischen Kirche erleidet einen heftigen seelischen Schock, der indessen nicht verhindern kann, daß die bei dem Blutbad umgekommenen Führer durch andere ersetzt werden und die Streitmacht kaum vermindert ist. Bis dahin waren die Reformierten monarchistisch gesinnt, nun werden sie zu Republikanern. Die heftige Reaktion der Protestanten auf die Ereignisse der Bartholomäusnacht geht aus einem Schreiben von Théodore de Bèze an du Tillet hervor:

Diese Zeilen, die ich Ihnen, lieber Bruder, schreibe, sind für Sie und zugleich auch für alle unsere Freunde bestimmt. Wir sind von Trauer und Schmerz erfüllt. Gott erbarme sich unser! Noch niemals hat es soviel Heimtücke, so viele Greueltaten gegeben. Wie oft habe ich es vorausgesagt! Wie oft habe ich gewarnt! Gott hat es zugelassen, Gott, der mit Recht erzürnt war. Dennoch ist er unser Heiland. Sie werden mich entschuldigen, wenn ich auf Einzelheiten nicht eingehe. Wir haben Fasten angeordnet und besondere Gebete. Unsere Stadt [*Genf*], die noch von Pest und Fieber heimgesucht ist, füllt sich immer mehr mit den Unglücklichsten auf dieser Welt. Nur der Geldgier ihrer Feinde verdanken sie es, daß sie davonkamen, ansonsten kannten diese nämlich kein Mitleid, weder mit dem Rang noch mit dem Alter noch mit dem Geschlecht. Zuerst gab der König an allem den Herzögen von

Guise die Schuld; jetzt schreibt er, daß alles auf seinen eigenen Befehl geschah, und diese Menschen, die er in Paris in ihren Betten meuchlings ermorden ließ, diese Menschen, »deren die Welt nicht würdig war«, sie wagt er eines Komplottes zu beschuldigen! In Lyon haben sich alle gestellt (mit Ausnahme einiger weniger, welche die Habsucht der Soldaten rettete), sie haben sich selbst und freiwillig in die Gefängnisse einsperren lassen; sie hielten selbst die Kehle hin, keiner zog das Schwert, keiner murrte, keiner wurde verhört: alle wurden sie niedergemacht wie Lämmer auf der Schlachtbank, und dennoch unterschiebt man ihnen ein Komplott! Herr, Du hast alles angesehen, und Du wirst sie richten! Beten Sie für uns, denn wir müssen auf dasselbe Schicksal gefaßt sein. Unsere Regierung tut ihre Pflicht, aber wir wollen auf Gott hoffen.

Ihren Brief habe ich erst gestern erhalten, ebenso den unseres Freundes Taffin, beide tragen das Datum vom 6. letzten Monats. Jedenfalls hoffe ich weiter auf Ihn, der Rache nimmt für die Gerechten und der die Missetäter bestraft. Adieu.

Aus Genf, am 10. September 1572

Aus Furcht beschließen manche, den neuen Glauben wieder aufzugeben. Damals entsteht folgender Brief, den ein gewisser Jean Rouille an die protestantischen Brüder Favre schreibt:

Der König hat in der Kirche Notre-Dame geschworen und einen feierlichen Eid geleistet, weder sein Leben noch das Königreich zu schonen, um die neue Religion, die es seit zehn oder zwölf Jahren gibt, auszurotten. Tatsächlich haben über fünftausend Personen in unserer Stadt ihren sinnlosen Starrsinn aufgegeben, sind in den Schoß der Kirche Gottes zurückgekehrt und haben öffentlich gelobt, von nun an in der katholischen, römischen, apostolischen christlichen Religion leben zu wollen.

Um es kurz zu machen: Wenn Sie Ihre Seele retten, Ihr jetziges Leben weiterführen, Ihr Hab und Gut behalten, Ihre Familie vor Armut bewahren wollen, bitte ich Sie von ganzem

Herzen, meinem Rat zu folgen: treten Sie jetzt, Sie und Ihre ganze Familie, so schnell Sie können, zur katholischen Religion über, und lassen Sie sich vor allem von Ihrem Bischof oder Pfarrer amtlich beglaubigen, daß er Ihnen die Beichte abgenommen hat und daß Sie es bereuen, allzu lange einem Irrglauben angehangen zu haben, und daß Sie versprochen haben, von nun an katholisch zu leben, wie es Ihnen das heilige Sakrament des Altares vorschreibt; kurz, verhalten Sie sich wie rechtschaffene katholische Menschen. Ich bitte Sie nochmals, zu tun, was ich Ihnen sage, und zwar aus gutem Grund sage, und verlieren Sie keine Zeit mit vergeblichem Warten und Hoffen auf irgendein Edikt, denn in Wahrheit würden Sie nur betrogen.

Wenn Sie meinem Ratschlag keinen Glauben schenken, sind Sie verloren, ruiniert, zerstört, Sie und Ihr ganzes Haus, glauben Sie mir das.

Der älteste Sohn des Barons des Adrets schreibt am 18. September 1572 an den Herzog von Savoyen:

Gnädigster Herr, nach meinem letzten Brief ist der Admiral Coligny in den Tod gegangen und mit ihm eine Schar von Edelleuten und anderen, die mit von der Verschwörung waren. Ich bin sicher, daß Sie die Namen der Bekanntesten erfahren haben. [...] Seither gibt es nur noch eins an diesem Hof: zur Messe gehen; und die Neubekehrten drängen sich so in die Kirchen und zur Königsmesse, daß wir gezwungen sind, den Ort zu verlassen.

Andere verstecken sich wie jener Kaufmann aus Albi, der an seinen Geschäftsfreund folgendes schreibt:

Ich nehme an, daß Sie über das schwere Mißgeschick, das in der jüngsten unheilvollen Zeit über mich hereingebrochen ist, unterrichtet sind. Es begann an dem Tag, an dem ich Ihnen die Papiere zurückbrachte, die Sie mir gegeben hatten, damals, als ich Toulouse verließ (gerade noch zur rechten Zeit, denn wie ich später erfuhr, begann man drei Stunden später mit den

Verhaftungen). Ich zog zu einem lieben Bruder in Orban und wollte in Anbetracht der Zeitläufte nicht mehr nach Albi zurück. Nachdem ich eine Weile in Orban und dann auf einem mir gehörenden Gehöft in der Nähe von Albi gelebt hatte, kehrten mein Bruder und ich auf Anraten meiner Verwandten und Freunde, vor allem aber durch die Gnade Gottes in den Schoß der römisch-katholischen Kirche zurück und meinten, nunmehr in Ruhe und Frieden unseren Geschäften nachgehen und unseren Laden wieder einrichten zu können und daß man nicht gemerkt hätte, daß wir jemals etwas Unrechtes taten. Wie mir scheint, haben wir Ihnen damals über den Stand unserer Geschäfte geschrieben; wir glaubten, daß wieder Ruhe eintreten würde. So vergingen etwa vierzehn Tage oder drei Wochen; doch angesichts unserer Sünden gewährte Gott uns nicht länger diese Ruhe, denn kaum hatte Herr von Albi etwas über das Massaker in Toulouse gehört, ließ er uns alle ins Gefängnis werfen, uns, die wir wieder ein Glaubensbekenntnis abgelegt hatten, und auch die, welche es nicht getan hatten, und eine Zeitlang hing unser aller Leben an einem Faden. Doch Gott und die Milde und Güte meines Herrn von Albi wollten, daß wir mit Hilfe guter Freunde unser Leben retteten, denn manchen aus unserer Gruppe war es ebenso ergangen, und sie mußten den Tod erleiden! Gepriesen sei der Herr!

Als wir dem Gefängnis entronnen waren, mußten wir uns aufs Land zurückziehen, denn wir fürchteten, dem Pöbel in die Hände zu fallen. Wir begaben uns in ein katholisches Dorf, eine Meile von Albi entfernt; dort lebten wir recht lange, und erst seit kurzem sind wir wieder in unsere Stadt zurückgekehrt, wenngleich wir sie nicht verlassen können, wie und wann wir wollen. Ich mache meinen Laden auf keinen Fall wieder auf und wage auch nicht, jemand aufs Land zu schicken, um die Schulden einzutreiben. Daher bin ich jetzt in einer solchen Not, daß ich kaum Geld genug habe, meinen Haushalt zu bestreiten, denn Tag für Tag schickt man mir Soldaten und Gendarmen auf den Hals. Kurz, ich kann Ihnen nur zu einem Bruchteil meine Not und Kalamität schildern, und ich möchte Sie deshalb, um zur Sache zu kommen, inständig bitten, dies bei meinen Schulden an Herrn Rouiller zu berücksichtigen.

Mein Bruder, Pierre Faure, ist seit Beginn der Unruhen mit denen von der Religion eingesperrt. Ich bin ganz allein und ohne Geschäfte, und ich bitte Sie daher, meinem Ersuchen nachkommen zu wollen. [...]

Jacques Faure

Wenn Gott uns durch diese Unruhen nicht einen Strich durch die Rechnung gemacht hätte, wäre mit Safran ein guter Gewinn zu erzielen gewesen, denn wer in diesem Jahr damit handelte, hat vierzig und fünfzig Livres und sogar noch mehr daran verdient; auch Farbstifte waren nicht gerade ein Verlustgeschäft ...

Das Blutbad hat keine Lösung gebracht. Da Coligny nicht mehr lebt und Heinrich von Navarra und Condé im Louvre gefangengehalten werden, suchen die Reformierten neue Anführer unter den Pastoren. Die protestantischen Sicherheitsplätze verteidigen sich. La Rochelle wird von den königlichen Truppen von Februar bis Juli 1573 vergeblich belagert. Die Stadt Sancerre ergibt sich erst in äußerster Bedrängnis, nach einer furchtbaren Hungersnot, über die wir von Jean de Lery, einem jener Pastoren, die an die Stelle der bisherigen Anführer getreten sind, folgendes erfahren:

Zu Beginn des Monats Juli besaßen wir nur noch zwanzig Pferde, die wir für den äußersten Notfall aufzuheben gedachten. Der Bauch, der ja keine Ohren hat, und die Not, die Mutter der Erfindung, brachten damals manch einen auf den Gedanken, zu versuchen, ob das Fell von Ochsen und von Kühen, Hammelhaut und andere Häute (auch wenn sie auf dem Speicher trockneten) nicht Fleisch und Tierkörper ersetzen könnten. Und wirklich: hatten sie die Haare abgesengt, die Haut gut abgeschabt, gewaschen, gebrüht und gekocht, erschien sie ihnen so wohlschmeckend, daß es sich herumsprach und jeder, der Felle besaß, sie nun zurechtmachte und so zubereitete oder sie auf dem Rost wie Kaldaunen briet. Wer Fett hatte, machte Frikassee oder Fleischklöße daraus; andere übergossen sie mit kalter Essigbrühe. Bald fand man heraus, daß Kalbshäute wunderbar zart und delikat sind, und ich habe Kalbshaut gegessen, die war so gut, daß ich hätte meinen können, Fleisch zu verzehren, hätte man es mir nicht anders gesagt. Die Ochsen- und Kuhfelle und die Häute von Tieren, die man auch sonst verzehrt, wurden auf diese Art zubereitet, aber auch das Fell von Pferden, die Häute von Hunden und von Tieren, die man gewöhnlich nicht ißt, bereitete man so zu und aß sie. Saßen an den Eselshäuten gar noch die Ohren, schätzte man sie wie Lammfleisch und mehr noch als Schweinsohren. Und allerlei Fellen die Haare abzusengen und sie dann zu brühen, wie wir es oben beschrieben haben, war keineswegs die beste Art der Zubereitung: man mußte sie auf eine Hackbank nageln und strecken, dann konnte man das Haar leichter absengen und abschaben, so wie man ein Schwein absengt und abschabt; war das getan, mußte man sie einen oder zwei Tage lang in Wasser legen und das Wasser oft erneuern, danach zubereiten und nach Belieben kochen.

Die Nachfrage nach solchermaßen behandelten Häuten (die schon auf den Schlachtbänken weggingen wie Kaldaunen) war so groß, daß ein Quadratfuß oder ein Pfund gleich welcher Haut zwölf und fünfzehn Sous kostete; und es gab sogar Felle, die im Einzelhandel für mehr als dreißig Sous verkauft wurden. Da ein Hungriger alles probiert und Felle und Häute anfingen, knapp zu werden und ganz zu fehlen, machten sich die Gewitztesten und Einfallsreichsten daran, Pergament zu verarbeiten und Versuche damit anzustellen. Als das gelang, war auch danach der Andrang so groß, daß sie nicht nur weißes Pergament aßen, sondern auch solches mit Buchstaben, Titeln, gedruckte und handgeschriebene Bücher, und man scheute sich auch nicht, selbst die ältesten, hundert und hundertzwanzig Jahre alten Bücher zu verzehren. Man legte sie ein oder zwei Tage lang (solange es die Not gestattete) in Wasser, erneuerte es häufig und schabte sie sorgfältig mit einem Messer ab; dann kochte man sie einen Tag oder einen halben Tag lang, bis sie zart und weich waren, was man daran erkannte, daß sie klebrig waren, wenn man sie mit den Fingern auseinanderriß oder auseinanderzog; dann machte man sie zu Frikassee wie Kaldaunen, oder man bereitete sie mit Kräutern und Gewürzen in der Art von Fleischragout zu. Die Soldaten von der Garde oder der Stadtwache rieben sie mit Kerzentalg ein, brieten sie kurz auf einem Holzkohlenfeuer und aßen sie.

Ich habe gesehen, wie man Pergament verzehrte, auf dem noch die Buchstaben der Schrift zu sehen waren, und auf den Stücken, die schon in der Schüssel zum Verzehr bereitlagen, konnte man noch lesen. Man trennte Trommelfelle ab, löste die Böden von Lochsieben los und Koller aus Büffelleder und manches andere (besonders aus weißem Leder), wusch und schlug das alles wie Wäsche, danach machte man Frikassee daraus und aß es. Ich will auch nicht unerwähnt lassen, wovon hungrige Menschen sich sonst noch zu ernähren vermögen: Hufe von Pferdefüßen, die sie vom Misthaufen auflasen, alte Hufe von Ochsen und Kühen, alte Knochen, die man auf der Straße aufhob, wurden gegessen und abgenagt, denn sie ließen nichts im Abfall umkommen; wie Hunde und Hühner kratzten und pickten sie darin herum. Auch die Hornscheiben der Laternen wurden nicht vergessen, sondern abgerissen, gebraten und verzehrt. Und wie sie Straßen und Gassen absuchten nach etwas, das den Magen füllte, nach Dingen, die Schweine und Hunde unbeachtet liegenlassen würden, genauso durchstöberten sie die Häuser auf der Suche nach allem, was Substanz, Feuchtigkeit und Wohlgeschmack ahnen ließ. Halfter, Brustriemen, Schwanzriemen und sonstiges Sattelzeug von Pferden (vor allem aus weißem Leder), mochte es auch noch so alt und abgenutzt sein, wurden in Stücke geschnitten, gekocht, geröstet und zu Frikassee gemacht; und auf den Schlachtbänken, wo man sie recht teuer und unter großer Nachfrage zum Verkauf bot, konnte man noch die Nahtlöcher erkennen. Die Kinder, die Ledergürtel hatten, legten sie auf ein Holzkohlenfeuer und bereiteten daraus ein Mittagsmahl, als wären es Kaldaunen. Alte, fettige Lederschürzen von Seifensiedern und anderen Handwerkern, Sehnen von Ochsen und anderen Tieren, die schon vier und fünf Jahre ihren Dienst bei Packsätteln von Eseln und Maultieren getan und auch für andere Zwecke Verwendung gefunden hatten, und die, an denen seit langem Essigflaschen hingen, Füße von Hirschen, Rehen und Zicklein, an denen schon seit Großväterzeiten die Schlüssel aufgehängt wurden, machte man los, kochte sie und bereitete Ragout daraus; so dienten sie manch einem als Nahrung. Und das ist noch nicht alles: denn Brustriemen aus altem Leder und alte Schlappen, welche die Winzer der Stadt trugen, wenn sie Reben hochbanden, wurden ebenfalls gekocht und gegessen. Was noch? Abfälle von Schnürsenkeln, Geldbeuteln, Geldkatzen und von anderen Lederartikeln wurden nicht mehr auf den Mist geworfen, sondern zu Ragout gemacht und wie Kaldaunen verzehrt. Waren Hammelhäute, Ziegen- und Lammfelle mit Galläpfeln, Alaun oder sonst nach Gerbermanier behandelt worden, wurden sie (obwohl gefärbt) zusammengenäht und dienten als Wurstpelle, die mit einigen wenigen Kräutern und Abfällen gefüllt wurden; und so verkaufte man sie in der Stadt zu hohen Preisen.

Auch ohne Belagerung herrscht in dem schrecklichen Jahr 1573 an manchen Orten Hungersnot. In Provins erlebt Claude Hatton »Schwarzen Markt« und Rationierung:

Die armen Leute aus der Stadt und aus den Nachbardörfern konnten kein Geld mehr auftreiben, um zwanzig Sous für einen Scheffel Korn zu bezahlen. Sie begnügten sich damit, Brot beim Bäcker zu kaufen. Diese wollten ihnen in ihrer Geldgier kein Korn zum festgesetzten Preis, nämlich für vierundzwanzig Deniers, hergeben, weil sie das Brot heimlich an Auswärtige und Fremde verkaufen konnten, und zwar so teuer sie wollten, zu drei Sous sechs Deniers und zu vier Sous [*1 Sous = 12 Deniers*]. Deshalb mußten die Gouverneure der Stadt bei den Bäckern für Ordnung sorgen; jeder von ihnen erhielt täglich eine bestimmte Menge Vorratsgetreide zu zwanzig Sous pro Scheffel, davon mußten sie Brot backen und es den Kommissaren abliefern, Leuten aus der Stadt, die für diesen Posten bestimmt worden waren; die verteilten es dann an das Volk für sein Geld. Die Verteilung fand zweimal täglich im Rathaus von Provins statt, wo das Volk massenweise zusammenströmte und Brot haben wollte. Gewöhnlich war Pierre Mouton, der Stadtsergeant, Kommissar bei der Brotverteilung, dazu noch andere Personen, die diesen Posten indessen nur ausüben wollten, wenn sie an der Reihe waren, nämlich einmal in der Woche. Mouton, ein erbärmlicher Kerl, nicht anders als ein Seeräuber oder Wegelagerer, war kalt und mitleidlos und schlug mit Stöcken auf die armen Leute ein wie auf Hunde, die sich über die Speisen und das Fleisch für ein Festmahl hergemacht haben. Außerdem ließ er sie durch die Fenster im Erdgeschoß des Rathauses ein- und aussteigen, die, wie man weiß, mindestens vier Fuß hoch sind [*etwa 1,30 m*], und das, ohne auf irgend jemand Rücksicht zu nehmen, nicht auf Greise, nicht auf schwangere Frauen oder arme Kranke. Manche fielen wieder aus dem Fenster herunter in die Menge, und das Volk trat auf ihren Leibern herum. So erzählte man sich, daß an einem Tag Leute erstickten und auf der Stelle tot umfielen. Mouton selbst brachte dieser Posten großen Gewinn. Es gibt doch keinen grausameren Menschen und keinen, der weniger Mitleid verdient, als einen hochgekommenen Hungerleider. Seither wollten manche Leute lieber Hungers sterben als durch die Rathausfenster klettern.

Der Hunger macht die Menschen zu Unmenschen, und zu welchen Schreckenstaten er sie treibt, erfahren wir aus dem Urteil, das der Gerichtshof von Dôle über den Angeklagten Garnier fällt:

Im Jahre tausendfünfhundertdreiundsiebzig; in der Strafsache, vertreten durch Henry Camus, Doktor der Rechte, Richter des Königs, unseres gnädigen Herrn, am Parlamentsgericht in Dôle, und durch seinen Staatsanwalt als Ankläger, wegen Mord an mehreren Kindern, Verzehr ihres Fleisches, begangen in Wolfsgestalt, sowie wegen anderer Verbrechen und Delikte gegen Gilles Garnier, aus Lyon gebürtig, Untersuchungsgefangener im hiesigen Gefängnis, als Angeklagten.

Der Angeklagte wird für schuldig befunden, kurz nach dem Fest des heiligen Michael in diesem Jahr in Gestalt eines Wolfs ein kleines Mädchen von etwa zehn oder zwölf Jahren in einem Weinberg der Weingüter von Chatenoy unweit des Waldes von Serre, an der Stelle, die »les Georges« heißt, eine Viertelmeile von Dôle entfernt, überfallen und es mit seinen Händen, die wie Pfoten aussehen, sowie mit den Zähnen umgebracht und getötet zu haben, es mit seinen Händen und seinen Zähnen bis in obenerwähnten Wald von Serre geschleift, entkleidet und das Fleisch seiner Schenkel und Arme verzehrt zu haben.

Ferner wird der obengenannte Angeklagte für schuldig befunden, acht Tage nach dem letzten Allerheiligenfest, ebenfalls in Wolfsgestalt, ein anderes Mädchen in der Nähe der Wiese von Ruppe, im Gebiet von Authume und Chastenoy, kurz vor Mittag des obenangegebenen Tages überfallen, gewürgt und ihm fünf Wunden mit seinen Händen und seinen Zähnen beigebracht zu haben, in der Absicht, es zu verzehren, wenn es ihm nicht drei Personen wieder entrissen hätten, wie er mehrmals zugegeben und eingestanden hat.

Aufgrund des Strafprozesses, den der Staatsanwalt angestrengt hat, und trotz der vom Angeklagten wiederholt freiwillig gemachten Geständnisse verurteilt ihn das Gericht, noch heute vom Scharfrichter des hohen Gerichts vom Gefängnis zur Anhöhe unserer Stadt gebracht und rücklings geschleift und von dem genannten Scharfrichter bei lebendigem Leibe verbrannt zu werden, bis sein Leib zu Asche zerfällt; ferner wird er verurteilt, die Kosten des Verfahrens zu tragen.

Dort, wo die Reformierten stark sind (im Süden, im Südwesten und im mittleren Westen Frankreichs), werden sie zu einer autonomen Macht. Zu alledem verfällt der König dem

Wahnsinn. Seit dem Blutbad in der Bartholomäusnacht wird Karl IX., um dessen geistiges Gleichgewicht es von jeher schlecht bestellt gewesen war, immer kränker. Agrippa d'Aubigné schreibt über seinen Zustand:

Ich will noch hinzufügen, daß ich gesehen habe, was auch die höchsten Senatoren Frankreichs, die eifrige Katholiken und zu jener Zeit noch mit den wichtigsten Staatsgeschäften betraut waren, bezeugen können: seit der Bartholomäusnacht schreckte der Fürst immer wieder im Schlaf auf und ächzte und stöhnte, stieß danach Verwünschungen aus und machte Äußerungen, aus denen Verzweiflung sprach; in solchen Fällen holten die Kammerdiener schleunigst Musikanten herbei, die er über alles liebte, ebensosehr wie Verse; denn er machte auch selbst welche, die annehmbar waren. Durch sie hatte ich vertrauten Umgang mit ihm, obwohl die Königin es mit Argwohn sah, besonders wegen eines französischen Sonetts gegen die, welche zum Blutvergießen geraten hatten.

Ich komme noch einmal auf diesen König zu sprechen, um von ihm zu berichten, was ich gesehen habe, obwohl andere es nicht erwähnen: Im äußersten Schmerz trat dem Fürsten Blut aus den Poren, fast an allen Stellen seines Körpers. Ich füge außerdem noch hinzu – und auch das können die vorher erwähnten Personen bezeugen –, daß er, da er sehr oft das Massaker verwünschte, diejenigen aus den Staatsgeschäften entfernt hatte, die ihm einen so schlechten Rat erteilt hatten; er ging sogar so weit, daß er die Königin, seine Mutter, auf eine Reise nach Polen schicken wollte unter dem Vorwand, sie solle ihren geliebten Sohn besuchen [*Heinrich von Anjou war 1573 zum König von Polen gewählt worden*].

Auch dem Venezianer Sigismondo Cavalli fällt die Veränderung des Königs auf:

Sein Blick ist düster geworden. Bei Gesprächen und bei der Audienz sieht er dem, der das Wort an ihn richtet, nicht ins Gesicht; er senkt den Kopf, schließt die Augen, öffnet sie dann unvermittelt und schließt sie ebenso plötzlich wieder, als bereite ihm diese Bewegung Schmerz. Man fürchtet, der Rachegeist habe sich seiner bemächtigt. Er war nur streng, jetzt hat man Angst, daß er grausam wird. Er ißt mäßig, trinkt stets nur Wasser, genauso wie seine Brüder. Er sucht sich um jeden Preis müde zu machen: zwölf und vierzehn Stunden hintereinander sitzt er im Sattel, so jagt er durch Feld und Wald, zwei und drei Tage lang hinter demselben Tier her, dem Hirsch, macht nur Rast, um zu essen, schläft nur eine kurze Weile in der Nacht. Daher sind seine Hände rauh und schwielig und voll Schnittwunden und Blasen.

L'Estoile berichtet:

Am Freitag vor dem Sonntag, an dem König Karl gegen zwei Uhr nachmittags starb, ließ er Mazille, seinen ersten Leibarzt, rufen und klagte über große Schmerzen, die er erdulden müsse, und fragte ihn, ob denn nicht er und alle die anderen großen Ärzte in seinem Königreich ihm eine Linderung seines Leidens verschaffen könnten, »denn ich werde«, so sagte er, »entsetzlich, grausam gepeinigt«, worauf Mazille antwortete, daß sie schon alles getan hätten, was in ihrer Macht stünde, und daß gerade am Tage vorher die gesamte Fakultät zusammengetreten sei, um nach einem Heilmittel zu suchen; aber, um die Wahrheit zu sagen, für solche Krankheiten sei Gott der große und unfehlbare Arzt, bei ihm müsse man Hilfe suchen. »Ich glaube«, sagte der König, »daß das, was Sie sagen, wahr ist und Sie nichts anderes wissen; ziehen Sie den Vorhang vor mein Bett, ich will versuchen zu schlafen«, und Mazille ging sofort hinaus. Er schickte auch alle fort, die im Gemach waren, außer dreien: nämlich La Tour, St. Pris und des Königs Amme, die Seine Majestät sehr liebte, obwohl sie Hugenottin war.

Als seine Amme sich auf eine Truhe gesetzt hatte und gerade ein wenig schlummern wollte, hörte sie, wie der König klagte, weinte und seufzte. Sie trat ganz leise an sein Bett und schob den Vorhang beiseite, da fing der König mit ihr zu sprechen an, stieß einen tiefen Seufzer aus und weinte so bitterlich, daß er vor Schluchzen die Worte nur stoßweise herausbrachte: »Ach, Amme, mein Leben, Amme, soviel Blut, so viele Morde! Ach! welch bösem Rat bin ich gefolgt! O mein Gott, vergib sie mir und erbarme dich meiner, ich bitte dich, ich weiß nicht mehr ein noch aus, so ratlos machen sie mich und lassen mir keine Ruhe: was soll aus all dem werden, was soll ich tun? Ich bin verloren, ich sehe es wohl.« Da sagte die Amme zu ihm: »Sire, die Morde mögen über die kommen, die Sie dazu veranlaßt haben; Sie, Sire, haben keine Schuld, und da Sie sie nicht billigen und Sie Reue darüber empfinden, so seien Sie sicher, daß Gott sie Ihnen niemals anrechnen wird und sie mit dem Mantel der Gerechtigkeit seines Sohnes bedecken wird, den allein Sie um Hilfe anflehen sollen; aber Eure Majestät soll doch um Gottes willen zu weinen aufhören.« Daraufhin holte sie ein Taschentuch, weil seines ganz naß von Tränen war, und nachdem Seine Majestät es aus ihrer Hand entgegengenommen hatte, gab sie ihm zu verstehen, daß sie jetzt fortginge und ihn schlafen lasse.

Der König stirbt. Sein jüngerer Bruder, Heinrich von Anjou, kommt eilends aus seinem Königreich Polen zurück. Der neue Herrscher, Heinrich III., ist eine stärkere Persönlichkeit als Karl IX. Trotzdem gelingt es, wie die Zukunft zeigen wird, auch ihm nicht, den Frieden herzustellen. Man muß sich hüten, die Gründe für seine Niederlage nur in seiner äußeren Erscheinung zu suchen. Von Morosini erfahren wir über ihn:

Er hat eine recht edle Haltung, er ist von angenehmer, stattlicher Erscheinung, hat so schöne Hände wie sonst niemand in Frankreich, kein Mann und keine Frau; er ist von mehr ernster Wesensart, wenn er sich umgänglich zeigt und eine gewisse Feierlichkeit und Gewichtigkeit ablegt, die in seiner Natur liegen. Er besteht aus lauter Widersprüchen: seine Gewohnheiten, seine Art, sich zu kleiden, der Schmuck, den er anlegt, verleihen ihm etwas ungemein Weichliches. Er trägt nicht nur herrliche golddurchwirkte Gewänder, Juwelen und Perlen, sondern treibt auch größten Luxus mit seinen Hemden und Kappen; um den Hals legt er eine zweifache Kette aus Gold und Ambra, die einen köstlichen Duft ausströmt. Was ihm aber, meiner Meinung nach, viel von seiner Würde nimmt, sind seine nach Frauenart durchlöcherten Ohren. Es genügt ihm nicht, einen Ring an jedem Ohr zu tragen, er braucht mindestens zwei, an denen Edelsteine und echte Perlen hängen.

Lorenzo Priuli schreibt später, im Jahre 1580:

Seine Majestät hegt für seine Busenfreunde Gefühle stärkster Zuneigung, und wenn sie sich in Liebe verwandeln, überschüttet er sie mit Zärtlichkeit, so sehr, daß er ihnen am liebsten seine eigene Krone aufs Haupt setzte. Der König ist überaus schwermütig; er zieht sich gern von den Geschäften zurück, und die geringsten Sorgen sind ihm unerträglich. Die Ärzte haben ihm, ein wenig wegen seiner Gesundheit, ein wenig aus Liebedienerei, den Rat gegeben, sich überhaupt nicht um Staatsangelegenheiten zu kümmern. Das befolgt er recht gern. Zu der Zeit, als ich am Hof war, wollte er zurückgezogen leben und vertrieb sich die Zeit mit seinen engsten Freunden.

Die »Mignons des Königs« und der König selbst werden von der Öffentlichkeit, besonders aber von den Protestanten, stark kritisiert. In einem Pamphlet verspottet ein unbekannter Dichter die »Tugenden und Eigenschaften der Mignons«:

Der Rede Sinn, der Kleidung Art
Sind so, daß eine ehrenhafte Frau
Nur Tadel fürchten müßte,
Trüg sie so schamloses Gewand;
Den Hals drehn sie geziert
In ihrer Krause Falten;
Der Weizen ist nicht gut genug
Zu stärken weiße Hemden,
Als feine Lebensart gilt nur:
Zur Stärke Reis verwenden!

Sorgfältig ist ihr Haar rasiert,
Doch nicht in gleicher Länge,
Denn vorn, vom Ohr ab,
Ist es lang und hinten wieder kurz.
Es steht vorn hoch, ein kunstvoll Werk
Des steifen Fetts, das streckt
Und künstlich wieder Locken legt.
Auf ihrem hohlen Kopf, sieh an,
Sitzt hintendrauf ein Käppchen;
Wie Harlekine sehn sie aus.
Und was ich nicht zu sagen wag:
Sie schminken mehr sich noch als Fraun.
Auch fürcht ich sie zu tadeln,
Daß unter sich sie jene Kunst
Des sittenlosen Ganymed ausüben.
Und ihr Gewand verschlingt weit mehr
An Geld, als sie besitzen,
Denn ein »Mignon« verpraßt sein Gut
Und geht nicht wie ein Edelmann einher,
Nein, wie ein König hüllt er sich in gold-
durchwirkten Stoff.

Bitterer Spott klingt auch aus folgenden Versen des Agrippa d'Aubigné, die seinem Werk »Les Tragiques« entnommen sind:

Mit glattem Kinn und bleichem Angesicht,
Weibischem Tun, dem Aug Sardanapals
Erschien am Tag der Könige dies zweifelhafte Tier,
Hirnlos und ohne Stirn, auf seinem Ball.
Das Haar mit Perlenschnüren reich geschmückt
– zwei hochgewölbte Bögen draus frisiert –
Darauf ein Käppchen ohne Rand
Nach italienischer Manier; den Kinnbart ausgezupft,
Sein Antlitz weiß und rot geschminkt,
Sein Haupt in einer Puderwolke, schien er uns König nicht,
Nur eine Dirne, buntbemalt und runzlig.

Was für ein schönes Schauspiel und wie ergötzlich anzusehn
Der Fürst, die Taille eingeschnürt, in schwarze Seide eingehüllt,
Das Kleid nach span'schem Schnitt, wo alle Schlitze
Mit Tressen abgesetzt und weiß gefüttert sind.
Und weiße Falten wiederholen sich am Arm,
Und nochmal Ärmel gibt's, geschlitzt,
Und wieder welche, bis zur Erde fallend.
Derartig aufgeputzt trug er den ganzen Tag
Dieses monströse Kleid als Spiegel seiner Liebe,
So daß beim ersten Anblick jeder Zweifel hegte:
War eine Frau als König, ein Mann als Königin verkleidet?

Die Sitten gewisser »Mignons« geben zweifellos Anlaß zur Kritik. Doch sind sie für den König, dessen Neigungen man nicht mit Sicherheit qualifizieren kann, eine verläßliche Leibwache in einer Zeit, in der Attentate an der Tagesordnung sind. Aber der König hat keine Kinder. L'Estoile bemerkt 1579 dazu folgendes:

Am Freitag, dem 23. Januar, begab sich der König nach Olinville, um zu baden und sich zu reinigen, das gleiche tat die Königin, seine Gemahlin, die er in Paris zurückließ; dann feierte er das Fest Mariä Lichtmeß in der Kirche von Chartres und nahm von dort zwei Hemden Unserer Lieben Frau mit [*die den Ehegatten Fruchtbarkeit verleihen sollten*], eines für sich und das andere für die Königin, seine Gemahlin. Als er das getan hatte, kehrte er nach Paris zurück und wohnte ihr bei in der Hoffnung, durch Gottes Gnade und mit Hilfe der Hemden ein Kind zu bekommen, wozu er aber wegen der ihn verzehrenden Lustseuche und wegen seiner aufreibenden Ausschweifungen nicht imstande war.

Das Problem der Nachfolge wird akut. Erster Anwärter auf den Thron ist Franz von Alençon, der jüngere Bruder Heinrichs III.; danach kommt Heinrich von Navarra, der väterlicherseits vom Grafen von Clermont abstammt, dem sechsten Sohn Ludwigs des Heiligen. Beide gehören zur protestantischen Partei. Beide haben dasselbe Ziel: sich an die Spitze des »Hugenottenstaates« zu setzen. Nach der Bartholomäusnacht hat Heinrich von Navarra dem reformierten Glauben abgeschworen, doch seine Rückkehr zum Katholizismus ist nur ein Lippenbekenntnis. Der Jesuitenpater, der ihm Unterricht erteilt, ist sich darüber nicht im unklaren:

Es lag dem König daran, der katholischen Religion wieder eine starke Stellung zu verschaffen. Vor allem ging es ihm darum, seine Diener wieder zu einem lebendigeren Glauben hinzuführen, den Hof schädlichen Einflüssen zu entziehen und den König von Navarra zu bekehren. [...] Auch die Königinmutter tat ihr Bestes, ihre zu einem großen Teil ketzerische Umgebung für den katholischen Glauben zurückzugewinnen, und ließ einen Pater unseres Gymnasiums kommen, der den Ehrendamen und den adligen jungen Mädchen ihres Hauses Unterricht erteilen sollte. Mir fiel es zu, dieses Amt zu übernehmen; wochenlang bemühte ich mich, ihnen die katholischen Wahrheiten einzuschärfen und sie in der Übung christlicher Tugenden zu unterweisen. [...]

Als ich sie genügend auf ihre Versöhnung mit der Kirche vorbereitet hatte, übernahm die Königin es, auch den Prinzen von Condé und den König von Navarra zum Katholizismus zu bekehren. Auch diese Aufgabe mußte ich unter Anleitung des Kardinals von Bourbon, des Onkels der beiden Prinzen, übernehmen.

Die Sache zog sich indessen in die Länge, denn weder der eine noch der andere wollte nachgeben und von einem Religionswechsel etwas hören. Schon stand der Tag vor der Tür, an dem der Apostolische Nuntius die Abschwörungsfeierlichkeiten im Augustinerkloster vornehmen sollte, und da ich die Vorbereitung der Damen aus dem Gefolge der Königin beendet hatte, wurde ich vom Kardinal gerufen, der mir den Auftrag gab, unverzüglich seine Neffen im Katechismus zu unterrichten.

Ich weigerte mich durchaus nicht; doch als ich daran dachte, was sich wahrscheinlich ereignen würde, richtete ich es so ein, daß ich mit den Prinzen nicht allein sein würde. Ich sah nämlich voraus, daß der König von Navarra und der Prinz von Condé einige Pastoren mitbringen würden, um eine Diskussion herbeizuführen, und ich maßte mir nicht an, allein gegen mehrere Widersacher kämpfen zu können, besonders nicht gegen solche, die schon gesiegt zu haben glauben, wenn sie großes Geschrei erheben und leichtfertig und ohne jede Ordnung das Thema wechseln. Ich bat deshalb um Erlaubnis, ins Gymnasium gehen zu dürfen, um Pater Jean Maldonat und ein paar der tüchtigsten Doktoren von der Sorbonne mitzubringen, denn es war wichtig, die Religionsfragen vor den Prinzen und den Zuhörern auch im Interesse ihres Unterrichts ordnungsgemäß und ernsthaft zu behandeln. Der Kardinal war lange dagegen und sagte mir, um mich am Fortgehen zu hindern, so vieler Umstände bedürfe es nicht; doch zuletzt gab er nach. Ich kehrte zurück mit Pater Maldonat, mit Doktor Simon Vigor, dem späteren Erzbischof von Narbonne, mit dem Doktor von Saint-Germain und zwei weiteren, deren Namen ich vergessen habe; im ganzen waren wir also sechs katholische Priester, die bereit waren, eine Diskussion zu führen, wenn es sich als notwendig erweisen sollte, und tatsächlich kam es auch so. In den verschiedenen Teilen des Palastes, in dem sie wohnten, hatte der König von Navarra drei oder vier Geistliche und der Prinz von Condé fast ebenso viele.

Kaum hatte der Katechismusunterricht für den König von Navarra begonnen, als auch schon einer der Pastoren Einwände geltend machte und sich dabei auf griechische und hebräische Texte berief. Pater Maldonat, der auf diesem Gebiet besonders bewandert war, übernahm es fast allein, darauf zu antworten; über der Diskussion verging die Zeit, die zum Unterricht des Prinzen angesetzt war. Während die Gegner ihre Argumente vorbrachten, hatte der König von Navarra sich in eine Ecke des Gemachs zurückgezogen und unterhielt sich mit seinen Vertrauten über etwas anderes. Ab und zu forderte einer von den beiden ihn auf, näherzutreten, und sagte ihm, man behandele höchst interessante Fragen; und der Prinz kam sechs- oder achtmal herbei und zeigte, so schien es, guten Willen, denn offenbar ließ er sich von den Gründen, die für den Katholizismus sprachen, beeindrucken. Er kam heran und hörte eine Weile zu: »Gut, sehr gut«, sagte er, »das leuchtet mir ein. Nur zu, macht so weiter!« Dann kehrte er zu seinen Freunden zurück. So ging der Unterricht im Katechismus nach zwei oder drei Stunden zu Ende. Der König von Navarra hatte gegen seinen Willen daran teilgenommen; seine Gedanken waren anderswo gewesen.

Und das war der einzige Unterricht, den die beiden Prinzen erhielten, denn beim Prinzen von Condé verliefen die Dinge nicht anders. Er verhielt sich unseren Doktoren und seinen Geistlichen gegenüber genauso wie sein Vetter, mit einem einzigen Unterschied: der König von Navarra blieb in einer Ecke seines Gemaches stehen und hörte zu, während er sich mit anderen Herren unterhielt; der Prinz von Condé ging plaudernd im Zimmer umher und trat von Zeit zu Zeit heran, um der Argumentation zu folgen. Das Resultat aber war meiner Meinung nach dasselbe; sie hielten nach wie vor an ihrer Überzeugung fest. Dennoch sagten sie sich beide am nächsten Tag in Gegenwart des Apostolischen Nuntius feierlich von ihrem Glauben los. Ihre Lippen hatten Worte gesprochen, die ihr Herz Lügen strafte. Das zeigte sich schon bald danach, denn als sie beide wieder mehr Freiheit hatten, kehrten sie zum Protestantismus zurück.

Zu Beginn des Jahres 1574 versuchen der Herzog von Alençon und der König von Navarra zum ersten Mal, den Hof zu verlassen. Das Unternehmen mißlingt. Montgomery, der Heinrich II. im Turnier ohne böse Absicht getötet hatte, muß dabei sein Leben lassen. Über seine Hinrichtung heißt es bei L'Estoile:

Am Samstag, dem 26., wurde Graf Montgomery auf Beschluß des Gerichts aus dem Palastgefängnis geholt. Man band ihm die Hände im Rücken und lud ihn auf einen Karren, ein Priester und der Henker waren bei ihm; vorher war er auf die Folter gespannt worden; dann fuhr man ihn zum Grèveplatz, wo er enthauptet und gevierteilt wurde. [...]

Er hatte vor Meister Vigore, dem Erzbischof von Narbonne, keine Beichte ablegen wollen, als dieser zu ihm in die Kapelle gekommen war, um ihm ins Gewissen zu reden; er wollte auch nicht das Kreuz entgegennehmen oder es küssen, das nach altem Brauch allen zur Hinrichtung Verurteilten gereicht wird; er wollte auch unter gar keinen Umständen den Priester anhören, den man zu ihm geschickt hatte, nicht einmal den Fanziskaner, der, in der Absicht, ihn über seinen Irrtum aufzuklären, das Wort an ihn richtete und ihm sagte, er sei einer Täuschung zum Opfer gefallen. Er sah ihm fest ins Auge und antwortete: »Wenn dem so ist, dann nur dank Ihren Ordensbrüdern, denn ein Franziskaner war der erste, der mir eine Bibel in französischer Sprache gegeben hat, und daraus habe ich die Religion gelernt, an der ich festhalte und welche die einzige wahre ist, und da ich seither in ihr gelebt habe, will ich heute mit Gottes Gnade darin sterben.«

Als er auf dem Schafott stand, bat er das Volk, für ihn zu Gott zu beten, sprach laut und deutlich das Glaubensbekenntnis und bekannte öffentlich, in diesem Bekenntnis zu sterben. Als er nach dem Brauch derer von der Religion sein Gebet gesprochen hatte, hieb man ihm den Kopf ab, und am Montag, dem 28. Juni, steckte man ihn auf einen Pfahl auf dem Grèveplatz. Auf Befehl der Königin, die bei der Hinrichtung zugegen gewesen war, wurde er des Nachts wieder fortgenommen. So wurde sie zuletzt doch noch, wie sie es sich schon lange gewünscht hatte, für den Tod König Heinrichs, ihres Gemahls, gerächt, obwohl den unglücklichen Grafen keine Schuld traf.

Während Heinrich III. gegen Ende des Jahres 1574 und in den ersten Monaten des Jahres 1575 gegen Danville und Condé im Languedoc Krieg führt, sucht der König von Navarra seine Fesseln abzuwerfen. Im September 1575 flieht Alençon vom Hof, allein. Heinrich schreibt im Januar 1576:

Es ist der merkwürdigste Hof, den Sie jemals gesehen haben. Wir sind fast ständig bereit, uns gegenseitig an die Kehle zu springen. Wir tragen Dolche, Kettenhemden und unter dem Mantel oft einen Panzer. [...] Die ganze Gesellschaft, die Sie ja kennen, ist mir wegen Monsieur [*des Herzogs von Alençon*] todfeind, und schon zum dritten Mal haben sie meiner Geliebten verbieten lassen, mit mir zu sprechen, und sie bewachen sie so scharf, daß sie es nicht wagen würde, mich auch nur anzusehen.

Aus den Tagebuchnotizen der Margarete von Valois:

Ich war am Morgen nach dem Weggang meines Bruders [*des Herzogs von Alençon*] ganz krank von den Tränen, die ich die ganze Nacht hindurch vergossen hatte. Das Gesicht war mir angeschwollen, und ich mußte mit einem heftigen Fieber für einige Tage das Bett hüten, wo ich sehr krank und mit starken Schmerzen lag. Sei es nun, daß der König, mein Gemahl, damit beschäftigt war, seinen Sitz im Parlament zu vergeben, sei es, daß er bald vom Hofe fliehen und die ihm noch verbleibende Zeit auf seine einzige Wonne verwenden wollte, nämlich die Gegenwart seiner Geliebten, Madame de Sauve, zu genießen, genug: er fand nicht die Muße, mich in meinem Zimmer zu besuchen, und kam gewöhnlich erst eine oder zwei Stunden nach Mitternacht zurück. Da wir in zwei getrennten Betten schliefen, wie wir es schon lange taten, hörte ich ihn nicht kommen, und da er noch bevor ich aufwachte, schon wieder aufstand, um, wie ich schon vorher sagte, sich beim Lever meiner Mutter einzufinden, bei dem auch Madame de Sauve immer anwesend war, vergaß er das Versprechen, das er meinem Bruder gegeben hatte, nämlich mit mir zu reden, und ging fort, ohne mir Lebewohl zu sagen.

Agrippa d'Aubigné, der damals Heinrichs Stallmeister war, hat die Flucht vorbereitet:

Die Königin, die ihrem Schwiegersohn mit dem regen Geist und dem unermüdlichen Körper nicht traute, hielt die letztgenannte Hälfte gefangen, indem sie ihn mit Wachen umgab, mit ausgesuchten Soldaten, leidenschaftlichen Katholiken, von denen die meisten sich an dem Blutbad beteiligt hatten. Auch die, welche im Gemach und in der Garderobe zu sagen hatten, waren ihre Leute; sie alle mußten den Prinzen überwachen, der mit seiner liebenswürdigen Höflichkeit und seiner angenehmen Unterhaltung den größten Teil seiner Wächter dazu brachte, daß sie seine launischen Einfälle ausführten. Er verstand sich gut darauf, die Spitzel zu Doppelspionen und sich seine Feinde zunutze zu machen, ausgenommen die in den höchsten Stellen [. . .], denn deren Herz hing an ihren Einkünften. Die andere gefangengehaltene Hälfte [*sein Geist*] war in Liebschaften verstrickt, welche die Königin selbst einfädelte, denn sie wußte schon seit langem, daß dies die schwächste Seite des Prinzen war. Dies war auch das Band gewesen, das ihn in sein Gefängnis zurückbrachte, als er einmal den Plan gefaßt hatte, in den Wald von Vincennes zu flüchten, und damals hatte es alle, die ihm dabei halfen, abgestoßen oder großes Befremden bei jenen hervorgerufen, die nur aus unumstößlicher Anhänglichkeit bei ihm blieben.

[*Die Edelleute*] Fervaques und Lavardin waren beide unzufrieden, der eine, weil man ihn um ein Amt in der Normandie betrogen hatte und er beleidigt war über bestimmte Äußerungen des Königs ihm gegenüber [. . .], der andere, weil man ihm ein Garderegiment versprochen und nicht gegeben hatte; diese beiden nun gaben jenen, welche die Flucht des Königs vorbereiteten, zu verstehen, daß sie die Partei wechseln wollten. Der erste vertraute sich Aubigné an, dem er als Sicherheit seine Standarte überließ. Der andere ließ das gleiche Unterpfand durch Roquelaure überbringen. Um offen mit ihnen über diese Angelegenheiten sprechen zu können, fuhr der König von Navarra mit ihnen in einer auf beiden Seiten geschlossenen Kutsche durch die Straßen von Paris spazieren. Am Schluß des Gesprächs reichte Aubigné seinem Herrn, der ihn um sein Neujahrsgeschenk gebeten hatte, einen Strauß aus Oliven-, Lorbeer- und Zypressenzweigen, dazu ein Sonett, das diese Zusammenstellung erklärte. Dieses Sonett kann man in den Werken des Dichters nachlesen; sein Inhalt läuft hinaus auf: »Sicherer Friede, vollkommener Sieg, ehrenhafter Tod.« Sie beschlossen, sich gelegentlich nach dem Nachtmahl im Hause Fervaques in La Couture-Sainte-Catherine zu treffen, wo damals nicht viel Verkehr war; zu den bereits vorher Genannten sollte sich noch ein Edelmann mit Namen La Porte gesellen. Als sich nun die sechs eingeschlossen und vorher noch einige lästige Kerle unter irgendeinem Vorwand abgeschoben hatten, schworen sie, nämlich diese fünf dem König von Navarra und er ihnen, sich nicht durch etwaige Verlokkungen auseinanderbringen zu lassen und den zum Todfeind zu erklären, der das Unternehmen verraten würde. Danach küßte der König von Navarra alle fünf auf die Wange, und sie küßten seine rechte Hand.

Sie hatten folgenden Plan: am zwanzigsten Februar, achtzehn Tage nach der Unterredung, sollte Lavardin Le Mans einnehmen, Roquelaure, sein Leutnant, seine Kompanie versammeln und, unterstützt von Marolles und anderen, über Chartres herfallen; Fervaques' Stellvertreter [*Agrippa d'Aubigné*] dagegen sollte mit Belle-Fontaine und Poupelière Cherbourg erobern.

Am nächsten Morgen in aller Frühe ging der König von Navarra zum Herzog von Guise und warf sich auf sein Bett, und da sie schon als junge Herren und Jugendgefährten freundschaftliche Bande geknüpft hatten, plauderten sie jetzt über dieses und jenes vertraulich miteinander. Der Béarner spielte den Eitlen und Großsprecher und erzählte, was er täte, wenn er General wäre. Der Herzog lief zum König und hinterbrachte es ihm, damit er etwas zum Lachen hätte, wie er es auch schon vorher getan hatte, wenn ihm [*Navarra*] prahlerische Reden unbeabsichtigt entschlüpft waren; diesmal aber, da er mit eingeübter Verstellung sprach, ging er bewußt so weit, daß er sich lächerlich machte.

Am nächsten Abend fand sich Aubigné im Kabinett des Königs ein, um sich zu verabschieden. Da sah er, wie Fervaques am Ohr des Königs hing und wie der König ihm gespannt zuhörte, so gespannt, daß man ihm schon länger als eine Stunde und eine halbe die Füße kratzte, ohne daß er auch nur ans Zubettgehen dachte. Übrigens rettete die Ablenkung ihm, der gekommen war, um Abschied zu nehmen, das Leben; denn obwohl der König sein Gesicht der Tür zuwandte, gelang es ihm, wieder dort hinauszugehen, indem er sich hinter dem Palastdiener verbarg und so tat, als wolle er im Mondenschein spazierengehen. Draußen wartete er bis zwei Uhr nach Mitternacht auf Fervaques. Als dieser das Schloß verließ, packte er ihn unverhofft am Arm und sagte zu ihm: »Was haben Sie getan, Elender?« Der Mann fühlte sich ertappt und vermochte nichts zu verheimlichen, und nachdem er erzählt hatte, welche Gefälligkeiten man ihm erweisen würde, sagte er: »Gehen Sie, und retten Sie Ihren Herrn.«

Da mußte er zum Stall laufen, wo man seit drei Wochen die Pferde vorsorglich in eine gedeckte Bahn zu stellen pflegte. Die Stallmeister sahen den Vorsteher der Kaufmannschaft vorbeigehen, den der König hatte rufen lassen, damit er dafür sorge, daß keiner durch die Tore der Stadt entkäme. Doch bevor noch entsprechende Vorkehrungen getroffen worden waren, verließen die Pferde die Stadt. Dann sandte man Roquelaure die Nachricht, auf dem schnellsten Wege nach Senlis zu reiten, was dieser sich nicht zweimal sagen ließ. Als er die Stallmeister bei Luzarche eingeholt hatte, erfuhr er von einem von ihnen, daß alles entdeckt war. Da ritt er zum König von Navarra, brachte ihm die Botschaft und machte ihm klar, daß es notwendig sei, eilends aufzubrechen. Der Fürst setzte die Jagd fort bis zum Ende; seit Sonnenaufgang war er unterwegs und fand jetzt in den Vororten von Senlis frische Pferde. Zuerst fragte er den Boten: »Was gibt's?« Die Antwort war: »Sire, der König hat alles durch Fervaques erfahren; der hat es mir gebeichtet. Der Weg des Todes und der Schande führt nach Paris; überall sonst geht es ins Leben, in den Ruhm, am einfachsten nach Sedan oder Alençon. Es ist Zeit, daß Sie sich aus den Krallen Ihrer Wächter befreien und sich Ihren wahren Freunden und guten Dienern anvertrauen.« – »So vieler Worte bedarf es gar nicht«, antwortete der Fürst.

Ohne weitere Erklärungen schickte er Saint-Martin und Spalungue fort, die zwei seiner Leute schon hatten töten wollen. Er aber wollte sie lieber dazu benutzen, die Verfolger des Königs aufzuhalten. Zuerst rief er Saint-Martin zu sich; er schärfte ihm ein, er solle berichten, wie Roquelaure zu ihm gekommen sei und ihm gemeldet hätte, es gingen Gerüchte am Hof um, [*er wolle zu*] Monsieur [*dem Herzog von Alençon*]. Er bäte den König um ein einziges Wort, nämlich: ob er an den Hof zurückkehren solle, um die Gerüchte Lügen zu strafen, oder ob er seine Jagd fortsetzen könne. Als dieser fortgeritten war, tat er so, als wolle er hier die Nacht verbringen und sich ein Spiel durchziehender Komödianten ansehen, welche die zuerst hier Eingetroffenen veranlaßt hatten, sich zurechtzumachen. Er ließ eine Weile verstreichen und rief dann Spalungue zu sich und sagte ihm, der König hätte sich ja wohl nach Beauvais-Nangis begeben, daran hätte er nicht mehr gedacht, als er Saint-Martin wegschickte, er solle also nach Charenton reiten oder, falls er den König dort noch nicht anträfe, nach Paris eilen und die erste Meldung wiederholen. Dies erwies sich als sehr nützlich, denn als Saint-Martin eintraf, war schon alles in hellem Aufruhr, man wollte schon die Kompanien ausschicken, um alle Straßen nach ihnen abzusuchen. Als jedoch der erste Bote ankam, gerade beim Lever des Königs, wurde alles wieder abgeblasen; der andere, der die Hauptstraßen vermieden und einen Umweg über Saint-Maur gemacht hatte, traf erst am Nachmittag ein. Als sie den zweiten Boten ankommen sah, zweifelte die Königin zwar nicht mehr, daß es sich um eine List handelte, doch der Tag neigte sich schon, als die Meldungen eintrafen. Und Ihr sollt sehen, wie es dem König von Navarra weiter erging: noch am selben Abend hielt er Ausschau nach seinen treuesten Anhängern und nahm den Grafen von Gramont, Caumont, den

Sohn von La Valette und späteren Herzog von Epernon, Chalandray, Le Mont-de-Maras und Poudenx mit sich, entweder, um sie seiner Partei zu verpflichten oder um die des Hofes zu verringern. Nur mühsam fanden sie in der stockfinsteren, eiskalten Nacht den Weg durch die Wälder; Frontenac war ein treuer Helfer, und seine Hilfe kam sehr gelegen.

Im Morgengrauen reitet er über den Fluß, eine Meile von Poissy entfernt, legt eine weite Strecke im Land der Beauce zurück, obwohl es dort überall von berittenen Leibgardisten wimmelt, rastet dann zwei Stunden in Châteauneuf; von dort aus führt ihn sein Quartiermeister L'Episne weiter – zu dieser Stunde hatten die Kompanien vielleicht schon den Befehl zum Abmarsch erhalten –, und am folgenden Tag (6. Februar) kommt er schon zu recht früher Stunde nach Alençon. Am nächsten Morgen bittet ihn sein Arzt Caillard, sein Kind über das Taufbecken zu halten; und das tat er auch.

Margarete von Valois fährt in ihrer Erzählung fort:

Der König hegte weiterhin den Verdacht, ich allein trage die Schuld an seiner Flucht. Er war rasend vor Zorn auf mich, und wäre die Königinmutter nicht gewesen, so hätte er, glaube ich, meinem Leben durch irgendeine Grausamkeit ein Ende bereitet; doch da sie ihn zurückhielt und er nichts Schlimmeres zu tun wagte, sagte er plötzlich zur Königin, meiner Mutter, man müsse mich wenigstens bewachen lassen, um zu verhindern, daß ich dem König, meinem Gemahl, folgte oder daß jemand zu mir käme und ich ihm über die Vorgänge am Hof Nachrichten übermitteln ließe. Die Königin, meine Mutter, die alles mit Güte erreichen wollte (sie war froh darüber, seinen Zorn gedämpft zu haben), sagte zu ihm, sie fände das gut.

Unterdessen war der König, mein Gemahl, in seinen Provinzen angekommen und hatte seine Diener und Freunde um sich versammelt; alle sagten ihm, daß er unrecht getan habe, abzureisen, ohne mir Lebewohl zu sagen; ich hätte einen scharfen Verstand, sagten sie, ich könnte ihm nützlich sein, und er müsse unbedingt mich wieder zu gewinnen trachten, meine Freundschaft und Gegenwart könne für ihn nur von Vorteil sein, und wenn die Fehden einmal beigelegt seien, könnte er mich wieder bei sich haben. Es war leicht, ihn zu überreden, denn seine Circe, Madame de Sauve, war weit. Ihre Reize hatten durch die Abwesenheit ihre Macht verloren. Er schrieb mir also einen sehr verbindlichen Brief, in dem er mich bat, alles, was zwischen uns vorgefallen war, zu vergessen und ihm zu glauben, daß er mich lieben und es mir deutlicher zeigen wolle, als er es bisher jemals getan habe. Er befahl mir auch, ihn über alles, was hier vorging, zu unterrichten, besonders auch über meine Lage und die meines Bruders [*des Herzogs von Alençon*]; denn sie waren voneinander entfernt, obwohl sie als Freunde gemeinschaftlich handelten, mein Bruder befand sich in der Gegend der Champagne und der König, mein Gemahl, in der Gascogne. Diesen Brief erhielt ich noch während meiner Gefangenschaft, er schenkte mir großen Trost und erleichterte mein Herz. Die Notwendigkeit, die immer erfinderisch macht, half mir von dieser Zeit an, obwohl die Wache Befehl hatte, mir das Schreiben zu verbieten, oft Briefe von mir in seine Hand gelangen zu lassen.

Blaise de Montluc urteilt folgendermaßen:

Als ich hörte, daß der König von Navarra seine Hand dabei ihm Spiel gehabt und daß er ohne Abschied den Hof verlassen hatte, war mir sofort klar, daß wieder viel Leid über das Land Guyenne kommen würde, denn da er ein großer Fürst war und jung dazu und einmal ein großer Heerführer zu werden versprach, würde es leicht für ihn sein, das Herz des Adels und des Volkes zu gewinnen und alles übrige in Furcht und Schrecken zu halten.

Heinrich von Navarra ist nicht mehr der Jüngling aus der Bartholomäusnacht, sondern der mutige Anführer der protestantischen Partei. Im Dezember 1576 richtet er folgenden Aufruf an den Adel und das Volk von Guyenne:

Wir sind alle Franzosen und Bürger desselben Vaterlandes: deshalb müssen wir unsere Zwistigkeiten mit Vernunft und Milde schlichten und nicht mit Strenge und Grausamkeit, die nur dazu dienen, die Menschen aufzuhetzen. Was den Dienst am König, meinem Herrn, anbelangt, so gibt es keinen besseren und keinen angebrachteren als den, in seinem Königreich einen guten Frieden herzustellen und Herz und Willen seiner Untertanen in Einmütigkeit zusammenzuschließen. Wie jeder sehen kann, haben der bisherige große Einsatz in den Bürgerkriegen, die so maßlos hohe Ausgaben notwendig machten, daß sie die Finanzen des Königs, meines Herrn, und seines Königreiches erschöpft haben, und der Versuch, die von der Religion auf gesetzlichen oder ungesetzlichen Wegen auszurotten, zu nichts anderem geführt, als Frankreich mit Blut, Feuer, Grausamkeit und Ungerechtigkeit zu überziehen, sein Volk der Willkür und Zügellosigkeit von Dieben und Plünderern auszusetzen und offenkundig immer mehr Gottes Zorn zu erregen. Die Klügsten sehen heute ein, daß man sie nur dann vernichten kann, wenn auch alles andere der Vernichtung preisgegeben wird. Die Vernünftigsten und Erfahrensten sind der Ansicht, daß nach so vielen Zusammenbrüchen und Verwüstungen das Wohl der Öffentlichkeit in einem langen und dauerhaften Frieden liegt, der einzig und allein imstande ist, Frankreich in seinem einstigen Glanz wieder erstehen zu lassen, als ein blühendes, mit Gütern, Reichtümern und Wohlstand gesegnetes Land.

In jedem Jahr kommt es zu einem neuen Friedensvertrag, der dann wieder gebrochen wird. Wieder sind neue Feindseligkeiten zu erwarten, wie aus einem Brief Heinrichs an einen seiner protestantischen Kriegsgefährten hervorgeht:

Ich denke, daß ich die Artillerie erst zu Beginn des Monats werde holen können [...]. Lassen Sie mittlerweile an den Festungsmauern bauen und Pulver mischen, soviel Sie benötigen. Sie werden wohl den Bericht mit den Nachrichten vom Hof gesehen haben, den ich von hier geschickt habe. Die Katholiken fangen an zu rüsten [...], um uns Hiebe zu versetzen. Ich habe viele Leute verloren, weil ich den Fehler machte, nicht rechtzeitig gerüstet zu sein. Trotzdem mache ich mich auf und trommele so viele zusammen, wie nur möglich ist. Von denen, die ich in meinem Land Béarn aushebe, wird einer meiner Hauptleute Ihnen eine Liste bringen, damit sich keiner ohne Erlaubnis in Marsch setzt. Ich glaube, daß Gott mir helfen wird. Bitte achten Sie auf mein Land. Wenn ich etwas Neues erfahre, werde ich Sie davon unterrichten.

Im Oktober 1579 schreibt Heinrich einen Brief an Faget von Sainte-Colombe:

Faget, ich setze mich mit meiner Armee in Marsch, um Brugerolles zusammen mit den Truppen des Herrn von Montmorency zu Hilfe zu eilen. Halte Dich bitte bereit, und triff Deine Anordnungen so, daß Du nur den Fuß in den Steigbügel zu setzen brauchst, und sage Deinen Freunden, daß sie dabeisein sollen. Samstag werde ich in Carmain sein.

Euer bester Herr und wohlgeneigter Freund
Henry

Alter Gauner, ich werde Deinen Wein probieren, wenn ich bei Dir vorbeikomme.

Um ihn gruppieren sich junge Männer, die Karriere machen und ihr Leben aufs Spiel setzen wollen. Von der tapferen Haltung Heinrichs zeugt ein Bericht Sullys:

Der König von Navarra erfuhr, daß die Stadt Eause, aufgewiegelt von Rebellen, der von ihm dorthin geschickten Besatzung den Einzug verweigert hatte. Er befahl uns, die Waffen unter dem Jägerrock zu verstecken und an eine bestimmte Stelle auf dem Lande zu kommen, wo er selbst auf uns wartete. Er stand vor den Toren der Stadt, noch ehe sein Anmarsch hätte gemeldet werden können, und zog ungehindert ein an der Spitze von fünfzehn oder sechzehn Mann, die etwas dichter hinter ihm waren als der Rest der Truppe. Als die Rebellen dies entdeckten, riefen sie, man solle sofort das Fallgitter herunterlassen, das auch beinahe Béthunes und meinem Pferd auf die Kruppe gefallen wäre; so wurden wir vom Gros getrennt, das außerhalb der Stadt blieb. Sofort läuteten die Rebellen Sturm, und nachdem sie rasch zu den Waffen gelaufen waren, stellte sich uns ein Trupp von fünfzig Mann entgegen. Wir hörten genau, wie drei oder vier von ihnen riefen: »Schießt auf den roten Rock und auf den weißen Helmbusch! Das ist der König von Navarra.« Der Fürst wandte sich zu uns: »Freunde«, sagte er, »Gefährten, hier müßt ihr Mut und Festigkeit zeigen, denn davon hängt unser Heil ab. Mir nach; tut wie ich! Nicht schießen!«

Mit diesen Worten ritt er, die Pistole in der Hand, unerschrocken auf die Aufrührer zu, die einem solchen Ansturm nicht gewachsen waren und zunächst auseinanderliefen. Danach traten drei bis vier ähnliche Häuflein an, die er aber gleichermaßen überrannte. Inzwischen hatten die Feinde sich wieder gesammelt, es waren ihrer über zweihundert, und da unsere Kräfte nachließen, befanden wir uns in höchster Gefahr. Der König stellte sich mit dem Rücken gegen ein Portal, so daß er sich leichter verteidigen konnte, und leistete kraftvoll Widerstand. Geistesgegenwärtig gab er zweien von uns den Befehl, in den Kirchturm hinaufzusteigen und unseren Leuten, die draußen vor der Stadt geblieben waren, ein Zeichen zu geben, sie sollten sich beeilen und das Tor aufbrechen: dies gelang ihnen um so müheloser, als zum Glück die Zugbrücke nicht hochgezogen war. Die Bürger, die für den König waren, sich aber dem Willen der Aufrührer hatten beugen müssen, griffen jetzt, als sie sahen, daß die Soldaten dabeiwaren, in die Stadt einzudringen, die Aufständischen von hinten an; diese verteidigten sich tapfer bis zu dem Augenblick, in dem die Tore aufgebrochen waren, die Stadt sich mit Soldaten füllte und sie alle über die Klinge springen sollten. Die Stadt selbst wäre gebrandschatzt worden, hätten sich die vornehmsten Bürger, an ihrer Spitze die Ratsherren, nicht dem König zu Füßen geworfen; er ließ sich erweichen und gab sich damit zufrieden, vier von denen hängen zu lassen, die auf den weißen Helmbusch geschossen hatten. Das war die ganze Strafe.

Sully erzählt noch von einer weiteren Heldentat Heinrichs, und zwar bei der Einnahme von Cahors im Jahre 1580:

Cahors ist eine dichtbevölkerte Stadt, ausgedehnt und auf drei Seiten von Wasser umgeben.

Der König von Navarra, dessen ohnehin kleines Heer zusätzlich durch die Abwesenheit Chouppes' [*eines Edelmanns*] geschwächt war und sich weder durch Petarden noch durch Sappen den Zugang zur Stadt hatte erzwingen können, gab die Hoffnung nicht auf, sie einzunehmen. Alles, was er an Kriegsvolk auftreiben konnte in Montauban, in Nègrepelisse, in Saint-Antonin, in Cajarc und in Senevières, zog er zur Verstärkung seiner Truppe heran. Das ganze Heer bestand aber aus nicht mehr als etwa fünfzehnhundert Mann; mit diesen nun verließ er Montauban und stand um Mitternacht eine Viertelmeile vor Cahors. In einem Nußbaumwäldchen ließ er uns haltmachen, denn hier floß ein Quell, dessen Wasser unseren Durst stillte. Wir schrieben Juni, und es war sehr heiß; ein heftiges Gewitter tobte, aber es fiel kein Regen. Hier teilte der König von Navarra seine Truppen ein und machte seinen Angriffsplan. Zwei Petardiere des Vicomte von Gourdon, des eigentlichen Urhebers dieses Unternehmens, marschierten voraus, unterstützt von zehn der verwegensten Soldaten aus der Garde des Prinzen. Sie sollten uns einen Zugang zur Stadt erkämpfen. Dicht hinter ihnen folgten zwanzig andere Infanteristen und dreißig Reiter, ebenfalls aus der Garde des Königs, mit Saint-Martin, ihrem Hauptmann, an der Spitze. Vierzig Edelleute unter dem Befehl von Roquelaure und sechzig Gardesoldaten bildeten eine weitere Abteilung und marschierten dahinter: zu dieser Brigade gehörte ich. Uns folgte der König von Navarra mit zweihundert Mann, die in vier Abteilungen aufgeteilt waren. Der Rest seiner kleinen Armee, der aus einer Hauptmacht von tausend bis zwölfhundert in sechs Züge aufgeteilten Arkebusieren bestand, marschierte am Ende.

Es galt, drei Tore aufzubrechen, die man rasch mit der Petarde sprengte. Danach nahmen sie die Axt, denn wie sich erwies, waren die Öffnungen so klein, daß die ersten nur auf dem Bauch kriechend hindurchschlüpfen konnten. Beim Krachen der Petarden kamen vierzig Bewaffnete und etwa zweihundert fast unbekleidete Arkebusiere herbeigelaufen, um uns am Eindringen zu hindern, während die Glocken mit ihrem Sturmgeläut alle zur Verteidigung riefen. Im Handumdrehen wimmelte es auf den Häusern von Leuten, die dicke Holzklötze, Dachziegel und Steine auf uns herabschleuderten und unentwegt riefen: »Auf sie! Schlagt sie tot!« Da begriffen wir, daß sie sich von langer Hand darauf vorbereitet hatten, uns einen freundlichen Empfang zu bereiten. Wir mußten also schon zu Beginn einen Angriff von mehr als einer Viertelstunde Dauer über uns ergehen lassen, und es war der schrecklichsten einer. Ein dicker Stein, der aus einem Fenster flog, warf mich zu Boden; La Bertichère und La Trape halfen mir wieder auf die Beine. Ganz langsam gewannen wir Boden, denn die Züge, die wir kampfunfähig machten, wurden augenblicklich durch andere, frische ersetzt; ehe wir den Hauptplatz zu erobern vermochten, hatten wir schon über zwölf Gefechte geliefert. Da meine Beinschienen sich im Kampfgetümmel gelöst hatten, wurde ich am linken Schenkel verwundet. Als wir endlich den Hauptplatz erreicht hatten, standen wir vor Barrikaden; es kostete uns ungeheure Mühe, sie niederzureißen, da wir unaufhörlich von der Artillerie beschossen wurden, deren Geschütze man hier aufgepflanzt hatte. Während dieser Attacken stand der König unentwegt an der Spitze. Er zerbrach dabei zwei Lanzen, und seine Waffen trugen Spuren mancher Geschosse und Schwertstreiche. Schon jetzt hätten wir einen schönen Sieg verdient gehabt, doch wenn man sah, was noch zu tun übrigblieb, hätte man meinen können, wir hätten nicht einmal angefangen. Die Stadt war groß und so voll von Soldaten, daß wir, verglichen mit ihnen, nur eine Handvoll waren. An jeder Straßenecke kamen wir ins Gefecht, jedes Haus aus Stein mußten wir mit Sturmleitern erobern; das Terrain wurde so gut verteidigt, daß der König von Navarra pausenlos alle seine Leute brauchte und wir keine Zeit zum Aufatmen fanden.

Es ist kaum zu glauben: volle fünf Tage und Nächte hindurch mußten wir diese gewaltige Anstrengung aushalten. Während der ganzen Zeit wagte keiner von uns, seine Waffen auch nur für einen Augenblick niederzulegen, auch nicht, sich einmal zu entfernen oder Nahrung zu sich zu nehmen, es sei denn mit den Waffen in der Hand, oder einmal auszuruhen – man lehnte sich höchstens für kurze Zeit stehend an die Wand. Zu der Müdigkeit, der Erschöpfung, dem Gewicht der Waffen und der glühenden Hitze kamen noch die Wunden, die uns den letzten Rest der uns noch verbleibenden Kraft nahmen. Es gab keinen, der nicht an den Füßen zu sehr zerschunden und voll Blut gewesen wäre, als daß wir uns noch länger hätten aufrecht halten können. Die Bürger, die keine unserer Beschwerlichkeiten zu erdulden hatten und die immer deutlicher merkten, wie gering an Zahl wir waren, dachten nicht daran, sich zu ergeben, sondern trachteten danach, den Kampf so lange hinauszuziehen, bis Hilfstruppen einträfen, die sich, wie man ihnen sagte, schon in unmittelbarer Nähe befanden. Sie schrien und brüllten, und unsere Hartnäckigkeit erregte sie noch mehr. Wenn sie sich auch kaum noch verteidigten und gerade nur noch so viel taten, daß wir ständig auf der Hut sein mußten, so bedeutete es nichts anderes, als daß sie uns schließlich den Rest gegeben hätten. In dieser verzweifelten Lage gingen die höchsten Offiziere zum König und rieten ihm, er solle so viele Leute wie möglich um sich versammeln und den Rückzug antreten. Sie redeten ihm noch eindringlicher zu, als sie von dem Gerücht hörten – und es verhielt sich wirklich so –, daß die von den Stadtbewohnern erwarteten Hilfstruppen vor [*dem Stadtviertel*] La Barre angekommen seien und daß sie in der Stadt wären, sobald es ihnen gelungen sei, ein Loch in die Mauer zu brechen. Doch der tapfere Fürst, der sich durch nichts aus der Fassung bringen ließ und vor nichts erzitterte, achtete nicht auf den Schmerz, den ihm seine Wunden verursachten, wandte sich ihnen zu mit lachendem Gesicht und zuversichtlicher Miene, so daß auch die Schwächsten wieder Mut faßten, und antwortete nur: »Dort oben ist bestimmt, was mit mir in dieser Lage geschehen soll. Vergeßt nicht, daß ich diese Stadt, wenn ich sie unserer Partei nicht gewinnen kann, nur dann verlasse, wenn das Leben meinen Leib verläßt. Anders zu handeln, verbietet mir meine Ehre; es heißt also nur noch: kämpfen, siegen oder sterben.«

Angefeuert von diesen Worten und von dem Beispiel, das uns ein so tapferer Führer gab, nahmen wir den Kampf wieder auf; dennoch wären wir am Ende wahrscheinlich alle umgekommen, wäre nicht Chouppes eingetroffen, dem der König vor dem Angriff vorsorglich eine Nachricht hatte bringen lassen. Er erfuhr, in welcher Gefahr sich der König befand, und drang an der Spitze von fünf- bis sechshundert Arkebusieren und hundert Reitern in die Stadt ein, indem er schnurstracks dem Feind entgegenmarschierte, der ihm den Weg verlegen wollte. Sobald er sich mit uns vereint hatte, marschierten wir gemeinsam in Richtung La Barre, wo die feindlichen Hilfstruppen einzudringen suchten. Dies ganze Stadtviertel, das noch Widerstand leistete, wurde bezwungen; als wir die Türme und die Festungsmauern in unserer Hand hatten, war es uns ein leichtes, den Feind draußen zu veranlassen, von seinem Unternehmen abzulassen und den Rückzug anzutreten; als die Stadtbewohner sahen, daß sie nicht die Oberhand gewinnen konnten, streckten sie die Waffen. Die Stadt wurde vollständig geplündert. Das Glück wollte, daß mir ein eisernes Kästchen in die Hände fiel, in dem ich viertausend Taler Goldes fand.

Da der König von Frankreich schwach ist und keine Achtung beim Volk genießt, gründet 1576 Heinrich von Guise die – katholische – Liga. Ihr politisches Programm ist die Wiederherstellung der Autorität der katholischen Kirche. Ihr

Führer ist Heinrich von Guise. Auf der Ständeversammlung in Blois (1576) versucht Heinrich III., die Liga auf eine bestimmte Richtung festzulegen. Er schwört auf die Liga und veranlaßt auch seinen Bruder, den Herzog von Alençon, ihr beizutreten. Margarete von Valois wird am Hof gefangengehalten. Sie schreibt darüber:

Sobald der König sich bei dieser Gelegenheit der Unterstützung meines Bruders [*des Herzogs von Alençon*] versichert hat – das hatte sich die Liga mit ihren Machenschaften als oberstes Ziel gesetzt –, läßt er plötzlich alle Prinzen und hohen Herren seines Hofes zusammenrufen, läßt sich die Liste der Ligamitglieder bringen, unterzeichnet als erster in seiner Eigenschaft als Führer und läßt dann meinen Bruder unterzeichnen und alle übrigen, die bis dahin noch nicht unterzeichnet hatten. Am Tag darauf wurde die Ständeversammlung eröffnet; nach Ansicht der Bischöfe von Lyon, von Embrun und von Vienne und derjenigen der anderen hohen Geistlichen am Hofe konnte nach dem Krönungseid kein Eid, den der König den Ketzern je geleistet hatte, gültig sein, jener Krönungseid entband ihn von allen den Hugenotten gegebenen Versprechungen; dies wurde bei der Eröffnung der Ständeversammlung vorgetragen, den Hugenotten der Krieg erklärt und der Hugenotte Genissac, der seit wenigen Tagen als Abgesandter des Königs, meines Gemahls, bei uns weilte, um meine Abreise zu beschleunigen, mit barschen Drohungen weggeschickt. Der König sagte ihm, er habe seine Schwester einem Katholiken gegeben, nicht aber einem Hugenotten; wenn der König, mein Gemahl, mich wiederhaben wolle, müsse er wieder Katholik werden.

Man trifft allerlei Vorbereitungen für den Krieg; am Hof spricht man von nichts anderem als vom Krieg. Und um meinen Bruder noch mehr von den Hugenotten zu trennen, macht der König ihn zum Befehlshaber einer seiner Armeen. Genissac war zu mir gekommen und hatte mir berichtet, wie grob der König ihn weggeschickt hatte, deshalb ging ich direkt in das Kabinett der Königin, meiner Mutter, wo auch der König war. Ich beklagte mich, daß er mich so lange getäuscht und mich immer daran gehindert hätte, zum König, meinem Gemahl, zu reisen, daß er so getan habe, als verließe er Paris, um mich bis Poitiers zu begleiten, aber genau das Gegenteil bezweckt habe. Ich hielt ihm vor, daß ich mich weder zu meinem eigenen Vergnügen noch nach meinem Willen vermählt habe, sondern es wäre der Wille König Karls, meines Bruders, der Königin, meiner Mutter, und sein eigener gewesen; da sie ihn mir aber nun einmal gegeben hätten, könnten sie mich nicht davon abhalten, sein Schicksal zu teilen; ich wollte nun zu ihm, und wenn sie es mir nicht erlaubten, würde ich mich heimlich davonmachen und würde zu ihm gehen, koste es, was es wolle, und sei es das Leben.

Der König antwortete mir: »Es ist nun nicht mehr an der Zeit, Schwester, mich mit diesem Urlaub zu ärgern. Ich gestehe es: ich habe ihn mit Absicht immer wieder aufgeschoben, um ihn zuletzt ganz versagen zu können, denn seitdem der König von Navarra wieder Hugenotte ist, kann ich es durchaus nicht gut finden, daß Sie zu ihm gehen. Was wir in dieser Sache tun, die Königin, meine Mutter, und ich, geschieht zu Ihrem Wohl. Ich will gegen die Hugenotten Krieg führen und diese elende Religion ausrotten, die uns soviel Böses zufügt; daß aber Sie, eine Katholikin und meine Schwester, als Geisel in ihren Händen bleiben, das geht nicht an. Und wer weiß, ob sie sich nicht, um mir eine nicht wiedergutzumachende Schmach anzutun, an Ihrem Leben vergreifen würden als Rache für den Schaden, den ich ihnen tun will! Nein, nein, Sie werden unter keinen Umständen hingehen; und wenn Sie versuchen, sich heimlich davonzumachen, wie Sie eben sagten, so bedenken Sie, daß Sie mich und die Königin zu Ihren unversöhnlichsten Feinden machen und daß wir Ihnen unsere Feindschaft, so deutlich wir vermögen, zu spüren geben werden und daß Sie dadurch die Lage Ihres Gemahls eher verschlimmern als verbessern.«

Katharina, des Kriegführens müde, schließt mit Heinrich von Navarra einen vorläufigen Waffenstillstand und verhandelt mit ihm von Oktober 1578 bis Februar 1579, zuerst in La Réole, dann in Auch. Aus einem Brief Heinrichs an den Baron von Uhard:

Soeben habe ich die Königinmutter und meine Frau in La Réole empfangen, wo, Gott sei Dank, die Dinge nach Wunsch und zur Zufriedenheit aller verliefen, und nun hegen wir die große Hoffnung auf allgemeines Wohlergehen und auf Frieden. Ich habe die Königinnen bis Marmande begleitet und bin von dort hierhergekommen. Sie sind jetzt in Agen, machen sich aber schon zur Abreise bereit nach Lisle en Jourdain.

Sully berichtet über die Verhandlungen:

Die Königinmutter hätte mit dem König von Navarra einen Waffenstillstand schließen können, der für das ganze Königreich so lange gültig gewesen wäre, bis sie sich wieder von diesem Prinzen getrennt hätte. Sei es nun, daß sie meinte, im Kriegszustand sei es leicht für sie, hier und da eine Stadt zu überfallen und sie mit List an sich zu reißen, sei es, daß sie dieses Mittel für ihre Zwecke geeigneter hielt, sie war jedenfalls nicht erzürnt darüber, daß man auf beiden Seiten vergaß, daß Frieden herrschte, und daß man wie im Krieg miteinander verhandelte. Man war übereingekommen, daß nur überall dort, wo sich der Hof aufhielt, Waffenstillstand herrschte; die Bannmeile sollte gewöhnlich nicht mehr als eine Meile und eine halbe oder zwei Meilen von dem Ort gezogen werden, an dem die Königin und die Prinzen residierten: dadurch entstand ein ganz neuer Gegensatz. Hier überschüttete man sich mit liebenswürdigen Reden, und es herrschte der allervertraulichste Umgangston. Begegnete man sich außerhalb der Bannmeile, kämpfte man erbittert gegeneinander. Als beide Höfe in Auch waren und eines Tages ein Ball stattfand, erhielt der König von Navarra die Meldung, der Gouverneur von La Réole, ein alter Edelmann mit Namen Ussac und bislang ein eifriger Hugenotte, habe aus Liebe zu einer Hofdame der Königinmutter seinen Glauben verraten und seine Stadt den Katholiken ausgeliefert. Der König, nicht gewillt, seine Rache dafür auf die lange Bank zu schieben, gab mir und noch drei oder vier andern heimlich Bescheid, wir sollten den Ballsaal verlassen und uns draußen vor der Stadt mit ihm treffen, unsere Waffen sollten wir, wie sonst auch, unter unserem Jägerrock verbergen. Wir nahmen so viele Leute mit, wie uns möglich war, und hüteten uns wohl, den Ball zu stören. Dann begaben wir uns zum König, mit dem wir die ganze Nacht hindurch marschierten, und am Morgen, als die Tore eben geöffnet wurden, erreichten wir Fleurance, das wir ungehindert einnahmen. Die Königinmutter hätte darauf geschworen, der König von Navarra habe in Auch geschlafen; um so überraschter war sie, als sie am nächsten Morgen von dem feinen Streich erfuhr, und entschloß sich als erste, darüber zu lachen. »Ich sehe wohl«, sagte sie, »das ist die Rache für La Réole, der König von Navarra wollte nach dem Grundsatz handeln: Wurst wider Wurst! Aber meine ist dicker.«

Trotz des Friedensaktes von Nérac (1579) werden die Feindseligkeiten wieder aufgenommen. Am 10. April 1580 schreibt Heinrich von Navarra an seine Gemahlin:

Meine Beste, wenn wir auch, Sie und ich, einander so eng verbunden sind, daß unser beider Herz und Wille eins sind und nichts mir so teuer ist wie meine Zuneigung zu Ihnen, was ich Ihnen pflichtschuldig und ehrfurchtsvoll bezeuge, bitte ich Sie, es nicht merkwürdig zu finden, wenn ich notgedrungen einen Entschluß gefaßt habe, ohne Ihnen etwas davon zu sagen. [...]

Solange Sie hier sind, haben Sie nur Klagen vernommen. Sie wissen, wie viele Ungerechtigkeiten die von der Religion ertragen mußten, wie heuchlerisch das Edikt umgangen wurde; Sie selbst sind Zeuge meiner Bemühungen, die Dinge im guten zu regeln. [...] Wiederholte Reisen an den Hof, unzählige Beschwerde- und Bittschriften beweisen es. Das alles hat nichts geholfen; das Übel verschlimmert sich ständig und ist fast unheilbar geworden. Der König will den Frieden, behauptet er; ich möchte es gern glauben, aber die Mittel, die sein Staatsrat anwenden will, haben nur unseren Untergang zum Ziel. [...] Je länger wir warten, um so stärker werden sie. Da ich auch aus den letzten vom Hof kommenden Depeschen zur Genüge erkannt habe, daß wir uns nicht mehr von den Absichten unserer Gegner täuschen lassen dürfen, andererseits unsere unterdrückten Kirchengemeinden unaufhörlich von mir fordern, sie zu verteidigen, habe ich nicht länger warten können und bin abgereist, mit dem allergrößten Bedauern darüber, daß ich Ihnen den Zeitpunkt meiner Abreise nicht gleich gesagt habe; ich schreibe Ihnen lieber, denn schlechte Nachrichten erfährt man immer noch zu früh. Es wird uns noch schlecht ergehen, wir werden viele Schwierigkeiten haben und vieles benötigen; aber wir hoffen auf Gott und werden das, woran es uns mangelt, durch Geduld zu ersetzen suchen, wie wir es ja von jeher gewohnt sind. [...] Ich drücke eine Million Küsse auf Ihre Hände.

Der Vertrag von Fleix, den er am 26. November 1580 unterzeichnet, garantiert den Hugenotten ihre Sicherheitsplätze. Heinrich von Navarra ist der »starke Mann« der calvinistischen Partei geworden.

Heinrich von Guise und die Barrikaden

Vier Jahre später wird das Problem der Thronfolge akut: Der Herzog von Alençon, der letzte Bruder Heinrichs III., stirbt, und da Heinrich keine Kinder hat und auch keine haben wird, ist der nächste Erbe des Throns Heinrich von Navarra, der Protestant. Heinrich III. ist mit ihm als Thronfolger einverstanden unter der Voraussetzung, daß er sich zum Katholizismus bekehrt. Montaigne täuscht sich nicht über die Ziele der drei Hauptdarsteller des Dramas: J. A. de Thou gibt ein Urteil Montaignes wieder:

Bevor die Unruhen in Paris ausbrachen, war Michel de Montaigne an den Hof gekommen: er war ihm nach Chartres, nach Rouen gefolgt und war nun in Blois. Er gehörte zu den besten Freunden des Präsidenten de Thou und drängte ihn täglich, er möchte doch ernsthaft an die Gesandtschaft in Venedig denken, für die man ihn bestimmt hatte, seitdem André Hurault von Meisse, ein Verwandter des Kanzlers, von dort zurückgerufen worden war. Er hatte selbst die Absicht, nach Venedig zu gehen; und um ihn leichter zu gewinnen, versprach er ihm, ihn, solange er dort bliebe, nicht zu verlassen.

Während sie sich darüber unterhielten, welche Ursache die Unruhen wohl hätten, erzählte Montaigne ihm, daß er früher eine Mittlerrolle zwischen dem König von Navarra und dem Herzog von Guise gespielt habe, damals, als beide Prinzen noch am Hof weilten; daß dieser durch größte Zuvorkommenheit, durch seine Aufmerksamkeiten, seine Dienstbeflissenheit und durch seine häufigen Besuche nichts unversucht gelassen habe, die Freundschaft des Königs von Navarra zu gewinnen; er habe aber eingesehen, daß jener sich nur über ihn lustig machte und er trotz all seiner Bemühungen nur einen unversöhnlichen Feind in ihm gefunden hatte. Da habe er ihm den Krieg erklärt, als gäbe es nur noch diesen Weg, die Ehre seines Hauses zu verteidigen. Die Ursache für den Krieg, der jetzt hell aufloderte, sei in dem Groll zu suchen, den sie gegeneinander in ihrem Herzen hegten; daß nur der Tod des einen oder des anderen ihn beenden könne; daß der Herzog und alle Angehörigen seines Hauses sich niemals sicher fühlten, solange der König von Navarra am Leben sei; daß wiederum dieser davon überzeugt sei, niemals sein Recht auf die Thronfolge geltend machen zu können, solange der Herzog lebe. »Was die Religion angeht, die beide so sehr in den Vordergrund schieben«, fügte er noch hinzu, »so ist sie nur ein guter Vorwand, sich Anhänger für ihre Partei zu gewinnen; aber die Religion selbst kümmert keinen von beiden: nur die Furcht, von den Protestanten verlassen zu werden, hindert den König von Navarra, zum Glauben seiner Väter zurückzukehren, und der Herzog würde keinen Schritt von der Augsburger Konfession abweichen, die ihm sein Onkel Karl, der Kardinal von Lothringen, so sehr ans Herz gelegt hat, wenn er es könnte, ohne seinen Interessen zu schaden.« Kurz, er habe erkannt, daß dies die Gesinnung der Prinzen war, als er mit ihren Angelegenheiten zu tun gehabt hatte.

Spanien kann so wenig wie der Herzog von Guise einen protestantischen König von Frankreich dulden, der womöglich ein Bündnis mit den Engländern eingeht. Es unterstützt deshalb stärker als je zuvor die Liga und ihre Führer, die Guise: Herzog Heinrich, seine Brüder Karl, Herzog von Mayenne, und Kardinal Ludwig von Guise, ferner die Herzöge von Aumale und Elbeuf, seine Vettern.

Wir, Heinrich von Lothringen, Herzog von Guise, Pair und Großmeister von Frankreich, bestätigen sowohl im eigenen als auch im Namen aller Mitglieder unserer Liga, von Gabriel de Allegrio die Summe von fünfzigtausend Goldtalern erhalten zu haben.

Nun fühlt sich die Liga stark genug, ihren Willen dem König aufzuzwingen und ihn in einen gemeinsamen Krieg gegen den calvinistischen Thronfolger zu ziehen. Ein großer Teil Frankreichs, der Norden und Mittelfrankreich, schließt sich der Liga an. Der König gibt nach: das Edikt von Nemours (November 1585) schafft die Freiheit der calvinistischen Religionsausübung ab. Aber Heinrich von Navarra hat zu den Waffen gegriffen, um sein Recht und seinen Glauben zu verteidigen; d'Aubigné berichtet:

Nach dem Gebet hielt der König von Navarra folgende Ansprache:

»Freunde! Wäre ich überzeugt, daß es im Augenblick nur auf meinen Kopf abgesehen wäre, daß die Vernichtung meines eigenen Glücks, die Schmälerung meiner Partei und alles dessen, was mir, außer der Ehre, am teuersten ist, Ihnen Ruhe und Sicherheit gewährten, dann hätten Sie nichts von mir gehört, und ich hätte im Einverständnis mit meinen nächsten Dienern und mit ihrem Beistand ohne Rücksicht auf mein Leben den Feinden Einhalt geboten. Da es aber um die Erhaltung oder um die Ausrottung der reformierten Gemeinden und also um die Ehre Gottes geht, halte ich es für richtig, mit Ihnen über das, was Ihnen am Herzen liegt, zu Rate zu gehen. Die erste Frage ist nun diese: sollen wir die Hände in den Schoß legen, solange unsere Feinde sich streiten, sollen wir alle unsere Krieger in die Armeen des Königs schicken, ein Gedanke, den manch einer in seinem Herzen hegt und auch ausspricht; oder sollen wir, wenn auch getrennt von ihm kämpfend, dem König beistehen und jede sich bietende Gelegenheit zur Festigung unserer Macht ergreifen? Das ist es, worüber ich jeden aus dieser Runde bitten möchte, leidenschaftslos seine Meinung zu sagen.«

Als die Reihe an ihm war, sagte ein Feldmeister [*d'Aubigné*]: »[...] Es hieße der Asche unserer Märtyrer und dem Blut unserer tapferen Männer Schmach antun; es hieße Galgen über den Gräbern unserer gefallenen Fürsten und großen Heerführer errichten und gleiche Schande denen antun, die von ihnen noch unter uns weilen und ihr Leben Gott geweiht haben, wollten wir jetzt in Zweifel ziehen, daß sie mit ihrem hochherzigen Verhalten recht hatten. Es würde bedeuten, daß wir fürchten, Gott selbst habe Schuld auf sich geladen, indem er ihre Waffen segnete, mit denen sie, wie es das Recht der Menschen ist, den Königen begegneten, mit denen sie den überall stattfindenden ungerechten Verbrennungen ein Ende machten und der Kirche und Frankreich den Frieden eroberten. Wir dürfen nicht mehr rückwärts blicken, wo wir nur zerstörte Kirchen, verwüstete Städte, vernichtete Familien und zugrunde gerichtete Menschen sehen, und das zum Teil durch den Verrat der Feinde, zum Teil durch jene, die für sie nur Entschuldigungen finden. Ich behaupte daher, daß wir allein nicht ungerüstet bleiben können, wenn ganz Frankreich in Waffen steht, und daß wir auch unseren Soldaten nicht gestatten dürfen, jenen Heerführern einen Eid zu leisten, die gelobt haben, uns auszurotten; vor jenen ihr Angesicht zu neigen, die daran nur ihre Messer schleifen lassen und sie obendrein veranlassen, unter den Fahnen mit dem weißen Kreuz zu marschieren, die bisher ihre Zielscheibe waren und noch sein sollen. Wissen Sie auch, welcher Unterschied besteht zwischen den Lektionen, die sie in der einen und in der anderen Partei lernen? Dort werden sie Söldner, hier haben sie keinen anderen Lohn als die gerechte Leidenschaft; dort werden sie sich dem Genuß hingeben, hier leisten sie pausenlosen Kriegsdienst. Sollen wir denn unsere jungen Edelleute glauben lassen, daß es bei uns nur Schande, bei den andern nur Ehre gibt? Auch auf diesen Punkt möchte ich noch hinweisen: daß sich nämlich unsere Feinde von ihrem König nur unter dem Vorwand getrennt haben, uns an die Kehle zu springen. Wir müssen ihnen die Achtung vor unseren Schwertern beibringen und ihnen dadurch Einhalt gebieten, da das Zepter es nicht vermag. Wir wollen ihnen die Freude und den Vorteil nicht gönnen, sich dem Fürsten zu unterwerfen, wie wir es zu tun gewillt sind. Legen wir die Waffen nieder, wird der König uns verachten; verachtet er uns, wird er sich auf die Seite unserer Feinde stellen; mit ihnen vereint wird er uns angreifen und uns vernichten, wenn wir nicht gerüstet sind; wenn wir aber gerüstet sind, wird der König uns Respekt entgegenbringen; achtet er uns, wird er uns rufen; mit ihm vereint werden wir unsere Feinde erledigen.«

Am Schluß dieser Rede rief der König spontan aus: »Ich bin sein Mann!« So impulsiv war damals dieser junge Fürst.

Damals entsteht folgender Brief Heinrichs von Navarra an die Gräfin von Gramont:

Es ist nur zu wahr, daß sie [*die Anhänger der Liga*] mir alles antun, was sie nur können. Sie dachten, von Grenade aus würde ich Sie besuchen. In der Mühle von Montgaillard waren fünfzig Schützen versteckt, die meinen Diener gefangennahmen und ihn nicht wieder losließen, bevor sie wußten, daß ich von Grenade aus hierher geritten bin. Fürchten Sie nichts, mein Herz. Wenn ich herausgefunden habe, welche Absichten das Heer hat, das sich in Nogaro befindet, werde ich Sie besuchen und auf Amors Flügeln zu Ihnen eilen, und zwar ohne daß der elende Landadel etwas davon erfährt und nachdem ich mit Gottes Hilfe dafür gesorgt habe, daß der alte Fuchs seinen Plan nicht durchführt. Die Dame mit den Kamelen [*Katharina von Medici*] hat einen Mann geschickt, der mich bat, ihm einen Passierschein für fünfhundert Faß Wein auszustellen, ohne Gebühren dafür zu bezahlen, für ihren eigenen Bedarf, so stand es geschrieben auf einer Bescheinigung. Das heißt denn doch, sich urkundlich zur Säuferin erklären! Aus Furcht, sie könnte einen Sturz tun, so tief wie vom Rücken dieser Tiere herab, habe ich ihr den Passierschein verweigert. Die hat ja ein maßlos starkes Gefälle, so war ja nicht einmal die Königin von Tarvasset. Ich flehe Sie an: glauben Sie mir, daß ich Ihnen treu bin bis zum Grabe. Das ist wahr, und so drücke ich Ihnen, meine Heißgeliebte, eine Million Küsse auf die Hände. An diesem 7. um zehn Uhr abends [7. *Dezember 1585*].

Im Rhônetal werden die Reformierten vom Konnetabel von Lesdiguières angeführt. Bei einem seiner Kameraden heißt es:

Am achtundzwanzigsten August 1585 führte uns Herr von Lesdiguières von Saint-Bonnet nach Bordeaux, fünf Meilen von Montélimar entfernt, wo er eine Hauptmacht von etwa fünfhundert Mann aufstellte. In der Nacht beschossen wir Montélimar, das wir, nachdem wir mit unserer Petarde das St.-Martins-Tor gesprengt hatten, ohne großes Blutvergießen einnahmen, obwohl man hier am Sonntag zuvor noch 900 Arkebusiere gemustert hatte. Diese hatten in sträflichem Übermut eine Katze mit einer Stange an ein Pulverfaß gebunden, es angezündet und geschrien: »Die Hugenotten verbrennen.« Und der Oberrichter dieses Ortes namens Baritel, den das Volk drängte, das Edikt des Königs öffentlich bekanntzugeben, gab zur Antwort, das wolle er nicht eher tun, bis er zwei Pastoren auf dem Platz könnte hängen lassen, auf dem er das Edikt verläse. Die sah er auch am Sonntag darauf an seiner Seite, denn zwei Pastoren begleiteten ihn zu eben diesem Platz, wo er gehängt wurde.

Der Südwesten des Reiches bleibt den Anhängern der Liga fast ausnahmslos feindlich gesonnen, ausgenommen Toulouse und seine Umgebung. In der Schlacht von Coutras (20. Oktober 1587) stehen sich kaum mehr als zehntausend Mann gegenüber, aber es zeigt sich, daß die Katholiken, die geführt werden von dem erst fünfundzwanzig Jahre alten Herzog von Joyeuse, einem reformierten Heer gegenüberstehen, das in einer offenen Feldschlacht sich siegreich zu schlagen versteht. Die militärischen Tugenden und Fähigkeiten Heinrichs von Navarra erweisen sich als denen des »Genarbten« ebenbürtig. Vor der Schlacht hält Heinrich folgende Ansprache:

[*An den Prinzen von Condé und den Grafen von Soissons:*]

Wie Sie bemerken, liebe Vettern, hat man es auf unser Haus abgesehen. Es wäre unbillig, fielen seine drei führenden Häupter, die von Gott bestimmt sind, die übrigen dem Staat zu erhalten, dem schönen Tänzer [*dem Herzog von Joyeuse*] und den »Mignons« vom Hof in die Hände. Dieser Kampf geht uns gemeinsam an. Der Ausgang des heutigen Tages wird uns mehr Neider bescheren als Unheilstifter: die Ehre werden wir uns teilen.

[*An die Hauptleute und Soldaten:*]

Freunde! Heute sollt ihr etwas ganz anderes erbeuten als bisher: einen Jungvermählten, der das Geld für seine Heirat noch in der Truhe hat; die ganze Elite der Höflinge dazu. Nur Mut! Auch der geringste unter euch wird sich von nun an aufs hohe Roß setzen und von silbernen Tellern essen können. Wer hoffte nicht auf den Sieg, wenn man euren Mut sieht? Sie gehören uns: ich gelobe es bei eurer Kampfeslust. Dennoch wollen wir alle daran denken, daß unser Geschick in Gottes Hand liegt, er weiß, mit welch gerechten Waffen wir kämpfen, er wird uns beistehen und geben, daß wir die zu unseren Füßen hingestreckt sehen, die uns besser für die Ehre danken sollten, mit uns kämpfen zu dürfen. Beten wir zu ihm, daß er uns beistehe. Diese Tat wird die größte unserer Taten sein: der Ruhm dafür gebührt Gott, unser Dienst dem König, unserem höchsten Herrn, uns die Ehre und das Heil dem Staat.

Die Hugenotten bereiten sich auf den Kampf vor. Agrippa d'Aubigné bemerkt dazu:

Nachdem der König überall ein Gebet hatte sprechen lassen, stimmten einige [*d'Aubigné selbst*] den Psalm 118 an: »Dies ist der Tag, den der Herr macht.« Einige Katholiken vom ersten Reiterregiment riefen laut, damit man es höre:

»Zum Teufel, sie zittern vor Furcht, die Feiglinge, sie beichten.« Vaux, Bellegardes Leutnant, der öfter im Kampf gegen unsere Leute seinen Mann gestanden hatte als die Höflinge und der als einziger die Soldaten zu einem letzten Angriff sammelte, sagte zum Herzog [*von Joyeuse*]: »Mein Herr, wenn die Hugenotten beten, sind sie bereit, sich wie Helden zu schlagen.«

Der Herzog von Joyeuse greift an der Spitze seiner Reiterei an. Sully schildert den Tod des jungen Günstlings des Königs:

Joyeuse, der zweifellos das Terrain nicht genau genug kannte oder sich zu sehr vom Eifer hinreißen ließ, befahl, die Artillerie an einem zu tief gelegenen Ort aufzustellen; später sah er dann, daß sie ihm anderswo nützlicher wäre, und ließ sie einen Stellungswechsel vornehmen: dadurch erhielten wir einen Aufschub, den wir wahrnahmen, um unsere Geschütze aufzupflanzen. Es muß sogar gesagt werden, daß, was auch immer der General unternahm, er seine Artillerie nicht zu seinem Vorteil einsetzte, und dies war gewiß eine der Hauptursachen für seine Niederlage. Daraus ersieht man, daß für einen Heerführer nichts so wichtig ist wie die Fähigkeit, auf den ersten Blick die Lage richtig einzuschätzen, es erspart viele Umwege und vermeidet Konfusionen. Ich habe keinen General gekannt, der einen so guten Blick hatte wie der König von Navarra.

Der Kampf hatte schon begonnen, als unsere Artillerie, die doch nur aus drei Kanonen bestand, ihre Stellung bezog, und es war an der Zeit, sie einzusetzen. Die Abteilung von Herrn von Turenne, dessen Soldaten überaus schlecht kämpften, und die Abteilung von La Trimouille wurden beim ersten Anprall überrannt; dadurch geriet das übrige Heer in Unordnung. Die Katholiken jubelten schon über den Sieg, und um ein Haar wäre ihnen auch tatsächlich der Sieg beschieden gewesen. In eben diesem Augenblick eröffnete indessen unsere Artillerie ein so mörderisches Feuer, daß bei jeder Salve zwölf, fünfzehn und bisweilen sogar fünfundzwanzig Mann fielen. Sie hielt zunächst den heftigen Vorstoß der Feinde auf und bedrängte sie so sehr, daß sie auseinanderliefen, um in Deckung zu gehen, und dem König von Navarra, dem Prinzen von Condé und dem Grafen von Soissons, die an der Spitze von drei Schwadronen herbeigeeilt waren, nur noch ein ungeordnetes, schlecht zusammengehaltenes Heer gegenüberstand. Die drei Prinzen vollbrachten wahre Wunder an Tapferkeit. Sie überrannten alles, was sich ihnen entgegenstellte, und warfen die Sieger über den Haufen. Auf ihre Waffen hagelte es Streiche herab, aber im Handumdrehen änderte sich die Lage, und der Tod des katholischen Generals brachte den Protestanten endgültig den vollen Sieg.

Als ich sah, daß der Feind die Flucht ergriff, ließ ich meine Kanone stehen, da sie jetzt nicht mehr gebraucht wurde, ließ mir mein Pferd geben, das Bois-Breuil hinter den Geschützen bereithielt, und ich ritt auf und davon, um zu erfahren, wie es meinen Brüdern ergangen war. Zu meinem Trost sagte man mir, keiner von beiden sei im Kampf gefallen. Ich begegnete dem König, der damit beschäftigt war, die Fliehenden auseinanderzutreiben und seinen Sieg vollzumachen, denn er hielt ihn erst dann für sicher, wenn er keinen mehr sah, der ihm noch hätte die Stirn bieten können. Die Leichen von Joyeuse und von Saint-Sauveur, seinem Bruder, zog man unter einem Leichenhaufen hervor und brachte sie in einen Saal des Schlosses Coutras; dort lagen sie auf einem Tisch, nur bedeckt mit einem schäbigen Leinentuch, das man über sie geworfen hatte.

In diesem Krieg der »drei Heinriche« (Heinrich III., Heinrich von Guise und Heinrich von Navarra) halten sich Navarra und Guise die Waage, während Heinrich III. ohnmächtig dazwischensteht, zu vermitteln sucht und nur noch dem Namen nach König ist. Paris steht in seiner Mehrheit hinter der Liga. Es geht zu wie in einem Hexenkessel. Die Prediger machen von der Kanzel herab den König verächtlich und hetzen das Volk gegen ihn auf. Im September 1587, am »Tag von St. Séverin«, an dem drei Prediger verhaftet werden, erfährt der König die Macht seiner Stadt. Aus einem Bericht Nicolas Poulains, des stellvertretenden Oberrichters der Ile-de-France:

Damals begannen sie, das Volk aufzuhetzen, in immer breiteren Schichten, alles unter dem Vorwand der Religion, und die Prediger betrachteten es als ihre Aufgabe, in ihren Predigten nach Kräften über den König herzuziehen, vor allem Volk über ihn zu lästern, schlimmer als je zuvor. Sie wollten den König herausfordern, einen von ihnen verhaften zu lassen, dann hätten sie nämlich Grund gehabt, sich gegen ihn aufzulehnen: und so kam es auch schließlich, als einer von ihnen eine aufrührerische Predigt in St. Séverin hielt und von der Kanzel herab den König mit Schimpf und Schande überschüttete; da sah Seine Majestät sich gezwungen, ihn holen zu lassen, um ihn zur Rede zu stellen. Sofort streuten sie das Gerücht aus, man wolle ihn in Gewahrsam setzen und alle Prediger einsperren; da nahmen Le Clerc und seine Kompanie heimlich die Waffen und legten sich in der Nähe von St. Séverin im Hause eines Notars mit Namen Hatte in den Hinterhalt, um die Verhaftung des Predigers zu verhindern; der König erhielt davon Meldung und schickte den Zivilleutnant Seguier in das Haus des obenerwähnten Hatte. Er sollte sich erkundigen, was die Bewaffneten darin zu bedeuten hätten, sie wollten ihn aber nicht einlassen und hielten einen vom König geschickten Kammerdiener fest, ohne jedoch mit ihm sprechen zu wollen. Da ließ der Zivilleutnant Häscher und Kommissare holen und machte Anstalten, mit Gewalt in das Haus einzudringen; als er aber sah, daß die Gemeinde rebellisch wurde und daß die meisten von denen, die er hatte holen lassen, sich auf die Seite der Aufsässigen schlugen, mußte er unverrichteter Dinge abziehen und meldete alles dem Kanzler und Herrn de Villeroy.

Auch L'Estoile sind diese Ereignisse zu Ohren gekommen:

Am Mittwoch, dem 2. September, entstand in der Rue St. Jacques gegen sechs Uhr abends großer Tumult: ein paar Männer waren auf die Straße gelaufen, mit Waffen versehen, und riefen auch andere Bürger zu den Waffen: »Freunde, wer ein guter Katholik ist, muß es jetzt zeigen, die Hugenotten wollen die Prediger und Katholiken umbringen.« Da wurde in St. Benoît die Sturmglocke geläutet; dieser Aufruhr war deshalb entstanden, weil man behauptet hatte, Rapin habe Befehl vom König, einen Theologen zu ihm zu führen, der in St. Germain L'Auxerrois eine unbotmäßige Predigt gehalten habe, dazu die Pfarrer von St. Séverin und von St. Benoît, zwei andere vorlaute Prediger. Den Notar Hatte, einen schamlosen Anhänger der Liga, hielt man für den Anstifter des Krawalls, und daher machte sich Lugoli gegen neun Uhr abends zu ihm auf, um ihn in Gewahrsam zu nehmen; auch der Leutnant Seguier begab sich zu ihm hin, doch der Unruhestifter war nicht in seinem Hause. Seither sann er darauf, am Hause Seguiers Rache zu üben, drohte, es zugrunde zu richten, und verkündete laut, daß Seguier von keines anderen als von seiner Hand sterben werde.

Zu Beginn des Jahres 1588 notiert L'Estoile noch weitere bezeichnende Ereignisse:

In diesen Tagen wurde der Schulmeister Mercier um neun Uhr abends in seinem Haus von zwei Spitzbuben, einem Zinngießer namens Pocard und von dem Schneider La Rue, überfallen, erdolcht und in den Fluß geworfen; sie bezichtigten ihn der Ketzerei, obwohl er in der Kirche St. André des Arts aus der Hand des Pfarrers die Kommunion empfangen hatte, was die Präsidentin Séguier, die bei der Kommunion in seiner Nähe kniete, dem soeben erwähnten Pfarrer sagte, worauf er ihr, wie ich mich entsinnen kann, zur Antwort gab: »Nun ja, deshalb ist er aber doch ein Hugenott geblieben.« Man sagte ihm nach, er sei ein Heuchler gewesen, nicht ein Katholik; und als seine unglückliche Frau sich erkühnte, ein Strafgericht zu verlangen, erhielt sie nur zur Antwort, ihr

Mann sei ein gemeiner Schulmeister gewesen und wenn sie noch mehr Worte darüber verliere, werde man sie ins Wasser werfen. [...]

In Paris verschied Jean de Ferrières, der Pfarrer von St. Nicolas des Champs. Le Geay, ein Theologe aus Navarra, dem er kurz zuvor seine Pfarre übergeben hatte, wurde, als er die Pfarrei übernehmen wollte, von einer Reihe von Leuten belästigt, die, wie sie von sich behaupteten, zum Pfarrbezirk gehörten. Als Grund gaben sie an, sie wollten einen Pfarrer, der in der Andacht für die Liga predigte: tatsächlich jagten sie Le Geay davon, nannten ihn einen Hugenotten wie den verstorbenen Pfarrer und setzten Pigenat an seine Stelle, einen der sechs von der Liga verpflichteten Prediger, der das Pfarramt auch unbelästigt ausübte. Genauso verfuhren sie in St. Gervais. Sie vertrieben Michel du Buisson, dem der kleine Pfarrer Chauveau zu seinen Lebzeiten seine Pfarrei übergeben hatte, und setzten hier einfach Lincestre ein, einen Theologen aus der Gascogne, der sich auch kein Gewissen daraus machte, sie anzunehmen. Er erwies sich damit als ein ebenso rechtschaffener Mann wie Pigenat. Dem König kamen alle diese schönen Machenschaften zu Ohren, und er sagte, die Pariser seien Könige und Päpste, und wollte man ihnen glauben, würden sie über geistliche und weltliche Angelegenheiten in seinem Königreich entscheiden.

Guise hat Kontakt mit der Bevölkerung von Paris. Nicolas Poulain weiß davon:

Sie [*die Pariser Ligisten*] schrieben einen Brief an ihn, in dem sie ihn baten, nicht mehr länger zu warten; ihre Leute seien bereit, gerüstet und zahlreich genug; er brauche nur zu kommen. Auf diesen Brief gab der Herzog von Guise zur Antwort, sie sollten heimlich ihre Stadtbezirke aufteilen und zu erkunden suchen, wieviel Soldaten sie ausheben könnten.

La Chapelle [*Michel de La Chapelle-Marteau, Vorsteher der Kaufmannschaft*] hat wohl augenblicklich eine große Karte aus dickem Papier ausgebreitet, auf der die Stadt Paris mit ihren Vororten gezeichnet war, und sogleich wurde die Stadt, anstelle der vorhandenen sechzehn Bezirke, in fünf Stadtbezirke aufgeteilt. Jeder Stadtbezirk erhielt einen Oberst; den Obersten unterstanden zahlreiche Hauptleute. Diese erhielten alle eine Aufstellung über die Dinge, die sie zu tun hätten und wo diejenigen Waffen erhalten würden, die keine besäßen.

Nach diesen Vorkehrungen musterten sie, wie es der Herzog von Guise verlangt hatte, insgeheim ihre Truppen und stellten fest, daß ihnen dreißigtausend Mann zur Verfügung standen. Dies teilten sie dem Herzog mit, der ihnen daraufhin melden ließ, was sie tun sollten. Als ich zu Hause war, dachte ich darüber nach, wie ich diese niederträchtigen Pläne vereiteln und unter vier Augen mit dem König sprechen könnte, ohne daß ich bemerkt und entdeckt würde. Ich betete zu Gott, ging aus dem Haus und begegnete einem meiner Bekannten mit Namen Pinguer, der jetzt im Staatsrat Diener ist und der mir aus politischen Gründen bekannt war. Diesen fragte ich, ob er nicht jemanden wüßte, der mir eine heimliche Unterredung mit dem König verschaffen könnte. Er sagte ja und ging sogleich zu Herrn de Petremol.

Der König ist gewarnt, muß aber ohnmächtig zusehen, wie der Herzog, sein Verbot mißachtend, dennoch in die Stadt kommt. Hierüber ein Bericht L'Estoiles:

Am Montag, dem 9. Mai [*1588*], traf der Herzog von Guise gegen Mittag mit acht Edelleuten in Paris ein, auch Brigard war bei ihm, ein Kurier der Liga, den die Pariser zu ihm geschickt hatten, um ihn zu drängen, er solle ihnen nun zu Hilfe eilen. Bei seinem Einzug riefen sie in der Rue St. Denis und in der Rue St. Honoré: »Es lebe der Herzog von Guise, es lebe die Stütze der Kirche!« Eine vornehme Dame, die oberhalb eines Ladens stand, zog sogar ihre Maske[1] ab und

[1] Damen legten in der 2. Hälfte des 16. und im 17. Jahrhundert häufig Masken an, wenn sie das Haus verließen.

rief ganz laut: »Guter Fürst, jetzt, da du hier bist, sind wir alle gerettet!« Der König erhielt die Nachricht von seiner Ankunft, als er sich gerade mit dem Korsen Alphonse in seinem Kabinett befand. Er sagte zu ihm: »Herr von Guise ist angekommen, entgegen meinem Verbot. Wenn Sie an meiner Stelle wären, was würden Sie tun?« »Sire«, antwortete Alphonse, »da gibt es nur eine Frage: Sehen Sie in dem Herzog von Guise Ihren Freund oder Ihren Feind?« Ohne ein Wort zu sagen, gab der König durch eine deutliche Bewegung zu erkennen, was er dachte. »Sire«, sagte Alphonse, »ich glaube zu verstehen, was Eure Majestät meint; wenn Sie mir die ehrenvolle Aufgabe übertragen wollen, so werde ich Ihnen, ohne Sie zu belästigen, noch heute das Haupt des Herzogs von Guise zu Füßen legen, oder ich bringe ihn an einen beliebigen Ort, und niemand wird mich daran hindern, es sei denn zu seinem Verderb.« Darauf antwortete der König, er hoffe andere Mittel zu finden, um alles in Ordnung zu bringen.

Herzog Heinrich macht der Königinmutter einen Besuch. Ein Pariser Bürger schildert den Vorgang:

Er setzte seinen Weg fort und stieg vor dem Palast der Königinmutter ab. Ihre Zwergin, die zufällig am Fenster gestanden hatte, brachte ihr die Nachricht, der Herzog von Guise stünde vor der Tür. Sie wollte es nicht glauben und befahl, der Zwergin wegen ihrer Lüge eins mit der Peitsche überzuziehen; doch sie mußte schon bald darauf einsehen, daß die Zwergin die Wahrheit gesagt hatte. Das erregte sie so, daß man sah, wie sie zitterte, erschauerte und erbleichte.

Der König schreibt an Boisseguin, den Gouverneur von Poitiers:

Lieber Herr de Boisseguin, ich war in meiner Stadt Paris und dachte einzig und allein darüber nach, wie ich den vielerlei Eifersüchteleien und Widersetzlichkeiten in der Picardie und auch sonstwo ein Ende machen könnte, derentwegen ich immer wieder meine Reise in die Provinz Poitou aufschieben mußte, wo ich den begonnenen Krieg gegen die Hugenotten weiterführen wollte. Ich mochte noch keinen Beschluß fassen, als mein Vetter, der Herzog von Guise, ohne mein Wissen am 9. Tag dieses Monats hier erschien. Daß er so rücksichtslos kam, vertiefte meinen Argwohn, und ich geriet deswegen in große Bedrängnis. Man hatte mir nämlich schon vorher von allen Seiten gemeldet, daß er die Absicht habe, hierherzukommen, und daß er von vielen Einwohnern der Stadt erwartet werde, die ohnehin schon unter dem Verdacht standen, zu Argwohn Anlaß zu geben. Ich hatte ihn deshalb vorher wissen lassen, ich wünschte auf keinen Fall, daß er hierherkäme. Als ich dann bedachte, daß er aber doch nur in Begleitung von vierzehn bis fünfzehn Edelleuten gekommen war, wollte ich um jeden Preis mit ihm sprechen. Nachdem ich zwei bis drei Tage hindurch zugesehen hatte, wie meine Stadt sich täglich mehr mit Edelleuten und anderem fremdem Volk füllte, die sich dem Gefolge des Herzogs anschlossen, daß die Recherchen, welche die Stadt, der Magistrat und die Offiziere auf meinen Befehl hin anstellten, nur halb durchgeführt wurden, weil man sich fürchtete, und viele Bewohner in Herz und Gemüt immer unzufriedener und bei den ständigen Nachrichten, es würde ein großer Tumult in der Stadt ausbrechen, von Tag zu Tag aufsässiger wurden, faßte ich den Entschluß, in den Stadtbezirken genauere Recherchen als die vorhergehenden anstellen zu lassen, um die wirkliche Lage in der Stadt genau kennenzulernen und die Fremden daraus zu entfernen.

Zwischen dem 9. und 12. Mai begibt sich der Herzog von Guise in den Louvre. Beide Parteien beobachten sich gegenseitig. Der Herzog erklärt dazu folgendes:

Ich vernahm, daß Seine Majestät die Wachen verstärkte, und zwar auf vier französische und drei Schweizer Abteilungen. Um auch nicht eine einzige Stunde unter dem Verdacht zu stehen, so niederträchtige Handlungen zu begehen, begab ich mich zwölf Stunden später nach Paris, in Begleitung von acht

Edelleuten. Umringt von sämtlichen obenerwähnten Wachen und nur begleitet von meinen Dienern ging ich und küßte Seiner Majestät die Hände, voller Vertrauen, wie ein guter Untertan es seinem König entgegenbringen soll. Dieser Freimut, diese Aufrichtigkeit und Offenherzigkeit mußten doch wohl alle voraufgegangenen falschen Gerüchte eindeutig widerlegen. Immer noch Vertrauen im Herzen, verbrachte ich den ganzen nächsten Tag beim König, wobei ich zeitweilig in den Tuilerien eingeschlossen war, und verhandelte mit ihm über die Reise nach Guyenne und über den Krieg, an dem mir soviel lag. Während dieser Tage zog der König (wie zu vermuten ist) von allen Seiten Erkundigungen ein, ob ich nicht etwa doch eine größere Truppe bei mir hätte als die, die man bei meinem Kommen gesehen hatte: und er erfuhr, wie es ja auch der Wahrheit entsprach, daß ich allein war und sich in einem Umkreis von vierzig Meilen um mich herum kein Krieger befand.

In der Nacht vom 11. auf den 12. Mai holt der König schweizerische und französische Truppen in die Stadt. Der Herzog von Guise fährt in seinem Bericht fort:

Am andern Morgen, dem zwölften Mai, marschierten schon bei Tagesanbruch zwölf französische Fähnlein Fußvolk, dazu die vier Garderegimenter durch die Porte St. Honoré ein; der König und der ganze Hof empfingen sie zu Pferd. Der Feldmeister vom Garderegiment und die Obersten der Schweizergarde haben Befehl, alle Plätze in Paris zu besetzen, und damit sie nicht auf Widerstand stießen, wurden die Bewohner eines Stadtteils auf die entgegengesetzten Bezirke verteilt. Ich schlief zu Hause und hatte nur ganz wenig Gefolge bei mir, weil der Troß noch nicht aus Soissons angekommen war. Gott wollte, daß man, während die Streitmacht auf so viele Stellen verteilt wurde, Zeit fand, mir davon Nachricht zu geben. Einige befreundete Edelleute suchten mich auf.

Der Kanzler Cheverny, der sich im Louvre aufhält, schreibt:

Als Herr von Guise am Donnerstagmorgen in seinem Hôtel de Guise, wo er zu wohnen pflegte, erwachte und vernahm, daß die Truppen die Plätze der Stadt besetzt hatten, ahnte er, daß dies seinetwegen geschah. Unverzüglich schickte er seinen vertrautesten Sekretär zu mir, um zu erfahren, ob man etwas gegen seine Person im Schilde führe. Ich fragte den König danach, und er versicherte mir, daß es nicht der Fall sei. Da Herr von Guise aber weiterhin Befürchtungen hegte, schickte er einige Edelleute in die Stadtbezirke, wo sich die Leibwache befand, um die Bürger darüber aufzuklären, in welch großer Gefahr sie schwebten und was sie dagegen unternehmen sollten.

Guise hat die zögernde Haltung des Königs erkannt und zieht Nutzen daraus. Der König notiert:

Ich beschloß, mehrere Posten durch Einwohner und Bürger der Stadt zu verstärken, die auf meinen Befehl an vier bis fünf Orten der Stadt Stellung bezogen hatten, und auch an verschiedene Herren aus dem Königsrat und Ritter vom Orden des Heiligen Geistes erging der Befehl, die Stadtbezirke mit den Bezirkshauptleuten und anderen Beamten der Stadt zu durchstreifen. Davon ließ ich den Herzog von Guise in Kenntnis setzen und auch alle in der Stadt, damit keiner erschrak und meine Absichten mißdeutete.

Zuerst bewahrten die Einwohner und Bürger der Stadt Ruhe. Doch wenig später gärte es.

In Paris herrschen noch ländliche Sitten, man steht schon früh am Morgen auf. Es ist Mitte Mai. Um fünf Uhr morgens ereignen sich die ersten Zwischenfälle, die ligafreundlichen Bürger mißtrauen den Königstreuen. Hierzu einige Aufzeichnungen eines Bürgers der Stadt, der dem Herzog von Guise ergeben ist:

Gegen fünf Uhr morgens bemerkte man Herrn de Grillon mit der Königsgarde und einigen Schweizer Truppen in der Nähe des Petit-Pont; den Marschall von Biron mit Herrn de

Tinteville am Marché-Neuf mit drei Schweizer Fähnlein; auf die Frage, was sie hier täten, gaben sie zur Antwort, ihr Hauptmann hätte sie hierher befohlen. »Das ist gut so«, sagte er, »bald sollt ihr Zechkumpane haben«, eine Antwort, die die Bürger so verstanden, daß sie Besatzung bekommen sollten. Herr de Grillon besetzte die Gegend um den Petit-Pont, wo er den Hauptmann Guast mit seinen Soldaten Posten beziehen ließ, und schon unterhielten sich manche darüber, was sie mit ihren Quartierwirtinnen anstellen würden, wenn sie hübsch wären. Dies erfuhr ich von einem Edelmann des Herrn de Tinteville, der mir versicherte, er selbst habe diese Äußerungen vernommen; auch die Bürger, die auf der Straße vorübergingen, hatten sie unschwer hören können.

Die Kaufleute und Handwerker beschließen zu streiken. Ein anderer Anhänger der Guise berichtet:

Das Volk war aufs höchste darüber befremdet, daß die großen Plätze und Avenuen in Paris von all den Kompanien, schweizerischen und französischen, besetzt waren, auch darüber, daß die Kompanien Wein, Brot und Pulver erhielten; da schlossen alle ungehalten und erbost ihre Läden.

Der König hörte von der erbitterten Stimmung der Bürger und schickte Herrn de Villequier, den Gouverneur von Paris, zu ihnen hin, der ihnen erklären sollte, dies alles geschehe nur zu ihrer Sicherheit, und er befehle ihnen, ihre Häuser wieder zu öffnen. Das taten sie auch in seiner Gegenwart, sobald er aber fort war, schlossen sie alle wieder ihre Läden.

Die Boten des Herzogs von Guise sind schon am Werk. Man benutzt die Zeit, um sich zu bewaffnen. Der dem Herzog ergebene Bürger fährt fort:

Gegen acht Uhr etwa sandte das Parlamentsgericht die Präsidenten Brisson und Séguier zu Seiner Majestät mit der Meldung, daß die Einwohner der Stadt ihre Läden nicht öffneten, es wäre ratsam, den Gouverneur durch die Stadt zu schicken, um sie zu veranlassen, die Läden wieder aufzumachen; das taten sie auch. Der König befahl sofort dem Gouverneur, aufs Pferd zu steigen und durch die Stadt zu reiten, und sagte den Präsidenten, die Recherchen der Bürger seien schlecht durchgeführt worden, er wolle durch seine Leute neue, exaktere vornehmen lassen. Weiter sagte er nichts, obwohl sie ihm gemeldet hatten, daß sie mehreren Bürgern begegnet wären, die unter dem Mantel Schwerter und andere Waffen trugen.

Um acht Uhr wachsen wie auf Befehl an vielen Stellen Barrikaden aus dem Boden – etwas für die damalige Zeit absolut Neues. Ein anonymer Zeuge erzählt:

Das Volk, das sich gruppenweise in den Stadtvierteln zusammenrottete, war höchst ungehalten über den Aufmarsch der Soldaten. Diese standen vor den Häusern und fragten die Frauen, ob sie pralle Geldbeutel hätten, griffen ihnen unter die Kleider und suchten mit anzüglichen Worten nach ihren Börsen.

Die ersten, die aufbegehrten, als sie die Schweizer an der Spitze der Truppe anrücken sahen, waren die Bürger in der Rue Neuve-Notre-Dame. Sie feuerten sich gegenseitig an, Widerstand zu leisten, denn die vom Universitätsviertel – das war ihnen zu Ohren gekommen – hatten sich ihrerseits gegen Grillon und Tinteville aufgelehnt.

Das ganze Stadtviertel lief zusammen, die Waffen in der Hand, und ohne einen Ton von sich zu geben, sperrten sie den Schweizern vor der Nase die Straßen mit Ketten ab und bauten hinter den Ketten Barrikaden auf, obwohl ihre Wachen nur zehn Schritt von den Barrikaden entfernt standen.

Auf diese Weise sperrte die ganze Bevölkerung die Straßen mit Ketten ab und errichtete im Abstand von fünfzig Schritt Barrikaden. Im Nu waren die Soldaten eingeschlossen, und die ganze Bevölkerung stand bewaffnet auf den Barrikaden und an den Fenstern der Häuser, mit Musketen und Arkebusen und geschlossenen Visieren.

Cheverny nimmt an, die Boten des Herzogs von Guise hätten den Bürgern die Errichtung von Barrikaden angeraten. Des Herzogs militärischer Erfindungsgeist läßt eine neue Art des Straßenkampfes entstehen; mit den Barrikaden soll die Unterlegenheit der Bürgermiliz ausgeglichen werden:

Tatsächlich sah man überall in der Stadt, wie den erwähnten Edelleuten geringes Volk aus der untersten Schicht zur Hand ging. Sie begannen, die Straßen abzusperren und zu verbarrikadieren, eine nach der andern, und zwangen die Bürger, ihre Häuser zu verschanzen und einen Vorrat an Steinen anzulegen, den sie aus den Fenstern schleudern sollten.

Die Bürger aus der Rue Saint-Denis widersetzen sich den Truppen, die auf dem Friedhof des Innocents Posten bezogen haben. Der anonyme Zeuge erzählt weiter:

Hauptmann Bonouvrier hatte mit einer starken Truppe von Gardesoldaten und vier bis fünf Fähnlein Schweizern den Friedhof St. Innocent besetzt. Er bereitete sich auf einen Angriff vor, da sah er, daß man gegen ihn Barrikaden zu errichten begann. Als er unter den Bürgern den Hauptmann St. Paul bemerkte, der keine andere Waffe als sein Schwert trug, sagte er zu ihm, er täte ihm leid, er solle doch lieber machen, daß er nach Châlons käme, worauf der Hauptmann St. Paul ihm zur Antwort gab, er selbst täte besser daran, sich fortzumachen, denn er sei keineswegs in Sicherheit.

Als die Geschäftsleute aus der Rue St. Denis, etwa sechzig oder achtzig, die auf dem Friedhof angetretenen Truppen sahen, gingen sie zur Beichte und zur Kommunion, legten gleich danach ihre Harnische an und versahen sich mit Waffen für Angriff und Verteidigung. Angeblich taten andere es ihnen gleich, und gemeinsam errichteten sie ihre Barrikaden in den Avenuen und an jeder Straßenecke.

Der dem Herzog ergebene Bürger:

Dieser Tag lehrte die Pariser, wie sich ein jeder in seinem Stadtviertel richtig verschanzen konnte und daß Barrikaden viel mehr Schutz und Sicherheit bieten als die strammgezogenen langen Ketten. Man ist sogar der Ansicht, daß, selbst wenn alle Tore offen wären, hunderttausend Mann nicht eine auf diese Weise abgesperrte und verschanzte Stadt, deren Straßen und Fenster bewehrt sind, bezwingen können. Unter den Barrikaden bemerkte ich Ambosse, dicke Häuserbalken, Tröge mit großen Sand- und Pflastersteinen. Der Botschafter von Spanien sagt, an diesem Tag hätte die Stadt Paris wie zweihundert Städte ausgesehen.

Während Paris sich wappnet, herrscht im Louvre Unentschlossenheit. Der König fährt fort:

Als ich das sah, entschloß ich mich, die begonnenen Recherchen nicht mehr weiter durchführen zu lassen und zugleich die Truppen, die ich einzig zu diesem Zweck in die Stadt geholt hatte, wieder abziehen zu lassen.

J. A. de Thou (der von sich in der dritten Person spricht) nimmt ebenfalls regen Anteil an den Ereignissen:

Für de Thou war es ein schlechter Trost zu wissen, daß er sich mit seiner Prophezeiung, die er damals gemacht hatte, als die besorgniserregenden Unruhen entstanden, nicht getäuscht hatte. Er ging zu Fuß in den Louvre, in Begleitung von einem oder zwei Männern, die keine Waffen trugen, aber bekannt waren. Hier herrschte überall Stille, entsetzliche Leere, und die Beklommenheit, die sich auch in das Kabinett des Königs eingeschlichen hatte, war der Grund, warum dieser einen bereits gefaßten Entschluß wieder aufschob oder ihn von Minute zu Minute änderte, so daß man zu keinem wirklich tatkräftigen kam. Danach begab er sich zum Palais der Guise, das sehr weit von dort entfernt liegt. Er begegnete dem Herzog, als dieser mit Pierre d'Espinac, dem Erzbischof von Lyon, in einer Straße hinter dem Palais der Montmorency auf und ab ging: zu beiden Seiten der Straße stand eine Hecke von Soldaten und Volk, die den Prinzen voll Bewunderung anstarrten. Er [*de Thou*] mischte sich unter die Menge und hatte Muße genug, den Herzog eingehend zu beobachten. Dieser erteilte hier und da Befehle und nahm Meldungen entgegen über das, was sich in den anderen Stadtbezirken ereignete.

Obwohl auf seinem Gesicht Sorge zu lesen war, so konnte man doch darin Festigkeit und heitere Gelassenheit bemerken, die für den Erfolg seiner Pläne zu bürgen und zu verkünden schienen, daß dieser Tag ihm den Triumph über seine Feinde brächte.

Als de Thou nach Hause zurückkehren wollte, fand er die Straßen mit Fässern versperrt, die man von allen Seiten herbeischleppte. Da er keine Waffen trug und gut bekannt war, ließen die Wachen ihn durch. Als er den Pont-Saint-Michel passieren wollte, den die Ligisten besetzt und mit Barrikaden verschanzt hatten, blieb er eine Weile stehen und sprach mit Alphonse d'Ornano, der den Marché-Neuf mit den königlichen Truppen bewachte. Er kannte ihn aus der Zeit, als er bei Cujas in Valence im Dauphiné studierte, wo d'Ornano ein korsisches Regiment kommandierte. Dieser Hauptmann sagte ihm, daß der Tumult immer größer würde und er rate ihm, so schnell er könnte, nach Hause zu gehen. De Thou konnte daher d'Auxy von La Tour, einen Verwandten seiner Frau, nicht mehr aufsuchen, den man verwundet in ein Wirtshaus gebracht hatte.

Als de Thou auf die Barrikaden zuging, bemerkte er zu seinem großen Erstaunen unter den Ligisten maßgebliche Herren der Stadt. Später sagten sie zu ihm, sie seien damals nur gekommen, um den Aufruhr zu beschwichtigen; in Wahrheit jedoch hatte sie die Furcht hierhergetrieben; dabei bedachten sie nicht, daß ihre Anwesenheit den Unruhen nur Vorschub leistete und die Aufständischen noch mehr ermutigte.

Jean de la Rue, ein Schneider, einer der Anführer der Aufständischen, hielt ihn an, als er über eine Barrikade klettern wollte. De Thou sagte zu ihm, der König habe seinen Truppen befohlen, abzuziehen. Da gab ihm der unverschämte Kerl zur Antwort, das täten sie nur aus Angst, nicht auf Befehl des Königs. So schnell er konnte, ließ er den Rebellen stehen und eilte seinem Hause zu, das nicht mehr weit war; hier wartete seine Frau schon höchst ungeduldig auf ihn, denn die Palastglocke und alle Glocken in der Stadt läuteten Sturm.

Die Sturmglocke ist das Signal zum Kampf. Der König hat gerade den Befehl erteilt, die Truppen, besonders die Schweizergarde, sollten sich zum Louvre zurückziehen. Hierzu bemerkt Cheverny:

Am Donnerstagnachmittag, zu der Stunde, in welcher der Geist, vom Wein erhitzt, sich leichter erregt, wuchsen die Unruhen und das Getöse so an, daß, als durch Zufall ein einfacher Bürger getötet worden war, entweder von einem »Schweizer des Königs«, wie es im Volk hieß, oder von einem seiner eigenen Kampfgenossen, der nur seine Arkebuse hatte abfeuern wollen, die Bürger, die schon fast alle in Waffen standen und sich verbarrikadiert hatten, in Scharen über die Schweizer herfielen. Diese verteidigten sich überhaupt nicht, und so gab es in einem Augenblick vierzig bis fünfzig Tote und Erschlagene und hundert bis hundertzwanzig Verletzte. Es wurde so schlimm, daß man dem König riet, die Leibwache von den Plätzen abziehen zu lassen und die Truppen in die Vororte zurückzunehmen, wo sie auch sonst ihre Unterkünfte hatten, und sogar von seinem Garderegiment nur so viele dazubehalten, wie sich auch sonst im Louvre befanden; das tat er denn auch, schweren Herzens.

Ein ungenannter Zeitgenosse notiert:

Gegen Mittag entstand ein Gefecht auf dem Pont-Saint-Michel, das erste, von dem man erfuhr. Es gab aber auch noch andere Truppen von der Königsgarde, die sich vom ersten Trommelschlag an tapfer schlugen und auch eine Zeitlang standhielten und die Bürger zurückdrängten. Als aber vier oder fünf Edelleute und fremde Hauptleute das Volk anfeuerten [*wahrscheinlich Leute des Herzogs von Guise*], wurden sie plötzlich von allen Seiten so wütend angegriffen, vor allem aus den Fenstern, daß sie den Platz aufgaben, denn sie sahen sich gezwungen, so gut es ging in Deckung zu gehen und im Louvre melden zu lassen, man möchte Verstärkung schikken, um sie aus ihrer bedrängten Lage zu befreien. Dieses Scharmützel nahm man zum Anlaß, die Sturmglocke zu läuten, doch läutete man sie nur kurz in [*den Kirchen*] Saint-André, Saint-Séverin und Saint-Pierre-des-Assis; in anderen Stadtteilen läutete man nicht.

Kurz danach ereignete sich dasselbe am Petit-Pont und am Marché-Neuf; als sie erkannten, daß die bewaffneten Bürger in ihre Reihen einbrachen und ihnen mit Steinen, Feuerbökken und anderen Waffen zu Leibe rückten, zu denen das Volk in seiner Wut bei solchen Anlässen greift, mußten sie die Waffen strecken und sich auf Gnade und Ungnade den Bürgern ergeben; diese gestatteten ihnen, den Rückzug anzutreten. Als sie gerade über den Pont-Notre-Dame marschierten, wurde ein Schneider aus der Rue Neuve durch den Schuß aus einer Arkebuse getötet, und man war der Meinung, einer der Soldaten hätte den Schuß abgegeben. Als der Schuß gefallen war, entstand großes Geschrei, Grund genug für die Verteidiger der Barrikaden auf der Brücke, ihnen so hart zuzusetzen, daß sie kehrtmachen mußten zum Marché-Neuf, wo sie hergekommen waren. Auf dem Rückweg riefen ein paar, sie seien doch Katholiken, andere zeigten ihre Rosenkränze, und manche warfen sich auf die Knie und falteten die Hände. Ein großer Schweizer, der bis zu den Zähnen bewaffnet war, einen langen, bis zum Gürtel reichenden Bart trug, warf sich auf die Knie, hob die Hände zum Himmel und hielt seinen Rosenkranz hoch. Ein Bürger nahm ihn mit sich und zog ihn in sein Haus, um ihn zu retten. Cottereau, ein Notar, der vor das Volk trat, um zu verhindern, daß man sie weiter angriff, wurde von einem Musketenschuß ins Bein getroffen und starb daran acht Tage später. Manche Schweizer ließen ihre Waffen im Stich und flüchteten in die Fleischereien am Marché-Neuf. Diese waren weniger beklagenswert als die andern, denn sie hatten am Morgen ausgiebig gefrühstückt und sich gute Kaldaunen zu Gemüte geführt, die sie an Ort und Stelle fanden, nachdem sie ihren Kaplan veranlaßt hatten, für sie die Messe zu lesen, mitten auf dem Platz und mitten unter ihnen.

Nebenbei sei noch erwähnt, daß Herr Versoris seit der Auflösung der Truppe das Meßbuch des Kaplans hat. Herr de Tinteville befand sich in großer Gefahr, obwohl er einen dikken Panzer trug. Er ergab sich Herrn de Brissac, der ihn im Hause des Herrn de Pleurs in Sicherheit brachte, wo er auch vorher schon gewesen war. Er versprach ihm, dafür zu sorgen, daß ihm kein Leid geschähe; indessen könne er nicht versprechen, ihn auch wieder sicher hinauszubringen, das müsse schon Herr von Guise selbst besorgen.

Um die Wahrheit zu sagen: sie waren hier, genauso wie auf dem Grève-Platz und auch an anderen Stellen, so belagert von den dicht beieinander in einem Abstand von zehn Schritten errichteten Barrikaden, daß es ihnen unmöglich war, herauszukommen.

Die auf dem Grève-Platz hatten zwei ihrer Hauptleute zu ihnen geschickt, die man in das Haus des Herrn d'Amours brachte, wo sie aufs beste bewirtet wurden. Der Streitpunkt, über den sie verhandelten, war der, daß die Bürger wollten, sie sollten abziehen, die Lunte löschen und die übrigen Kriegsbräuche befolgen. Als Herr von Guise erschien und sie sich ihm zu Füßen warfen, erhielten sie sofort freien Abzug und wurden zur Porte Saint-Martin gebracht, durch die sie hinausziehen durften, wie man es ihnen zugesagt hatte.

Der Herzog von Guise spielt den großzügigen Retter gegenüber Söldnern und Anhängern der Liga:

An einer anderen Stelle wurde ebenfalls eine Kompanie der Königsgarde entwaffnet und in die Häuser gedrängt, wo sie gezwungen wurden, sich mitsamt ihren Hauptleuten einzuschließen. Deshalb ging ich durch die Stadt und setzte unverzüglich neunhundert gefangene Schweizer auf freien Fuß, des weiteren viele Gardesoldaten, die ich unter sicherem Geleit zum Louvre zurückführen ließ. Als dieser Tag, an dem sich die unfehlbare Vorsehung Gottes offenbarte, zu Ende war, ging ich bis zwei Stunden nach Mitternacht durch alle Straßen und bat das Volk, beschwor es, drohte ihm, so daß durch Gottes Gnade kein Mord mehr geschah, kein Gemetzel, kein Plündern mehr stattfand, keiner mehr einen Heller noch einen Tropfen Blut verlor, abgesehen von dem, was ihr schon gehört habt, und das, obwohl das Volk äußerst erbittert war, weil es erfahren hatte (sagten sie), daß zwanzig Galgen bereitstanden und etliche Schafotte, und weil es Urteilsvollstrecker gesehen hatte, die hundert oder hundertzwanzig Personen hinrichten lassen sollten; sie nannten auch die Namen, die mögt ihr aber lieber erraten, als daß ich sie hier aufschreibe.

Am Abend dieses Tages ist der Herzog von Guise Herr der Stadt. De Thou beobachtet, wie mancher schnell die Fahne wechselt, so auch der Ratsherr Brisson:

Am Abend, als die Truppen des Königs ihre Stellungen aufgegeben und den Rückzug angetreten hatten, war der Herzog von Guise Herr der Stadt. De Thou ging wieder zum Pont-Saint-Michel zurück und hatte in einem Fleischerladen ein Gespräch mit dem Präsidenten Brisson, dem Obersten der Bürgerkompanien seines Bezirks. Aus seinen Äußerungen erkannte er [*de Thou*], daß dieser Ratsherr sich die Ansichten des Pöbels zu eigen gemacht hatte und daß er sich der Zeit anpaßte, was ihm später zum Verhängnis wurde.

Bald erschien auch auf der Place de Mouy de Risbourg, der zuerst lauthals über den König herzog und über die Männer aus seiner Umgebung, die er Schurken nannte; danach gab er zum besten, welche Befehle er erhalten habe, die auszuführen der Herzog angeordnet habe. Die Nacht, die auf einen Tag so voller Aufregungen folgte, war nicht ruhiger; sie verstrich in Furcht und mit Tumult.

Der König ist mit seiner Schweizergarde und ein paar Getreuen im Louvre eingeschlossen, und es sieht so aus, als sei er nur noch Geisel der katholischen Partei. Von einem anonymen Zeugen erfahren wir folgendes:

Man errichtete eine Barrikade vor der Kapelle der Bourbonen, worüber der König empört war, mehr als über alles andere; dabei hörte man rufen: »Es lebe Guise!«, was ihm sofort hinterbracht wurde. Bei Einbruch der Nacht herrschte im Louvre solcher Schrecken, daß alle im Gemach des Königs das blanke Schwert in der Faust hielten. Eine ganze Stunde und mehr hielt das Entsetzen an, weil man ein Gerücht verbreitet hatte, man wolle kommen und ihn belagern. Doch habe ich nicht gehört, daß man auch nur entfernt daran dachte, etwas Derartiges zu unternehmen.

Der König:

An jenem Abend ließ ich sie [*die Schweizer*] abrücken und quartierte sie in der Umgebung meines Schlosses Louvre ein und wartete ab, was aus der Erregung der Bürger würde. Ich tat mein möglichstes, um sie zu beschwichtigen. Statt des Resultats, das ich zu ihrem Wohl und meiner Zufriedenheit erwartet hatte, haben sie aber wohl weiterhin Barrikaden errichtet, Tag und Nacht verstärkte Wachen aufgestellt, sogar ganz in der Nähe meines Schlosses Louvre bis vor die Posten meiner gewöhnlichen Wache, und haben wohl sogar das Rathaus in ihre Gewalt gebracht und sich der Schlüssel der Porte Saint-Antoine und anderer Stadttore bemächtigt.

Am dreizehnten dieses Monats sah es so aus, als ob niemand mehr verhindern könnte, daß sie noch mehr Gewalttaten begingen und noch größere Unruhen stifteten und dabei auch nicht vor dem Schloß haltmachten.

In der Frühe des 13. Mai mischen sich auch Mönche und Studenten unter die Aufständischen, wie aus den Aufzeichnungen eines ungenannten Zeugen hervorgeht:

Herr Boucher hielt in seinem Kolleg eine Predigt, die dreizehn bis vierzehn Studenten veranlaßte, mit Waffen auf die Straße zu laufen. Auch im Jesuitenkolleg feuerte man die jungen Studenten an, und auch von hier eilten eine Menge herbei, um den andern Unterstützung zu bringen. Heute,

Freitagmorgen, brachte man ihnen drei oder vier Ladungen mit Piken, die man auf dem Speicher über den Fleischerläden auf dem Marché-Neuf geholt hatte mit der Auflage, sie wieder dorthin zurückzubringen. Am gleichen Tag brachte man auch Piken in Mengen in das Hôtel de Guise.

Cheverny, der Kanzler, schildert die weiteren Ereignisse:

Tags darauf, am späten Vormittag des 13. Mai, eines Freitags, stürmten schon wieder alle Einwohner, deren Gemüter sich immer mehr erhitzten, mit Waffen auf die Barrikaden, die sie tags zuvor errichtet hatten und die sie, soweit es ihnen möglich war, jetzt noch verstärkten und befestigten. Manche gingen hin und stachelten unter dem Vorwand, ihre Interessen zu vertreten, die Bevölkerung im Universitätsviertel und die Studenten auf, zu den Waffen zu greifen; das taten sie auch, und sie wüteten so, daß an jenem Freitag gegen zwei Uhr nachmittags überall die Sturmglocken geläutet wurden und in den Kreuzgängen von Saint-Séverin und an anderen großen Plätzen des Viertels das Volk sich in großen Haufen bewaffnet zusammenrottete, um irgend etwas zu unternehmen. Danach wurde dem König mehrfach gemeldet, sie hätten im Sinn, ihn im Louvre anzugreifen und von ihm die Auslieferung derer zu fordern, die ihm den Rat gegeben hatten, Paris von Soldaten besetzen zu lassen, jener nämlich, die sie die »gefährlichen Ratgeber« nannten. Der König ergriff keine Vorsichtsmaßnahmen gegen eine etwaige Gefahr, die nämlich dann eintreten konnte, wenn es galt, den Louvre gegen eine hereinbrechende Volksmasse zu verteidigen, bei der man ja kein Ehrgefühl erwarten konnte. Seine Majestät faßte den Entschluß, die Stadt Paris durch die Porte Neuve zu verlassen, die er hatte besetzen lassen, um heimlich in die Tuilerien zu gelangen. Je nachdem, wie die Meldungen ausfielen, die man ihm brächte, wollte er entscheiden, was zu tun sei. Inzwischen hatte die Königinmutter Herrn von Guise in seinem Palast aufgesucht und verhandelte mit ihm darüber, was man tun könne, um das Volk zu beschwichtigen.

Bis gegen fünf Uhr abends hielt sich der König, ohne irgendeine Nachricht von der Königin, seiner Mutter, zu haben, in den Tuilerien auf. Hier erhielt er erneut die Bestätigung, daß die Volkswut noch tobte und sich sogar noch steigerte und daß das Volk wahrscheinlich entschlossen sei, ihm im Louvre, wo es ihn noch anwesend glaubte, Gewalt anzutun, und daß es in seiner Raserei gut auch bis in die Tuilerien vordringen könnte, wo es unmöglich war, gegen einen Ansturm Widerstand zu leisten. Da entschied er sich, aufs Pferd zu steigen, die Stadt zu verlassen und nach Saint-Germain-en-Laye zu reiten; uns befahl er, ihn zu begleiten, die meisten von uns stiegen ohne Stiefel aufs Pferd und ritten mit dem König fort.

L'Estoile:

Als er [*der König*] in die Tuilerien kam, wo sich seine Stallungen befanden, stieg der König mit denen aus seinem Gefolge, welche die Möglichkeit hatten, mit ihm zu gehen, aufs Pferd; du Halde zog ihm die Stiefel an und legte ihm dabei die Sporen verkehrt herum an. »Das ist ganz gleich«, sagte der König, »ich reite nicht zu meiner Geliebten, ich habe einen weiteren Weg zu machen.« Als er zu Pferd saß, wandte er sich nach der Stadt zurück und schwor, sie nicht wieder zu betreten, es sei denn durch eine Sturmlücke. Er schlug den Weg nach Saint-Cloud ein, verbrachte die Nacht gestiefelt und gespornt in Rambouillet und aß tags darauf in Chartres zu Mittag, wo er bis zum letzten Tag im Mai blieb.

Paris ist in den Händen der Liga. Wie schon im Jahre 1585 scheint der König nachzugeben. Im Juli 1588 erläßt er das »Unionsedikt«, durch das die Teilnehmer am Aufstand des 12. und 13. Mai amnestiert werden und in dem festgelegt wird, daß der König von Frankreich katholisch sein muß. Fünf Monate vor seinem Tod kann also Heinrich von Guise annehmen, daß er den König endgültig auf seine Seite gezogen hat.

Das Drama von Blois

In den Monaten Juli bis Oktober 1588 baut Guise seine einmal errungene Vormachtstellung aus. Die Liga zwingt den König, die Generalstände einzuberufen, was immer dann geschieht, wenn die Finanzlage des Staates schwierig oder die politische Situation verfahren ist. Die Protestanten nehmen daran nicht teil. Wie könnte es auch anders sein, da sie ja überall, wo sie es können, Krieg führen? Die drei Stände, die in Blois zusammenkommen, setzen sich ausschließlich aus Anhängern der Liga zusammen. Der König befindet sich in einer ähnlichen Lage wie später Ludwig XVI. im Jahre 1789. Er muß sich demütigen und einen Eid auf das Unionsedikt leisten. Agrippa d'Aubigné beruft sich bei seiner Schilderung der Versammlung auf den Bericht eines Zeugen:

Dies waren die Eröffnungsfeierlichkeiten für die Ständeversammlung: Zuerst mußten alle zur Beichte und zur Kommunion gehen und an einer allgemeinen Prozession teilnehmen, die gleichzeitig das Gepräge von Frömmigkeit und von Prachtentfaltung hatte. Es war am zweiten Sonntag im Oktober, als die Deputierten und der Klerus in Reihen zu vieren von [*der Kirche*] Saint-Sauveur in Blois bis nach Vienne hin eine Prozession bildeten, bei der der König sich mit ausgesuchtem Pomp unter einem hohen Baldachin zeigte und damit aller Augen auf sich zog und aufmerksam einer in seinem Sinne verfaßten Predigt von Sainctes [*dem Bischof von Evreux*] zuhörte. Darin war viel die Rede von Fasten und Beten, damit der Staat aus der Gefahr, in der er schwebte, errettet würde.

Tags darauf konnte die Ständeversammlung noch nicht, wie vorgesehen, eröffnet werden, da verschiedene Deputierte noch nicht angekommen waren. Bis zu ihrer Ankunft versammelte man sich an verschiedenen Orten, der Klerus tagte bei den Jakobinern, wo die Kardinäle von Bourbon und von Guise den Vorsitz führten, der Adel trat im Palast zusammen unter dem Vorsitz des Grafen von Brissac und des Barons von Magnac. Der Dritte Stand versammelte sich im Rathaus und wählte den Vorsteher der Kaufmannschaft; es war derselbe, den man auch bei dem Barrikadenaufstand gewählt hatte (Michel de La Chapelle-Marteau). Auch die übrigen hohen Staatsbeamten wurden gewählt, und alle waren der Liga ebenso wohlgesonnen wie die Vorsitzenden; am 16. Oktober wurde die Versammlung im großen Saal [*des Schlosses*] eröffnet.

Ich möchte in meiner Schilderung nur erwähnen, daß der König auf einem erhöhten Platz, zu dem drei Stufen hinaufführten, saß, rechts und links von ihm die Königinnen, seine Mutter und seine Gemahlin, hinter ihm nur die Hauptleute der Garde, die einhundert Edelleute. Rechts saßen die Prinzen von Geblüt und ein wenig weiter die übrigen Fürsten und die Marschälle von Frankreich, ihnen gegenüber saßen die Kardinäle und die bedeutendsten Vertreter der hohen Geistlichkeit.

In gleicher Höhe wie der Thron des Königs war der Sitz des Herzogs von Guise aufgebaut, am Rande der Estrade, den Prinzen von Geblüt halb zugewandt; ebenso saß der Großsiegelbewahrer Montelon. Der Platz des Kämmerers zu Füßen des Königs blieb unbesetzt, da der Herzog von Mayenne nicht anwesend war. Vor dem Großsiegelbewahrer, etwas niedriger, die Sekretäre und vor ihnen, in der Nähe ihrer Tische, barhäuptig, kniend, die Herolde. Weiter unten saßen ein paar Ritter vom Orden des Heiligen Geistes. Dann kamen, sich mehr und mehr verlängernd, die Bänke der Staatsräte; hinter ihnen die Abgeordneten des Klerus' und auf der anderen Seite die Deputierten des Adels. Im Vordergrund, auf niedrigeren Sitzen, die quer zu den übrigen standen, saßen die Vertreter des Dritten Standes ohne Rangunterschied. Das Ganze war von festen Schranken umgeben, an deren Öffnungen die Saaldiener standen, die ein etwaiges Durcheinander verhindern sollten und die vorführten, wer aufgerufen wurde.

Der König ergriff das Wort und sagte: »Meine Herren, Sie kennen den Wortlaut meines Ediktes und seinen Inhalt, ebenso die Größe und die Würde des Eides, den Sie alle sprechen sollen. Und da alle Ihre begründeten Forderungen sich, wie ich sehe, mit den meinen völlig decken, will ich schwören, so wie ich vor Gott ehrlichen und guten Gewissens schwöre, dieses mein Edikt einzuhalten. Solange ich nach dem Willen Gottes auf dieser Erde weile, will ich und befehle, daß es für immer in meinem Königreich als das grundlegende Gesetz beachtet wird, und zum dauernden Zeichen dafür, daß alle Stände meines Königreichs völlig damit übereinstimmen und es billigen, sollen Sie jetzt schwören, einmütig und einstimmig, dieses Edikt zu befolgen, und dabei mit erhobenen Händen den Himmel zum Zeugen anrufen.« Er befiehlt Beaulieu, dem Staatssekretär, dies zu protokollieren, damit die Nachwelt eine zuverlässige Überlieferung eines so feierlichen Eides erhalte. Da erhoben alle ihre Hände und riefen jubelnd so laut: »Es lebe der König!«, daß der Ruf durch die ganze Stadt schallte. Dann schritt der Fürst mit erhobener Hand als erster in die Kirche Saint-Sauveur, und alle folgten ihm. Dort sang der schon wartende Kirchenchor das *Te Deum laudamus*.

Als der König die Kirche wieder verließ, nahm er den Vorsteher der Kaufmannschaft bei der Hand und sagte zu ihm: »Die Pariser haben mir eine schwere Beleidigung zugefügt, aber ich will sie vergessen zum allgemeinen Wohl der Katholiken Frankreichs und zur Linderung der Not meines armen Volkes, dessen Elend mich meinen Groll vergessen läßt. Ich befehle Ihnen, an dies Wort zu glauben, denn es kommt aus dem Munde Ihres Königs.«

Heinrich III. hat gelernt, sich zu verstellen. Er hat über die Lektion nachgedacht, die man ihm im Mai erteilt hat. Er beschließt, den Herzog von Guise umzubringen. Der Mord ist von Anfang bis Ende das Werk des Königs. Bernardino de Mendoza, der spanische Gesandte, schreibt vor der Eröffnung der Ständeversammlung im August an seinen König:

Da der Herzog mich noch vor seiner Abreise um eine Unterredung bitten ließ, begab ich mich noch in der Nacht zu ihm hin. Er sagte mir, er sei im Begriff, nach Blois aufzubrechen, und war entschlossen, sich lieber den Gefahren auszusetzen, die ihm möglicherweise daraus erwuchsen, als sich Schwäche oder Kleinmut nachsagen zu lassen. Übrigens durfte man die Gefahr auch nicht überschätzen. Sein Gefolge, das er mitnehmen wollte, und seine Freunde, die er mit Sicherheit am Hof besaß, waren an Stärke seinen Feinden überlegen und versetzten ihn in die Lage, allen offenen Anschlägen gegen seine Person zu begegnen. Die einzige wirkliche Gefahr für ihn konnte ihm lediglich im Kabinett des Königs drohen, in das man nur allein zugelassen wird und wo es dem Fürsten ein leichtes war, ihn von zehn oder zwanzig hierfür bestellten Männern angreifen und niedermachen zu lassen. Aber auch diese Gefahr war nicht sehr zu fürchten, weil es kaum möglich erschien, alle Vorkehrungen für die Durchführung eines solchen Plans zu treffen, ohne daß darüber etwas verlauten würde, und unweigerlich wäre der Herzog, falls ein derartiges Komplott überhaupt zustande kam, von seinen persönlichen Freunden, die er in der Umgebung des Königs hatte, davon in Kenntnis gesetzt worden.

Da der König die Vorbereitungen zum Mord allein trifft, darf er damit rechnen, daß sie geheim bleiben. Dennoch ... L'Estoile berichtet:

Als der Herzog von Guise sich am Donnerstag, dem 22. Dezember, beim Mittagsmahl zu Tisch setzte, fand er unter seiner Serviette einen Zettel, auf dem geschrieben stand: »Passen

Sie auf, man will Ihnen einen bösen Streich spielen.« Nachdem er gelesen hatte, schrieb er darunter: »Das würde man nicht wagen« und warf ihn unter den Tisch. Am gleichen Tag versicherte ihm sein Vetter, der Herzog von Elbeuf, daß man für den nächsten Tag einen Anschlag auf sein Leben plane. Er gab zur Antwort:

»Ich sehe wohl, Sie haben in Ihrem Almanach nachgesehen, denn jeder Almanach von diesem Jahr ist voll von solchen Warnungen.«

Miron, der Leibarzt des Königs berichtet:

Ich will Ihnen ungeschminkt sagen, was mir darüber zu Ohren gekommen ist aus dem Munde einiger Männer, die bei dem Spiel zusahen, und einiger anderer, die selbst bei dieser Tragödie mitspielten.

Man schreibt den 22. Dezember 1588, abends:

Gegen neun Uhr ließ der König Herrn de Larchant kommen, Hauptmann der Leibwache, der unten neben der Treppe untergebracht war, und obwohl er an einer Ruhr litt, begab er sich zu Seiner Majestät, die ihm befahl, um sieben Uhr morgens mit seinen Leuten zur Stelle zu sein und den Herzog von Guise, wenn er die Treppe hinaufstiege, um am Staatsrat teilzunehmen, darum zu bitten, er möchte doch dafür sorgen, daß er seinen Leuten den Sold zahlen könne, und dann, wenn der Herzog ins Beratungszimmer getreten sei, die Treppe und die Tür zu besetzen, damit niemand, gleich wer es sei, hinein oder heraus oder vorbeigehen könnte; gleichzeitig solle er zwanzig Mann auf der Treppe postieren, die zum alten Kabinett und hinunter zur Hirschgalerie führt, und diesen den gleichen Befehl erteilen.

Danach begaben sich alle zur Ruhe, und der König ging zwischen zehn und elf Uhr etwa in sein Kabinett, nur begleitet von de Termes. Dort blieb er bis Mitternacht. »Mein Sohn«, sagte er zu ihm, »gehen Sie jetzt schlafen und sagen Sie du Halde, er möchte mich auf jeden Fall um vier Uhr wecken, und kommen auch Sie zur selben Zeit hierher.« Der König nahm seinen Leuchter und ging mit der Königin zu Bett; auch de Termes begab sich zur Ruhe, und im Vorbeigehen sagte er Herrn du Halde Bescheid, was der König von ihm wünschte. Du Halde bat ihn, er möchte ihm doch leuchten, damit er seinen Wecker auf vier Uhr stellen könnte.

So gingen denn alle zu Bett, und man erzählt sich, daß der Herzog von Guise in dieser Nacht bei einer der schönsten Hofdamen geruht und sie gegen drei Uhr nach Mitternacht verlassen habe, wie ich nach seinem Tod von Herrn Le Jeune, seinem Arzt, erfuhr. Dieser war nebst einigen Dienern anwesend, als er sich niederlegte, und er sah, wie er fünf Zettel las, die ihn warnten, er solle aufpassen und sich vor den Machenschaften des Königs hüten; es sei etwas zu befürchten, und der Hauptmann der Leibwache Le Gast habe heute Wache. Als der Herzog ihnen erzählte, was auf den Zetteln stand, baten sie ihn inständig, er möchte die Warnungen doch nicht in den Wind schlagen; er versteckte sie unter seinem Kopfkissen, und während er sich niederlegte, sagte er: »Ich käme niemals zu Ende, wenn ich mich mit all diesen Warnungen aufhalten wollte; er würde es nicht wagen. Wir wollen jetzt schlafen, und Sie, gehen Sie jetzt auch zu Bett.«

Es schlägt vier Uhr; du Halde erwacht, steht auf und klopft an das Zimmer der Königin. Auf das Klopfen hin erscheint Fräulein Louise Dubois, Herrin von Piolant, ihre erste Kammerfrau, und fragt, wer da sei. »Du Halde«, sagt er, »sagen Sie dem König, es sei vier Uhr.« »Er schläft, und die Königin auch«, sagt sie. »Dann wecken Sie ihn«, erwidert du Halde, »er hat es mir befohlen; oder ich klopfe so laut, daß ich beide aufwecke.« Der König, der nicht geschlafen, sondern die ganze Nacht voll innerer Unruhe verbracht hat, wie Sie sich wohl vorstellen können, fragt Fräulein von Piolant, als er Stimmen hört, wer da sei. »Sire«, sagt sie, »es ist Herr du Halde, er sagt, es sei vier Uhr.« »Piolant«, sagt der König, »schnell, meine Stiefel, meinen Rock und meinen Leuchter!« Steht auf, läßt die Königin völlig fassungslos zurück und geht in sein

Kabinett, wo er schon Herrn de Termes vorfindet, ferner du Halde, den der König um die Schlüssel zu den kleinen Zellen bittet, die er für Kapuzinermönche hat herrichten lassen. Als er sie hat, geht er die Treppe hinauf; Herr de Termes hält den Leuchter. Der König öffnet eine der Zellen und schließt du Halde darin ein, der, so erzählte er uns, sich noch nie in einer so großen Not befand, da er nicht wußte, welche Laune den König dazu getrieben hatte. Der König kommt wieder herunter und geht von Zeit zu Zeit selbst in sein Gemach, um nachzusehen, ob die Fünfundvierzig schon da waren; und sowie sie kamen, schickte er sie die Treppe hinauf und schloß sie genauso ein wie du Halde, einen nach dem andern, bis er sie alle in verschiedenen Zellen eingesperrt hatte.

Mittlerweile trafen auch die hohen Herren und die anderen Mitglieder aus dem Staatsrat im Kabinett ein, das man nur von der Seite her betreten konnte, denn der König hatte eigens einen schmalen, schrägen Zugang zu seinem Gemach bauen und die Tür in der Mitte zumauern lassen. Als sie, nicht ahnend, was vorging, eingetreten waren, setzte er seine Gefangenen, genauso wie er sie eingesperrt hatte, wieder auf freien Fuß, und das so leise wie möglich, befiehlt ihnen, in sein Gemach hinunterzugehen, und legt ihnen ans Herz, keinen Lärm zu machen, denn die Königin, seine Mutter, liege im Stockwerk darunter krank danieder.

Danach begibt er sich in sein Kabinett und richtet folgende Worte an die Mitglieder seines Rates: »Sie wissen alle, wie sich der Herzog von Guise seit dem Jahre 1585 mir gegenüber verhalten hat, als man entdeckte, daß er es zum ersten Mal mit den Waffen versuchen wollte. [...] Anstatt sich für die vielen Wohltaten, die ihm zuteil wurden, dankbar zu erweisen, hat er sich so sehr vergessen, daß er jetzt, da ich zu Ihnen spreche, von maßlosem Ehrgeiz verblendet, einen Anschlag auf meine Krone und auf mein Leben wagen will. Er hat mich in eine solche Zwangslage versetzt, daß entweder ich sterben oder er sterben muß, und das noch heute morgen.« Auf seine Frage, ob sie ihm nicht helfen wollten, an seinem Feind Rache zu üben, und nachdem er ihnen geschildert hat, wie der Mord vor sich gehen soll, billigen alle sein Vorhaben und dessen Durchführung und stellen ihm bereitwilligst ihren Dienst und ihr eigenes Leben zur Verfügung.

Danach geht er in das Gemach, wo sich die fünfundvierzig Edelleute, seine gewöhnliche Leibwache, aufhalten, jedenfalls der größte Teil von ihnen, und zu ihnen sagt er folgendes: »Sie alle müssen zugeben, daß ich Ihnen eine große Ehre erwies, indem ich Sie unter dem gesamten Adel meines Königreiches ausgewählt habe, um meine Person Ihrer Tapferkeit, Wachsamkeit und Treue anzuvertrauen. Sie haben erfahren, daß ich, wenn Sie von meiner Gnade und meinem Willen die Erfüllung eines Wunsches erhofften, Ihnen niemals abgeschlagen habe, worum Sie baten, und sehr oft bin ich Ihren Anliegen durch Beweise meiner Freigebigkeit zuvorgekommen, so daß Sie eingestehen müssen, bei all meinem Edelmut in meiner Schuld zu stehen; heute aber will ich Ihr Schuldner sein in einer unaufschiebbaren Angelegenheit, bei der es um meine Ehre geht, um meinen Staat und um mein Leben. Sie alle wissen, wie anmaßend sich der Herzog von Guise mir gegenüber verhalten und welche Kränkungen er mir seit einigen Jahren zugefügt hat. [...] Jetzt bin ich in solcher Bedrängnis, daß noch heute morgen entweder er sterben oder ich sterben muß. Wollen Sie mir nicht versprechen, mir einen Dienst zu erweisen und mich dafür zu rächen, indem Sie ihm das Leben nehmen?«

Da versprachen sie ihm wie aus einem Munde, den Herzog umzubringen. Und einer von ihnen, ein gewisser Sariac, schlug mit der Hand dem König vor die Brust und sagte in der Mundart der Gascogner: »Bei Gott, Sire, den befördere ich ins Jenseits.« Da befahl Seine Majestät, ihre Ergebenheitsbezeugungen nun einzustellen, aus Furcht, die Königin, seine Mutter, könne aufwachen. »Nun denn«, sagte er, »wer von Ihnen hat einen Dolch?« Es traf sich, daß acht einen Dolch hatten und Sariac sogar einen schottischen. Diese erhalten den Auftrag, im Gemach zu bleiben und ihn hier niederzustechen.

Herr de Loignac blieb ebenfalls da mit seinem Schwert; zwölf ihrer Gefährten beziehen Posten im alten Kabinett, das zum Schloßhof hinausgeht; diese sollten auch mitmachen und ihn mit Schwerthieben umbringen, wenn er den Samtvorhang beim Eintreten aufhob. In dieses Kabinett wollte der König ihn zu einer Unterredung rufen lassen. Die andern stellt er auf der Treppe auf, die aus dem Kabinett zur Hirschgalerie hinunterführt. Herrn de Nambu, seinem Türhüter, befiehlt er, niemanden, wer es auch sei, heraus- oder hineinzulassen, wenn er nicht selbst Anweisung dazu gegeben hätte.

Als der König diesen Befehl erteilt hat, kehrt er in sein Kabinett zurück, das auf die Gärten hinausgeht, und schickt den Marschall, Herrn von Aumont, in den Staatsrat, um das Zeichen zum Beginn zu geben und sich nach dem Mord an Guise des Kardinals von Guise und des Erzbischofs von Lyon zu versichern. Als nun der König die Anordnungen für die Durchführung der Tat gegeben hatte, befand er sich in einem Zustand höchster Erregung, da oft bei wichtigen Vorhaben Unvorhergesehenes eintreten kann. Bis die beiden Brüder im Rat erschienen waren, lief er hin und her, es hielt ihn nicht an einem Ort, ganz gegen seine Natur. Von Zeit zu Zeit trat er an die Tür seines Kabinetts und mahnte die Edelleute, die im Gemach geblieben waren, nur ja aufzupassen, daß der Herzog von Guise ihnen nichts antue. »Er ist groß und kräftig, es würde mir leid tun«, sagte er. Man kam und meldete ihm, der Kardinal sei jetzt im Staatsrat erschienen; am meisten aber beschäftigte ihn, daß der Herzog noch nicht anwesend war.

Es war schon bald acht Uhr, als der Herzog von Guise von seinen Kammerdienern geweckt wurde, die ihm sagten, der König mache sich schon zum Aufbruch bereit. Da steht er sofort auf und legt einen Rock aus grauer Seide an, geht hinaus, um sich in den Rat zu begeben, begegnet am Fuß der Treppe Larchant, der ihn wegen des Soldes für seine Leute anspricht und ihn inständig bittet, ihm diesen zu bewilligen. Der Herzog verspricht, zu seiner Zufriedenheit zu handeln.

Er betritt das Ratszimmer, und, dem Befehl des Königs gehorchend, Herr de Larchant schickt de Rouvray, seinen Leutnant, und de Montclar, einen Gefreiten der Garde, mit zwanzig seiner Leute auf die Treppe zum alten Kabinett. Kaum hat der Herzog Platz genommen, sagt er: »Ich friere, ich habe Herzschmerzen, man soll Feuer machen.« Und zu Morfontaine, dem Schatzmeister: »Herr de Morfontaine, sagen Sie doch bitte Herrn de Saint-Pris, dem Ersten Kammerdiener des Königs, er möchte mir doch ein paar Damaszenerrosinen oder etwas Rosenkonfitüre bringen.« Und da diese nicht vorhanden sind, bringt er ihm Brignolespflaumen, und er reicht sie dem Herzog.

Da erfuhr Seine Majestät, daß sich der Herzog von Guise im Rat eingefunden hatte, und befahl Herrn de Revol, dem Staatssekretär: »Revol, gehen Sie und sagen Sie dem Herzog von Guise, er möchte zu einer Unterredung zu mir in mein altes Kabinett kommen.« Als de Nambu ihm den Zutritt verwehrte, kehrte jener ins Kabinett zurück, bleich vor Schrekken (er war eine bedeutende Persönlichkeit, aber furchtsam). »Mein Gott«, sagte der König, »Revol, was haben Sie, was gibt's? Wie bleich Sie sind! Sie werden mir alles verderben. Reiben Sie sich die Wangen, Revol, reiben Sie sich die Wangen!« »Es ist nichts Schlimmes, Sire«, sagte er, »Herr de Nambu hat mir nicht die Tür öffnen wollen, bevor Ihre Majestät ihm nicht den Befehl dazu erteilt hat.« Das tat der König von der Tür seines Kabinetts aus, zugleich auch, ihn wieder herauszulassen, ebenso Herrn von Guise. De Marillac, der für die Bittschriften zuständig war, berichtete eben über eine Frage aus dem Gebiet der Salzsteuern, als Revol eintrat und bemerkte, daß der Herzog von Guise gerade Brignolespflaumen aß; er sagt zu ihm: »Mein Herr, Sie werden vom König verlangt, er ist in seinem alten Kabinett«, zieht sich zurück, läuft blitzschnell hinaus und eilt zum König.

Der Herzog von Guise legt ein paar Pflaumen in seine Konfektdose, wirft den Rest auf den Tisch und sagt: »Meine Herren, wer möchte welche?«, erhebt sich von seinem Platz, rafft seinen Mantel unter dem linken Arm zusammen, zieht seine Handschuhe an, nimmt seine Konfektdose ebenfalls in die linke Hand und sagt: »Leben Sie wohl, meine Herren.« Er klopft. Als de Nambu ihm die Tür öffnet, geht er hinaus und schließt sie hinter sich. Der Herzog tritt in das Gemach des Königs, grüßt die Anwesenden, die sich erheben, ihn ebenfalls begrüßen und ihm scheinbar aus Respekt folgen; als er nur noch zwei Schritte bis zur Tür zum alten Kabinett zu machen hat, faßt er sich mit der rechten Hand an den Bart und wendet sich mit Gesicht und Körper halb nach den Edelleuten um, die ihm folgen. Da packte ihn de Montfery der Ältere, der in der Nähe des Kamins stand, unversehens am Arm, weil er glaubte, der Herzog wolle zurückweichen, um sich zu verteidigen, und sticht ihm gleichzeitig seinen Dolch in die Brust mit den Worten: »Ha, Verräter, daran wirst du sterben!« Im gleichen Augenblick packt ihn des Effranats an den Beinen, de Saint-Malines stößt ihm von hinten den Dolch unterhalb der Kehle tief in die Brust, de Loignac sein Schwert ins Kreuz. Der Herzog schrie bei jedem Stich: »He! Freunde! He! Freunde!« Und als er spürte, wie Sariac ihm seinen Dolch ins Kreuz stieß, brüllte er: »Erbarmen!«; und obwohl sein Schwert sich in den Mantel verwickelt hatte und einer seine Beine festhielt, brachte er es fertig – so stark war er –, sie von einem Ende des Gemaches bis ans andere mitzuschleifen, bis er am Fußende des Bettes, in dem der König zu schlafen pflegte, zusammenbrach.

L'Estoile bringt die Fortsetzung:

Seine Majestät fragte sie, ob sie es getan hätten, ging hinaus und versetzte dem armen Toten einen Tritt ins Gesicht, genauso wie es der Herzog von Guise bei dem verstorbenen Admiral getan hatte; eine wahre Begebenheit, die bemerkenswert ist. Der König betrachtete ihn und sagte ganz laut: »Mein Gott, wie groß er ist, tot ist er noch größer als lebendig.«

Und wieder Miron:

Diese letzten Worte vernahm sein Bruder, der Kardinal, denn nur eine dünne Wand trennte sie. »Ha!«, sagte er, »sie töten meinen Bruder.« Und als er von seinem Platz aufspringen will, hält ihn der Marschall, Herr von Aumont, zurück, legt die Hand auf sein Schwert und sagt: »Rühren Sie sich nicht, zum Henker! Herr, der König hat noch etwas mit Ihnen vor.« Der Erzbischof von Lyon faltete zu Tode erschrocken die Hände und sagte: »Unser aller Leben liegt in den Händen Gottes und des Königs.« Nachdem der König erfahren hat, daß alles erledigt ist, tritt er an die Tür zu seinem Kabinett, hebt den Vorhang hoch, und als er ihn am Boden ausgestreckt liegen sieht, geht er wieder hinein, befiehlt de Beaulieu, einem seiner Staatssekretäre, ihn zu durchsuchen, um nachzusehen, was er bei sich trüge. Er fand am Arm ein Schlüsselchen an einer Goldkette und in der Hosentasche eine kleine Börse mit zwölf Goldtalern und einen Zettel, auf dem von der Hand des Herzogs geschrieben stand: »Für die Kriegsführung in Frankreich werden monatlich siebenhunderttausend Livres benötigt.« D'Antragues nahm ihm, sagt man, ein Herz aus Diamanten vom Finger. Während de Beaulieu ihn durchsuchte, bemerkte er, daß der Körper sich noch rührte. Da sagte er zu ihm: »Mein Herr, solange noch ein Rest von Leben in Ihnen ist, bitten Sie Gott und den König um Verzeihung.« Ohne etwas sagen zu können, stieß er, als sei seine Stimme heiser, einen langen tiefen Seufzer aus und verschied. Man deckte ihn mit einem grauen Mantel zu und legte ein Kreuz aus Stroh darauf.

Etienne Dorguyn, der Kaplan des Königs, macht vor den Vertretern der Liga folgende Aussage:

Als der König mit seiner Begleitung das Kabinett verlassen hatte, betrat er [*der Zeuge*] das Kabinett und begegnete einem Kammerdiener, der ihn fragte, ob er die Leiche des toten Guise sehen wolle. Der Diener zeigte ihm die Leiche, die in ein Leintuch gewickelt und mit einem türkischen Teppich bedeckt war. Er [*der Zeuge*] betete ein *De profundis* für die

Seele des Verstorbenen. Darüber kam ein Arzt des Königs namens Portail, der sehr weinte und durch seine Verfassung zu erkennen gab, daß er über das Geschehen bekümmert war. Portail nahm den Teppich und das Leintuch weg, öffnete das Wams des Toten, knöpfte das Hemd auf und untersuchte die Wunden, eine nach der andern, die man dem Leib des Toten beigebracht hatte; eine bemerkte er über der rechten Augenbraue, eine weitere am Hals und eine andere über der linken Brustwarze. Er sah, daß die Magengegend voll Blut war, weiß aber nicht, ob auch hier Wunden vorhanden waren; und er drehte die Leiche nicht um, um nachzusehen, ob er auch hinten Wunden hatte.

Miron:

Fast zwei Stunden blieb er so liegen, dann wurde er Richelieu, dem Oberhofrichter von Frankreich, überantwortet, der auf Befehl des Königs den Leichnam durch seinen Vollstrecker verbrennen ließ, und zwar im ersten Saal unten, linker Hand, wenn man das Schloß betritt. Danach ließ er die Asche in den Fluß werfen.

Und hier ein Auszug aus einem Brief, den Filippo Cavriana an den Sekretär des Großherzogs von Toscana schreibt:

Als der König sah, daß sein Rivale tot war, ging er hinunter, ein Stockwerk tiefer, zu der Königin, seiner Mutter, da begegnete er mir und fragte mich angelegentlich nach ihrem Befinden. Ich erwiderte ihm, es gehe ihr gut, sie habe nur eine leichte Medizin eingenommen. Während er auf sie zuging, sagte er zu ihr mit dem zuversichtlichsten und ruhigsten Gesicht der Welt: »Guten Tag, Madame, ich bitte Sie, verzeihen Sie mir, Herr von Guise ist tot, und damit ist die Sache erledigt. Ich habe ihn töten lassen und bin ihm nur zuvorgekommen, denn die gleichen Absichten hegte er gegen mich. Ich konnte seine Anmaßung nicht länger dulden. Ich habe sie lange genug zu ertragen versucht, um meine Hände nicht mit seinem Blut zu beschmutzen. Ich hatte vergessen, welche

Schmach er mir am 13. Mai zugefügt hatte, an jenem Freitag, als er mich zur Flucht aus Paris zwang. Ich hatte auch vergessen, daß er mir nach dem Leben trachtete, nach meiner Ehre und meiner Macht. Als ich aber stündlich von neuem erfuhr und den Beweis dafür erhielt, daß er wiederum meine Autorität untergrub, mein Leben und meinen Staat bedrohte (so drückte er sich wörtlich aus), habe ich mich zu dieser Tat entschlossen.

Ich werde den Krieg gegen die Hugenotten eifrig weiterführen, denn ich will die Ketzerei in meinem Königreich ausrotten.« Ohne zu wanken und mit dem gleichen festen Ton in der Stimme ging der König hinaus, und sein Gesicht blieb unbewegt, sein Herz ungerührt, was mir, der ich ja anwesend war, ans Wunderbare zu grenzen schien. Ich ging fort, in Gedanken verloren, und dachte darüber nach, wie süß Rache sein muß, daß sie einen Geist so zu beleben, ein Gesicht so aufzuheitern vermag.

Die führenden Ligisten, die an der Ständeversammlung teilnehmen, sind in großer Sorge. Michel de La Chapelle-Marteau, der Vorsteher der Kaufmannschaft von Paris, einer der Hauptakteure in der Bartholomäusnacht, macht später vor der Untersuchungskommission der Liga folgende Aussage:

Als er mit den anderen Vertretern des Dritten Standes an einer Sitzung teilnahm, kam der Saaldiener und sagte zu dem Zeugen, St. Martin sei vor der Tür. Der Zeuge begab sich zum Eingang des Saales; St. Martin sagte zu ihm, im Schloß gehe alles drunter und drüber und man schließe die Tore. Da ging der Zeuge zurück und teilte den andern Deputierten mit, was man ihm gerade berichtet hatte, und bat sie, sich nicht aufzuregen, er hoffe, es sei nichts Ernstes. Zwischen acht und neun Uhr morgens kam de Richelieu herein, der Oberhofrichter, blieb an der Tür stehen und sagte: »Meine Herren, verhalten Sie sich ruhig! Man hat den König töten wollen, zwei Soldaten sind verhaftet worden.« Es entstand Unruhe unter den Deputierten, und als einige sich erheben wollten, zog der Oberhofrichter sein Schwert und schrie: »Tod und Teufel, niemand soll sich rühren!« Hinter ihm standen dreißig bis vierzig Häscher und Soldaten von der französischen Fußgarde, die Zündschnur bereit und die Piken auf die Brust der Deputierten gerichtet. Der Zeuge fand Mittel und Wege, zum Oberhofrichter hinzugehen, und fragte ihn, was er zu tun beabsichtige, bat ihn, das Schwert wieder in die Scheide zu stecken, und versicherte ihm bei seinem Leben und seiner Ehre, er werde dafür sorgen, daß alle Abgeordneten auf ihre Plätze zurückkehrten. Darauf fragte ihn der Oberhofrichter, ob er ihm das verspreche, zog im gleichen Augenblick aus seiner Tasche ein kleines Papier und sagte, zu dem Zeugen gewandt: »Sie sind als erster angeklagt, einen Anschlag auf den König geplant zu haben, ich sage: Sie, der Herr Präsident de Nully, Herr Compans, Herr von Orléans, der Präsident du Verger von Tours, Le Roi, Statthalter von Amiens, und de Vert.« Da antwortete der Zeuge, er lobe Gott und er hoffe, daß sich bald seine Unschuld herausstelle. Dann wurden er, die Herren de Nully, Compans und Le Roi von den Häschern des Oberhofrichters ergriffen, ohne daß sie Zeit hatten, Hut und Mantel mitzunehmen: es ging ein starker Regen nieder. Höchst unsanft und unwürdig schaffte man sie zum Schloß. Vor dem Eingang war die gesamte Wache, die schweizerische und die französische, aufmarschiert, und die Schloßtore waren verriegelt.

Die kleine Tür wurde geöffnet, und man ließ sie ein. Dann führte man sie über die große Treppe, an deren Fuß Dunes stand, in Stiefeln und Sporen, bleich und verstört, und obwohl er sonst mit dem Zeugen zu sprechen, sich zu grüßen und Freundlichkeiten auszutauschen pflegte, würdigte er ihn diesmal keines Blickes. Als sie an der Tür des Zimmers standen, wo der Staatsrat stattzufinden pflegte, sahen sie die ständige Wache des Königs, die man die »Fünfundvierzig« nennt, lachend und schwatzend in Gruppen herauskommen. Dann traten sie in den Saal, voran der Oberhofrichter, und hier sahen sie die meisten Teilnehmer am Rat kreidebleich und bestürzt herumstehen. Die Tür zum Gemach des Königs stand offen;

man führte sie vor das Kabinett, wo ihnen der Oberhofrichter zu warten befahl. In dem Durchgang zur Tür bemerkten sie zwei große, noch dampfende Blutlachen. Da sagte der Präsident de Nully zu den Deputierten: »O mein Gott, hier ist ein Unglück geschehen.« Nachdem die Fünfundvierzig sich eine Weile im Gemach aufgehalten hatten, kamen sie zurück und musterten die Personen, eine nach der andern; dann erschien ein Diener mit einem silbernen Gefäß voll Wasser und einem Besen und wischte das Blut auf.

Der Kardinal von Guise erhält noch eine kurze Galgenfrist. Er wird am 24. getötet. Darüber erfahren wir von Miron folgendes:

Der König befahl, den Kardinal von Guise und den Erzbischof von Lyon in den Mühlenturm zu werfen, denn Seine Majestät beabsichtigte, dem Kardinal aus Achtung vor seinem Amt nur eine Gefängnisstrafe aufzuerlegen. Als ihm aber einige hochgestellte Persönlichkeiten sagten, dieser sei der gefährlichste von allen, und da er sich wenige Tage vorher noch überaus frech und verächtlich über den König geäußert hatte, fühlte er sich von diesen Worten, seien sie nun wahr oder erfunden, so tief getroffen, daß er sofort den Entschluß faßte, sich seiner zu entledigen.

In einem Schreiben teilt Heinrich III. dem Marquis von Pisani, dem Gesandten in Rom, folgendes mit:

Lieber Herr Marquis, ich vergaß noch, Ihnen zu sagen, daß ich mich auch des Kardinals von Guise entledigt habe, der dreist behauptete, er sterbe nicht, bevor er meinen Kopf in der Hand gehalten und mir eine Mönchstonsur rasiert habe. Das hat mich tief getroffen, denn solch eine Äußerung spricht von zu großer Verachtung. Dennoch hätte ich ihn dieser Beleidigung wegen nicht umbringen lassen, denn sie richtete sich nur gegen meine Person; doch seine Absichten und sein Verhalten – um nur das zu nennen – waren nicht weniger gefährlich als die seines seligen Bruders.

Pierre d'Espinac, Erzbischof von Lyon, den man am Tag der Barrikaden neben Heinrich von Guise sah, wird zusammen mit dem Kardinal verhaftet; er macht später folgende Aussage:

Es kam ein Gefreiter der Garde, der dem Kardinal von Guise und dem Zeugen befahl, ihm zu folgen; er führte sie über eine sehr schmale und dunkle Treppe und durch verschiedene Gänge in eine kleine Bodenkammer, in die nur durch drei kleine, etwa ein Fuß hohe ovale Öffnungen Licht hereinfiel und die keinen Kamin hatte. Dort blieben sie bis gegen vier Uhr, litten sehr unter der Kälte und wurden bewacht von den Edelleuten der ständigen Leibwache, die man die Fünfundvierzig nannte. Um vier Uhr etwa kam Bourrenton wieder und führte sie in einen etwas tiefer gelegenen Raum, in dem auch ein Kamin vorhanden war; es war ein winziges Zimmer, unbequem und sehr düster, in das nur indirekt durch ein anderes Gebäude Licht fiel und das mit Fliesen ausgelegt und frisch gekälkt war. Zwischen fünf und sechs Uhr abends brachte man ihnen aus der Küche des Königs Eier, Brot und Wein, wovon sie beide nur eben kosteten, denn der Kardinal fürchtete sich sehr. Dann schickten sie jemanden zu Herrn de Larchant, Hauptmann der Leibwache, und baten ihn, er möge gestatten, daß man ihnen ihre Breviere, Nachthemden und ein Bett zum Schlafen brächte, was ihnen auch genehmigt und aus dem Hause des Zeugen geholt wurde. Dann betete dieser mit dem Kardinal die Vesper und die Komplet. Gegen elf Uhr abends legten sie sich auf einen Strohsack und eine Matratze; im Zimmer blieben acht bis zehn Häscher und Edelleute von der gewöhnlichen Leibwache. Doch hatten der Kardinal und der Zeuge Gelegenheit, miteinander zu sprechen, sich Trost zu spenden und gegenseitig die Beichte zu hören.

Am Morgen [*des 24. Dezember 1588*] gegen drei Uhr stand der Zeuge auf, weil er nicht schlafen konnte, und stellte sich ans Feuer. Kurz darauf erhob sich auch der Kardinal, und gemeinsam beteten sie die Liturgie bis zum ersten Stundengebet;

gegen acht Uhr kam ein Kammerdiener herein, in der Hand eine Fackel, ein gewisser Fontaine; nach ihm erschien Hauptmann Guast, der noch den Brustharnisch von seiner Rüstung trug. Mit einer tiefen Verbeugung sagte er zum Kardinal: »Mein Herr, der König verlangt nach Ihnen.« Der Kardinal fragte ihn, ob er sie beide oder nur ihn allein zu sehen wünsche; Guast erwiderte, er hätte den Auftrag, nur ihn zu holen. Beim Hinausgehen flüsterte der Zeuge ihm ins Ohr: »Mein Herr, denken Sie an Gott.« Kurz darauf vernahm er Lärm in der Nähe. Gegen drei Uhr kam ein Diener des Zeugen und sagte ihm ins Ohr, er hätte auf dem Weg zu ihm auf einem schmalen Gang, nicht weit vom Zimmer entfernt, den Kardinal tot in seinem Blut liegen sehen.

Der Königsmord

Heinrich III. hat gute Arbeit geleistet, aber auch mit diesem Mord seine Position nicht festigen können. In wenigen Tagen verliert er seine Mutter, die am 5. Januar 1589 stirbt, seine Hauptstadt Paris und fast die Hälfte Frankreichs. Unterdessen stößt Heinrich von Navarra gegen Westen vor. Der Zorn der Liga ist fürchterlich. Wie es am 24. Dezember 1588 in Paris aussieht, beschreibt L'Estoile:

Die Nachrichten von den Ermordungen und Verhaftungen, die am 24., am Vorabend von Weihnachten, nach Paris gelangten, trübten das Fest empfindlich und versetzten die Ligisten in maßlose Empörung. Der Herzog von Aumale [*ein Verwandter der Guise*], der sich damals in Paris aufhielt, wurde zum Gouverneur der Stadt ernannt. Er [...] ließ durch die Sechzehn [*von der Liga eingesetzte Bezirksvorsteher*] Haussuchungen durchführen bei den Königlichen und bei den Politischen[1]. So wurde am Lichtmeßtag mein Haus, als erstes im Stadtviertel, von Senault und La Rue durchsucht. Viele wurden verhaftet, unter ihnen ein gewisser Quatrehommes, ein Rat vom Châtelet [*Kriminalgericht*], der, als er die Nachricht vom Tod der beiden Brüder erfuhr, gesagt hatte: »Ich sehe, die Liga hat ins Bett gesch...« Wegen dieser Äußerung schickten die Sechzehn ihn in die Bastille und sagten, dort

[1] Eine unter Karl IX. entstandene Partei, deren Mitglieder dem Puritanismus der Hugenotten ebenso abhold waren wie dem Fanatismus der Liga und für ein starkes Königtum eintraten. L'Estoile war ein »Politischer«.

könne er ja die Bettücher waschen, und tatsächlich wurde er hier lange Zeit eingeweicht, und Bussy le Clerc machte eine gute Lauge aus ihm.

Als Pierre Versoris, ein Advokat, die Nachricht von dem Tod der beiden Fürsten erhielt, regte er sich so sehr auf, daß er am Tag nach Weihnachten starb; er hing mit Leib und Seele an der Liga und verehrte den Herzog so sehr, daß er sein Bild küssen wollte, bevor er verschied, und ihn einen guten Fürsten nannte; dann ergriff er das Bild des Königs, schimpfte ihn einen Tyrannen und warf es in Stücke.

Das Volk von Paris, das im Mai die Barrikaden errichtet hat, legt keineswegs die Waffen nieder. Die Sechzehn üben in den Stadtvierteln eine Schreckensherrschaft aus. Der König hat das Haupt der Liga getroffen, aber sie lebt weiter und bringt den König um seinen Erfolg. L'Estoile schreibt 1589 über die Willkürherrschaft der Sechzehn:

Am Montag, dem 16. Januar, trat Jean Le Clerc, der frühere Staatsanwalt am Parlamentsgericht und jetzige Hauptmann eines Stadtbezirks und Gouverneur der Bastille von Paris, in Begleitung von fünfundzwanzig oder dreißig Lumpenkerlen, wie er selbst auch einer war, alle in voller Rüstung, die Pistole in der Hand, vor die Versammlung der Kammern [*das königliche Parlament*] und sagte laut und vernehmlich: »Sie, Herr Soundso« – und er nannte verschiedene beim Namen –, folgen Sie mir ins Rathaus, da wird man ein Wörtchen mit Ihnen zu reden haben.« Als der Erste Vorsitzende und andere ihn fragten, woher er denn das Recht nähme, in dieser Weise aufzutreten, gab er zur Antwort, sie sollten sich nur beeilen und mit ihm kommen, und wenn sie ihn zwängen, von seiner Macht Gebrauch zu machen, so könnte es vielen schlecht bekommen. Da erhoben sich der Erste Vorsitzende und die Vorsitzenden Potier und de Thou und folgten ihm und hinter ihnen freiwillig fünfzig bis sechzig Ratsherren aus allen Kammern des Parlamentsgerichts, sogar einige vom Oberhofgericht, die überhaupt nicht auf der Liste standen;

sie sagten, das wenigste, was sie tun könnten, sei, den Angesehensten ihres Standes zu folgen.

Er marschierte an der Spitze und führte sie gegen zehn Uhr morgens wie in einem Triumphzug über den Pont aux Changes zum Grève-Platz. Dort wollten sie stehenbleiben und ins Rathaus gehen, wie Maître Jean Le Clerc es gesagt hatte. Er hielt sie aber zurück und zwang sie weiterzugehen und führte sie in die Bastille St. Antoine, mitten durch die belebten Straßen, in denen sich das Volk drängte, mit Waffen in der Faust; es hatte die Läden geschlossen, um sie anzugaffen und ihnen Schmähungen und Zoten zuzurufen. An diesem Tag drang er noch in manche Häuser ein und holte einige heraus, die gar nicht am Gericht gewesen waren, sogar nicht einmal am Obersteuergericht oder an der Oberrechnungskammer und anderen Behörden; von diesen waren schon einige in der Conciergerie und in den anderen Gefängnissen der Stadt eingesperrt. Manche wurden schon am Nachmittag wieder auf freien Fuß gesetzt, andere an den darauffolgenden Tagen, weil sie gar nicht auf der Liste Jean Le Clercs gestanden hatten oder weil sie als eifrige Katholiken bekannt waren (und tatsächlich bot Paris einen traurigen Anblick: man hatte nämlich Le Clerc gesehen, Louchard, Senault, Morlière, Olivier und andere, wie sie bewaffnet die angesehensten Häuser der Stadt durchwühlten, besonders solche, wo es, wie sie wußten, Taler zu holen gab, und das taten sie unter einem Vorwand, der solchen Diebsgesindels würdig ist: sie behaupteten nämlich, jene hielten es mit den Königlichen, und also seien sie rechtmäßige Beute). Indessen wurden diese Lumpenkerle noch in den Schatten gestellt von Bussy Le Clerc, wie er sich nannte, denn dieser hatte große Macht. Obwohl manche Verhafteten auf Befehl der Stadt oder des Rates das Gefängnis wieder verlassen sollten, wurden sie nur dann auf freien Fuß gesetzt, wenn es dem hohen Herrn von Bussy gefiel. Außer den 3, 4 und 5 Talern, die er pro Tag und pro Kopf für die wahrlich geringen Unkosten verlangte, mußte man auch noch, bevor man die Freiheit erhielt, Perlen oder goldene Ketten Madame zum Geschenk machen und Monsieur Silbergerät und Bargeld. Er und seine Spießgesellen plünderten die angesehensten Häuser der Stadt, die sie nach Talern durchsuchten, und sie behaupteten, es sei rechtmäßige Beute, weil jene zu den Königlichen gehörten.

L'Estoile berichtet weiter, daß die Prediger wie bisher leidenschaftlich für die Liga eintreten:

Am Mittwoch, dem 15. Februar, einem Aschermittwoch, sagte Lincestre in seiner Predigt, er predige nicht das Evangelium, denn es sei etwas Alltägliches und jeder kenne es, er wolle eine Predigt halten über das Leben, die niederträchtigen Taten dieses perfiden Tyrannen, Heinrichs von Valois, den er mit Schimpf überschüttete; er rufe die Teufel an, behauptete er, und damit das dumme Volk es glaube, zog er aus seinem Ärmel einen der Leuchter des Königs, den die Sechzehn den Kapuzinern abgenommen hatten und auf dem Satyrgestalten graviert waren, wie auf so vielen Leuchtern. Er behauptete, das seien die Dämonen des Königs, die der elende Tyrann, so sprach er zum Volk, als seine Götter anbete und für seine Beschwörungsformeln benötige. Am 17. Februar wurden diejenigen Personen, die von den Sechzehn in den Allgemeinen Rat der Heiligen Union gewählt und ernannt worden waren, bestellt. Senault ließ sich nur zum Sekretär ernennen; in Wirklichkeit aber war er Erster Vorsitzender, denn wenn im Rat eine Sache vorgebracht wurde, die ihm mißfiel, und er sah, daß sie einmütig angenommen werden konnte, erhob er sich und sagte laut: »Meine Herren, das geht nicht, ich widersetze mich im Namen von vierzigtausend Menschen.« Bei dieser Stimme beugten sie sich wie Schilfrohr und sagten kein Wort mehr.

Der Herzog von Mayenne, der jüngste Bruder Heinrichs von Guise, wird vom Allgemeinen Rat der Heiligen Union zum Statthalter des Reiches ernannt. Heinrich III. wird damit von der Liga abgesetzt. Die Revolte der Katholiken greift auch auf die Provinzen über. Jacques Caroguy, Gerichtsschreiber in Bar-sur-Seine, berichtet:

Messer und Säbel waren blank gezogen. Alle ergriffen die Partei der Liga. Von nun an gab man Parolen aus. Jeder bekannte sich zu einer der Parteien; die eine hieß allgemein die Königliche, die andere die Liga. Das Unglück war so groß, daß jetzt der Sohn sich gegen den Vater, gegen die Brüder, den Onkel und die Neffen stellte; und das in einer Stadt wie Bar-sur-Seine, die ebenso fest und ergeben zur lothringischen Partei stand wie Troyes zum König. Das Übel steckte sogar die Frauen an, so daß Mutter und Tochter und Schwestern miteinander in Streit gerieten und sich manchmal deswegen in den Haaren lagen. Die kleinen Kinder vergnügten sich zu Haufen damit, Steine und Stöcke zu holen und sich gegenseitig zu fragen: »Wer da?« Dann riefen sie: »Ich bin für den König!« Und die andern antworteten: »Für die Fürsten!« Und dann verprügelten sie sich und hieben mit Stöcken aufeinander ein.

Es bleibt Heinrich III. nichts anderes übrig, als das Unionsedikt zu vergessen, sich mit Heinrich von Navarra zu verbünden und ihn als Erben des Thrones anzuerkennen. Das ganze Jahr 1588 hindurch hat Heinrich von Navarra nach dem Sieg von Coutras einen großen Teil des Westens und Südwestens halten können. Sein Freund und sein Gefährte in der Bartholomäusnacht, der Prinz von Condé, ist tot. Wahrscheinlich ist er vergiftet worden. Am 10. März 1588 schreibt Heinrich an die Gräfin von Gramont:

Um das Bild von mir zu vollenden:

Das größte Unglück, das ich zu fürchten hatte, ist eingetreten: der plötzliche Tod des Prinzen. Ich trauere um den, der er für mich sein sollte, nicht um den, der er für mich war. Jetzt nimmt die Messe mit allen ihren hinterlistigen Plänen nur noch mich aufs Korn. Sie haben ihn vergiftet, die Verräter! Doch Gott wird der Herr bleiben, und mit seiner Gnade werde ich sein Vollstrecker sein. Nachdem der (nicht im Herzen) arme Prinz am Donnerstag an einem Ringstechen teilgenommen hatte, aß er zu Nacht und fühlte sich noch wohl.

Um Mitternacht bekam er heftiges Erbrechen, das bis zum Morgen anhielt. Den ganzen Freitag über blieb er im Bett; abends aß er zu Nacht, und da er gut geschlafen hatte, stand er am Samstagmorgen auf, aß außer Bett zu Mittag und spielte dann Schach. Er erhob sich von seinem Stuhl, fing an, im Zimmer umherzugehen, und plauderte mit diesem und jenem. Plötzlich sagte er: »Gebt mir einen Stuhl, ich fühle mich ganz schwach.« Kaum hatte er sich gesetzt, brachte er kein Wort mehr heraus und verschied sogleich, noch auf dem Stuhle sitzend. Augenblicklich zeigten sich Anzeichen einer Vergiftung. Hierzulande ist man zutiefst bestürzt. Sofort bei Tagesanbruch breche ich auf und reite hin. Ich sehe kommen, daß ich noch viel Kummer haben werde. Beten Sie tapfer für mich zu Gott. Wenn ich davonkomme, so wird nur er es sein können, der mich bewahrt hat.

Bis zum Grab, dem ich vielleicht näher bin, als ich denke, bleibe ich Ihr getreuer Sklave. Gute Nacht, meine Seele; ich höre nicht auf, Ihre Hände zu küssen.

Dann kommt er, im Verlauf von Kampfhandlungen, in die Nähe von Tours, wo sich der König aufhält. Am 5. März 1589 schreibt Heinrich wieder an die Gräfin:

Mein Herz, Gott gibt mir weiterhin seinen Segen. Nach der Einnahme von Châtellerault habe ich L'Ile-Bouchard erobert, den Zugang zur Vienne und zur Creuse, eine gute Stadt, leicht zu befestigen. Wir liegen in Montbazon, sechs Meilen von Tours, wo sich der König aufhält. Sein Heer liegt nur zwei Meilen von unserem entfernt, ohne daß wir etwas voneinander wollen. Unsere Leute begegnen sich und fallen einander in die Arme, anstatt sich zu schlagen; dabei herrscht nicht etwa Waffenstillstand, und auch ein besonderer Befehl dazu ist nicht erteilt worden. Viele Königliche laufen zu uns über; von meinen Leuten will keiner den Herrn wechseln. Ich glaube, Seine Majestät wird mich noch brauchen: ansonsten steht es schlecht um ihn, und sein Verfall bedeutet uns nichts Gutes.

Ich reite noch einmal nach Châtellerault zurück, weil ich dort ein paar Häuser einnehmen will, die mir noch Widerstand leisten. Sagen Sie Castille, er möge sich beeilen, ins Feld zu rücken. Diesmal müssen alle meine Diener wahre Wunder vollbringen. Denn es ist nur natürlich, daß sich im April und Mai der Untergang einer der beiden Parteien anbahnt; meine wird es nicht sein, denn es ist die Partei Gottes. Ich bedauere zutiefst, meine Seele, daß ich so weit von Ihnen entfernt bin und daß ich Ihnen nur schriftlich die Liebe bezeugen kann, die ich für Sie empfinde und mein ganzes Leben lang empfinden werde.

Am 8. März, aus Monbazon. Ich bitte Sie, schicken Sie mir Ihren Sohn.

De Thou tritt beim König für die notwendig gewordene Versöhnung ein:

De Thou führte verschiedene Gründe an, die dem König zeigen sollten, daß der trostlose Stand der Dinge Seiner Majestät keine Wahl mehr ließe; daß alle ihm beipflichteten, wenn er in einer so bedrängten Lage den besten Ausweg suchte, weil es eben der sicherste war; daß er überall Anhänger um sich sammeln müßte und seine Sache immer gut wäre, wenn er erst gesiegt hätte; daß der Adel, der sich in den Provinzen nur damit abgäbe, sich gegen die Überfälle der Nachbarstädte zu verteidigen, ihm sofort folgen würde, sobald er ihn an der Spitze eines starken Heeres sähe; nur die aussichtslose Lage, in der er sich befände, hielte ihn zurück; daß er ihm aber mit ebensoviel Eifer wie eh und je dienen würde; dieser Eifer würde ihm Flügel verleihen, vorausgesetzt, daß er nicht sich selbst aufgäbe; er solle nicht die Hilfe zurückweisen, die so notwendige, die der König von Navarra ihm im rechten Augenblick anbot.

Diese Gründe brachen den Widerstand des Königs; so schlossen Schomberg und de Thou, die heimlich du Plessis-Mornay gerufen hatten, ein Abkommen mit diesem zugunsten des Königs von Navarra, seines Herrn.

Am 30. April 1589 stehen sich die beiden Fürsten gegenüber. Am 7. Mai schlagen ihre vereinigten Heere Mayenne. Für Heinrich III. war es höchste Zeit. Sully berichtet:

Den beiden Königen blieb nun nur noch übrig, zu einer mündlichen Besprechung zusammenzutreffen, um sich über ihre Unternehmungen zu einigen. In dieser Absicht ritt der König von Navarra nach Plessis-lez-Tours. Da noch ein Rest von Mißtrauen in ihm steckte, von dem er sich nur mit Mühe befreien konnte, machte er, wie ich mich entsinne, nahe bei einer Mühle, zwei Meilen vom Schloß entfernt, halt und wollte noch einmal alle Edelleute seines Gefolges um ihre Meinung fragen über den Schritt, den er jetzt tat. Ich war auch dabei, und da ich ein mir angetanes Unrecht – so nannte ich es wenigstens – noch nicht verwunden hatte, verhielt ich mich schweigend. Der König von Navarra wandte sich zu mir: »Sie sagen ja nichts«, sagte er, »was halten Sie davon?« Ich erwiderte ihm in knappen Worten, daß es sich, obwohl sein Schritt vielleicht nicht der Gefahr entbehre, weil der König ihm zahlenmäßig überlegen sei, meiner Ansicht nach hier um eine jener Situationen handele, in denen man etwas aufs Spiel setzen und sich im übrigen damit begnügen müsse, alle Vorsichtsmaßnahmen zu treffen, die die Klugheit gebiete. Der Fürst überlegte ein paar Augenblicke, dann sagte er: »Gut denn, der Entschluß ist gefaßt, denken wir nicht mehr darüber nach.«

Der König war dem König von Navarra auf offenem Feld entgegengekommen, und aus Freude über das ersehnte Treffen kam das Volk in so großen Scharen herbeigeströmt, daß die beiden Könige über eine halbe Viertelstunde lang fünfzig Schritt voneinander entfernt standen, ohne sich entgegengehen zu können. Sie umarmten sich mit gleich großer Herzlichkeit und zogen zusammen in Tours ein. Der König von Navarra verbrachte hier dennoch nur eine einzige Nacht; er kehrte in sein Quartier in Maillé zurück. Ich selbst blieb in Tours, wo mich meine vielen Verwandten und Freunde festhielten, und wohnte im Vorort Saint-Symphorien.

Der Herzog von Mayenne, der sich gerüstet hatte, um den Tod des Herzogs von Guise zu rächen und die Interessen der Liga wahrzunehmen, dachte gar nicht daran, uns hier in Frieden zu lassen. Er rückte mit seinem ganzen Heer gegen die Stadt. Der König, der nach Marmoutier ausgeritten war, ohne Waffen und in Begleitung von nur zwanzig Reitern, wäre um ein Haar in Gefangenschaft geraten und mußte Hals über Kopf nach Tours zurück. In den Vororten waren geschwind ein paar notdürftige Barrikaden, ihre einzige Befestigung, von sechs bis sieben königlichen Regimentern errichtet worden, die sie auch verteidigten. Deshalb zog ich aus dem Vorort Saint-Symphorien aus und ließ mein ganzes Gepäck in die Stadt bringen. Die Offiziere legten mir meine Vorsichtsmaßnahme als Ängstlichkeit aus, aber sie erwies sich bald schon als gerechtfertigt. Der Herzog von Mayenne griff den Vorort an. Eine Weile konnte man seinen Vorstoß aufhalten, weil man in fünf oder sechs Häusern oben auf dem Hügel Stellung bezogen hatte; aber nicht lange, und man mußte sie aufgeben und sich hinter den Barrikaden verschanzen. Da man damit rechnen mußte, daß bald ein heftiger Angriff folgen würde, nahmen alle die Pause wahr, um geschwind einen Bissen zu essen.

Am Stadttor begegnete ich dem König, der mich aber wieder in die Stadt zurückschickte und mir sagte, daß man sich ganz unnütz darauf versteife, die Vororte zu verteidigen. Tatsächlich hielten die Barrikaden den feindlichen Kanonen nicht stand. Sie wurden sofort zerstört, und weil kein Graben Deckung bot, trat man den Rückzug in die Stadt ohne Dekkung an, und das in einem solchen Wirrwarr, daß ich mich immer gewundert habe, warum die Feinde nicht alle Soldaten in den Vororten niedergemacht oder gefangengenommen haben und warum sie nicht wenigstens mit ihnen zusammen in die Stadt eingedrungen sind. Zwei Kanonen hätten dafür genügt. Ich beobachtete den ganzen Rückzug vom Jakobinerkloster aus, das auf die Stadtmauern hinausgeht; und aus Besorgnis, das Unglück könnte noch größer werden, lief ich mit meinen Brüdern ans Stadttor, wo alles im Durcheinander hereinströmte. Wir ließen ein paar behelfsmäßige Verschanzungen errichten und verringerten damit die Gefahr; es brauchte Zeit und Ordnung, bis alles drinnen war, so daß man schließlich nur noch einen Wall hinter dem Tor aufwarf und eine starke Wache dort aufstellte.

Als kein Zweifel mehr bestand, daß die Stadt nach allen Regeln der Kunst belagert würde, tat ich mich mit Châtillon und einigen anderen zusammen, und wir gingen zum König und baten ihn, uns die Verteidigung eines wichtigen Punktes anzuvertrauen. Er gab uns die Insel, wo wir sofort und ohne Unterbrechung bis zum nächsten Morgen Befestigungsarbeiten durchführen ließen. Der König selbst kam, um unser Werk in Augenschein zu nehmen, und indem er das Wort an mich richtete, lobte er sehr unseren emsigen Fleiß. Er erwies sich als unnötig. Bei der ersten Nachricht über die Vorgänge rückte der König von Navarra mit seinen Truppen an und stand drei Stunden später vor der Stadt. Der Herzog von Mayenne erwartete ihn nicht; er rückte ab, nachdem er in den Vororten und in der Umgebung große Verheerungen angerichtet hatte. Eine Hilfeleistung von dieser Bedeutung hatte zur Folge, daß man in das Bündnis zwischen den beiden Fürsten große Hoffnungen setzte, und die Bevölkerung von Tours sah im König von Navarra ihren Befreier.

Dreißigtausend Königliche und Hugenotten marschieren vereint nach Paris, das sie von der Außenwelt abschneiden wollen. Am 21. Mai 1589 schreibt Heinrich von Navarra an die Gräfin:

Dieser Kurier wird Ihnen schildern, welch glücklichen Erfolg uns Gott im erbittertsten Kampf dieses Krieges schenkte. Er wird Ihnen auch von dem Sieg berichten, den Herr de Longueville, de La Noue und andere bei Paris errungen haben. Wenn sich der König beeilt, was ich hoffe, werden wir bald die Türme von Notre-Dame von Paris erblicken. Ich habe Ihnen vor zwei Tagen noch einen Brief zukommen lassen, durch Petit-Jean..Gott gebe, daß wir in dieser Woche noch einmal etwas so Hervorragendes vollbringen wie in der vergangenen.

Endlich wird Paris blockiert. Die Belagerung beginnt. Die Prediger hetzen in fanatischem Eifer weiter die Bevölkerung auf. Die Stadt bekommt die ersten Härten der Blockade zu spüren. Es ist heiß. Man schreibt Ende Juli. Heinrich III. hat sein Lager in Saint-Cloud aufgeschlagen. Aus einer Mitteilung La Guesles, der Generalstaatsanwalt des Parlaments ist:

Ich will Ihnen mitteilen (unter Tränen, die mehr als einmal das, was ich schreiben will, verwischen werden), daß ich am letzten Tag im Juli, als ich mich mit ein paar Freunden auf dem Rückweg von Paris nach dem Vorort Saint-Cloud befand, wo der König weilte, einem Jakobinermönch begegnete, der seiner Erscheinung nach etwa siebenundzwanzig oder achtundzwanzig Jahre alt sein mochte und von zwei Soldaten vom Regiment Comblanc flankiert war.

Auszug aus den Akten des Prozesses gegen den Leichnam des Jacques Clément:

Ein kleiner Mann, sehr kurzer schwarzer Bart, große Augen, mit einer Tonsur, wie sie die Jakobiner tragen, bekleidet mit einer Jakobinerkutte, etwa achtundzwanzig oder dreißig Jahre alt. [...] Man fand einen Paß, der mit Karl von Luxembourg unterschrieben ist, der uns vorgelegt wurde und mit dem Datum vom 29. Juli versehen ist, und aus dem hervorgeht, daß dieser Jakobiner sich »Bruder Jacques Clément« nennt.

La Guesle fährt fort:

Da mir die Absicht des Königs bekannt war, diesen Leuten nichts zuleide zu tun und sie auf freiem Fuß zu lassen, obwohl sie größtenteils die Trompeten waren, die zu diesem blutigen Aufstand geblasen hatten, fragte ich sie, ob er ihr Gefangener sei. Sie sagten: Nein, es sei ein Mönch, der Seiner Majestät

Briefe und Nachrichten von einigen seiner Diener in Paris überbringen wolle; deshalb brächten sie ihn in sein Quartier, und da sie mich gerade träfen, bäten sie mich, ihn mitzunehmen; das tat ich auch, in der Annahme, es handele sich vielleicht um eine wichtige Meldung.

In meiner Wohnung verhörte ich ihn ausführlich über den Grund, der ihn herführe, und nachdem er zuerst Schwierigkeiten machte und sich sträubte, als wäre es etwas, das er nur dem König sagen könne, behauptete er, der Erste Vorsitzende schicke ihn zum König, um ihm sagen zu lassen, daß er und alle Diener, die er in Paris habe, furchtbar bedrückt wären, weil sie keine Nachricht von seinem Heer hätten, obwohl sie wüßten, daß er ganz in der Nähe läge. [...] Sie wären so zahlreich, daß es leicht für sie wäre, ihm einen guten Dienst zu erweisen; deshalb schicke ihn der Erste Vorsitzende zu Seiner Majestät, um ihm sagen zu lassen, sie seien bereit, sich eines Tores zu bemächtigen und ihn in die Stadt einzulassen. Außerdem sagte er noch, er hätte den Auftrag, ihm noch etwas Besonderes auszurichten. Über diesen Punkt fragte ich ihn ganz eindringlich aus, auch darüber, wie der Vorsitzende sich verhalten und welche Worte er gebraucht habe. [...] Ich fragte ihn, ob er einen Brief vom Ersten Vorsitzenden habe oder ein anderes Zeichen oder ein Beweisstück, an dem man erkennen könne, daß man ihm glauben dürfe; da reichte er mir ein Briefchen, auf dem in italienischen Buchstaben etwas geschrieben stand, das, so behauptete er, von der Hand des Vorsitzenden stamme, und tatsächlich war die Schrift sehr ähnlich, denn italienische Buchstaben sind leicht nachzuahmen und zu fälschen.

Unsere Unterhaltung dauerte eine ganze Weile, weil ich mit allen Mitteln versuchte herauszufinden, wer er war, und ihn verdächtigte, ein Spion zu sein; ich kam jedoch nicht im entferntesten auf den Gedanken, daß er in seiner Seele einen so heillosen und ungeheuren Verrat ausbrütete. Er blieb aber fest und entschlossen bei seiner ersten Aussage und gab auch befriedigende Antworten auf meine zweifelnden Fragen.

Da ich nichts anderes aus ihm herausbekommen konnte, ließ ich ihn schließlich bei den Meinen zurück und begab mich zum König.

Ich wartete auf ihn im Hause eines meiner Freunde, nicht weit von seinem entfernt. Hier aß ich zu Nacht, und als ich erfuhr, daß Seine Majestät heimgekehrt sei, meldete ich ihm alles, was ich oben angegeben habe; er war hocherfreut und befahl mir, ihn in der Frühe des nächsten Morgens zwischen sechs und sieben Uhr zu ihm zu führen. [...] Inzwischen aß der Bösewicht und erbärmliche Kerl (wie ich später erfuhr) in meinem Haus vergnügt mit den Meinen sein Abendbrot und schnitt seine Bissen mit dem verhängnisvollen Messer ab, einem Gegenstand, den solche Vögel ja bei sich zu tragen pflegen. Einer sagte sogar noch zu ihm, sechs Brüder seines Ordens hätten (einem Gerücht zufolge) einen Anschlag auf den König unternommen, und er antwortete kaltblütig und ohne die Farbe zu wechseln, überall gebe es Gute und Schlechte. Am nächsten Morgen in der Frühe, am ersten Tag im August, an jenem für Frankreich für alle Zeiten beklagenswerten Tag, stand ich auf, um mich zum König zu begeben, wie er es befohlen hatte, und ließ ihn, der die ganze Nacht friedlich geschlafen hatte, aufwecken. Bevor ich in das Quartier des Königs trat, ließ ich ihn noch mit Portail sprechen, zu dem er einige ganz private Bemerkungen machte über seine Frau, seinen Sohn und über sein Haus. Als wir drinnen waren, rief mich auch schon bald du Halde, der auf Befehl des Königs den Unseligen gleichzeitig mit mir einließ. Der König saß auf seinem Stuhl, nur halb angekleidet; deshalb ließ ich ihn an der Tür warten, nahm die Briefe und den Paß und reichte sie Seiner Majestät; er las sie und meinte, das Schreiben käme vom Vorsitzenden. Er hieß den Mönch nähertreten, um von ihm zu hören, was er zu sagen habe. Er kam heran; ich stand zwischen dem König und ihm, auf der anderen Seite der Oberstallmeister, der ebenfalls gerade im Zimmer anwesend war. Er sagte zu ihm, der Vorsitzende und andere Diener Seiner Majestät in Paris schickten ihn. [...] Von ich weiß nicht welchem Instinkt getrieben [...], ergriff ich das Wort und sagte zu ihm, er müsse laut sprechen, im Zimmer seien nur treue Diener Seiner Majestät; das wiederholte ich nochmals, als er darauf bestand, er müsse unter vier Augen mit ihm sprechen, und schließlich wandte ich mich an den König selbst und sagte zu ihm, es sei unnötig, daß der Mönch so nahe an ihn heranträte.

Aber [...] der König in seiner Güte und Gefälligkeit hieß ihn seinen Platz, an dem er stand, verlassen und sich an die Stelle von Herrn Legrand begeben und hielt ihm sein Ohr hin, während wir beiseitetraten. Zu unserem Schrecken schrie er plötzlich auf: »Ah, Unglückseliger, was habe ich dir getan, daß du mich umbringst?« Und wir sahen, wie er aufsprang und ihm das Blut aus dem Bauch floß und die Därme aus dem Leib traten, wie er das Messer herauszog und es dem elenden Mörder an die Stirn warf. Dieser blieb vor ihm stehen, und ich fürchtete schon, er hätte noch andere Waffen und führte noch etwas gegen Seine Majestät im Schilde; deshalb riß ich das Schwert aus der Scheide; ich versetzte ihm einen Hieb mit dem Schwertgriff vor den Magen, stieß ihn vor mir her und drängte ihn hinters Bett. Bei dem Lärm erschien die Leibwache, einer zog den Mörder hinter dem Bett hervor, und die andern machten auf der Stelle seinem Leben ein Ende, obwohl ich ihnen wiederholt zurief, sie dürften ihn nicht töten; doch gegen ihren gerechten Zorn vermochte ich nichts. Sie können sich vorstellen, was für ein Anblick, kläglich und erbarmungswürdig, sich unseren Augen bot: auf der einen Seite der König, schwimmend in seinem Blut, sich die Eingeweide mit den Händen haltend, auf der anderen seine treuen Diener, die herbeieilten, einer nach dem andern, weinend, schreiend, außer sich vor Schmerz; die Luft füllte sich mit Jammern, lautem Seufzen und Klagen.

Zunächst scheint es, als sei die Wunde nicht tödlich. Gemeinsame Aussage mehrerer Edelleute, die ihm bis zu seinem Tod beistehen:

Nachdem man ihm den ersten Verband angelegt hatte, fragte er in unserer Anwesenheit seinen Ersten Arzt, was er von seiner Wunde halte, und befahl, ihm nichts zu verheimlichen, damit ihn der Tod nicht überrasche, ohne daß er die Heilmittel für die Seele, nämlich die Sakramente der katholischen, apostolischen und römischen Kirche empfangen habe; dieser gab gemeinsam mit den anderen Ärzten, seinen Kollegen, sein Urteil ab und antwortete, man sähe keine Gefahr für ihn und sie hofften, daß er mit Gottes Hilfe in zehn Tagen spätestens wieder sein Pferd besteigen könne. Da war Seine Majestät sehr beruhigt. Eine Weile später verlangte er nach seinem Kaplan, um die heilige Messe zu hören, und in seinem Zimmer gegenüber dem Bett baute man einen Altar auf. Er wohnte der Messe bei, sehr aufmerksam und andächtig, wie man es sich nur wünschen kann. Als die Messe zu Ende war, nahm er eine Erfrischung zu sich, damit er ausruhen könne, und den Rest des Tages über sprach er nur von Gott und davon, wie glücklich er die schätze, die in seiner Gnade stürben, und er wünsche sich sehnlich, um seiner größeren Ruhe willen, sich vorzubereiten. Gegen Abend desselben Tages, einem Dienstag, verspürte Seine Majestät Schmerzen und heftige Stiche unterhalb des Magens. Gegen elf Uhr wurden die Schmerzen schlimmer, und da er sich schwach fühlte, ließ er seinen Kaplan rufen, damit er ihm die Beichte höre. In der Hoffnung, die Schmerzen würden durch die Heilmittel, die man ihm gab, nachlassen, wollte er beichten. Gegen zwei Uhr nach Mitternacht verschlimmerte sich sein Übel so sehr, daß er selbst dem Kaplan befahl, den kostbaren Leib Christi zu holen, »damit ich beichten, ihn danach anbeten und als Wegzehrung empfangen kann, denn ich meine, die Stunde ist gekommen, da Gott seinen Willen an mir erfüllt.« Da begannen alle Anwesenden, ihm Mut zuzusprechen, und sagten, er möge den Tod geduldig ertragen.

Er hieß seinen Kaplan nähertreten, der tatsächlich feststellen mußte, daß er nur ganz schwach sprach. Er konnte die Beichte nicht so lange ausdehnen, wie er es gewünscht hätte, und erteilte ihm die Absolution. Kurz darauf vermochte der König überhaupt nicht mehr zu sprechen, machte noch zweimal das Kreuzzeichen und gab seine Seele auf zu Gott, zu unser aller, seiner Diener, Schmerz.

Ein Brief Heinrichs von Navarra:

Lieber Herr de Souvré, der glückliche Stand der Dinge im Lager des Königs hat sich nach der Übergabe von Pontoise und nach der Einnahme der Brücke von Saint-Cloud, welche die Ligisten feige aufgegeben haben, durch die unseligste Tat, die jemals begangen wurde, ins Gegenteil verkehrt; aber Gott hat Seine Majestät wunderbar in seinen Schutz genommen, um seine Feinde, wie ich glaube, strenger zu strafen und ihren Niedergang zu beschleunigen. Der hinterlistige Heuchler hat seinen Entschluß wahrgemacht; der Schlag ist versetzt, aber er hat nicht getroffen, wie er es sich erhoffte; so wenig, daß er mit Sicherheit genesen wird. Sie können sich vorstellen, welchen Kummer wir hatten. Ich befand mich in der Nähe des Vororts St.-Germain, als der König mich bat, ich möchte zu ihm kommen. Als ich dort war, befahl er mir, den Staatsrat zu halten. Das hat uns übrigens neuen Mut gegeben, und um so mehr wünschen wir, ihn an seinen Feinden zu rächen, die nun, da sie sehen, daß ihr Vorhaben mißlungen ist, vor Ärger vergehen und bald die Schrecken des Gerichts zu spüren bekommen werden. Halten Sie alles in Ihrem Bereich gut in Ordnung, damit kein Hader entsteht; diesen Brief schreibe ich Ihnen, um Ihnen zu berichten, daß Seine Majestät außer Gefahr ist und in sechs Tagen wieder ihr Pferd besteigen kann. Seien Sie auch, lieber Herr de Souvré, meiner Freundschaft versichert.

Ihr Ihnen wohlgeneigter und bester Freund
Henry

St-Cloud, am ersten August.

Als ich diesen Brief beendet hatte, erhielt ich neue Nachricht über den Zustand des Königs, und ich muß einen anderen Ton anschlagen, die Ärzte hegen nämlich starke Zweifel an seiner Genesung. Wenn er wirklich nicht gesund würde (was Gott verhüten möge!), bitte ich Dich, mein Freund, der für mich zu sein, den ich mir immer erhofft habe. Ich bin sicher, ein aufrechtes Herz kann nie und nimmer für die Liga sein, die eine so unselige Tat vollbracht hat.

Über die so entstandene Situation stellt Sully seine Betrachtungen an:

Ich hatte mich gerade zu Tisch gesetzt, als ich Féret, seinen Sekretär, hereinkommen sah, der zu mir sagte: »Mein Herr, der König von Navarra, und vielleicht der König von Frankreich, bittet Sie, augenblicklich zu ihm zu kommen.« Bei diesen Worten zuckte ich zusammen und begab mich unverzüglich zu ihm ins Schloß. Unterwegs sagte er mir, daß d'Orthoman dem König von Navarra durch einen Boten habe mitteilen lassen, daß er, wenn er den König noch lebend antreffen wolle, keinen Augenblick verlieren dürfe.

Ich ging geradewegs in das Gemach des Fürsten hinauf, und während man unsere Pferde sattelte, erwies er mir die Ehre, mich über die augenblickliche Lage um Rat zu fragen. Die vielfältigen Gedanken, die mir in diesem Augenblick durch den Kopf gingen, ließen mich eine Weile schweigen. Der König war genauso erregt. Nicht mehr um das Gelingen einer unbedeutenden Verhandlung, nicht mehr um den Erfolg in einem Kampf, auch nicht um ein kleines Königreich wie Navarra ging es jetzt, sondern um die schönste Monarchie Europas. Aber wieviel Hindernisse galt es auf dem Weg dahin noch zu überwinden! Mit wieviel Arbeit mußte man sie sich erkaufen! Was der König von Navarra bis zu diesem Augenblick auf sich genommen hatte, war nichts im Vergleich damit. Wie sollte er eine Partei niederringen, die so mächtig und so angesehen war, daß sie einen König auf seinem Thron erzittern ließ und ihn um ein Haar dazu gebracht hatte, ihn aufzugeben? Diese Schwierigkeit, die an sich schon groß war, wurde schier unüberwindlich, wenn man daneben noch bedachte, daß der Tod des Königs die Person des Königs von

Navarra des größten und wesentlichsten Teils seiner Streitmacht beraubte. Er konnte weder auf die Prinzen von Geblüt noch auf die Mächtigen zählen; seine Lage war so, daß er, obwohl der Unterstützung aller bedürftig, sich auf niemanden verlassen konnte. Ich zitterte bei dem Gedanken, daß vielleicht eine so überraschende und unvorhergesehene Nachricht einen Aufstand entfachen konnte, der den König von Navarra mit einer Handvoll getreuer Anhänger auf Gnade und Ungnade seinen ehemaligen Feinden ausliefern würde, und das in einem Land, wo ihm keine Mittel zur Verfügung standen.

Die Belagerung von Paris

Sully hatte recht mit seiner Furcht vor der Zukunft. In Paris triumphiert man. L'Estoile schildert die Reaktion in der Hauptstadt:

Die Nachrichten vom Tode des Königs gelangten am frühen Morgen des 2. August nach Paris. Man verbreitete sie im Volk, das zum Zeichen der Freude grüne Trauer trug, das Gewand der Narren, und Frau von Montpensier [*eine Verwandte der Guise*] ließ unverzüglich an alle Verschworenen grüne Schärpen verteilen. Dem Überbringer der ersten Nachrichten fiel sie um den Hals und sagte zu ihm: »Ach, mein Freund, seien Sie willkommen: ist es denn wahr, dieser Bösewicht, dieser Verräter, dieser Tyrann, ist er tot? Gott, wie froh Sie mich machen! Nur über eins bin ich traurig: daß er vor seinem Tod nicht erfahren hat, daß ich es veranlaßt habe.« Dann wandte sie sich zu ihren Damen und sagte: »Nun, was halten Sie davon? Sitzt mein Kopf jetzt nicht fest? Ich meine, er wackelt nicht mehr, wie er vorher gewackelt hat.« Sofort ging sie zu Frau von Nemours, ihrer Mutter. Beide stiegen in ihre Karossen und ließen sich durch die Straßen fahren, und überall dort, wo sie das Volk in Gruppen zusammenstehen sahen, riefen sie ihm zu: »Gute Nachrichten, Freunde, gute Nachrichten, der Tyrann ist tot, in Frankreich gibt es keinen Heinrich von Valois mehr.«

Danach begab sich Frau von Nemours in die Franziskanerkirche, schritt die Stufen zum Hochaltar hinauf und hielt eine flammende Rede an das dumme Volk über den Tod Heinrichs von Valois; sie bot den Anblick einer Frau, die wütend zubeißt, doch erst nach dem Tod. Sie ließen auch überall Freudenfeuer anzünden. Wer auch nur in etwa ein betrübtes Gesicht machte, galt als Politischer.

Über die Stimmung im königlichen Lager teilt uns Agrippa d'Aubigné folgendes mit:

Heinrich IV. ist nun König, eher als er es gedacht und gewünscht hatte, und sitzt nur halb auf einem schwankenden Thron: keine Zurufe und kein »Es lebe der König«, wie es in solchen Fällen üblich ist. Im gleichen Zimmer ruht noch der tote Leib seines Vorgängers, zu dessen Füßen zwei Mönche ihre Liturgie beten, Kerzen in der Hand. Clermont von Antragues hat das Kinn in die Hand gestützt, alle anderen drücken zwischen Klagen und Jammern den Hut tief ins Gesicht oder schleudern ihn zu Boden, ballen die Fäuste, schmieden Komplotte, machen einander Versprechungen in die Hand und geloben: »Lieber tausendmal sterben.« Die »compagnons du bourlet« [*die Mignons, die Gesellen vom Nachtstuhl, das heißt, die Gefährten der Ausschweifung*] brechen in Klagen aus. Aber d'O., sein Bruder Manon, Antragues, Château-Vieux sprechen leise miteinander, und nur zehn Schritt vom König entfernt entschlüpft es ihnen, daß sie sich lieber in die Hände eines Feindes geben als einen hugenottischen König dulden wollen. Dieser Ansicht schließen sich auch einige andere an, unter ihnen Dampierre, der erste Brigadegeneral, der laut sagt, was die andern nur zwischen den Zähnen murmeln. Sie alle stellen sich hinter den Herzog von Longueville, den sie zu ihrem Sprecher machen.

Dem Marschall von Biron machte ihr Getuschel Spaß, nicht aber, um sich ihnen anzuschließen, sondern um das zu tun, was er als notwendig erachtete. Er kam zum König, ohne sich ungebeten einzumischen. Der König, durch die Vorgänge ganz verwirrt, zog sich in ein Vorzimmer zurück, nahm La Force bei der einen Hand, einen seiner Edelleute bei der andern [*d'Aubigné selbst*]. Nachdem La Force mit seiner Meinung nicht herausrücken wollte, sagte der andere, als der König ihm befahl, seine Ansicht über die gegenwärtige Bedrängnis zu äußern:

»Sire, Sie bedürfen jetzt mehr des Rates als des Trostes. Behalten Sie diesen gesunden Teil und geben Sie die auf, die Sie später noch für sich gewinnen können; wählen Sie heute die Katholiken aus, die weniger an ihrem Papst als an ihrem König hängen; die andern richten in der Nähe mehr Schaden an als in der Ferne. In dieser Stunde, da ich zu Ihnen spreche, haben der Marschall von Biron und mit ihm die Befehlshaber der besten Truppen nicht im Sinn, Sie zu verlassen, denn sie haben die Beleidigungen von Blois nicht vergessen.«

Mit seiner Erklärung vom 4. August verspricht Heinrich IV., die katholische Religion im Reich zu schützen, und gewinnt damit einen Teil des katholischen Adels, andererseits macht er viele Reformierte unzufrieden, die von ihm abfallen. Die meisten katholischen Städte weigern sich, den König anzuerkennen. So auch Saint-Malo. Aus dem Brief eines Einwohners dieser Stadt:

Am Abend des 14. August stieg Herr de Fontaines nach dem Nachtmahl mit einigen seiner Leute auf den Turm von Quinquengrogne, und als er auf der Place Saint-Thomas eine Schar Kinder bemerkte, rief er ihnen zu, sie sollten durch alle Straßen gehen und rufen: »Es lebe der König von Frankreich und Navarra!« Das taten sie auch, aus vollem Hals, und ein paar Mitbürger, die im Verdacht der Ketzerei standen, feuerten sie auch noch an. Viele schalten sie, aber sie schrien weiter, zwei Stunden lang, bis die Nacht sie alle nach Hause trieb. Am anderen Morgen, am Tag Mariä Himmelfahrt, fiel allen wieder ein, was die Kinder gerufen hatten, und wir versammelten uns im Bischofspalais, ohne daß der Gouverneur es angeordnet hätte, sondern nur auf einen einfachen Bescheid unseres Bürgermeisters hin. Dieser berichtete uns, was der Gouverneur zu ihm über den König von Navarra und die Rufe der Kinder am Abend vorher gesagt hatte. Da kamen wir zu dem Entschluß, uns mit den Waffen zu verteidigen, falls unser Gouverneur etwas gegen das Unionsedikt unternehmen sollte, das wir doch einzuhalten alle feierlich geschworen hatten. Ohne Säumen blockierten wir die Festung mit Barrikaden und Erdwällen, so daß keiner ohne unsere Einwilligung hinein und heraus konnte. Manche rollten leere Fässer heran; andere schleppten Leinensäcke herbei, füllten sie mit Erde und zersägten die Kirchenleitern in mehrere Stücke, damit wir die Festung durch Ersteigen der Leitern im Sturm nehmen konnten, sowohl vom Stadtinnern her als auch von draußen.

Der Gouverneur, der nun ohne Lebensmittel dastand, keine Streitmacht und nicht einmal Mut hatte, begnügte sich damit, die Tore geschlossen und die große Zugbrücke hochgezogen zu halten, ohne auch nur eine einzige Kanone oder Muskete auf uns abzufeuern. Daher taten auch wir nichts anderes, als uns einfach auf der Place Saint-Thomas und in den umliegenden Straßen zu verbarrikadieren. Wir hinderten nicht einmal das Gesinde des Gouverneurs, die Festung zu verlassen und mit Lebensmitteln für einen Tag wieder hineinzugehen.

Während dieser Rebellion bestellte uns unser Bürgermeister noch zu Versammlungen ins bischöfliche Palais, einmal, um uns mitzuteilen, daß man zu den Waffen gegriffen hätte, um zu verhindern, daß etwas für uns Nachteiliges geschähe, ein anderes Mal, um uns bekanntzugeben, daß er am Tag zuvor in den Händen unseres Gouverneurs ein Manifest des Königs von Navarra gesehen hätte, in dem sich dieser als König von Frankreich bezeichne: folglich würde diese Stadt unweigerlich hugenottisch, wenn sie in die Hände dieses Fürsten fiele. Daraufhin schworen alle Anwesenden, als Diener Heinrichs III. zu sterben, wenn er noch am Leben sei, wenn aber der König von Navarra sich der Krone bemächtige, ihn nicht als ihren König anzuerkennen, zudem er ein Ketzer sei, ein rückfälliger sogar, ferner, dem Eid, den sie geleistet hätten, nämlich nichts gegen das Unionsedikt zu unternehmen, treu zu bleiben.

Da die Hälfte seiner Truppen abtrünnig geworden ist, kann Heinrich IV. die Belagerung von Paris nicht länger aufrecht halten. Er muß im Gegenteil seine Streitkräfte vor einem Angriff der Truppen Mayennes bewahren. Deshalb zieht er sich in die Normandie zurück, doch Mayenne verfolgt ihn und greift ihn am 20. und 21. September an. Sully erzählt den Hergang der Schlacht von Arques:

Am Ende des Dammes von Arques beherrscht ein langgestreckter, gewundener und mit Gebüsch bestandener Höhenzug das Land. Ihm zu Füßen liegt ein Stück Ackerland, durch das sich die große, an beiden Seiten mit einer dichten Hecke bestandene Straße nach Arques zieht. Weiter unten, zur Linken, unterhalb des Ackerlandes befindet sich eine Art großer Sumpf oder Morast. Eine halbe Meile etwa vom Damm entfernt liegt ein Dorf, Martinglise, an den Höhenzug gelehnt. In diesem Dorf und in seiner Umgebung hatte das gesamte Heer des Herzogs von Mayenne sein Lager aufgeschlagen.

Der König erkannte sehr wohl, daß man ihn der Vermessenheit bezichtigen konnte, einer Armee von über dreißigtausend Mann trotzen zu wollen, während er selbst kaum mehr als dreitausend hatte. Doch abgesehen davon, daß er schwerlich für seinen kleinen Haufen einen günstigeren Ort hätte finden können und für einen Rückzug hier keinerlei Gefahr bestand, bedurfte seine Partei, so glaubte er, gerade am Anfang eines aufsehenerregenden Streiches. Er vergaß nichts, was nur irgend imstande war, seine zahlenmäßige Schwäche auszugleichen. Er ließ tiefe Laufgräben ausheben, unten am Damm, oberhalb des Dammes und unterhalb der Landstraße. Zu den beiden Seiten der Straße ließ er zwölfhundert Schweizer antreten. Sechshundert Landsknechte sollten die oberen Laufgräben verteidigen, und tausend bis zwölfhundert weitere stellte er bei einer in der Mitte zwischen den unteren und den oberen Laufgräben gelegenen Kapelle auf. Das war alles, was er an Infanterie hatte. Seine Kavallerie, die im ganzen nur sechshundert Mann stark war, teilte er in zwei gleiche

Hälften. Mit der einen Hälfte postierte er sich zwischen Wald und Landstraße, die andere schickte er, aufgeteilt in Züge, hinunter zwischen die Landstraße und den Sumpf, um in etwa den Zwischenraum auszufüllen. Die ganze Nacht legte er sich nicht zur Ruhe, denn er fürchtete, die Feinde könnten sich des Dammes bemächtigen; er hielt dort selbst Wache. Am Morgen ließ er sich in einen Graben etwas zu essen bringen und ließ auch seine höchsten Offiziere hierherkommen, um mit ihnen zusammen zu frühstücken. Danach gedachte er sich eine Weile auszuruhen, aber schon kam die Wache und meldete ihm, die Armee der Liga rücke in Schlachtordnung an.

Bei dieser Meldung schickte er den Vicomte von Chartres, Palcheux, Brasseuse, Avantigny und noch drei oder vier andere in den Wald, um ein paar Gefangene zu machen. Sie kehrten fast augenblicklich wieder zurück und brachten den Grafen von Belin mit, den sie gefangengenommen hatten. Der König ging ihm entgegen und schloß ihn lachend in die Arme. Dieser, der mit den Augen überall nach einem Heer suchte und fast niemanden sah, antwortete nur, er sei überrascht, so wenig Soldaten beim König zu sehen. »Alle sehen Sie nicht«, versetzte der König mit der gleichen Heiterkeit, »denn Sie vergessen Gott und mein gutes Recht, die mir beistehen.« So sehr ich auch an den Anblick des Fürsten gewohnt war, konnte ich mich doch nicht sattsehen an seinem heiteren, ruhigen Antlitz, auf dem in einer Lage, die um so hoffnungsloser erschien, als sie Zeit genug zum Nachdenken ließ, Kaltblütigkeit und beherrschter Tatendrang zu lesen waren, was den Soldaten wie etwas Übermenschliches vorkam, und die Unerschrockenheit ihres Anführers übertrug sich auf sie selbst.

Der Herzog von Mayenne ließ zunächst die oberen Laufgräben von einer Schwadron Landsknechte angreifen, die sich scheinbar zu kämpfen weigerten, weil sie nur Landsknechten wie sie selbst gegenüberstanden; sie gaben sich sogar den Anschein, als wollten sie sich ergeben, und die Unseren fielen so sehr auf dieses Täuschungsmanöver herein, daß sie sie bis an den Laufgraben herankommen ließen; da vertrieben sie die

Unseren daraus, und von diesem vorteilhaften Posten aus machten sie uns arg zu schaffen. Doch bald schon konnte ich nicht mehr wahrnehmen, was sich am Wald abspielte, weil wir in diesem Augenblick am Sumpf, wo ich mit zehn meiner Leute lag, von einer Schwadron von acht- bis neunhundert Reitern angegriffen wurden. Als die uns zahlenmäßig so überlegene Truppe anrückte, sammelten wir etwa hundertfünfzig Reiter um uns und drängten sie zurück bis zur Biegung des Tales. Dort stießen wir auf vier weitere Schwadronen und mußten umkehren, bis uns der Graf von Auvergne entgegenkam, der uns mit den andern hundertfünfzig Reitern zu Hilfe eilte, so daß wir kämpfend die feindlichen Schwadronen zum zweiten Mal zurückdrängten. Dieses Manöver konnte nicht lange gut gehen. Dreihundert Reiter eilten zur Verstärkung des feindlichen Heeres herbei, und wir mußten aufgeben. In ungeordnetem Rückzug gelangten wir zur Kapelle, wo zum Glück unser Fußvolk stand und die feindliche Kavallerie zum Stehen brachte. Hier kam es zu einem Gefecht, bei dem Sagonne und andere Offiziere den Tod fanden.

Der Herzog von Mayenne schickte alle übrigen Landsknechte zum Angriff auf die Kapelle vor, und wir mußten zuletzt den Posten aufgeben. Von der Überzahl erdrückt, gaben wir auch die tiefergelegenen Stellen der Straße auf und schließlich die ganze Landstraße. Da setzte eine wilde Flucht ein. Die Folgen wären schlimm gewesen, wenn wir nicht zum Glück auf das schweizerische Bataillon gestoßen wären, das den Vorstoß aufhielt und uns wieder in die Lage versetzte, weiterzukämpfen. Mir selbst konnte nichts gelegener kommen. Da mein Pferd gerade tödlich verletzt unter mir zusammengebrochen war, bestieg ich ein frisches. Um den tapferen Widerstand unserer Schweizer zu brechen, hielten die Feinde es für richtig, fünfhundert Reiter auf der Straße am Sumpf entlang einzusetzen. Sie hätten uns von hinten angegriffen und leicht mit den Schweizern und den übrigen umzingelt, doch zum Glück waren die Reiter zu nahe an den Sumpf herangekommen, die Pferde blieben im Schlamm stekken, und die Reiter konnten sich nur mühsam unter Zurücklassen ihrer Lanzen befreien.

Nachdem der Kampf noch eine Weile so weitergegangen war, das heißt solange unsere Kräfte standgehalten hatten, begann uns die Müdigkeit zu übermannen. Auf unserer Seite kämpften immer dieselben, während unsere Feinde dauernd neue Truppen ins Feld schickten und unablässig an Zahl zunahmen. Unsere Brigade hatte zum großen Teil keine Waffen und keine Pferde mehr. In dieser verzweifelten Situation schickte mich die ganze Truppe zum König, ich solle ihm unsere Lage schildern und ihn um Verstärkung bitten. Ich suchte den Fürsten auf. »Mein Freund«, sagte er zu mir, »ich habe niemanden mehr, den ich Ihnen schicken könnte, Sie dürfen den Mut nicht verlieren.« Tatsächlich war seine Lage nicht besser als die unsere. Dennoch wandte er sich zu Herrn Le Grand und befahl ihm, mir zu folgen mit allen Soldaten, die er oberhalb der Straße sammeln konnte. Ich ging zu meinen Leuten zurück und meldete ihnen mit sichtlicher Freude, daß wir Hilfe bekämen, mit der ich aber kaum rechnete. Alle rafften sich auf, und man kann sagen, daß sie sich jetzt mit unglaublichem Heldenmut schlugen. Da sich dichter Nebel über unsere Feinde gelegt hatte und sie unseren Blicken entzog, wurden wir uns der Gefahr nur zu einem Bruchteil bewußt. Als der Nebel sich aber wieder gehoben hatte, setzten die Sonnenstrahlen uns dem Blick der Feinde aus, und wir erkannten ihr ganzes Heer, das zum Vormarsch ansetzte, um uns niederzumachen. Es war schon so nahe, daß keiner von uns mehr glaubte, auch nur das Ende des Dammes erreichen zu können, wo sich die letzte Möglichkeit zur Verschanzung bot, und keiner mehr an etwas anderes dachte, als sein Leben teuer zu verkaufen und dann zu sterben.

Die Rettung kam von einer Seite, die wir für unsere schwächste gehalten hatten. Die Geschütze im Schloß von Arques hatten wegen des dichten Nebels nicht eingesetzt werden können; als aber nun der Feind zu erkennen war, gaben sie Schüsse ab, die so haargenau trafen und eine so verheerende Wirkung hervorriefen, obwohl wir nur vier Kanonen besaßen, daß die Feinde in Verwirrung gerieten. Als vier weitere Salven erfolgten, ziemlich rasch hintereinander, vermochte das feindliche Heer mit seinen gelichteten Reihen dem Feuer nicht länger standzuhalten und zog sich ungeordnet zum Hügelabhang zurück, hinter dem eine Weile darauf der ganze schreckliche Haufe verschwand, höchstwahrscheinlich bestürzt über seine großen Verluste und entmutigt durch unseren Widerstand, mit dem der Herzog von Mayenne nicht gerechnet hatte.

Nach dieser ruhmreichen Tat zog sich der König nach Arques zurück, dann marschierte er weiter nach Dieppe, von den Feinden ständig zu immer neuen Scharmützeln herausgefordert, auf deren Einzelheiten ich nicht näher eingehen will, da sie nach dem Tag von Arques nicht mehr interessant genug sind. Immerhin war der König bei einer dieser Begegnungen einer nicht unbeträchtlichen Gefahr ausgesetzt, als er, im Glauben, der Feind sei weit, mit uns auf einer Wiese eine Art Kriegsspiel veranstaltete und ihn plötzlich zweihundert Füsiliere angriffen, die zwischen zwei Hecken auf dem Bauch im Hinterhalt gelegen hatten, nur zweihundert Schritt von der Stelle entfernt, an der wir uns befanden.

Ein anderer als Heinrich wäre unweigerlich übermannt worden, bevor er die Hilfe erhalten hätte, die im Anmarsch war. Er jedoch verteidigte jedes Stückchen Boden tapfer und geschickt, um Zeit zu gewinnen, bis viertausend Engländer und Schotten, welche die Königin Elisabeth ihm schickte, übers Meer gekommen waren. Dieser Verstärkung folgte noch eine andere, größere, die der Graf von Soissons, Heinrich von Orléans, der Herzog von Longueville, von Aumont und von Biron brachten. In Dieppe war er nur deshalb so vielen Gefahren ausgesetzt, weil der Graf von Soissons nichts anderes zu tun fand, als sich über das Kommando zu streiten, anstatt dem König zu Hilfe zu eilen.

Mayenne wagte es nicht, abzuwarten, bis sich diese Truppen vereinigt hatten: er zog mit seinem Heer ab und räumte das Feld. Heinrich sprach von da an nicht mehr davon, die Normandie halten zu wollen: er marschierte wieder nach Paris, das er ja nur mit Bedauern verlassen hatte.

Es ist Anfang Oktober. Der Winter steht vor der Tür, und an große militärische Operationen ist nicht mehr zu denken. Der König richtet sich in Tours ein und unterwirft sich diejenigen Städte an der Loire, die sich ihm noch widersetzten. Im folgenden Frühjahr belagert die königliche Armee Dreux. Mayenne hat Verstärkung durch spanische Truppen erhalten, die Graf Egmont anführt. Es kommt zur Schlacht. Sully:

Die Schwadron des Königs, in der ich mich befand, stand dem Grafen Egmont gegenüber, der mit seiner Schwadron und einer zweiten von tausend bis zwölfhundert deutschen Reitern zum Angriff gegen sie vorging. Die deutschen Reiter, die derselben Religion angehörten wie unsere Soldaten, schossen zwar fast ausnahmslos in die Luft, doch muß man Graf Egmont Gerechtigkeit widerfahren lassen: er verhielt sich wie ein Mann, der den Sieg will. Er griff uns so heftig an, daß, obwohl die deutschen Reiter ausfielen, der linke Flügel unserer Schwadron nach einem furchtbaren Feuer und einem Schlachtgetümmel von einer guten Viertelstunde, in der sich die Erde mit Toten bedeckte, die Flucht ergriff und der rechte eingedrückt wurde und sich ergab. Beim ersten Anprall wurde mein Pferd von einem Hieb auf die Nüstern getroffen und von einem zweiten am Hals, der an der offenen Stelle am Sattel wieder heraustrat; beim dritten, der ihm zwei Fuß breit das Fell herunterriß und mir ein Stück von der Wade, brach es unter mir zusammen. Einen weiteren Stich erhielt ich in die Hand. Ein Schuß aus einer Pistole durchbohrte mir die Hüfte und trat am Bauch wieder aus. Zweifellos wäre es mit mir zu Ende gewesen, wenn mein Knappe mir nicht zu Hilfe geeilt wäre und mir ein anderes Pferd gebracht hätte. Ich saß auf, wenn auch nur mit großer Mühe; dieser Liebesdienst brachte dem armen Maignan einige Schwerthiebe ein und hätte ihn beinahe das Leben gekostet.

Bei einem zweiten Angriff wurde mir wieder mein Pferd getötet, und im gleichen Augenblick erhielt ich einen Pistolenschuß in den Schenkel und einen Schwerthieb über den Kopf. Ich blieb auf der Stelle liegen, verlor die Besinnung und damit den Überblick über den Fortgang der Schlacht. Der Vorteil, in den Graf Egmont sich gesetzt, hatte mich nichts Gutes für uns ahnen lassen, und der König war mit größter Bestimmtheit geschlagen, wenn man im übrigen Heer des Feindes genauso kämpfte. Ich weiß nur, daß ich nach recht langer Zeit wieder zur Besinnung kam und um mich herum weder den Feind noch einen meiner Diener sah. Die hatte der Schrecken oder der Wirrwarr in alle Winde zerstreut, ein weiteres Zeichen, das mir nichts Gutes zu bedeuten schien.

Ich zog mich zurück, ohne Helm und fast ohne Rüstung; sie war mir in Stücke gehauen worden. In diesem Zustand sah ich einen feindlichen Reiter auf mich zukommen, der mir nach dem Leben trachtete. Zum Glück stand in der Nähe ein Birnbaum, zu dem ich mich hinschleppte, und mit ein paar Bewegungen, deren ich gerade noch fähig war, schützte ich mich geschickt mit den tief herabhängenden Zweigen vor den Hieben meines Gegners und ließ ihn nicht an mich heran: endlich war er es leid, sich im Kreis um den Baum zu drehen, und ließ mich in Ruhe. Feuquières hatte nicht dasselbe Glück: ich sah, wie er vor meinen Augen in diesem Moment getötet wurde. La Rocheforet, der später zu mir gehörte und der damals gerade vorbeikam, bat ich um ein kleines Reitpferd, das er am Zügel führte und für das ich ihm auf der Stelle dreißig Taler zahlte. Ich habe immer die Ansicht vertreten, daß es in einer solchen Lage angebracht ist, etwas Geld bei sich zu haben.

Als ich wieder ein Pferd hatte, suchte ich zu erfahren, wie es um die Schlacht stand, die ich für verloren hielt. Da sah ich sieben feindliche Soldaten schnurstracks auf mich zukommen; einer von ihnen trug die weiße Standarte der Truppen des Herzogs von Mayenne; eine neue Gefahr, aus der ich diesmal nicht zu entkommen glaubte. Man rief: »Wer da?«, und ich nannte meinen Namen, bereit, in die Gefangenschaft zu gehen. Wie groß aber war mein Erstaunen, als ich sah, daß vier von diesen Leuten, anstatt mich anzugreifen, mich baten, sie gefangenzunehmen und ihnen das Leben zu retten, und daß sie mich umringten und offensichtlich erfreut waren, mir zu begegnen. Ich ließ sie gewähren. Es kam mir so merkwürdig vor, daß vier gesunde und gutbewaffnete Männer sich einem Mann, der keine Waffen hatte, über und über mit Blut besudelt war und sich nur mit großer Mühe auf einem ganz armseligen Klepper aufrecht hielt, ergeben wollten, daß ich versucht war, meine Wahrnehmungen für eine Illusion zu halten oder für eine Folge meiner Verwundungen. Ich wurde bald aufgeklärt. Meine Gefangenen – da sie es nun einmal so wollten – gaben sich zu erkennen als die Herren de La Châtaigneraie, de Sigogne, de Chanteloup und d'Auffreville. Von ihnen erfuhr ich, daß der Herzog von Mayenne die Schlacht verloren hatte und daß der König gerade dabei war, die Besiegten zu verfolgen; deshalb müßten sie sich ergeben aus Furcht, in schlimmere Hände zu fallen, ihre Pferde seien nicht mehr imstande, sie aus der Gefahr zu retten; und Sigogne reichte mir zum Zeichen, daß sie sich ergaben, die weiße Standarte [*Standarte der Kavallerie*]. Die drei andern aus dem Trupp: der Herzog von Nemours, der Ritter von Aumale und Trémont, sprachen nicht davon, daß sie sich ergeben wollten. Ich suchte sie mit guten Gründen davon zu überzeugen, daß sie es tun müßten, aber es gelang mir nicht, sie zu überreden. Nachdem sie mir ihre vier Kameraden ans Herz gelegt hatten, gaben sie, als sie einen Trupp der Sieger auf sich zukommen sahen, ihren Pferden die Sporen und zeigten mir, daß diese noch kräftig genug waren, sie vor dem Feind zu retten.

Ich ritt mit meinen Gefangenen auf ein Bataillon Schweizer zu und begegnete dabei einem Pagen des Königs; ihm übergab ich die Standarte, die für mich eine zu schwere Last war. Jetzt sah ich die Zeichen unseres Sieges deutlicher: überall auf dem Feld fliehende Ligisten und Spanier und die siegreiche Armee des Königs, welche die Überreste der größten Regimenter, die auseinanderliefen und sich wieder sammelten, verfolgten und auseinandertrieben. Die Schweizer der beiden Heere, die sich plötzlich gegenüberstanden, musterten einander mit hochmütigen Blicken, die Piken gesenkt, ohne einen Stich zu tun oder auch nur eine Bewegung zu machen.

Die weiße Standarte mit den schwarzen Lilien war, wie jeder wußte, die Standarte der Herzöge von Guise, die sie zum Gedächtnis und als Mahnzeichen an das Gemetzel der Bartholomäusnacht trugen; um diese nun scharte sich alles, denn sie war eine zugleich reiche und ehrenvolle Beute. Die Reitermäntel meiner Gefangenen, die aus schwarzem Samt waren mit silbernen Kreuzen darauf, leuchteten weithin über das Feld. Die ersten, die herbeieilten, um sie in ihre Obhut zu nehmen, waren die Herren de Chambrai, de Larchant, du Rolet, de Crèvecoeur, de Palcheux und de Brasseuse, zu denen sich noch der Graf von Thorigny gesellte. Ich ritt ihnen entgegen, und in der Annahme, man könne mein von Blut und Staub völlig entstelltes Gesicht nicht erkennen, nannte ich meinen Namen. Kaum hatte der Graf von Thorigny La Châtaigneraie bemerkt, der mit ihm verwandt war, bat er mich, da ich seiner Meinung nach in meinem Zustand meine Gefangenen nicht vor Beleidigungen zu schützen imstande war, diesen in seine Hände zu geben, für den er mir bürgen wollte. Ich übergab ihn mit Freuden, obwohl ich ihn mit Bedauern scheiden sah. Dieser Freundschaftsdienst Thorignys hatte in Wirklichkeit für den unglücklichen Châtaigneraie die unheilvollsten Folgen: Wenige Augenblicke später entdeckten ihn drei Mann von der Kompanie von O., die der Garde König Heinrichs III. angehört hatten. Kaum hatten diese drei ihn erkannt, setzten sie ihm die Pistole auf die Brust und schossen ihn tot, indem sie zu ihm sagten: »Ah! zum Teufel! Du Verräter an deinem Fürsten, du hast dich über den Mord am König gefreut und bei seinem Tod die grüne Schärpe getragen.« Ich hätte von dem Grafen von Thorigny für diesen Gefangenen Lösegeld verlangen können, und manche rieten mir auch dazu, aber ich wollte das nicht noch seinem Schmerz über den Tod eines Mannes hinzufügen, den ich selbst besonders gut gekannt hatte.

Nicht lange, und viele Soldaten scharten sich um mich, von denen nicht einer mich nicht um mein Kriegsglück beneidete. D'Andelot kam später als die andern, bahnte sich einen Weg durch die Menge und bemerkte Sigogne und den Pagen, der die Standarte trug. Er wollte sie gerade an sich nehmen, weil er meinte, sein gutes Geschick hätte ihm diese Beute zugedacht, da hieß es, der Feind sammele sich wieder, und er mußte plötzlich davonreiten. Ich hatte nicht einmal Zeit, ihm seinen Irrtum klarzumachen, denn nachdem er dem Pagen gesagt hatte, er möchte die Standarte für ihn aufbewahren, ritt er pfeilschnell davon. Die Nachricht erwies sich als falsch.

Als die Menge sich zerstreut hatte, und da ich Hilfe benötigte, besonders für meine Wunde an der Hüfte, aus der ich viel Blut verlor, begab ich mich mit meiner Beute an die Spitze des Regiments Vignolles, das im Kampf Bewundernswertes geleistet hatte. Hier fürchtete ich keine Überraschungen mehr und ließ einen Feldscher holen, der meine Wunden verbinden sollte, und ich bat um Wein, um einer Ohnmacht zu begegnen, der ich nahe war. Als ich wieder Kräfte gesammelt hatte, begab ich mich nach Anet [*Schloß der Diane von Poitiers, der Geliebten Heinrichs II.*], dessen Kastellan mir ein Zimmer zuwies. Hier ließ ich den ersten Verband auf meine Wunden legen, in Gegenwart des Marschalls von Biron, der einige Augenblicke nach mir eintraf und sich einen Imbiß auf mein Zimmer bringen ließ. Er führte die Reserven, deren Befehlshaber er war, zum König, der nach seinem Sieg ohne Aufenthalt die Verfolgung seiner Feinde aufgenommen, die Eure überschritten und dann, so berichtete man mir, die Straße nach Rosny eingeschlagen hatte, wo er die Nacht verbrachte.

Der König zieht die Bilanz:

Ich habe erst von ihnen abgelassen, als sie in der Nähe von Mantes waren. Ihre weiße Standarte ist in meiner Hand und der, der sie trug, mein Gefangener; zwölf bis fünfzehn weitere Kavalleriestandarten, doppelt soviel von der Infanterie und ihre gesamte Artillerie, eine Unzahl von Edelleuten gefangen, Gefallene in Mengen, sogar Befehlshaber; ich habe mir bisher in nur wenigen Fällen das Vergnügen gemacht, feststellen zu lassen, wer sie sind. Ich weiß aber, daß unter anderen Graf Egmont, der General der gesamten flandrischen Streitmacht, den Tod gefunden hat. Die Gefangenen sagen alle, ihr Heer hätte aus viertausend Reitern und zwölf- bis dreizehntausend Infanteristen bestanden, von denen, glaube ich, noch nicht ein Viertel sich hat retten können. Mein Heer bestand aus etwa zweitausend Reitern und achttausend Infanteristen.

Die Armee der Liga ist fast völlig vernichtet. Der König marschiert nach Paris, der Bastion seiner Gegner, wo spanische und päpstliche Agenten offen gegen den König hetzen. Im Januar kommt Cajetan, der päpstliche Legat, nach Paris. Bei L'Estoile heißt es darüber:

Am Freitag, dem fünften, traf Kardinal Cajetan, der päpstliche Legat, in Begleitung mehrerer italienischer Bischöfe und anderer gelehrter Leute in Paris ein. Mehrere Bischöfe aus den Provinzen, die sich hier aufhalten, sind ihm entgegengegangen, sogar der Kardinal von Gondy, der eigens aus diesem Anlaß wieder in die Stadt gekommen war. Die maßgeblichen Herren der Union und zehntausend Bürger empfingen ihn im Vorort Saint-Jacques. La Chapelle-Marteau, der Vorsteher der Kaufmannschaft, hat ihn in seiner Ansprache der Ergebenheit der Pariser dem Papste gegenüber versichert. Alle Welt freut sich: nur den Legaten haben die zu langen Ansprachen aller Körperschaften der Stadt stark ermüdet.

Am Montag, dem fünfzehnten, erschien der Legat in Person, begleitet von einer großen Zahl Ligisten, mit großem Pomp im Parlament. Die Abgeordneten empfingen ihn und führten ihn in den Audienzsaal. Die Beamten des Parlamentsgerichts saßen auf ihren Plätzen; er schritt auf die Ecke zu, in der sich ein einzig dem König vorbehaltener Sitz unter einem

Baldachin befindet, und wollte hier Platz nehmen, aber der Erste Vorsitzende hielt ihn zurück, nahm ihn bei der Hand, tat so, als erweise er ihm eine Ehre und führte ihn an einen Platz auf der Bank unter seinem eigenen Sitz. Der Legat, dem es geschmeichelt hätte, den Stuhl des Herrschers über das Königreich einzunehmen, ließ sich nichts anmerken und hielt eine lange Ansprache in Latein über die Macht und Größe des Papstes, über die Liebe, die er für das Königreich Frankreich empfinde, und über den Eifer, mit dem die Franzosen, wie er hoffe, zur katholischen, apostolischen und römischen Religion hielten.

Drei Tage vor der Schlacht von Ivry wird in seiner Gegenwart der Eid auf die Union wiederholt:

Am Sonntag, dem 11. März 1590, wurde in der Kirche und im Kloster der Augustiner in Paris öffentlich und feierlich der Eid auf die Union erneuert. Der Vorsteher der Kaufmannschaft, die Schöffen, Obersten, Hauptleute, Leutnante und Fähnleinführer aller Bezirke und Unterbezirke von Paris legten in die Hand des Legaten, in Anwesenheit mehrerer Bischöfe und Prälaten, nochmals den Eid ab. Dabei wurde folgende Ordnung eingehalten: nachdem die Messe gesungen worden war und ein Geistlicher eine Predigt gehalten hatte, in der er alle ermahnte, fest zur Partei der Heiligen Union zu stehen, gingen sie, einer nach dem andern, hin und schworen auf das Evangelium, das offen vor dem im bischöflichen Ornat dasitzenden Legaten lag, ihr Leben einzusetzen für die Erhaltung der katholischen, apostolischen und römischen Religion, der Stadt Paris und der Unionspartei, niemals einem ketzerischen König Gehorsam zu leisten, gleich wer er auch sei und gleich aus welchem Grunde, und alles, was der Heiligen Union [*der Liga*] zum Nachteil gereichen könnte, bekanntzugeben, sobald sie davon erführen. Danach wurde die Eidesformel schriftlich niedergelegt, welche die Obersten und Hauptleute, jeder in seinem Stadtbezirk, das Volk schwören lassen mußten.

Heinrich IV. sendet der Gräfin von Gramont folgende Nachricht:

Ich liege vor Paris, wo Gott mir beistehen wird. Wenn ich es einnehme, werde ich endlich spüren, daß ich die Krone trage. Ich habe die Brücken von Charenton und Saint-Maur mit meinen Kanonen erobert und alles hängen lassen, was drinnen war. Gestern habe ich den Vorort von Paris eingenommen, mit Gewalt; die Feinde haben dabei viele verloren, wir nur wenige; es ist schon wahr, daß Herr de La Noue dabei verwundet wurde, aber es ist nichts Ernstes. Ich habe alle ihre Mühlen in Brand stecken lassen, wie ich es auch überall sonst tat. Ihre Not ist groß, und entweder bekommen sie binnen zwölf Tagen Hilfe, oder sie werden sich ergeben. Ich lasse Ihren Sohn holen, denn ich glaube, hier wird sich noch allerhand Schönes abspielen. Es geht mir sehr gut, Gott sei Dank, und ich liebe Sie mehr als Sie mich. Gott schuldet mir den Frieden, damit ich mir ein paar Jahre Ruhe gönnen kann. Gewiß, ich altere sehr. Unglaublich, wieviel Leute man mir auf den Hals schickt, die mich umbringen sollen, aber Gott wird mich beschützen. Ich habe sehr treue Diener, und ich sage Ihnen: die Feinde werden mir eher wehtun als Furcht einjagen. Das ist wahr, und so drücke ich Dir, mein Herz, eine Million Küsse auf die Hände, den Mund und die Augen.

Chelles, am 14. Mai.

Sully gibt uns eine anschauliche Schilderung eines Angriffs auf Paris:

Um Mitternacht begann der Angriff mit schrecklichem Kanonendonner, und als die Stadt darauf antwortete, war keiner, der nicht geglaubt hätte, diese unendlich große Stadt ginge im Feuer unter oder sie würde vernichtet von der Unzahl von Minen, die man in ihren Eingeweiden hatte explodieren lassen. Vielleicht hat es nie ein grauenerregenderes Schauspiel gegeben. Dichte Rauchschwaden, durch die häufig Funken stoben oder lange Feuerzungen, deckten diese seltsame Welt ganz zu, die im Wechsel von Schatten und Licht in schwarze Finsternis getaucht oder in ein Feuermeer gehüllt schien. Das Krachen der Artillerie, der Waffenlärm und die Schreie der Kämpfenden ergänzten diesen Anblick mit allem, was man sich an Schrecklichem nur vorzustellen vermag; und das angeborene Schaudern vor der Nacht machte es noch schlimmer. Dieses Schauspiel dauerte zwei volle Stunden und endete mit der Unterwerfung aller Vororte, einschließlich des Vorortes Saint-Antoine, obwohl man wegen seiner Größe gezwungen gewesen war, den Angriff von langer Hand vorzubereiten. Man blockierte die Stadttore, so daß niemand mehr ohne Genehmigung der Belagerer hinein konnte, und bald wurde das Volk von sehr großem Elend und einer fürchterlichen Hungersnot heimgesucht, die mich noch jetzt mit Entsetzen erfüllen.

Über die Vorgänge innerhalb der Hauptstadt unterrichtet uns L'Estoile:

Auf Befehl des Herzogs von Nemours begannen die Pariser ihre Stadt zu befestigen; sie rissen mehrere Häuser in den Vorstädten ab, von wo aus die Feinde ihnen hätten Schaden zufügen können. Alle Bürger arbeiteten mehr oder weniger mit. Die großen Herren in der Stadt gingen oft hin und sahen den Arbeitenden zu und feuerten sie durch ihre Gegenwart an, und die Prediger, unter ihnen auch Pierre Christin, taten dasselbe in ihren Predigten.

Die Prozession der Liga:

Am Sonntag, dem dritten Tag im Juni, fand eine Prozession in folgender Ordnung statt: Rose, der Bischof von Senlis, ging als Anführer und Leiter an der Spitze, dann folgten die Geistlichen in Reihen zu vieren. Dann kam der Prior der Kartäuser mit seinen Mönchen, dann der Prior der Bernhardiner mit seinen Mönchen, die vier Bettelorden, die Kapuziner, die Pauliner, zwischen ihnen Reihen von Schülern. Die Vorgesetzten der verschiedenen Mönchsorden trugen alle in einer

Hand ein Kruzifix, in der andern eine Hellebarde, die übrigen Arkebusen, Spieße, Dolche und sonstige Waffen aller Art, die ihnen die Nachbarn geliehen hatten. Sie alle hatten ihre Kutten hochgeschürzt und ihre Kapuzen auf die Schulter heruntergeschlagen; manche trugen Helme, Brustharnische, Bruststützen. Hamilton, seiner Nation nach Schotte, Pfarrer von Saint-Côme, versah den Ordnungsdienst, reihte sie ein, hieß sie bald anhalten, um Choräle zu singen, bald weitergehen; manchmal ließ er sie ihre Musketen abfeuern. Alles eilte herbei, um das neuartige Schauspiel zu sehen, das, so sagten die Glaubenseifrigen, die Streitende Kirche darstellte. Auch der Legat erschien und billigte durch seine Anwesenheit eine so außergewöhnliche und zugleich lächerliche Zurschaustellung. Es traf sich, daß einer dieser neuen Soldaten, der sicher nicht wußte, daß seine Arkebuse geladen war, den Legaten, der in seiner Karosse mit Panigarol, dem Jesuiten Bellarmin und anderen Italienern saß, grüßen wollte und auf ihn schoß und einen seiner Geistlichen, den Oberhofprediger, tödlich traf. Da kehrte der Legat so schnell wie möglich nach Hause zurück, während das Volk überall laut verkündete, der Prediger könne von Glück sagen, bei einer so heiligen Handlung den Tod gefunden zu haben.

Am Montag, dem vierten Tag des Monats Juni, wurden ein Mann mit Namen Moret und mehrere andere Bürger ins Wasser geworfen, weil sie gesagt hatten, es wäre gut, mit dem König von Navarra Frieden zu schließen. Alle aber, die von Frieden sprachen, wurden als Helfershelfer der Ketzer angesehen.

Heinrich ergreift schärfere Maßnahmen. Die Hungersnot beginnt. L'Estoile berichtet:

Der Rat der Sechzehn ordnete an, die Geistlichen sollten einmal am Tag an die Armen ihres Stadtbezirks, von denen man ihnen eine Liste gab, Essen austeilen. Inzwischen erging an alle bedürftigen Häuser der Befehl, ihre Hunde und Katzen an einen bestimmten Ort zu bringen, wo sie getötet wurden; daraus machte man Suppe und verteilte sie an die Armen, mit einem Stück Hunde- oder Katzenfleisch darin und einem Stück Brot dazu.

In dieser Zeit starb mancher, arm oder reich, und alle Tage fand man Leute in den verschiedenen Stadtbezirken auf dem Pflaster liegen, manche, weil sie seit einiger Zeit schlechte Nahrung zu sich genommen, andere, weil ihnen die Lebensmittel überhaupt gefehlt hatten.

Das Volk fing zum größten Teil an, Hafer- oder Kleienbrot zu essen, und das war noch abgewogen; das tat man selbst in den besten Häusern von Paris; das Gesinde erhielt täglich nur ein halbes Pfund oder wenig mehr von diesem Brot. Pferdefleisch war auch so teuer, daß die kleinen Leute es nicht kaufen konnten; sie waren gezwungen, Hunde zu jagen und sie zu verzehren und rohe Kräuter, ohne Brot, was widerwärtig und jämmerlich anzusehen war.

Das einzige, was in Paris billig war, waren die Predigten; da fütterte man das arme ausgehungerte Volk mit Wind, das heißt mit Betrug und Lügengeschwätz: es bekam zu hören, daß es Gott höchst wohlgefällig sei, den Hungertod zu erleiden, ja sogar, es sei besser, seine Kinder umzubringen, wenn man nichts für sie zu essen hätte, als einen Ketzer zum König zu machen und ihn anzuerkennen. Dabei saßen alle Prediger arg in der Klemme, weil sie Entschuldigungen finden sollten für den Herzog von Mayenne und dem Volk weismachen mußten, warum die Hilfe so lange auf sich warten ließ, und weil sie ihm die Nachrichten Frau von Montpensiers schmackhaft machen mußten. Das war das ganze Evangelium, das man damals in Paris predigte, entsprechend den Billetts, welche die Dame als Evangelium vom Tage herumschickte.

Heinrich IV. schreibt am 15. Juli an die Gräfin von Gramont:

Saint-Denis und Dammartin haben sich ergeben. Paris liegt in den letzten Zügen, so daß es diese Woche entweder eine Schlacht oder Parlamentäre braucht. Die Spanier wollen sich am nächsten Dienstag mit dem dicken Herzog [*Mayenne*] vereinigen; wir werden dann sehen, ob er sich Beleidigungen gefallen läßt. Jeden Tag führe ich Ihren Sohn in den Kampf und lasse ihn nicht von meiner Seite; ich glaube, er wird mir Ehre machen. Gestern sah ich Damen, die aus Paris kamen, sie erzählten mir allerlei über ihre Notlage. Es geht mir sehr gut, Gott sei Dank, und nichts auf der Welt liebe ich so wie Sie: etwas, woran ich niemals zweifeln werde, dessen bin ich sicher. Das ist wahr, und so drücke ich Ihnen, meine Seele, eine Million Küsse auf Ihre schönen Augen, die mir mein ganzes Leben lang das Liebste auf dieser Welt sein werden.

L'Estoile schildert die Schrecken der Hungersnot:

Am Dienstag, dem 14. August 1590, am Tage vor dem Marienfest, verließ meine schwangere Frau, die kurz vor der Niederkunft stand, unsere Stadt Paris; sie nahm auch Anne Delestoile und meinen kleinen Mathieu mit, dazu ihre Amme und ihre Nichte und zog zu ihrer Mutter nach Corbeil; es war ihr lieb, wegzugehen, und mir auch, jedenfalls war es notwendig, und auch ihr Bruder hatte dazu geraten wegen der großen Hungersnot, die hier herrscht.

An diesem Tage kaufte man mir zwei Eier für zwanzig Sous.

Am Mittwoch, dem 15. August, am Tage des Marienfestes, stand ich um fünf Uhr abends an meiner Haustür, als ein armer Mann, abgezehrt und vor Hunger umfallend, auf mich zukam; auf den Armen trug er sein etwa fünfjähriges Kind, das – ich sah es mit an – in den Armen des unglücklichen Vaters verschied. Er schloß ihm in meiner Gegenwart die Augen und versicherte mir, weder er noch sein Kind hätten seit drei Tagen etwas gegessen, und seit über vierzehn Tagen hätten sie kein Brot mehr gesehen. Ich empfand so großes Mitleid mit ihm, daß ich selbst ein Brot holen ging (an dem es mir während der Notzeit nie gefehlt hat, wofür ich Gott in Demut preise) und es dem armen Mann gab, zusammen mit etwas Geld.

Nachdem man dem König die unendliche Not und das Elend seines Volkes in Paris geschildert hatte, wo Straßen und Türschwellen nun schon mit Toten gepflastert waren, erklärte sich Seine Majestät, die lieber die Kriegsregeln verletzen als der Natur, auch seiner eigenen, stets gütigen, zuwiderhandeln wollte, am Montag, dem 20. August 1590, damit einverstanden, die militärische Ordnung zu durchbrechen im Gedanken daran, daß das arme Volk doch christlich war und daß sie alle seine Untertanen waren, und erlaubte deshalb zunächst allen Frauen, Mädchen und Kindern und Schülern, die Stadt zu verlassen, wenn sie es wollten, und dehnte diese Erlaubnis schließlich auch auf alle andern, ja sogar auf seine grausamsten Feinde aus. Diese wurden sogar menschenwürdig aufgenommen in allen seinen Städten, in die sie sich flüchten wollten. Entgegen jeder Kriegsregel erlaubte er auch, daß die Prinzen und Prinzessinnen in der Stadt mit Lebensmitteln versorgt würden. Das wurde ihm mit großem Undank gelohnt und war einer der Gründe (nach menschlichem Ermessen), warum die Belagerung nicht die Wirkung hatte, die sie haben sollte.

Der Fanatismus der Sechzehn erreicht am 30. August seinen Höhepunkt:

Am Donnerstag, dem dreißigsten des Monats August, große Freude in Paris. Als die Wachen bei Tagesanbruch rings um die Mauern von Paris keine Armee des Königs mehr sahen, verkündeten sie mit großem Jubel die Nachricht in der ganzen Stadt: da liefen die Einwohner auf die Wälle, um sich zu vergewissern, ob die Nachricht, mit der niemand gerechnet hatte, wahr sei. Trotzdem läßt man die Wache weiterhin auf ihrem Posten.

Was ist geschehen? Spanien hat die Liga gerettet. Heinrich IV. schreibt an den Herzog von Montpensier:

Lieber Vetter, nachdem ich meine Stadt Paris ins äußerste Elend gebracht hatte, von dem Sie ja wohl gehört haben, erhielt ich die Nachricht, daß der Herzog von Mayenne und der Herzog von Parma mit ihrer Armee in Claye angekommen waren, dort ihr Lager aufschlagen und dann durch den Wald von Vincennes nach Paris marschieren wollten. Um ihre Absichten zu durchkreuzen und damit sie nicht an verschiedenen Stellen, diesseits und jenseits des Flusses, auf mein Heer stoßen würden, bin ich aus den Vororten meiner Stadt Paris abgezogen, so spät es nur ging. Nachdem ich mein Heer jenseits des Flusses gesammelt hatte, sah ich mir mit einem Teil meiner Truppen das Lager und das Schlachtfeld, das ich schon einige Tage vorher ausgekundschaftet hatte, noch einmal an, um auf alle eventuellen Unternehmungen meiner Feinde vorbereitet zu sein. Ich kam gerade im rechten Augenblick, um diejenigen, welche schon ins Dorf gekommen waren, um sich hier einzuquartieren, wieder hinauszujagen; mit vierhundert Reitern schlug ich sie und achthundert feindliche Lanzen, die zu ihrer Verstärkung angerückt waren, bis nach Claye zurück. Herrn von Châtillon ließ ich mit seinen Truppen in dem Dorf zurück, zusammen mit Herrn von Lavardin und seiner Kavallerie, damit sie bis zum nächsten Tag, einem Samstag, dem ersten Tag dieses Monats, die Ortschaft hielten, und traf hier rechtzeitig mit meinem ganzen Heer ein, das vom feindlichen nur durch einige Bäche und Sümpfe getrennt war, einer davon in der Nähe ihres Lagers, der andere näher zu uns.

50 000 Pariser sind Hungers gestorben; die Belagerung hat also ein Vielfaches an Opfern wie die Bartholomäusnacht gefordert. Im November 1590 zieht der Herzog von Parma ab. Der König kommt zurück und versucht am 20. Januar 1591, die Stadt durch einen Überraschungsangriff zu nehmen. Aus dem Brief eines Anhängers der Liga:

Am Freitagabend ordnete der Gouverneur an, was zur Verteidigung der Stadt getan werden müsse, und schickte einige Soldaten vor die Stadt, um auszukundschaften, ob der Feind heranrücke, damit man Signal geben könne. Inzwischen ließen der Vorsteher der Kaufmannschaft und die Schöffen den Obersten und Hauptleuten melden, jeder solle in seinem Bezirk in der Nacht Wachposten aufstellen; vor allem baten sie einige vornehme Bürger, in ihren Häusern zu wachen und sich mit einer möglichst großen Anzahl von Freunden bereitzuhalten. Die Besten in der Stadt versahen sich unverzüglich mit Waffen, und man stellte sechzehn Truppen in den sechzehn Stadtbezirken auf, außer dem Gardekorps. Ich kann Ihnen sagen und versichern: nie zuvor erlebte man einen solchen Jubel und solche Bereitschaft; Hunger, Kälte und alles andere Ungemach waren vergessen, und keiner war, der nicht den Feind herbeiwünschte, weil man hoffte, daß er gründlich zurückgeschlagen würde, falls er etwas unternähme.

In der Frühe des nächsten Tages berichteten die Bauern, sie hätten niemanden bemerkt in der Umgebung der Stadt, doch man dachte sich schon, daß dies eine falsche Meldung war und daß sie es nur taten, um zu sehen, welche Gesinnung die Bürger im Ernstfalle zeigen würden.

Die Politischen und andere, welche die Absichten des Feindes kannten, sahen darin einen willkommenen Anlaß, das Volk davon abzubringen, sich zu bewaffnen; es sollte ohne Grund leichtsinnig aufgeben, weil es einige Personen so wollten, die sich wenig um das Wohl des Volkes kümmerten. Solche Vorschläge wurden im Palast und auch anderswo von den Helfern und Anhängern des Feindes ausgestreut.

Als die Nacht hereingebrochen war, wurden derselbe Befehl und dieselben Bestimmungen erteilt wie in der Nacht vorher, denn man wußte ganz genau, daß der Feind anrückte und ein großes Unternehmen plante. [...]

Gegen Mitternacht war man gewiß, daß der Feind sich mit mehreren Heerhaufen in unmittelbarer Nähe befand. Noch in der gleichen Stunde schlug man Alarm in der Stadt und läutete die Sturmglocke; das Volk erhielt in kürzester Zeit Waffen, ausgenommen einige wenige, die der Verteidigung der guten Sache gleichgültig gegenüberstanden und nicht herauskommen wollten. Da traf man die Anordnung, bei denen, die sich verhielten wie der Fuchs, die Türen einzuschlagen, Grund genug für andere, zu zeigen, daß sie wacher waren.

Als überall Ordnung herrschte, stellte sich heraus, daß der Feind im Vorort Saint-Honoré war. Um etwa drei Uhr kamen ein paar feindliche Hauptleute, als Bauern verkleidet und Pferde am Zügel führend, die mit Mehl beladen waren; sie begehrten Einlaß. Es waren ihrer wenigstens zehn oder zwölf, und einer von ihnen wurde von Herrn de Tremblecourt verhört, der sich an der Porte St.-Honoré befand; auf die Frage, ob er die Feinde gesehen habe, sagte er, er habe zwölf bis fünfzehn feindliche Reiter gesehen, die auf den Straßen umherstreiften, um herauszubekommen, wer Lebensmittel brächte.

Tatsächlich spielten die verkleideten Bauern ihre Rolle so gut, daß man keine klare Vorstellung hatte, wer sie waren, und so sagte man ihnen, das Tor sei seit dem Abend vorher mit einem Erdwall verschanzt, sie sollten am Fluß entlanggehen, wo man sie mit einem Boot erwarten würde, oder sie sollten zur Porte St. Denis gehen. Das war nicht das, was sie wollten, und als sie die schlechte Nachricht vernahmen, machten sie sich im Schutz der stockfinsteren Nacht wieder auf den Weg zurück in den Vorort und berichteten dort, was sie gehört hatten.

Um diese Zeit standen bei den Kapuzinern etwa sechzig Hauptleute im Bauernwams mit Pistolen unter dem Rock und hatten Pferd und Wagen bei sich. Der Feind dachte sich, er träfe an diesem Tor vielleicht Leute auf Wache, die sie in geheimem Einverständnis oder aus Nachgiebigkeit einließen. Gleichzeitig wollte er unten vom Fluß aus angreifen, der bei dem niedrigen Wasserstand nicht bis an die Mauer reichte und leicht von zehn bis zwölf nebeneinander durchwatet werden konnte, ohne daß sie sich auch nur die Knie naßmachten; ebenso leicht war es, an verschiedenen Stellen die Mauern mit Leitern zu stürmen.

Zu diesem Zweck hatte der Feind eine große Anzahl Leitern herbeischaffen lassen, dazu Sturmdächer und Hürden, Ladehämmer und andere Instrumente und Kriegsmaschinen, um die Tore und ihre Schlösser aufzubrechen, und er ließ auch zwei Kanonen aufstellen, um die Barrikaden zu zerstören, die man in der Stadt errichtet haben könnte. Um dieses Vorhaben durchführen zu können, sollten sechzig Hauptleute oder andere wagemutige Personen in Bauernkleidung sich des Tores bemächtigen, sobald man es ihnen geöffnet hatte.

Der ganze Troß lag geschützt hinter Montmartre, und es herrschte bewundernswerte Stille: man vernahm keinen Laut, man sah kein Licht, so daß man nicht ahnen konnte, daß dort, noch nicht zwei Musketenschüsse entfernt, ein so großes Heer sieben oder acht Stunden lang lag. Als sie aber hörten, daß die Porte St. Honoré und andere Tore mit Erdwällen verschanzt waren, hielten sie ihr Unternehmen für entdeckt. Da berieten sie, ob sie das Unternehmen aufgeben sollten. Der König von Navarra wollte sein Glück versuchen und ein paar Mann aufs Spiel setzen, eine Ansicht, die La Noue und andere [...] nicht teilten; und ich kann Ihnen nur das eine sagen: wären sie gekommen, sie wären schön empfangen worden.

Am Morgen räumte der Feind das Feld und ließ nur ein paar Truppen in den Vororten, um sich den Rückzug zu dekken.

Der Béarner ist sich offenbar darüber klargeworden, daß er, wenn es ihm nicht gelingt, die öffentliche Meinung der Hauptstadt für sich zu gewinnen, vergeblich kämpft. Die einsichtigsten Ligisten wissen auch, daß sie den König nicht besiegen werden und die Reformierten im Königreich nicht ausrotten können, wenn diese auch in der Minderheit sind.

Der Todessprung

Die Zeit zwischen Januar 1591 bis April 1593 ist ausgefüllt mit einem subtilen politischen Spiel, bei dem keiner der beiden Seiten ein entscheidender Sieg beschieden ist. Heinrich von Navarra gelingt es nicht, Paris zu erobern, und die Gegenpartei muß auf die Vernichtung des protestantischen Heeres verzichten. Nach dem Tod des Kardinals von Bourbon, den die Liga unter dem Namen Karl X. zum König gemacht hatte, hofft Mayenne, der Generalstatthalter des Reiches, den Thron zu besteigen. Er schmeichelt Spanien und hält sich doch eine Tür offen für eventuelle Verhandlungen mit Heinrich von Navarra. Philipp von Spanien endlich, der Schwiegersohn Heinrichs II., will seine Tochter Isabella Klara auf den französischen Thron setzen. Heinrich IV. zögert noch, zum Katholizismus überzutreten, denn er weiß genau, daß er sich damit die Gemäßigten zu Feinden machen würde. – Die Absichten der Spanier gehen aus einem Brief hervor, den der Kardinal Dal Monte an den Großherzog von Toscana schreibt:

Die Spanier fordern dringend fünf Dinge von Seiner Heiligkeit: erstens, das ganze Haus Bourbon als Verfechter des Ketzertums für unfähig zu erklären, in Frankreich zu herrschen; zweitens, den gesamten katholischen Adel, der auf der Seite Navarras steht, zu exkommunizieren; drittens soll Seine Heiligkeit monatlich fünfzigtausend Taler für die Unterhaltung des Krieges in Frankreich gegen die Ketzer auslegen, damit der katholische Glaube in diesem Königreich nicht verfällt; viertens, Cajetan wieder nach Frankreich zu schicken, der allerdings nur dorthin zurück will, wenn man ihm siebzigtausend Taler zahlt, die er dort ausgegeben hat; fünftens, die französische Kongregation zu reformieren und auf nur vier Mitglieder zu reduzieren, nämlich Madruzzo, San Severino, Fachinetto und Cajetan; aber dazu ist Seine Heiligkeit ebenso entschlossen wie zu den andern Punkten, und der Neffe steht seinem Onkel nicht nach. Die Spanier, die von der Bulle Wind bekommen haben, schlagen großen Lärm, um sie aus der Welt zu schaffen. Man sagt mir, der Papst beabsichtige, eine Predigt zu halten; ich kann es aber nicht glauben. Seine Heiligkeit hat in der letzten Nacht wenig geschlafen, und alle meinen, daß er nicht mehr lange leben wird.

Genug für heute. Ich schließe, indem ich Ihnen die Hände küsse.

Aus Rom, am 4. Januar 1591.

Ihrer durchlauchtigsten Hoheit ergebener Diener
Kardinal Dal Monte

L'Estoile berichtet, wie die Sechzehn das Volk durch die Prediger zu beeinflussen suchen, die mit ihren Predigten die Pläne Spaniens unterstützen:

Am Mittwoch, dem 13. März 1591, zog unser Maître Boucher, der in Saint-Germain de l'Auxerrois die Fastenpredigt hielt, über den Béarner und die Politischen her und sagte, man müsse sie alle totschlagen und ausrotten; er habe sie schon mehrmals aufgefordert, es zu tun, aber sie kehrten sich ja nicht daran: das würden sie noch einmal tief bereuen; er sagte, es sei höchste Zeit, zu Dolch und Messer zu greifen, noch nie hätte es so notgetan.

Und wenn schon in seinen gewöhnlichen Predigten nur vom Töten die Rede war, so übertraf die von jenem Tag alle anderen an Grausamkeit und Blutdurst; denn er predigte nur von Mord und Totschlag, sogar gegen die am Hof und am Gericht, die, so schrie er, überhaupt nichts taugten. Er wiegelte das Volk mit heftigem Gestikulieren und gräßlichem Geschimpfe auf, sich über sie herzumachen und sie aus dem Wege zu räumen. Ein Hofrat, einer meiner Freunde, der zugegen war, sagte mir tags darauf, während er mir das oben Geschilderte erzählte, er habe ihn so rasend gesehen, daß er, wenn es ihm bei dem Gedränge möglich gewesen wäre, hinauszugehen, sich schleunigst davongemacht hätte, aus Angst, daß er in seiner Wut von der Kanzel herunterstiege, um einen Politischen am Kragen zu packen und ihn mit Schmutz und Schmähungen zu überschütten. Er sagte auch, am liebsten hätte er mit seinen beiden Händen diesen Hund von Béarner hingemacht und erwürgt; das sei das liebste und wohlgefälligste Opfer, das man Gott hätte bringen können.

Die Anhänger der Liga wollen die spanische Infantin nur dann auf dem Thron sehen, wenn sie den Herzog von Mayenne oder einen anderen französischen Fürsten heiratet; der König von Spanien will sie indessen einem Habsburger zur Frau geben. Mayenne weiß nicht recht, was er tun soll; vielleicht ist er sogar bereit, Heinrich von Navarra anzuerkennen. Villeroy, der ehemalige Staatssekretär Heinrichs III., ein Anhänger der Liga und Mitglied des Rates der Union, schreibt in seinen Aufzeichnungen:

Der Herzog von Mayenne wurde von den Spaniern schlecht behandelt; sie drängten ihn heftiger als je zuvor, die Krone der Infantin zu versprechen, und er fühlte sich wegen seiner Indisposition so krank, daß er mir durch meinen Sohn sagen ließ und mir später auch durch den Präsidenten Jannin schriftlich mitteilte, daß er und die Fürsten und vornehmen Herren, die bei ihm wären, bereit seien, den König [*Heinrich von Navarra*] anzuerkennen und mit ihm zu verhandeln, wenn er katholisch werden und die Religion und die Partei schützen wolle, aufrichtig und ohne Hintergedanken; er könne ihn jedoch nicht in einem öffentlichen Schreiben darum bitten und ersuchen, denn er fürchte, die Spanier hätten dann einen Vorwand, sofort einige gute Städte zu besetzen.

In den nun folgenden Monaten nimmt Villeroy die Dinge in die Hand, und es kommt zu indirekten und heimlichen Verhandlungen zwischen Mayenne und dem König durch die Mittelsmänner Villeroy und Jannin. Schließlich gelingt es Villeroy, Heinrich IV. zu sprechen:

Ich berichtete ihm, wie sehr der Herzog sich beklage und daß ich wirklich glaube, er habe sich den Spaniern gegenüber noch nicht gebunden, daß er es aber meiner Ansicht nach in Kürze zu tun gezwungen sei, wenn Seine Majestät die Ansprüche des Papstes hinsichtlich seiner Religion nicht befriedigen und sich mit der Kirche nicht versöhnen wolle; denn ich wußte wohl, daß er entschlossen war, sich niemals mit ihm zu einigen, wenn er nicht seine Religion wechselte, das hatte er mir offen gesagt, damit ich es ihm mitteile; und daß er außerdem nicht mehr länger warten und seinen Entschluß nicht auf einen späteren Zeitpunkt verschieben könnte, so sehr würde er von allen Seiten gedrängt, und er sah auch ein, daß die Partei eines Entschlusses bedürfe: deshalb bat ich Seine Majestät inständig, die Dinge zu regeln und nichts anderes mehr zu versprechen.

Die Verhandlungen gehen hin und her und führen zu keinem Ergebnis, vor allem, da der Herzog von Mayenne nicht weiß, auf welche Seite er sich schlagen soll. Die Lage wird immer verworrener, das Volk sehnt sich nach Ruhe und Beendigung der Kriegswirren. Wie immer, wenn die Situation ausweglos erscheint, werden die Stände einberufen. Dabei zeigt sich, daß das Volk keinen fremden Herrscher mehr will. L'Estoile beschreibt den kühlen Empfang, den es dem Herzog von Feria, dem Befehlshaber der spanischen Truppen, bereitet:

Um acht Uhr abends zog er durch die Porte Saint-Antoine ein, mit Fackeln. Er trug einen grünen Rock und einen kleinen schwarzen Hut.

Der Vorsteher der Kaufmannschaft, L'Huillier, in Amtsrobe, und die Schöffen und Stadträte erwarteten ihn im Hause des Schatzmeisters Raiaut, wo er abstieg, weil das Palais Longueville noch nicht fertig war. Es gab einen großen Volksauflauf, aber nur wenige grüßten ihn, auch als er durch die Rue Saint-Antoine kam, legte niemand die Hand an die Mütze: das wurde bemerkt.

Im April haben die Stände immer noch keine Entscheidung getroffen. Heinrich nutzt die Gunst des Augenblicks. Auf seine Veranlassung schlagen die katholischen Anhänger des Königs den Parteigängern der Liga eine Konferenz in der Umgebung von Paris vor. Und die Stände sind einverstanden: die Konferenz wird vorbereitet:

Am Dienstag, dem 13. April, schickten die Anhänger des Königs einen unausgefüllten Passierschein in die Ständeversammlung, damit sie darauf die Namen von zwölf oder mehr Abgeordneten eintrage, die an der Konferenz der beiden Parteien teilnehmen sollten; und sie baten um einen Passierschein für die gleiche Zahl von Personen, die sie für denselben Zweck auswählen wollten. Die Orte, welche die Stände in dem Brief an sie angegeben hatten, nämlich Montmartre, Saint-Maur oder Chaillot, hielten sie für zu klein, um dort die Abgeordneten beider Parteien unterzubringen; sie schlugen Saint-Germain-en-Laye oder Aubervilliers vor, wo alle Abgeordneten bequem untergebracht werden könnten.

Man wählt als Ort der Zusammenkunft Suresnes. Die Konferenz beginnt am 29. April 1593, und Anfang Mai wird ein Waffenstillstand verkündet:

Am Dienstag, dem 4. Mai, wurde ein Waffenstillstand von zehn Tagen verkündet, während dieser Zeit konnte man sich ohne Paß vier Meilen von Paris entfernen. Das hatte der Vorsteher der Kaufmannschaft bisher immer vereitelt, denn er behauptete, und das nicht zu Unrecht, daß dann niemand mehr in der Stadt bliebe; die fremden Soldaten und das viele Gesindel unter ihnen hätten dann nur Gelegenheit, irgendwelche Anschläge zu verüben. Zuletzt aber gab der Ruf der armen gefangenen Pariser, die sich danach sehnten, aufs Land zu gehen und ihre wenn auch zerstörten Häuser anzusehen, den Ausschlag. So sah man schon am frühen Morgen, wie sich die Leute aus der Rue de Brilboucher zum Aufbruch bereit machten, sich mit Pasteten und Flaschen versahen, um, in der Erwartung von besseren, diese gute Gelegenheit wahrzunehmen. An diesem Tag wurde die Konferenz unterbrochen, und niemand ging hin.

Im Grunde sind sich alle schon einig. Villeroy hatte richtig gesehen: wenn der König bereit ist, sich zu bekehren, steht seiner Anerkennung durch die große Mehrheit der Katholiken nichts im Wege. Daß der König bereit ist, diesen Schritt zu tun, geht aus seinem Brief hervor, den er am 10. Mai 1593 an den Prinzen von Conti schreibt:

Lieber Vetter, wie Sie wissen, habe ich den Fürsten, Prälaten, Edelleuten und den anderen katholischen Herren, die mit den Teilnehmern an der Versammlung von Paris bei mir waren, eine Konferenz versprochen. Die Abgesandten beider Seiten, die seit dem 29. im Dorf Suresnes tagen, haben bis jetzt noch über nichts anderes verhandelt als über die Sicherheiten, die beide Teile verlangen; außerdem mußten sie die Verhandlungen unterbrechen, weil die Herzöge von Mayenne, von Guise und andere Führer ihrer Partei nach Paris kamen, wo die Abgeordneten sie aufsuchten. Inzwischen sind die Herren von Schomberg und de Revol zu mir gekommen, und sie haben mir im Namen aller Abgeordneten mitgeteilt, was sie miteinander besprochen haben; sie konnten auch nicht weiter verhandeln, ohne eingehender über meine Absichten informiert zu sein. Ich habe sie genauestens darüber unterrichtet und sie danach entlassen, damit sie die Konferenz fortsetzten. Sie wissen, lieber Vetter, daß der Vorschlag zu der Konferenz in die Entschließungen aufgenommen wurde, mit denen man es der Versammlung von Paris verleiden wollte, einen König zu wählen. Wie man weiß, hat dies manche Teilnehmer an der Versammlung aufhorchen lassen, nämlich diejenigen, die nicht unter die Herrschaft des Spaniers fallen möchten, die man ihnen, wie sie sehen, aufzwingen will; und diese Befürchtung, dazu das Elend des sich in die Länge ziehenden Krieges, hat in ihnen den Wunsch geweckt, sich mit mir zu einigen, wenn ich ihre Konfession annähme. Diejenigen, die etwas anderes im Sinn haben, die Führer nämlich, lassen dennoch die gleiche Absicht erkennen, weil sie nicht zugeben wollen, daß sie sich von etwas anderem als von ihrem Gewissen haben leiten lassen, aber indem sie sich den Anschein geben, derselben Meinung zu sein wie die andern, speisen sie sie mit Formulierungen ab, auf die man sie mit Sicherheit nicht festlegen kann, wollte man sie beim Wort nehmen; sie werden sich auf den Papst berufen, der, wie sie wissen, in dieser Sache nur tut und will, was der König von Spanien befiehlt. Ich glaube, kein besseres Mittel finden zu können, als einige hohe Geistliche zu mir zu rufen, um mit ihnen über meine Unterweisung zu sprechen, womit ich auch den allgemeinen Wunsch derjenigen meiner katholischen Untertanen, die mich anerkennen, zu ihrer Zufriedenheit erfülle; diese wenigstens hoffe ich mir mit diesem Schritt zu sichern, wenn er auf die anderen schon keine Wirkung ausübt.

Am 17. Mai wird offiziell bekanntgegeben, daß der König zur katholischen Religion übertreten wird. Daß seine protestantischen Anhänger über einen solchen Schritt entsetzt sein werden, weiß der König. Sully äußert sich dazu:

Es blieb noch ein Hindernis: die obersten Führer der protestantischen Partei, die allein schon diese Zumutung unweigerlich zur Empörung reizen würde, ebenso sehr aus Furcht als auch aus verletztem Ehrgefühl. Er [*der König*] rief sie alle zusammen, wandte sich an die hervorragendsten unter ihnen, an die Herren de Bouillon, de Sancy, du Plessis, de Salignac, de Morlas, de Constans und Salettes – auch ich war zugegen –, und sagte zu ihnen in der Absicht, ihre Einstellung zu erforschen, er hätte sie zusammengerufen, um ihre Meinung über das zu hören, was er ihnen mitzuteilen hätte; er habe sichere Nachricht, daß Bellosanne und die beiden Durets, die Mittelsmänner der dritten Partei, eine Besprechung mit Villeroy und Jannin gehabt hätten und dabei übereingekommen seien, mit der gesamten Streitmacht der Liga und derjenigen der übrigen Katholiken vereint gegen ihn zu Felde zu ziehen, daß jetzt der Augenblick gekommen sei, vor dem die Katholiken ihn so oft gewarnt hätten: daß sie ihn einmütig verlassen wollten; er bäte sie nun, ihm offen ihre Meinung zu sagen, was er bei all dem tun solle, besonders auch, was sie dazu sagen würden, wenn alle Katholiken von ihm abfielen, was seiner Partei den Todesstoß versetzen würde.

Der König ist sich der Treue der Reformierten sicher und fürchtet nur noch die Intrigen der Spanier. Aber der Herzog von Feria hat die Ständeversammlung nicht mehr in der Hand. L'Estoile bemerkt am 20. Juni dazu:

An diesem Tag fällte die Ständeversammlung eine Entscheidung über die Frage des Herzogs von Feria hinsichtlich der Infantin; sie seien nicht befugt, sagten sie, das Grundgesetz des Königreiches[1] zu verletzen. Wenn es darum ginge, einen französischen Fürsten mit der Infantin zu vermählen, so wolle man dies in Erwägung ziehen. Alsdann wurde der Herzog von Feria wieder für den nächsten Morgen geladen; beim Hinausgehen wurde dieser vom Pöbel, der in Haufen herbeigeströmt war, ausgepfiffen, und einer warf mit einem Stein nach ihm. Darüber erhob man sofort Klage beim Herzog von Mayenne, der erwiderte, daß er, wenn man ihm die Pfeifer und Steinewerfer vorführen könnte, sie auf der Stelle noch vor der Eröffnung der Ständeversammlung und vor den Toren des Louvre aufhängen und erwürgen lasse.

Am 28. Juni 1593 stellt sich das Parlamentsgericht, das doch auf der Seite der Liga steht, hinter den König. Der Präsident Le Maistre gibt dazu folgende Darstellung:

1 Das Salische Gesetz, nach dem Frauen von der Thronfolge ausgeschlossen waren.

Am Mittwoch, dem 30., hat der Präsident Le Maistre dem Parlamentsgericht in Anwesenheit sämtlicher Kammern mitgeteilt, daß er und die Herren vom Gericht als Abgeordnete die Aufgabe übernommen hätten, dem Herzog von Mayenne den am vergangenen Montag [*28. Juni*] vom Gericht gefaßten Beschluß bekanntzugeben und ihm zu unterbreiten, was das Gericht ihm zu sagen für richtig befunden hat. [...] Gestern haben sich alle zum Hôtel de Nevers begeben, wo der Herzog augenblicklich wohnt. Dort sagten sie zu dem hohen Herrn, die Aufgabe ihrer Abordnung bestehe in zwei Punkten, der eine und erste betreffe die Einsetzung der Infantin von Spanien; der andere betreffe die Notlage des Volkes.

Was den ersten Punkt anbelange, habe er den Auftrag, ihm vorzustellen, daß die Erhaltung des königlichen Staates und der Krone Frankreichs völlig von der Beachtung der Grundgesetze des Königreiches abhänge, die einzuhalten die Herren vom Parlamentsgericht als die höchsten Beamten der Krone äußerst streng verpflichtet seien, sowohl aufgrund der Institution des Parlamentsgerichts an sich, als auch aufgrund des Eides, den jeder vor dem Gericht geleistet hätte;

Der Herzog von Mayenne sei in seiner Eigenschaft als Generalstatthalter des Königlichen Staates und der Krone von Frankreich ebenso verpflichtet, die Grundgesetze des Königreiches zu beachten, denn aufgrund dieser Eigenschaft sei ihm die Krone anvertraut worden, weiterhin aufgrund des feierlichen Eides, den er als Generalstatthalter dem Parlamentsgericht geleistet und mit dem er gelobt und feierlich geschworen habe, den königlichen Staat in seiner Gesamtheit zu erhalten und die Gesetze des Königreiches zu beachten und für ihre Befolgung zu sorgen; und daß unter diesen Gesetzen das oberste und wichtigste das Salische Gesetz sei, das seit zwölfhundert Jahren die Majestät und Größe der Krone in ihrer Ganzheit bewahrt habe und welches besage, daß Frauen für immer von der Krone ausgeschlossen sind, auch wenn sie französischer Herkunft und nächste Verwandte des zuletzt verstorbenen Königs seien;

Dieses Gesetz sei in Frankreich eingeführt, anerkannt und angewandt worden seit dem Geschlecht Chlodwigs, des ersten christlichen Königs, und sei bestätigt worden von den Fürsten und vornehmen Herren des Königreiches seit der Zeit Philipps von Valois, Königs von Frankreich.

Im königlichen Lager regelt Sully die letzten Einzelheiten für den Übertritt des Königs zum Katholizismus:

Ich sah du Perron kommen, den der Kardinal von Bourbon zu mir geschickt hatte, um die letzten Meinungsverschiedenheiten über den Wortlaut, den das Glaubensbekenntnis des Königs haben sollte, beizulegen. Die katholischen Priester und Doktoren überluden es um die Wette mit all den Haarspaltereien, die ihnen am Herzen lagen, und sie waren nahe daran, aus einem ernsthaften Schriftstück ein lächerliches Schreiben zu machen.

Die protestantischen Geistlichen und der König selbst fanden keinen Geschmack daran, den Wortlaut mit kindischen Belanglosigkeiten zu spicken, und darüber entstand ein Streit, der beinahe alles zunichte gemacht hätte. [...]

Ich begab mich mit du Perron unverzüglich zum Kardinal von Bourbon, mit dem wir übereinkamen, daß in dem Akt nichts von den gegensätzlichen Glaubenspunkten der beiden Kirchen ausgelassen werden dürfe, daß man indessen alles übrige als überflüssig streichen solle. Die Parteien waren damit einverstanden, und der Wortlaut wurde so abgefaßt, daß demnach der König alle römischen Dogmen über die Heilige Schrift anerkannte, über die Kirche, die Zahl und die Zeremonien der Sakramente, das Meßopfer, die Wandlung, die Lehre von der Rechtfertigung, die Heiligenverehrung, den Reliquienkult und den Kult der Heiligenbilder, das Fegefeuer, die Ablässe und schließlich das Primat und die Macht des Papstes; danach herrschte allgemeine Zufriedenheit.

Den Hergang der feierlichen Abschwörung erfahren wir aus den Aufzeichnungen eines ungenannten Augenzeugen:

Am Sonntag, dem 25. des Monats, wurde Seine Majestät zwischen neun und zehn Uhr morgens, angetan mit einem Wams und Hosen aus weißer Seide, weißen Seidenstrümpfen und weißen Schuhen, mit einem schwarzen Mantel und schwarzem Hut und begleitet von vielen hohen Fürsten und großen Herren, hohen Beamten der Krone und vielen anderen Edelleuten, die Seine Majestät aus diesem Anlaß hatte kommen lassen, von Schweizern seiner Garde, die die Trommel rührten, von den Oberhofrichtern, von seiner schottischen und französischen Leibwache und von zwölf Trompetern, die alle vor ihm hergingen, vom Ausgang seines Hauses bis zur großen Kirche von St. Denis geleitet, die zu seinem Empfang prächtig geschmückt war mit Wandbehängen aus Seide und Gold; auch die Straßen hatte man mit Teppichen geschmückt und allenthalben Blumen gestreut; das Volk war eigens von überallher in Scharen herbeigeströmt, um der heiligen Zeremonie beizuwohnen, und jubelte laut: »Es lebe der König! Es lebe der König! Es lebe der König!!!«

Seine Majestät war am Hauptportal der Kirche angekommen und 5 oder 6 Fuß hineingeschritten; hier empfing ihn Herr von Bourges auf einem mit weißem Damast bezogenen Bischofsstuhl, an dessen Rückenlehne auf den beiden Seiten die Wappen von Frankreich und Navarra zu sehen waren.

Der Kardinal von Bourbon und mehrere Bischöfe und alle Geistlichen von St. Denis erwarteten ihn mit dem Kreuz und dem heiligen Evangelienbuch; Herr von Bourges, der die Messe las, fragte ihn, wer er sei. Seine Majestät antwortete ihm: »Ich bin der König.« Herr von Bourges erwiderte: »Was begehren Sie?« »Ich begehre, in den Schoß der katholischen, apostolischen und römischen Kirche aufgenommen zu werden.« »Wollen Sie das wirklich?« sagte Herr von Bourges. Darauf gab ihm Seine Majestät zur Antwort: »Ja, ich will und begehre es.« Und in diesem Augenblick kniete der König hin und legte sein Glaubensbekenntnis ab.

Dieses hatte folgenden Wortlaut:

Ich, Heinrich, durch Gottes Gnade König von Frankreich und Navarra, erkenne die katholische, apostolische und römische Kirche als die wahre Kirche Gottes an, die über die Wahrheit bestimmt und unfehlbar ist, und verspreche Gott und schwöre, alles zu bewahren, zu befolgen und zu erhalten, was auf den heiligen Konzilien, in den kanonischen Schriften und Konstitutionen der Kirche festgesetzt und bestimmt wurde, gemäß der Unterweisung, die ich von den Prälaten und Doktoren erhalten habe, und gemäß den Artikeln, die mir verlesen und zu Gehör gebracht wurden; ich verspreche, ihren Anordnungen und Geboten Gehorsam zu leisten und mich von allen der heiligen Lehre der Kirche entgegengesetzten Meinungen und Irrtümern loszusagen, was ich hiermit tue; weiter gelobe ich Gehorsam dem Heiligen Apostolischen Stuhl und unserem Heiligen Vater, dem Papst, so wie auch unsere Vorgänger ihm Gehorsam leisteten; und niemals von der katholischen Religion abzuweichen, sondern darin mit Gottes Gnade zu beharren, zu leben und zu sterben. So wahr mir Gott helfe.

Der ungenannte Augenzeuge fährt in seiner Schilderung fort:

Danach küßte Seine Majestät, noch immer im Eingang der Kirche kniend, den heiligen Ring des Herrn von Bourges, und es kostete viel Mühe, durch die Kirche in den Chor zu gelangen; das Volk stand dichtgedrängt, bis unter die Gewölbe hing es und in den Fensteröffnungen. [...] Seine Majestät kniete vor dem Hochaltar und sprach den Eid auf die heiligen Evangelien und das obenerwähnte Glaubensbekenntnis. Das Volk rief mit lauter Stimme: »Es lebe der König! Es lebe der König! Es lebe der König!!!«

Jetzt wurde Seine Majestät vom Kardinal und von Herrn von Bourges aufgehoben und zum Altar geführt, wo er sich bekreuzigte und den Altar küßte; hinter dem Altar hörte Herr von Bourges die Beichte. Dazu wurde der schöne und erhabene Lobgesang, das *Te Deum laudamus*, angestimmt, mit solchem Wohlklang, daß groß und klein weinte und vor

Freude immerzu wie aus einem Munde rief: »Es lebe der König! Es lebe der König! Es lebe der König!!!«

Als seine Majestät gebeichtet hatte, führte Herr von Bourges ihn wieder zurück und kniete nieder; an der Seite stand unter einem Baldachin der Betstuhl aus karmesinrotem Samt mit goldenen Lilien. In tiefe Andacht versunken, hörten sie das Hochamt, das der Erzbischof von Nantes zelebrierte; Seine Majestät erhob sich beim Evangelium und küßte das Buch, das ihm der Kardinal hinhielt. Bei der Wandlung kniete er mit gefalteten Händen nieder und schlug sich nach dem *Agnus Dei* an die Brust.

Als die Messe zu Ende war, wurde mit Musikbegleitung gesungen und unter dem Beifall des Volkes eine große Geldsumme in die Kirche geworfen. Dann wurde Seine Majestät von fünf- oder sechshundert vornehmen Herren und Edelleuten unter Trommelwirbeln, mit Trompetenblasen und Böllerschüssen und unter den nicht enden wollenden Zurufen des Volkes zu seinem Hause geleitet. Vor dem Mittagsmahl wurde das *Benedicte* gesprochen, nach dem Mahle Dankgesänge angestimmt, wie es dem Brauch der katholischen, apostolischen und römischen Kirche entspricht.

Paris ist eine Messe wert; da es aber von den Spaniern besetzt ist, ergibt es sich nicht sofort. Immerhin unterzeichnen am 31. Juli 1593 Cajetan, Feria, Mayenne und Heinrich IV. einen Waffenstillstandsvertrag. L'Estoile berichtet darüber:

An diesem Tag wurde um sechs Uhr abends in Paris ein allgemeiner Waffenstillstand verkündet, der drei Monate dauern sollte; zuerst wurde er vor dem Haus des Herzogs von Mayenne, dann auch an allen anderen Orten, Plätzen und Straßenecken der Stadt ausgerufen, unter dem Jubel und Beifall des größten Teils der Bevölkerung; nur die Sechzehn, die Spanier und die Prediger hielten sich sehr darüber auf, daß ein paar kleine Kinder aus der Rue Saint-Denis »Es lebe der König!« gerufen hatten, als sie den Herold Seiner Majestät vorbeireiten sahen.

Am Pont Saint-Michel ließ Senault die Neapolitaner antreten und die Trommeln rühren, um einen Aufruhr zu entfachen; sie wollten überhaupt nicht aufhören; sie taten es, um zu verhindern, daß der Waffenstillstand bekanntgegeben wurde.

Das Volk fing an zu schreien, man würde ihnen die Trommeln um die Ohren schlagen, wenn sie nicht still wären, und als es anfing, in Wut zu geraten, schickte der Oberst D'Aubrai Senault nach Hause und sagte zu ihm, er habe nur da etwas zu tun, wo er es ihm auftrage; er nannte ihn in Gegenwart des Herzogs von Mayenne einen Hundsfott und gemeinen Schürzenjäger.

Alles ging vorüber, und der Waffenstillstand wurde ausgerufen.

Um seine Position zu stärken, läßt der König sich nicht lange danach, am 27. Februar 1594, in Chartres krönen. Der Béarner besaß eine Tugend: er hielt sich nicht nur für Heinrich IV., er war es. Seine Haltung in Paris ist ein Beweis dafür. Wieder L'Estoile:

Am Dienstag, dem 22. März 1594, um sieben Uhr morgens zog der König in Paris ein, durch dasselbe Tor, durch das der verstorbene König die Stadt verlassen hatte, und er wurde Herr der Stadt ohne Plündern und ohne Blutvergießen, abgesehen von ein paar Landsknechten, die Händel suchten, und von zwei oder drei Bürgern der Stadt, deren Leben der König gern, wie er später sagte, für fünfzigtausend Taler gerettet hätte, wäre es nur in seiner Macht gewesen, um der Nachwelt die einmalige Kunde hinterlassen zu können, daß der König Paris eingenommen habe, ohne ein einziges Menschenleben zu opfern.

Als er durch die Rue Saint-Honoré gezogen und am Stadttor angekommen war, fragte er den Marschall von Matignon, als ob er erstaunt wäre, in einer solchen Stadt zu sein, inmitten einer so großen Volksmenge, ob er auch gut für das Tor gesorgt habe, und er solle nur ja gut darauf achten. Als er danach bemerkte, wie ein Soldat einem Bäcker gewaltsam Brot entwenden wollte, lief er selbst hinzu und wollte ihn töten.

Als er an den Innocents vorbeikam und dort mit seiner Truppe haltmachte, bemerkte man am Fenster eines Eckhauses einen Mann, der mit bedecktem Haupt Seine Majestät lange betrachtete und keine Anstalten machte zu grüßen. Als er gewahr wurde, daß man darüber zu murren anfing, schloß er das Fenster und zog sich zurück. Man meldete es dem König, doch der brach in Lachen aus und verbot ausdrücklich, in das Haus einzudringen und jemand Ärger oder Scherereien zu bereiten.

Als er auf den Pont Notre-Dame kam und hörte, wie das ganze Volk jubelnd rief: »Es lebe der König«, sagte er: »Ich sehe, daß das arme Volk tyrannisiert worden ist.« Vor der Kirche Notre-Dame stieg er vom Pferd, die Menge umringte ihn und die Gardehauptleute wollten das Volk zurücktreiben; er dagegen hinderte sie daran und sagte, lieber wolle er etwas mehr Mühe haben, aber sie sollten ihn nach Belieben betrachten können, »denn«, so sagte er, »sie hungern danach, einen König zu sehen.«

Sobald sie im Louvre angekommen waren, wollte er den Hauptmann Saint-Quentin sehen und sprechen, jenen Hauptmann der Wallonen, den der Spanier gefangengesetzt hatte, weil er, so behauptete er, dem König den Dienst erweisen wollte (wenn es ihm möglich gewesen wäre), Paris zu unterwerfen.

Seine Majestät sagte zu ihm, er wolle, daß die Fremden um zwei Uhr nachmittags seine Stadt Paris verließen. Der andere warf sich ihm zu Füßen, um Seiner Majestät dafür zu danken, daß er ihm Leben und Freiheit wiedergegeben habe (denn er sollte am Nachmittag im Hof des Hôtel de Longueville gehängt werden); er bot ihm seine Dienste an, und der König nahm sie an.

Die Ausländer verlassen die Stadt. Wieder L'Estoile:

Heute gegen drei Uhr nachmittags verließ der Herzog von Feria mit seinen ausländischen Soldaten Paris durch die Porte Saint-Denis. Über dem Tor war ein Fenster, wo der König stand, um zuzusehen, wie sie abzogen.

Der Herzog von Feria grüßte ihn auf spanisch, wie man zu sagen pflegt, das heißt würdevoll und knapp. Das belustigte den König, und später ahmte er ihn überaus komisch nach, indem er seinen Hut nur halb lüftete.

Die Frau eines Spaniers, die mit den Truppen abzog, bat darum, daß man ihr den König zeige, und sagte laut und vernehmlich, Frankreich sei glücklich, einen so großen, so guten, so milden und so huldreichen König zu haben, der allen verziehen hätte; wenn jene ihn so in ihre Gewalt bekommen hätten wie er jetzt sie, so hätten sie gar nicht daran gedacht, ihm zu verzeihen.

Mit ihnen zogen auch der einäugige Boucher, den das Volk mit Stroh bewarf und mit Verwünschungen überschüttete, als er vorbeikam, ferner fünfzig bis sechzig Mönche, Prediger, Bösewichte, Diebe, Straßenräuber, die nicht mit der Huld des Königs rechneten und sie auch kaum verdienten: sie zogen ins flandrische Land und hintendrein ein Troß von Dirnen und Vetteln, den die Soldaten mit sich schleppten.

Dann erläßt der König eine allgemeine Amnestie. L'Estoile berichtet weiter:

Während der König in Notre-Dame weilte, liefen der Graf von Brissac [*Gouverneur von Paris*], der dem König bei seinem Einzug eine schöne gestickte Schärpe überreicht und von ihm zu seiner Ehre und mit einer Umarmung eine weiße Schärpe mit dem Namen und dem Titel eines Marschalls von Frankreich erhalten hatte, ferner L'Huillier, Vorsteher der Kaufmannschaft, Langlois, ein Schöffe, und noch viele andere, begleitet von Herolden, Trompetern und allerlei Fußvolk und Reitersleuten unter lautem Geschmetter durch alle Bezirke und Straßen der Stadt, deren sie sich durch die Hauptleute und rechtdenkenden Bürger versicherten, und verkündeten den Frieden, Vergebung und Gnade dem Volk, das zum Zeichen der Freude in laute Beifallsrufe ausbrach; Männer, Frauen und Kinder riefen: »Es lebe der König, der Frieden und die Freiheit.«

Das Volk mischte sich ungezwungen und vertraulich unter die Soldaten, gab ihnen zu trinken, führte sie in seine Häuser und teilte Zettel in Mengen an sie aus, die Brissac ihnen gab und auf die in Saint-Denis folgende Mitteilung gedruckt worden war:

»Seine Majestät, der König, wünscht, daß alle seine Untertanen einig werden und in Freundschaft und Eintracht miteinander leben, ganz besonders die Bürger und Einwohner seiner Stadt Paris; er will und verfügt, daß alles, was seit den Unruhen geschah und sich ereignete, vergessen ist, er verbietet allen seinen Staatsanwälten und ihren Vertretern und den übrigen Beamten, Untersuchungen jeder Art darüber anzustellen und jemanden damit zu behelligen, gleich wer es sei, auch nicht die Personen, die allgemein die Sechzehn genannt werden; dies ist ausführlicher dargelegt in den der Stadt übergebenen Artikeln. Seine Majestät verspricht und gibt darauf ihr Wort als König, im katholischen, apostolischen und römischen Glauben zu leben und zu sterben und dafür Sorge zu tragen, daß alle ihre Untertanen und Bürger der Stadt ihre Habe, Privilegien, Stand, Würden, Ämter und Benefizien behalten.«

Diese Zettel gingen von Hand zu Hand und gelangten in kurzer Zeit bis in die entferntesten Bezirke. Zum Zeichen der Freude läuteten überall die Glocken, und die Bestürzung und Angst aller rechtschaffenen Leute, die alles andere, nur nicht eine so große und plötzliche Veränderung erwartet hatten, verwandelte sich in solche Freude und Zufriedenheit, wie man es nie zuvor erlebt hatte, sogar bei denen, die bis dahin für treue Anhänger der Liga gegolten hatten.

Dann verließ der König Notre-Dame, und das Volk strömte von überall in Scharen herbei, um ihn zu sehen, so daß die Kirche, der Platz davor und die umliegenden Straßen, die auf den Platz münden, nicht alle Menschen zu fassen vermochten. Überall erschollen Jubelrufe wie an einem Festtag oder bei einem Triumph, als wäre Seine Majestät mitten im Frieden gekommen.

Der König schließt Frieden mit dem Papst, der ihm am 18. September 1595 die Absolution erteilt. Im Oktober 1595 erhält auch Mayenne Vergebung und eine Statthalterschaft. Auch die bisher der Liga ergebenen Städte unterwerfen sich dem König, und im April 1598 fühlt sich Heinrich IV. endlich stark genug, seinen ehemaligen Glaubensbrüdern die ungehinderte Ausübung ihrer Religion durch das Edikt von Nantes zu garantieren:

[...] Unter den Gnaden, die Gott so gütig war, Uns zu erweisen, ist die hervorragendste und bemerkenswerteste, Uns Kraft und Stärke verliehen zu haben, den furchtbaren Unruhen, Wirren und verwahrlosten Zuständen zu begegnen, die bei Unserer Machtergreifung in diesem Königreich herrschten, das ja in so viele Parteien und Fraktionen zersplittert war, daß die legitimste sozusagen die geringste unter ihnen war; ferner Uns dessenungeachtet mit eisernem Willen beseelt zu haben, die Wirren zu bekämpfen, so daß Wir sie zuletzt überwunden haben und jetzt in den Hafen des Heils und der Ruhe in diesem Staat einlaufen. [...]

Wir ordnen an, daß die katholische, apostolische und römische Religion an allen Orten und Plätzen Unseres Königreiches und in den Ländern Unseres Machtbereiches, in denen ihre Ausübung untersagt worden war, wieder eingesetzt und in Frieden und Freiheit ungestört und ungehindert befolgt werden kann.

Und um Unseren Untertanen keine Gelegenheit zu Unruhen und Streitigkeiten zu geben, haben Wir denen von der angeblich reformierten Religion gestattet und gestatten ihnen, in allen Städten und Orten Unseres Königreiches und in den Ländern Unseres Machtbereiches zu leben und zu bleiben, ohne darüber befragt, bedrängt und belästigt noch genötigt zu werden, in Sachen der Religion etwas gegen ihr Gewissen zu tun oder in ihren Häusern und an den Orten, an denen sie wohnen möchten, deswegen zur Rechenschaft gezogen zu werden, wobei sie sich im übrigen so zu verhalten haben, wie es der Inhalt dieses Unseres Ediktes bestimmt.

Wir gestatten auch denen von der Religion, diese jetzt und in Zukunft in allen Unserer Herrschaft unterstehenden Städten und Orten auszuüben, in denen sie von ihnen eingesetzt wurde, öffentlich und zu verschiedenen Malen im Jahre 1596 und im Jahre 1597. [...]

Außerdem in allen ehemaligen Amtsbezirken, Gerichtssprengeln und in den Statthalterbezirken, die als Amtsbezirke gelten. [...]

Wir ordnen an, daß außer in den Vororten der in diesem Edikt bezeichneten Städte auch noch in sonstigen Vororten von Städten die erwähnte reformierte Religion öffentlich ausgeübt werden kann. [...]

Damit Unseren Untertanen ohne Argwohn, Haß oder Begünstigung Gerechtigkeit widerfahre [...], haben Wir angeordnet und ordnen an, daß Unser Parlamentsgericht in Paris eine Kammer erhält, die sich aus einem Präsidenten und sechzehn Parlamentsräten zusammensetzt, die die Bezeichnung und den Titel Ediktskammer tragen soll und die nicht nur über die von der angeblich reformierten Religion Recht sprechen soll, die im Bereich des erwähnten Gerichts sich befinden, sondern auch über die aus den Gerichtsbereichen der Normandie und der Bretagne [...], so lange, bis jedes dieser Gerichte eine Kammer erhalten hat, die innerhalb ihres eigenen Bereiches Recht spricht.

Wir ordnen weiter an, daß vier Amtsstellen eines Parlamentsrates, angefangen von der letzten von Uns vorgenommenen Ernennung, jetzt bei dem erwähnten Gericht durch vier Angehörige von der angeblich reformierten Religion besetzt werden. [...]

Außer der vorgenannten Kammer in Castres, die dem Parlamentsgericht von Toulouse untersteht [...], haben Wir, denselben Überlegungen folgend, angeordnet und ordnen an, daß Unsere Parlamentsgerichte von Grenoble und Bordeaux ebenfalls eine Kammer erhalten, die sich aus zwei Vorsitzenden, einem katholischen und einem protestantischen, und zwölf Räten, sechs katholischen und sechs Angehörigen der erwähnten Religion, zusammensetzt.

Die Protestanten erhalten fünfzig Sicherheitsplätze mit einer militärischen Besatzung von Hugenotten, dem einzig wirksamen Schutz der protestantischen Bevölkerung gegen gewaltsame Übergriffe. Als das Parlamentsgericht sich sträubt, das Edikt von Nantes als Urkunde einzutragen, ruft der König die Gerichtsräte in seinen Palast und hält ihnen folgende Ansprache:

Sie sehen mich hier in meinem Kabinett, wo ich mit Ihnen sprechen möchte, nicht in königlichem Ornat wie meine Vorgänger, auch nicht mit Schwert und Rittermantel, nicht als ein Fürst, der kommt, mit ausländischen Gesandten zu verhandeln, nein, angetan mit dem Gewand eines Familienvaters, im Wams, um freimütig mit seinen Kindern zu sprechen. [...] Ich bitte Sie, das Edikt, das ich denen von der Religion gegeben habe, als Urkunde einzutragen. Was ich getan habe, geschieht zum Wohle des Friedens. Ich habe ihn draußen hergestellt, ich will ihn auch im Innern. [...]

Ich weiß wohl, daß es im Parlamentsgericht Umtriebe gegeben, daß man aufsässige Prediger auf die Kanzeln geschickt hat, aber ich werde gegen diese Leute einschreiten und werde mich dabei nicht auf Sie verlassen. Auf diesem Wege entstanden auch die Barrikaden, und ebenfalls auf diesem Wege kam es, Schritt für Schritt, zum Meuchelmord an dem verstorbenen König. Vor alledem werde ich auf der Hut sein. Ich werde alle Parteiungen, alle unbotmäßigen Predigten mit der Wurzel ausrotten und die um einen Kopf kürzer machen lassen, die sie anstiften werden. Ich habe Stadtmauern überwunden und werde erst recht Barrikaden überwinden, die nicht so hoch sind ... Ich bin jetzt König und spreche als König und will, daß man mir gehorcht. Geht es um Wahrheit, ist die Justiz mein rechter Arm; wird sie aber von einem Krebsgeschwür zerfressen, muß mein linker Arm es herausschneiden. Was haben Sie denn gewonnen? [...] Das letzte Wort, das ich an Sie richte, soll sein: Folgen Sie dem Beispiel des Herrn von Mayenne. [...] Schenken Sie meinen Bitten, was Sie Drohungen nicht geben möchten. [...] Tun Sie nur, was ich Ihnen befehle, oder vielmehr, um was ich Sie bitte. Nicht nur für mich werden Sie es tun, sondern auch für sich und für das Wohl des Friedens.

Anhang

Historischer Abriß

Um die von Herrn Julien Coudy gesammelten interessanten und oft ergreifenden zeitgenössischen urkundlichen Berichte über die Religionskriege in ihrer vollen Bedeutung verstehen und würdigen zu können, wird man gut daran tun, sich vor allem die folgenden zwei entscheidenden Tatsachen vor Augen zu halten:

Einmal: Während Martin Luther sein Reformationswerk mit voller Zustimmung und Unterstützung seines Landesherrn, des Kurfürsten Friedrich des Weisen, in Angriff nehmen und durchführen konnte, mußte Johannes Calvin in Frankreich seinem Reformationswerk in offenem Gegensatz gegen die Krone den Weg bahnen.

Woher dieser große Unterschied? Um ihn verstehen zu können, muß man sich daran erinnern, daß Frankreich im 16. Jahrhundert schon fast ein geschlossener Nationalstaat war; es bestand damals aus zwei der Größe nach sehr ungleichen Königreichen: Frankreich und Navarra. Zwar war Frankreich ursprünglich ein Feudalstaat wie das deutsche Reich; der König war anfänglich nur der oberste Lehensherr und Richter. Während aber in Deutschland seit dem Interregnum die ganze Geschichte auf Unabhängigmachung der Vasallen hinarbeitete, hatte in Frankreich Ludwig XI. (1461–83) mit Erfolg das entgegengesetzte Ziel erstrebt und durch Vernichtung der burgundischen Macht (1477) den Grund zum geschlossenen Nationalstaat unter einer Krone gelegt. Sein Nachfolger, Karl VIII. (1483–1498), hatte durch Heirat die Bretagne an die Krone gebracht. So waren außer den Herzögen von Lothringen keine mächtigen Vasallen mehr vorhanden. Die Krone, deren Träger das Prädikat der »Allerchristlichsten Könige« für sich in Anspruch nahmen, hatten uneingeschränkte Macht, ihre wirklichen oder vermeintlichen Gegner zu unterdrücken, wenn sie nur wollten.

Und sie wollten die Reformation unterdrücken. Denn Kirche und Staat standen in Frankreich in intimster Beziehung zueinander und hatten beide nur ein Ziel vor Augen: ihre Machtstellung zu befestigen und zu erweitern. Die päpstliche Hierarchie und die auf den Absolutismus hinsteuernde Monarchie waren einig in dem Bestreben, jede Bewegung, die ihren absoluten Machtanspruch gefährdete, rücksichtslos zu verfolgen und auszumerzen.

Anders in dem damals dezentralisierten Deutschland, wo der König weithin von dem guten Willen und der Hilfe der mächtigen Kurfürsten abhing und es mit zahllosen kleinen und kleinsten souveränen geistlichen und weltlichen Herrschaften zu tun hatte, die nur darauf aus waren, ihre Unabhängigkeit zu behaupten und zu befestigen. Da war die Reformation ein lohnendes Geschäft. Denn die Landesfürsten konnten durch Einziehung der geistlichen Güter ihren Besitz vergrößern. So konnte sich die Reformation in Deutschland in einigen Staaten durchsetzen und schließlich mit dem Katholizismus koexistieren; im zentralisierten Nationalstaat Frankreich verbot sich eine Koexistenz von selbst.

Dazu kommt ein zweites: Der Gedanke der Toleranz war diesem Zeitalter durchaus fremd; Glaubens- und Gewissensfreiheit gab es nicht. Luthers kühne Aussage auf dem Reichstag zu Worms »Ich kann und will nicht widerrufen, weil es weder sicher noch geraten ist, etwas gegen sein Gewissen zu tun. Hier stehe ich, ich kann nicht anders. Gott helfe mir! Amen« war in den Ohren der herrschenden Gewalten etwas so Ungeheuerliches, daß es ihren wilden Haß entfachen mußte. Denn sie erkannten nur zu deutlich, daß es mit ihrer Macht aus wäre, wenn solche Gedanken zur Herrschaft gelangten.

Aber während in dem dezentralisierten Deutschland das Prinzip der Glaubens- und Gewissensfreiheit gewisse Entfaltungs- und Ausweichmöglichkeiten hatte, indem sich die souveränen Staaten in zwei Lager trennten, ein katholisches und ein protestantisches, freilich mit der Einschränkung »cuius regio, eius religio«, war eine solche Entwicklung in dem zentralisierten Frankreich unter einem allmächtigen katholischen Königtum ganz ausgeschlossen.

So standen den Protestanten in Frankreich nur zwei Wege offen: Entweder den Weg des Martyriums zu gehen und für ihren Glauben zu leiden und zu sterben oder aber den Weg der Gewalt zu beschreiten und mit der Waffe in der Hand für ihre Sache zu kämpfen.

Die französischen Protestanten sind beide Wege gegangen. Zunächst den Weg des Martyriums: In Meaux, wo der Bischof Guillaume Briçonnet wirkte, hatte sich eine kleine evangelische Gemeinde gebildet, die erste in Frankreich. Sie versammelte sich in dem Hause eines Etienne Mengin, wo der Wollkämmer Jean Leclerc unerschrocken das Evangelium verkündete (1546). Diese kleine erste französische evangelische »Kirche« nahm in kurzer Zeit einen so erstaunlichen Aufschwung, daß sie rasch das wache Auge der Behörden auf sich lenkte. Am 8. September 1546 wurden 62 Gemeindeglieder, die sich in dem Hause Mengins versammelt hatten, durch den Richter der Stadt und seine Schergen ausgehoben und in das Gefängnis der Stadt abgeführt, wobei sie den 79. Psalm sangen: »Gott, es sind Heiden in dein Erbteil gefallen!« Nach Paris zur Aburteilung gebracht, wurden vierzehn von ihnen, darunter Leclerc und Mengin, zum Tod auf dem Scheiterhaufen verurteilt und am 18. Oktober 1546 auf dem Marktplatz von Meaux lebend verbrannt. Das Haus des Mengin wurde dem Gerichtsurteil entsprechend niedergerissen; an seiner Stelle wurde eine Kapelle errichtet.

Dies alles geschah, nachdem das »Parlement«, der oberste Gerichtshof in Paris, bereits am 20. März 1524 durch Gerichtsbeschluß angeordnet hatte, daß die »Lutherischen« – so nannte man die ersten Evangelischen in Frankreich – als »blasphémateurs« (Gotteslästerer) zu bestrafen, also zu verbrennen seien. Denn die Begriffe von Königtum und Staatskirchentum forderten eine einheitliche Nationalreligion.

Trotz dieser grausamen Verfolgungen organisierten sich die hirtenlosen Scharen der Reformierten zu einer Kirche, während der katholische Klerus angesichts des Anwachsens der evangelischen Bekenner im Jahre 1557 durch eine päpstliche Bulle die Einführung der Inquisition in Frankreich erwirkte. König Heinrich II. von Frankreich (1547–1559) erließ seinerseits das Edikt von Chateaubriant (1551), mit dem er die Ausübung des reformierten Glaubens bei Todesstrafe verbot und von jedem, der im Staatsdienst angestellt werden wollte, den Eid auf den katholischen Glauben verlangte. François de Coligny, damals Oberst der Infanterie, erklärte dem König ins Gesicht, er werde lieber sterben als die Messe besuchen. In der Armee aber bestand unter d'Andelots Anführung ein Korps aus lauter reformierten Edelleuten.

So spitzten sich die Gegensätze immer mehr zu, bis sie in den Hugenottenkriegen offen zum Ausbruch kamen.

Die Hugenottenkriege

Trotz ihrer ständig wachsenden Zahl wurden nämlich die Reformierten weiter verfolgt und unterdrückt. Da gingen sie nicht länger den Weg des Martyriums, sondern griffen zu den Waffen. Die Hugenottenkriege setzten ein, die Frankreich schwerste Blutopfer und den Verlust des tüchtigsten Teiles seiner Bewohner bringen sollten.

Frankreich war für die Dauer der Hugenottenkriege in zwei einander feindlich gegenüberstehende Heerlager geteilt. Auf seiten der Reformierten traten als Führerschicht die Familien der Bourbonen (Prinz Ludwig von Condé) und der Châtillon (Admiral de Coligny, d'Andelot) sowie Teile des französischen Hochadels in Erscheinung. Im katholischen Lager übernahmen die Guisen, ein lothringisches Geschlecht, mit Unterstützung des Papstes und der Spanier die Führung. Das Königtum nahm in diesen Kämpfen zeitweise eine vermittelnde Stellung ein.

Nach dem Religionsgespräch von Poissy (9. 9. bis 9. 10. 1561), in dem die Reformierten ihre Sache glänzend zu verteidigen gewußt hatten, erließ die Regentin, Katharina de Medici, am 17. Januar 1562 das »Januaredikt«, das den Reformierten Duldung und freie Gottesdienstübung außerhalb der Städte gestattete. Mit dieser Lage fand sich die katholische Gegenpartei nicht ab, sondern provozierte einen Gegenschlag: das »Blutbad von Vassy« leitete den Beginn der Religionskriege in Frankreich ein. Es rief eine furchtbare Erregung in den reformierten Kreisen hervor. Unter Führung des Prinzen von Condé griffen die Reformierten zu den Waffen.

Erster Hugenottenkrieg (1562–1563)

Die Schlacht bei Dreux (19. 12. 1562) ging unentschieden aus. Im Februar 1563 wurde Herzog Franz von Guise, der militärische Führer der Katholiken, von dem Protestanten Poltrot von Méré ermordet. Der Krieg endete mit dem Frieden von Amboise (12. 3. 1563); nur an den Orten, die sich zu diesem Zeitpunkt in den Händen der Hugenotten befanden, durfte öffentlich reformierter Gottesdienst gehalten werden, sonst nur Hausgottesdienste.

Doch dieser Friede war nur ein Scheinfriede. Katharina von Medici verbot die reformierten Synoden und traf sich im Juni 1569 mit dem Herzog Alba in Bayonne. Er gab ihr den Rat, die Häupter der Hugenotten an einem Tage durch Meuchelmord zu beseitigen, mit der zynischen Bemerkung, daß »ein einziger Lachs mehr wert sei als 10 000 Frösche«. Ein Versuch des Prinzen Condé, den König in seine Gewalt zu bringen, mißlang. Condé bezog mit 2 500 Mann eine Stellung bei Paris, Montmorency rückte ihm mit 21 000 Mann entgegen. So kam es zum

Zweiten Hugenottenkrieg (1567–1568).

Von deutschen Glaubensgenossen unter Pfalzgraf Johann Kasimir unterstützt, zwang Prinz Condé den Hof zum Frieden von Longjumeau (23. 3. 1568), der zwar zu Gunsten der Hugenotten ausfiel, aber gerade dadurch den

Dritten Hugenottenkrieg (1568–1570)

auslöste. Auf Drängen der Guisen hob nämlich Katharina von Medici den Friedensvertrag kurzerhand auf und verbot bei Todesstrafe die Ausübung des reformierten Glaubens. Prinz Condé wurde bei Jarnac am 14. März 1569 geschlagen und fand selbst den Tod, aber der neue Führer, Admiral Coligny, erzwang den Frieden von Saint-Germain-en-Laye (8. 8. 1570). In diesem Frieden wurde den Reformierten öffentliche Gottesdienstübung in je zwei Städten jeder Provinz und außerdem an allen Orten, die sie in ihrer Gewalt hatten, zugestanden. Dazu wurde ihnen Amnestie und Zulassung zu allen öffentlichen Ämtern zugesagt und ihnen die vier Sicherheitsplätze (Villes d'otage) La Rochelle, Cognac, La Charité und Montauban eingeräumt.

Als aber Karl IX. von Frankreich sich ganz an Coligny anschloß und seine Schwester Margarete von Valois den reformierten König Heinrich von Navarra heiratete, bangte seine Mutter, Katharina von Medici, um ihre Macht am Hofe. Nur Gewalt, meinte sie, könne hier Abhilfe schaffen. So faßte sie 1572 den Entschluß, die hugenottische Führerschicht niedermetzeln zu lassen, wie es ihr Herzog Alba in Bayonne geraten hatte. Die Vermählung ihrer Tochter sollte hierzu die erwünschte Möglichkeit geben. Kam doch bei dieser Gelegenheit fast der gesamte reformierte Adel in die Hauptstadt.

Die »Pariser Bluthochzeit« oder »Bartholomäusnacht« (23./24. 8. 1572), die mindestens 2000 Opfer forderte, machte jede Hoffnung zunichte, daß Frankreich jemals für den reformierten Glauben gewonnen werden könnte. Von nun an kämpften die Hugenotten nur noch um die Erhaltung ihrer Existenz.

Wenn aber Katharina von Medici gehofft hatte, mit dieser schändlichen Tat die Hugenotten ausrotten zu können, so täuschte sie sich sehr. Denn noch besaßen diese ihre Sicherheitsplätze und waren vor allem im Süden (in den Cevennen, in der Dauphiné und im Vivarais) noch stark.

Vierter Hugenottenkrieg (1572–1573)

Der Versuch König Karls IX. von Frankreich, La Rochelle im Sturm zu nehmen, mißlang. Vom Kampf und von Krankheiten zermürbt, mußte sein Belagerungsheer unverrichteterdinge abziehen. Er erließ nun am 6. Juli 1573 das Edikt von Boulogne, das den Reformierten nur in La Rochelle, Montauban und Nîmes die öffentliche Religionsübung gestattete und ihnen außerdem Duldung und Hausgottesdienste zugestand. In diesem Edikt erscheint zum ersten Mal der Ausdruck »la religion prétendue réformée« (die vorgeblich reformierte Religion), der in der Folgezeit eine so große Rolle spielen sollte. Nach dem Tode Karls IX. bestieg dessen Bruder Heinrich III. den Thron (1574–1589). Als dieser die Hugenotten stark bedrängte, brach der

Fünfte Hugenottenkrieg (1574–1576)

aus. Die Reformierten, in ihrem Kampf durch die vermittelnde Partei der sogenannten Politiker und den Pfalzgrafen Johann Kasimir unterstützt, gewannen die Oberhand. Heinrich III. schloß am 6. Mai 1576 den Frieden von Beaulieu. Den Reformierten wurde öffentliche Gottesdienstübung in den in ihrem Besitz befindlichen Städten sowie in allen anderen Städten zugestanden, deren Besitzer es ihnen erlaubten; die Abhaltung von Synoden wurde wieder gestattet. Nur Paris war von der Religionsfreiheit ausgeschlossen. Dazu wurden den Hugenotten neun Sicherheitsplätze als Pfänder gegeben. Aber als die Guisen zum Gegenschlag ausholten, die sogenannte »Heilige Liga« zum Zwecke der Ausrottung der Reformierten gründeten und zugleich den Frieden von Beaulieu für nichtig erklärten, kam es zum

Sechsten Hugenottenkrieg (April bis September 1577),

der sich auf unbedeutende Scharmützel beschränkte und mit dem Frieden von Bergerac (17. 9. 1577) endete, der den Reformierten zwar Glaubensfreiheit und öffentliche Religionsübung gestattete, aber nur da, wo sie sie bereits besaßen.

Nachdem Katharina von Medici eingesehen hatte, daß man mit Gewalt nichts gegen die Hugenotten ausrichten konnte, versuchte sie es mit anderen Mitteln. Sie bereiste den reformierten Süden und verkündete Duldung und Frieden, ja, sie gab den Hugenotten statt neun sogar vierzehn Sicherheitsplätze. Sie hatte einen »escadron volant« von 150 schönen Hofdamen bei sich und gab überall dem reformierten Adel Feste, wobei diese Damen die Aufgabe hatten, die Pest von Paris unter dem sittenstrengen hugenottischen Adel zu verbreiten und ihn moralisch zu verderben. Ihr Treiben wurde jedoch durch den

Siebten Hugenottenkrieg (1579–1580)

unterbrochen, den Heinrich von Navarra auf Betreiben seiner Gemahlin Margarete von Valois gegen ihren Bruder, den König Heinrich III., begann. Im Frieden von Fleix (26. 11. 1580) fand der Krieg bald ein Ende. Es folgte eine kurze Zeit des Friedens, bis der Tod des Herzogs Franz von Alençon, des einzigen noch lebenden Bruders des Königs, im Jahre 1584 eine völlig neue politische Lage schuf. Denn durch den Tod des Franz von Alençon war plötzlich der reformierte Heinrich von Navarra der einzige legitime Thronfolger geworden. Heinrich III. von Frankreich und seine Mutter, Katharina von Medici, forderten von ihm den sofortigen Übertritt zur römisch-katholischen Kirche. Als Heinrich von Navarra dieses Ansinnen zurückwies, verband sich Heinrich III. mit den Guisen, die ihn ihrerseits unter dem Druck der Liga zum Edikt von Nemours (1585) nötigten, das allen Hugenotten unter Androhung der Todesstrafe jeden anderen Kultus als den römisch-katholischen verbot und ihnen auferlegte, binnen einem Monat entweder ihrem reformierten Glauben abzuschwören oder das Land zu verlassen. Allein die Hugenotten erhoben sich unter Führung Heinrichs von Navarra und des Prinzen Condé, und es kam so zum

Achten Hugenottenkrieg oder dem »Krieg der drei Heinriche« (1586–1598)

Zwar wurde Heinrich von Navarra von deutschen und englischen Glaubensgenossen unterstützt und schlug seine Feinde bei Coutras (20 10. 1587), aber die Liga Heinrichs von Guise erwies sich als die stärkere Partei. Erst als Heinrich III. von Frankreich sich in seiner Macht von Heinrich von Guise bedroht fühlte und diesen am 23. Dezember 1588 ermorden ließ, änderte sich die Lage. Denn um dem Hasse des fanatisierten Pöbels zu entgehen, verband sich nun Heinrich III. mit Heinrich von Navarra. Mit einem Heere von 42000 Mann zogen die beiden bis vor die Tore von Paris. Da brachte der Dominikaner Jacques Clément am 1. August 1589 Heinrich III. mit einem vergifteten Dolch eine Wunde bei, der der König am folgenden Tage erlag. Nun bestieg Heinrich von Navarra als Heinrich IV. den Thron Frankreichs. Er schlug Mayenne, den Bruder Heinrichs von Guise, bei Arques (20./21. 9. 1589) und zu Ivry (14. 3. 1590), doch konnte er nur durch seinen Übertritt zum Katholizismus, wie er meinte, die Macht der Liga brechen. Als es ihm nach Überwindung großer Schwierigkeiten endlich gelungen war, allgemein als König von Frankreich anerkannt zu werden, erließ er am 13. April 1598 sein berühmtes Gnadenedikt von Nantes, das den Hugenotten Glaubensfreiheit und zahlreiche Sicherheitsplätze einräumte. Das Edikt war mit dem grünen Wachssiegel gesiegelt, zum Zeichen dafür, daß es unwiderruflich sei.

Auch sein Nachfolger, König Ludwig XIII. (1610–1643), bestätigte das Edikt von Nantes, doch gerieten die Hugenotten durch die wachsende Macht des Königtums immer mehr in Nachteil. Ein durch die Übergriffe des Königs ausgelöster Aufstand – er führte persönlich ein Heer nach Béarn, um mit Macht den katholischen Glauben in diesem Land durchzusetzen – führte den

Neunten Hugenottenkrieg (1621–1622)

herbei. Allenthalben siegten im Süden zunächst die Reformierten. Doch gewann der König bald mehr und mehr die Oberhand. Es kam zum Frieden von Montpellier (16. 10. 1622); der König bestätigte das Edikt von Nantes, erlaubte die Abhaltung von Synoden und ließ die Hugenotten im Besitz der Sicherheitsplätze Montauban und La Rochelle.

Zehnter Hugenottenkrieg (1625–1629)

Als Kardinal Richelieu im Jahre 1624 leitender Minister Ludwigs XIII. und damit Herr Frankreichs geworden war, setzte er alles daran, die reformierte Kirche Frankreichs zu vernichten. Weil sie einen Staat im Staate bildete, schien ihm ihr Vorhandensein unvereinbar mit dem Ideal des Einheitsstaates. Da er indes einen Krieg mit Spanien plante und deshalb Ruhe im Innern haben wollte, erneuerte er zunächst die Bestimmungen des Friedens von Montpellier im Waffenstillstand mit La Rochelle (6. 2. 1626). Als aber trotzdem sofort wieder neue Verfolgungen der Reformierten einsetzten, wurde auf Betreiben Englands dieser Waffenstillstand von den Reformierten gekündigt. Eine englische Flotte unter dem Kommando des Herzogs von Buckingham besetzte die Insel Ré, schiffte sich aber nach einem Verlust von 8 000 Mann wieder nach England ein. Sofort ließ Richelieu La Rochelle, das letzte Bollwerk der Hugenotten, belagern. Ein Versuch des Herzogs von Rohan, eine Armee zur Entsetzung der Stadt zu sammeln, scheiterte. Nach einer Belagerung von elf Monaten und drei Tagen mußte sich die von Hunger geschwächte Besatzung der Festung am 28. Oktober 1628 ergeben. Ein denkwürdiger Tag für die französische Reformation und für Frankreich überhaupt; denn von nun an war die reformierte Kirche Frankreichs der Willkür eines despotischen Königtums schutzlos preisgegeben. Und in der Tat unternahmen die folgenden Könige alles, um die Protestanten restlos zu vernichten.

Der Herzog von Rohan hatte mittlerweile im Süden für die Sache der Reformierten gekämpft, wo der König die Garnison von Privas hatte niedermetzeln lassen. Angesichts der Aussichtslosigkeit seines Kampfes sah er sich indessen genötigt, um Frieden zu bitten. Im Gnadenfrieden von Alais (Juli 1629) bestätigte Ludwig XIII. das Edikt von Nantes und sicherte den Reformierten Glaubensfreiheit zu, beraubte sie aber gleichzeitig aller ihrer Sicherheitsplätze. Mit der politischen Macht der Hugenotten war es damit endgültig vorbei.

Als König Ludwig XIV. im Jahre 1643 den französischen Thron bestieg, führte Kardinal Mazarin, ein gelehriger Schüler Richelieus, die Regierungsgeschäfte. Nach für die Reformierten verheißungsvollen Anfängen sah er sich unter dem Druck des katholischen Klerus gezwungen, einen unversöhnlichen Kurs gegenüber den Reformierten einzuschlagen. Während Ludwig XIV. an den ausländischen Höfen versichern ließ, daß er nie etwas gegen das Edikt von Nantes tun werde, zerstörte er gleichzeitig die letzten Reste dieses Ediktes auf dem Wege der Gesetzgebung. Ihren Höhepunkt erreichte die Unterdrückungspolitik des Königs mit den »Dragonaden«. Zehn bis zwanzig Soldaten wurden in ein Hauswesen einquartiert mit der Anweisung, »die Leute nicht zu töten, sonst aber alles zu tun, was sie könnten, um die reformierten Familien dazu zu nötigen, ihrem Glauben abzuschwören«. In satanischer Weise hausten diese »gestiefelten Missionen«. Sie schlugen Kinder und Greise zu Krüppeln, vergewaltigten die Frauen im Beisein ihrer Männer und wandten die grausamsten Foltern gegen ihre machtlosen Opfer an. Nachdem auf solche unmenschliche Weise einige Hunderttausende Reformierte im südlichen Frankreich »bekehrt« worden waren, hob König Ludwig XIV. am 18. Oktober 1685 das Edikt von Nantes auf. Die Ausübung der reformierten Religion wurde bei Todesstrafe verboten, alle reformierten Geistlichen aus dem Reiche verbannt, Auswanderung bei Galeerenstrafe verboten, die Kirchen der Reformierten niedergerissen. Hatte Ludwig XIII. durch den Gnadenfrieden von Alais die Reformierten als politischen Machtfaktor beseitigt, so war mit der Aufhebung des Ediktes von Nantes durch Ludwig XIV. nun auch ihre religiöse Sonderstellung vernichtet. Jede Koexistenz zwischen den beiden Konfessionen war ausgeschlossen. Die reformierte Kirche Frankreichs war damit wieder auf den Weg gewiesen, den sie zu Beginn ihrer Geschichte eingeschlagen hatte, den Weg des Martyriums, bis die Französische Revolution durch Verkündigung der Menschenrechte die Glaubens- und Gewissensfreiheit wiederherstellte.

Die für diesen Band zusammengetragenen Augenzeugenberichte geben uns ein erschütterndes Bild von einem Zeitalter, dem die Ideale der Glaubens- und Gewissensfreiheit wie auch der Gedanke der Toleranz fremd waren. Sie berichten uns aber gleichzeitig von Männern und Frauen, die bereit waren, für diese Ideale zu kämpfen, zu leiden und, wenn nötig, zu sterben.

In einer Zeit wie der unsrigen, in der in weiten Räumen unserer Erde Glaubens- und Gewissensfreiheit und Toleranz noch immer kein Heimatrecht haben, haben wir allen Grund, uns durch diese Berichte ermutigen zu lassen, nicht müde zu werden in dem Bestreben, daß diese unaufgebbaren Menschenrechte nicht verlorengehen, sondern, je länger, je mehr, Allgemeingut aller Menschen, gleichgültig welcher Rasse und Nation, werden.

Ernst Mengin

Hugenotten – nach dem Bürgermeister Hugues – oder Eidgenossen nannten sich die Genfer Protestanten. Um 1560 ging diese Bezeichnung, anfangs als Spottname der Gegner, auf die französischen Protestanten über.

Der Protestantismus in Frankreich im 16. Jahrhundert

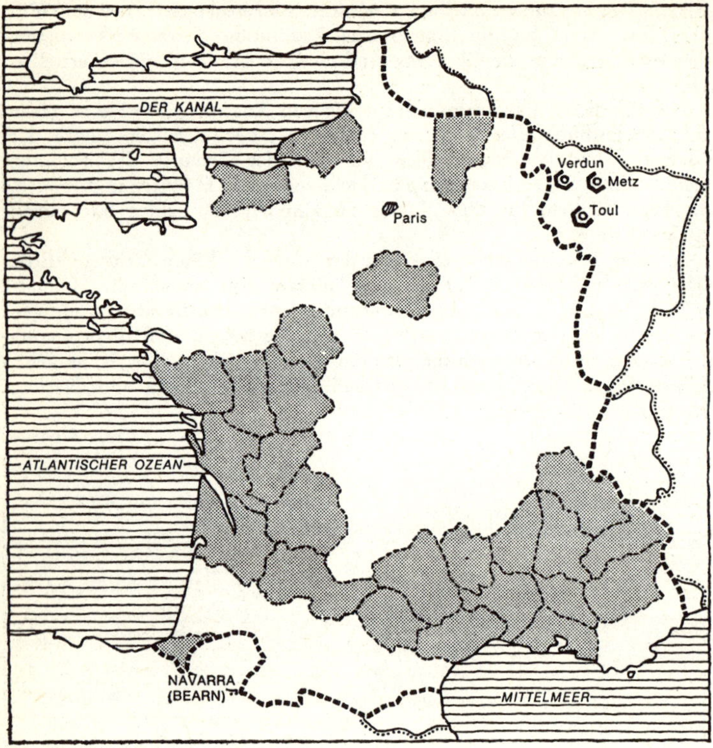

Grenzen Frankreichs im Jahre 1560

Reformierte Gemeinden bildeten sich im 16. Jahrhundert in nahezu ganz Frankreich. Nur im heutigen Departement Hautes-Pyrénées scheint es keine gegeben zu haben. Nimmt man an, daß eine Mindestzahl von fünfzehn Gemeinden (in einem der heutigen Departements) erlaubt, festzustellen, wo sich Calvins Ideen am stärksten durchgesetzt haben, so erkennt man, daß dies hauptsächlich im Süden geschehen ist. Im Massif Central setzte sich die Reformation nicht durch; in seinen Randgebieten dagegen konnte sie Fuß fassen, ebenso im mittleren Westen. Die Nähe Englands erklärt vielleicht die starke Verbreitung des Protestantismus in einigen wenigen Departements Nordfrankreichs.

Die wichtigsten »Sicherheitsplätze« der Protestanten

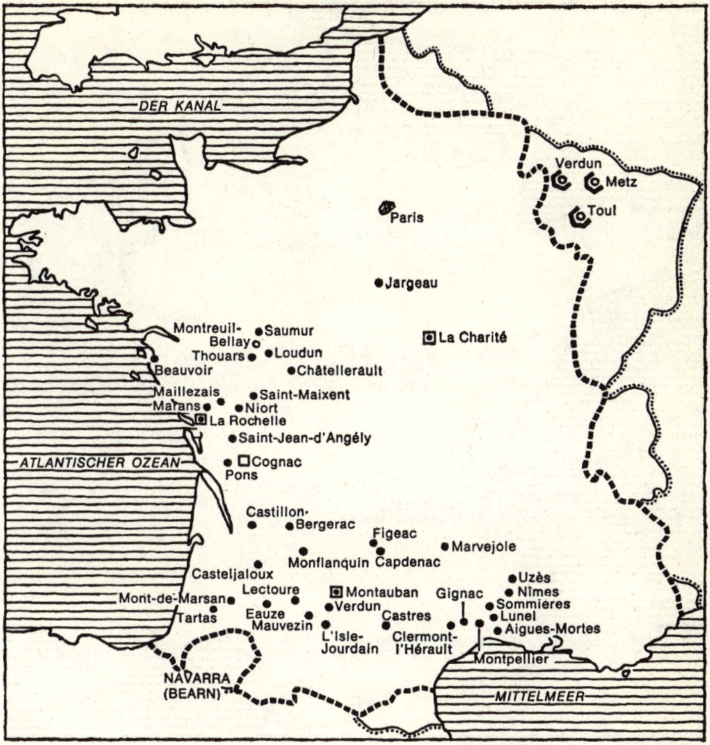

Die durch ein Kästchen bezeichneten »Sicherheitsplätze« wurden den Protestanten 1570 im Frieden von Saint-Germain-en-Laye, die durch einen Punkt bezeichneten durch das Edikt von Nantes im Jahre 1598 zugestanden. – In den Sicherheitsplätzen dürfen die Protestanten Garnisonen unterhalten. Das Gebiet, in dem die Hugenotten politisch Fuß gefaßt haben, wird im Norden und im Nordosten durch die Loire begrenzt. Die Städte La Charité und Jargeau auf dem linken Ufer dieses Flusses waren strategisch sehr wichtig; solange sie im Besitz der Reformierten waren, konnten Söldner aus den protestantischen deutschen Staaten den Städten des mittleren Westens auf dem kürzesten Weg zu Hilfe eilen. – Man wird bemerken, daß die Hugenotten nur in kleineren Orten in den Bergen oder auf dem Lande an die Macht gelangt sind; die großen Städte, Paris, Toulouse, Bordeaux, Lyon, blieben katholisch.

Die wichtigsten Schlachten

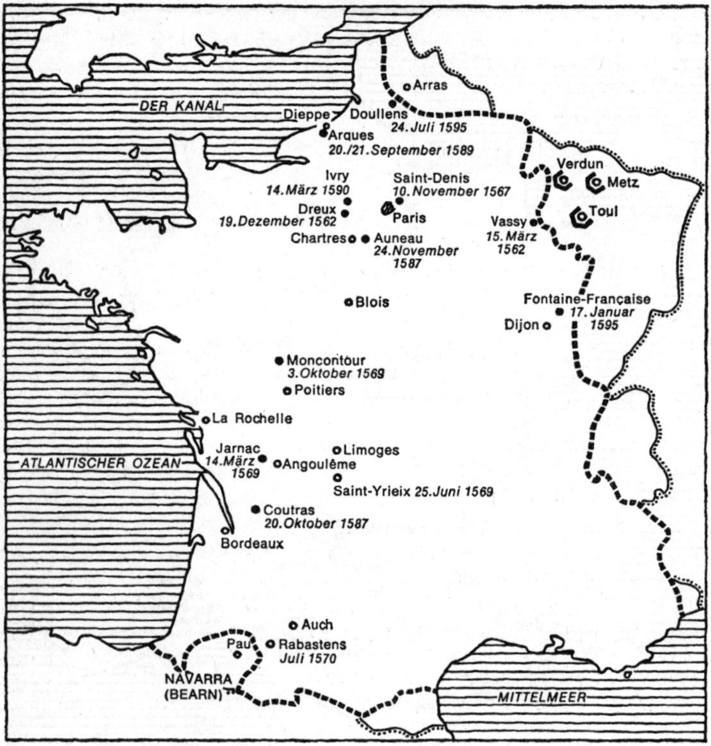

Im Verlauf der Hugenottenkriege haben drei größere Kampagnen stattgefunden, alle im Westen Frankreichs. Die Hilfe Englands für die Reformierten und die Hilfe Spaniens für die Katholiken haben sie weitgehend bestimmt.

I. Bei Ausbruch des Krieges im Jahre 1562 beherrschen die Reformierten das Gebiet zwischen La Rochelle und Blois; Rouen und Le Havre sind in ihrer Hand; in diesen Häfen landen die Hilfstruppen aus England. Nachdem die protestantische Armee, die von Condé befehligt wird, sich hinter der Loire gesammelt hat, marschiert sie über Orléans auf Paris – aus militärischen weniger als aus politischen Gründen. Spanische Hilfstruppen, die ausnahmsweise von Süden kommen, entsetzen die Hauptstadt.

Condé operiert dann in der Normandie, die im Verlauf des Krieges eine große Rolle spielt, wegen der Zahl ihrer Forts und wegen ihrer Nähe zu England: Calais ist durch die spanischen Niederlande bedroht. In der Schlacht von Dreux (19. 12. 1562) werden die Reformierten geschlagen, ihr Angriffselan gebrochen.

II. Im Jahre 1567, zu Beginn des Zweiten Hugenottenkrieges, versuchen die Reformierten wiederum vergeblich, sich in den Besitz der Hauptstadt zu setzen (Schlacht von Saint-Denis, 10. 11. 1567). Für die nächsten zwanzig Jahre gilt als bewiesen, daß die Protestanten die Katholiken in offener Feldschlacht nicht besiegen können.

Beim Ausbruch des Dritten Hugenottenkrieges (August 1568) gehen die »Königlichen« zur Offensive über mit dem Ziel, die Bastionen der Reformierten in Westfrankreich zu vernichten, durch die von La Rochelle aus seit 1568 die aufständischen Städte im Südosten des Massif Central und des Königreichs Navarra mit Lebensmitteln versorgt werden. Der Herzog von Anjou, der spätere Heinrich III., siegt bei Jarnac (14. 3. 1569) und Moncontour (3. 10. 1569). Aber La Rochelle bleibt in der Hand der Reformierten. Die Unzuverlässigkeit der Söldnerheere und die hohen Kosten, die sie verursachen, verhindern eine wirksame Besetzung des Gebiets der Aufständischen, und so findet der Krieg kein Ende.

III. Der Sieg Heinrichs von Navarra, des künftigen Königs Heinrich IV., bei Coutras (20. 10. 1587) sichert den Reformierten bis zum Ende des Krieges die militärische Überlegenheit. Die Ermordung Heinrichs von Guise in Blois (23. 12. 1588) beraubt die Katholiken ihres Führers. Heinrich III. und Heinrich von Navarra söhnen sich aus und nehmen den alten Plan der Hugenotten wieder auf, Paris einzunehmen. Die Ermordung Heinrichs III. durch Jacques Clément ruft eine so starke Desertionsbewegung innerhalb des Koalitionsheeres aus Königlichen und Reformierten hervor, daß Heinrich IV. die Belagerung von Paris aufhebt und in die Normandie marschiert, den englischen Hilfstruppen entgegen, die in Dieppe landen sollen. Der Sieg in der Abwehrschlacht von Arques (20./21. 9. 1589) rettet ihn vor der Vernichtung. Bei Ivry (14. 3. 1590) lichtet er die Armee des Herzogs von Mayenne stark und nimmt die Belagerung von Paris wieder auf.

Wie 1562 entsetzen spanische Truppen, diesmal von Norden kommend, die Stadt. Weder der König noch die Liga können einen entscheidenden Erfolg erringen, aber der König behält die Initiative, und er konvertiert nicht als Geschlagener.

IV. Die Operationen gegen die Spanier – die Schlacht bei Doullens (24. 7. 1595) ist eine Niederlage und die Schlacht bei Fontaine-Française (17. 1. 1595) ein schöner Sieg – sind klassische Grenzschlachten. Paris ist endgültig frei. Ein Kompromißfrieden ist möglich.

Das Haus Valois-Angoulême im 16. Jahrhundert

Die Valois–Angoulême stammen von Philipp dem Kühnen ab, einem Sohn Ludwigs des Heiligen.

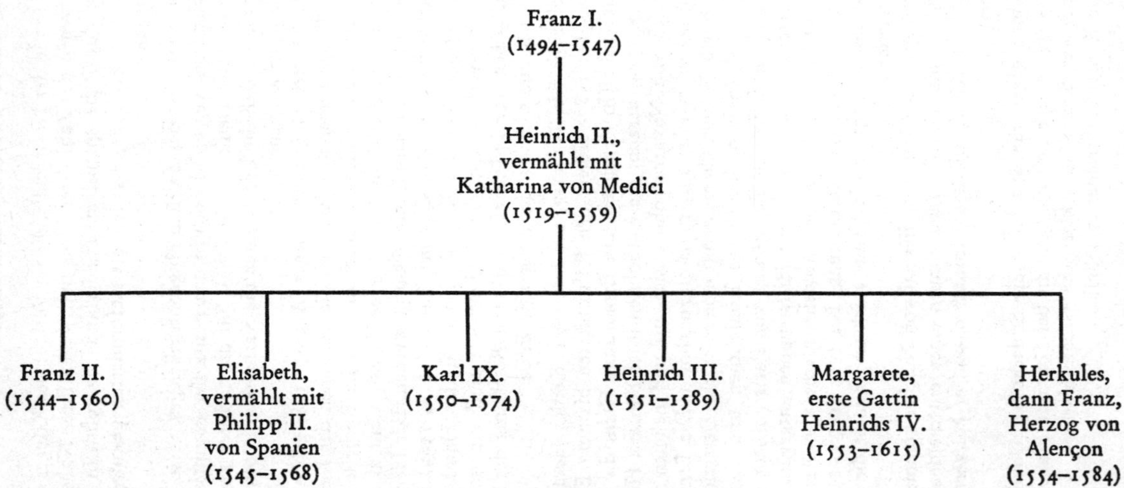

Die Bourbonen im 16. Jahrhundert

Die Bourbonen stammen vom Grafen von Clermont ab, dem sechsten Sohn Ludwigs des Heiligen.

Karl,
Herzog von
Vendôme
(1489–1537)

Anton,
König von Navarra,
vermählt mit
Jeanne d'Albret
(1518–1562)

Heinrich IV.,
König von Navarra,
seit 1589 auch von
Frankreich
(1553–1610)

Karl,
Kardinal von Bourbon,
von der Liga
zum König gewählt (»Karl X.«)
(1523–1590)

Ludwig,
Prinz von Condé
(1530–1569)

Heinrich,
Prinz von Condé,
Freund und Gefährte
Heinrichs IV.
(1552–1588)

Die Familie Guise im 16. Jahrhundert

Die Guise haben unter ihren Ahnen den König Johann den Guten, sind also mit dem Königshaus verwandt.

- Claude, Herzog von Guise (1496–1550)
  - Franz, »Der Genarbte«, Herzog von Guise, ermordet von Poltrot von Méré (1519–1563)
    - Heinrich, »Der Genarbte«, Herzog von Guise, ermordet in Blois (1550–1588)
    - Karl, Herzog von Mayenne, »Generalstatthalter des Königreichs« (1554–1611)
    - Ludwig, Kardinal von Guise, ermordet in Blois (1550–1588)
    - Katharina, vermählt mit dem Herzog von Montpensier
  - Karl, Kardinal von Lothringen (1525–1574)
  - Claude, Herzog von Aumale
    - Karl, Herzog von Aumale
    - Claude, Ritter von Aumale

Maria Stuart, Königin von Schottland, war die Tochter von Jacob Stuart und Maria von Guise, einer Schwester von Franz, dem »Genarbten«.

Zeittafel

1509 – Erasmus von Rotterdams »Lob der Torheit« erscheint.

1512 – Der Reformator Lefèvre d'Etaples veröffentlicht seinen Kommentar zu den Episteln des Paulus.

1515 – Franz I. König von Frankreich.

1517 – Luthers Thesenanschlag.

1523 – Erster protestantischer Märtyrer in Frankreich.

1525 – Schlacht von Pavia.

1527 – (oder 1528) Ignatius von Loyola trifft in Paris ein.

1528 – In Paris wird eine Statue der Muttergottes verstümmelt.

1531 – Hochzeit Katharinas von Medici mit dem Dauphin, dem späteren Heinrich II.

1534 – Calvin verläßt Frankreich.

1536 – Calvin veröffentlicht seine »Christianae religionis Institutio« (»Unterweisung in der christlichen Religion«).

1541 – Calvin läßt sich endgültig in Genf nieder.

1547 – Tod Franz' I.; Heinrich II. König von Frankreich. Einrichtung der »Chambre ardente«.

1551 – Edikt von Châteaubriant über die Unterdrückung der Ketzerei.

1553 – Der auch von den Katholiken verfolgte Arzt und Theologe Servet wird in Genf als Ketzer verbrannt.

1557 – Edikt von Compiègne über die Unterdrückung der Ketzerei. – Zwischenfall in der Rue Saint-Jacques.

1558 – Mehrere tausend Hugenotten nehmen an der Kundgebung auf dem Pré-aux-Clercs zu Paris teil.

1559 – Hinrichtung des Anne du Bourg. Die Bourbonen und die Châtillon-Coligny Anhänger der Reformation. Generalsynode in Paris. Friedensvertrag von Cateau-Cambrésis zwischen Philipp II. von Spanien und Heinrich II. von Frankreich. Tod Heinrichs II., Franz II. König von Frankreich.

1560 – Verschwörung von Amboise. Tod Franz' II.; Karl IX. König von Frankreich.

1561 – Das Religionsgespräch von Poissy. Erste Zusammenstöße. Zwischenfall von Saint-Médard.

1562 – Edikt von Saint-Germain (»Januaredikt«) über den reformierten Gottesdienst (17. Januar). Blutbad von Vassy (1. März). Erste Kampfhandlungen (März-April). Das Triumvirat (April). Schlacht von Dreux (19. Dezember).

1563 – Belagerung von Orléans (Februar). Ermordung des Herzogs Franz von Guise durch Poltrot von Méré (Februar). Frieden von Amboise (12. März).

1567 – Der Zweite Hugenottenkrieg bricht aus (29. September). Die Schlacht von Saint-Denis (10. November).

1568 – La Rochelle in der Hand der Reformierten (Februar). Frieden von Longjumeau (23. März). Der Dritte Hugenottenkrieg bricht aus (23. August).

1569 – Schlacht von Jarnac (14. März). Schlacht von Saint-Yrieix (25. Juni). Schlacht von Moncontour (3. Oktober).

1570 – Frieden von Saint-Germain-en-Laye (8. August).

1571 – Coligny kehrt an den Hof zurück (September).

1572 – Die protestantischen Fürsten treffen zur Hochzeit Heinrichs von Navarra mit Margarete von Valois in Paris ein (7. Juli). Die Eheschließung (17. August). Das Attentat auf Coligny (22. August). Die Bartholomäusnacht (23./24. August). Ausbruch des Vierten Hugenottenkrieges.

1573 – Belagerung von La Rochelle (Februar bis Juli). Belagerung von Sancerre. Frieden von La Rochelle und Edikt von Boulogne.

1574 – Der Tod Karls IX., Heinrich III. König von Frankreich. Der Fünfte Hugenottenkrieg bricht aus.

1576 – Der Herzog von Alençon flieht vom Hof (Januar). Flucht Heinrichs von Navarra (Februar). Frieden von Beaulieu (6. Mai). Gründung der Liga. Die Ständeversammlung in Blois. Ausbruch des Sechsten Hugenottenkrieges.

1577 – Frieden von Bergerac (17. September).

1579 – Friedensakt von Nérac. Der Siebte Hugenottenkrieg bricht aus.

1580 – Einnahme von Cahors durch Heinrich II. Frieden von Fleix (26. November).

1584 – Tod des Herzogs von Alençon; Heinrich von Navarra französischer Thronfolger.

1585 – Kardinal Karl von Bourbon wird von der Liga zum Thronfolger bestimmt. Das Edikt von Nemours (November) führt zum Achten Hugenottenkrieg, der bis 1598 dauert.

1587 – Der Tag von Saint-Séverin (September). Schlacht von Coutras (20. Oktober). Schlacht von Auneau (24. November).

1588 – Tod des Prinzen Heinrich von Condé (10. März). Barrikadenaufstand in Paris (12./13. Mai). Das Unionsedikt legt fest, daß der König von Frankreich katholisch sein muß (Juli). Ständeversammlung von Blois (Oktober). Ermordung des Herzogs Heinrich von Guise (23. Dezember) und seines Bruders, des Kardinals Ludwig von Guise (24. Dezember).

1589 – Heinrich III. söhnt sich mit Heinrich von Navarra aus (30. April). Belagerung von Paris (Juli). Attentat auf Heinrich III. (1. August), sein Tod (2. August); Heinrich von Navarra, als Heinrich IV. König von Frankreich. Schlacht von Arques (20./21. September).

1590 – Schlacht von Ivry (14. März). Paris abermals belagert (Mai bis August).

1592 – Geheime Verhandlungen zwischen Mittelsmännern Heinrichs IV. und des Herzogs von Mayenne.

1593 – Konferenz von Suresnes (April). Ankündigung der Konversion des Königs (17. Mai). Das Parlamentsgericht stellt sich hinter den König (28. Juni). Heinrich IV. konvertiert zum Katholizismus (25. Juli). Allgemeiner Waffenstillstand (31. Juli).

1594 – Königskrönung in Chartres (27. Februar). Einzug des Königs in Paris (22. März).

1595 – Schlacht von Fontaine-Française (17. Januar). Schlacht von Doullens (24. Juli). Der Papst erteilt Heinrich IV. die Absolution (18. September). Der Herzog von Mayenne unterwirft sich (Oktober).

1598 – Edikt von Nantes (13. April). Frieden mit Spanien (Juni).

Chronisten- und Quellenverzeichnis

Viele Augenzeugenberichte aus der Zeit der Hugenottenkriege sind – teils zum erstenmal – in einer der beiden nachstehend genannten Reihen erschienen, die im folgenden als C. C. M. F. beziehungsweise N. C. M. F. zitiert werden:

Collection complète des mémoires relatifs à l'histoire de France, depuis le règne de Philippe-Auguste jusqu'au commencement du XVIIe siècle. Avec des notices sur chaque auteur. Par M. [Claude-Bernard] Petitot. Paris 1819–1826.

Nouvelle collection des mémoires pour servir à l'histoire de France... Par MM. Michaud et Poujoulat. Paris 1836–1839.

Albret, Jeanne d': siehe unter Bourbon, Antoine de. – Jeanne d'Albret (1528–1572) war die Mutter Heinrichs IV. Nach dem Tode ihres Gatten herrschte sie allein über das kleine Königreich Navarra, das sie energisch und weise regierte. Sie führte in ihrem Land die Reformation ein; in den Hugenottenkriegen brachte sie große Opfer. Sie starb in Paris, wo sie wegen der beabsichtigten Vermählung ihres Sohnes mit Margarete von Valois weilte, am 9. Juni 1572, wahrscheinlich durch Gift.

Aubigné, Théodore-Agrippa d': Mémoires. Paris 1889. – Histoire universelle. Publiée pour la Société de l'histoire de France par le baron Alphonse de Ruble. 9 vol. Paris 1886–1897. – Der Dichter Agrippa d'Aubigné (1552–1630), ein Waffengefährte Heinrichs IV., war überzeugter Protestant und stellte sein dichterisches Talent in den Dienst der protestantischen Sache. Von seinen Werken sind außer den oben angeführten noch zu erwähnen das satirische Gedicht »Les Tragiques« und »Les aventures du baron de Fœneste«, ein satirischer Roman. – Agrippa d'Aubigné war der Großvater der Marquise de Maintenon.

Bailly, Auguste: La Réforme en France. Paris 1961.

Baschet, Armand: La Diplomatie vénitienne. Paris 1862.

Bèze, Théodore de: Histoire ecclésiastique des églises réformées au royaume de France... 3 vol. Lille 1841–1842. – Théodore de Bèze, auch Beza genannt (1519–1605), war ein Schüler Calvins und wurde dessen Nachfolger in Genf. Er vertrat die Sache der Reformierten beim Religionsgespräch von Poissy.

Bourbon, Antoine de, duc de Vendôme: Lettres d'Antoine de Bourbon et de Jehanne d' Albret. Publiées pour la Société de l'histoire de France par le Marquis de Rochambeau. Paris 1877. – Anton von

Bourbon (1518–1562), vermählt 1548 mit Jeanne d'Albret, der Tochter und Erbin Heinrichs II. von Navarra, Vater Heinrichs IV., war eine Zeitlang einer der Führer der Reformierten. Später trat er zum katholischen Glauben über und kämpfte gegen die Hugenotten. Er starb an den Folgen einer Verwundung, die er bei der Belagerung von Rouen davongetragen hatte.

Bourrilly, V. L.: Le Journal d'un bourgeois de Paris sous le règne de François Ier (1515–1536). Nouvelle édition publiée avec une introduction et des notes par V. L. Bourrilly. Paris 1910.

Brachet, Auguste: Morceaux choisis des grands écrivains du XVIe siècle. Paris 1881.

Brantôme, Pierre de Bourdeille, seigneur de: Œuvres complètes. Publiées pour ... la Société de l'histoire de France par Ludovic Lalanne. 11 vol. Paris 1864–1882. – Brantôme (1540–1614) schrieb am Ende eines abenteuerlichen Lebens seine berühmten »Mémoires«, in denen er die Geschichte und die Sitten der Höfe Karls IX. und seiner beiden Nachfolger ungeordnet, aber mit Anschaulichkeit und naiver Aufrichtigkeit darstellte. Sie erschienen erst lange nach seinem Tode (1665–1666) und enthalten unter anderem »Vie des hommes illustres et grands capitaines français et étrangers« und »Vie des dames galantes«.

Bulletin de l'Académie Royale de Belgique. Tome XVI (1849).

Bulletin de la Société d l'histoire de Paris et de l'Île-de France. Tome XII (1885). – Dieser Band enthält das »Livre de Raison de Maître Nicolas Versoris«.

Bulletin de la Société de l'histoire du protestantisme français. 1852, 1857, 1858, 1862, 1872, 1873, 1886, 1891, 1894, 1899, 1902, 1911, 1912, 1932, 1933, 1947.

Calvin, Jean: siehe unter Cristiani, Chne Léon. – Calvin (1509–1564), der Reformator Frankreichs, wurde zum Verlassen seines Vaterlandes gezwungen und verfaßte in Basel sein Hauptwerk, die »Christianae religionis Institutio«, eine umfassende systematische Darstellung des reformierten Glaubens, der sich von den anderen protestantischen Glaubensrichtungen durch das Dogma von der Prädestination unterscheidet. 1541 ließ sich Calvin in Genf nieder, wo er eine theokratische Republik errichtete.

Castelnau, Michel de, seigneur de Mauvissière et de Concressaut, baron de Joinville, comte de Beaumont-le-Roger: Mémoires. Paris 1823. C. C. M. F. XXXIII. – Michel de Castelnau (1530–1592) kämpfte in Italien in der Armee des Königs und übernahm dann mehrere diplomatische Missionen, die ihn nach England und Deutschland, in die

Schweiz und in die Niederlande und schließlich nach Rom führten. Er nahm an den Hugenottenkriegen auf katholischer Seite teil.

Cheverny, Philippe Hurault, comte de: siehe unter Hurault.

Cimber, L. [eigentlich Louis Lafaist] et Félix Danjou: Archives curieuses de l'histoire de France... 30 vol. Paris 1834–1841.

Condé, Louis Ier de Bourbon, prince de: Mémoires. 6 vol. Londres 1743. – Prinz Ludwig von Condé (1530–1569), ein Onkel Heinrichs IV., war einer der Anführer der Reformierten. Die »Mémoires« enthalten zahlreiche Dokumente über die religiösen Auseinandersetzungen im 16. Jahrhundert.

Cristiani, Chne Léon: Calvin tel qu'il fut. Paris 1955. – Diese Biographie enthält zahlreiche Auszüge aus dem Werk Calvins.

Desjardins, Abel: Charles IX. Deux années de son règne, 1570–1572. Cinq mémoires historiques d'après les documents inédits... Douai 1873.

Erasme: Éloge de la folie. Traduction nouvelle par G. Lejeal. Paris 1867. – Desiderius Erasmus, genannt Erasmus von Rotterdam, eigentlich Gerhard Gerhards (um 1465–1536), war ein niederländischer Theologe und Philologe, der das Neue Testament in griechischer Sprache herausgab und die moderne Aussprache des Griechischen begründete; seine Bemühungen um die Schriften der Kirchenväter galten dem Ziel, die Synthese von Antike und Christentum zu erneuern. Der Humanist Erasmus von Rotterdam war berühmt als Stilist. Den Bestrebungen, die Kirche zu erneuern, stand er nicht prinzipiell ablehnend gegenüber – im »Lob der Torheit« geißelte er auch die Schwächen des Klerus –, doch ergriff er Partei gegen Luther, vor allem im Streit um das Problem der Willensfreiheit.

Estoile, Pierre Taisan de L': Mémoires-Journeaux. [Publiés par M. Monmerqué.] 5 vol. Paris 1825–1826. C. C. M. F. XLV–XLIX. – L'Estoile (1546–1611) entstammte einer Pariser Beamtenfamilie und war Berichterstatter der Staatskanzlei. Der gemäßigte Katholik gehörte in den Hugenottenkriegen zur Partei der »Königlichen«. Seine »Mémoires-Journeaux« sind erstaunlich maßvoll und zuverlässig.

Fouqueray S. J., P. Henri: Histoire de la Compagnie de Jésus en France des origines à la suppression. Tome I. Paris 1910.

Francus, Dr [eigentlich Albin Mazon]: Quelques notes sur l'origine des églises du Vivarais. 2 vol. Privas 1891.

Gaches, Jacques: Mémoires de Jacques Gaches sur les guerres de religion à Castres et dans le Languedoc, 1555–1610. Publiés... par Charles

Pradel. Paris 1879. – Jacques Gaches war ein mutiger Bürger und überzeugter Protestant, der in Castres, seiner Vaterstadt, lebhaft Anteil an den religiösen Auseinandersetzungen nahm.

Guise, François de Lorraine, duc de: Mémoires. Publiés sur les manuscrits originaux [par MM. Champollion Figeac et Aimé Champollion fils]. Paris 1839. N. C. M. F. 1re série, tome VI. – Herzog Franz von Guise, genannt »Der Genarbte« (1519–1563), war ein fähiger Heerführer. Er verteidigte Metz gegen Karl V., eroberte Calais von den Engländern zurück und übernahm nach dem Blutbad von Vassy, bei dem er zugegen war, die Führung der katholischen Streitmacht. Er wurde von dem protestantischen Edelmann Poltrot von Méré ermordet.

Hatton [oder Haton], Claude: Mémoires de Claude Haton. Contenant le récit des événements accomplis de 1553 à 1582, principalement dans la Champagne et la Brie. Publiés par Félix Bourquelot. 2 vol. Paris 1857. – Hatton, Priester in Provins, der dem katholischen Glauben treu blieb, zeichnete von 1553 bis 1582 Tag für Tag alle Ereignisse auf, die ihm aus seiner näheren und weiteren Umgebung zur Kenntnis kamen.

Henri III.: Lettres. Recueillies par Pierre Champion. Publiées par Michel François. Tome I. Paris 1959. – Heinrich III. (1551–1589) war soeben zum König von Polen gewählt worden, als er durch den Tod seines Bruders, Karls IX., König von Frankreich wurde (1574). Er kämpfte zunächst mit der Liga gegen die Hugenotten und erließ 1585 das hugenottenfeindliche Edikt von Nemours, wandte sich dann aber gegen die Liga und ließ ihren Führer, den Herzog Heinrich von Guise, und dessen Bruder ermorden. Angesichts der Aufstände in zahlreichen Städten verbündete er sich mit Heinrich von Navarra, dem späteren König Heinrich IV.; kurz darauf wurde er von dem Mönch Jacques Clément, einem fanatischen Anhänger der Liga, ermordet.

Henri IV: Recueil de lettres missives de Henri IV. Publié par M. Berger de Xivrey. 9 vol. Paris 1843–1876. – Heinrich von Navarra (1553–1610), Sohn Antons von Bourbon und der Jeanne d'Albret, Führer der Hugenotten, vermählte sich 1572 mit Margarete von Valois, der Tochter Heinrichs II., und wurde nach dem Tode des Herzogs von Alençon im Jahre 1584 französischer Thronfolger und im Jahre 1589, als Heinrich IV., König von Frankreich; er konnte sich aber als solcher erst nach vielen Kämpfen und nach seinem Übertritt zum katholischen Glauben durchsetzen. Durch das hugenottenfreundliche Edikt von Nantes schenkte er Frankreich zum äußeren noch den inneren Frieden. Zahllose von Heinrich IV. durchgeführte segensreiche Maßnahmen auf allen Gebieten des öffentlichen Lebens ließen den durch die Hugenottenkriege zerrütteten Staat rasch gesunden. Im Jahre 1610 bereitete

Heinrich IV. einen Krieg gegen den deutschen Kaiser und den König von Spanien vor, wurde aber ermordet, bevor er seine Pläne ausführen konnte. Er hinterließ einen minderjährigen Sohn, Ludwig XIII.

Hurault, Philippe, comte de Cheverny: Mémoires. Paris 1823. C. C. M. F. XXXVI. – Cheverny (1528–1599) war Kanzler von Frankreich; er fiel bei Heinrich III. nach dem Barrikadenaufstand in Ungnade und wurde von Heinrich IV. ins Amt zurückgerufen. Er erwarb sich um Heinrich IV. große Verdienste bei den Verhandlungen mit den Anhängern der Liga.

Ignace de Loyola: Le Récit du Pèlerin. Autobiographie de saint Ignace de Loyola. Rédigée par Luis Gonçalves da Camara. 3e éd., entièrement refondue par A. Thiry. Bruges-Paris 1956. – Diese Autobiographie des Ignatius von Loyola ist von einem seiner Gefährten aufgezeichnet worden. Ignatius von Loyola, eigentlich Inigo Lopez de Recalde (1491–1556), war zuerst spanischer Offizier; nach einer schweren Verwundung erlebte er eine innere Wandlung, deren Stufen er in seinen »Exercitia spiritualia« niederlegte, studierte Theologie, unter anderem in Paris, und gründete im Jahre 1534 eine religiöse Vereinigung, die sich als »Compañia de Jesus« dem Papst unterstellte. Dieser bestätigte 1540 den Orden der Jesuiten.

La Force, Jacques-Nompar de Caumont, duc de: Mémoires authentiques. Ed. par le Marquis de La Grange. 4 vol. Paris 1843.

La Noue, François de: Mémoires. Paris 1823. C. C. M. F. XXXIV. – François de La Noue, genannt »Bras de fer«, »Eisenarm« (1531–1591), war ein tapferer Hugenottenführer, der volle dreißig Jahre lang an den Hugenottenkriegen teilnahm; er kämpfte mit bei Moncontour, bei Arques und bei Ivry; bei der Belagerung von Lamballe wurde er tödlich verwundet.

Leber, Constant [eigentlich Jean-Michel-Constant], J.-B. Salgues et J. Cohen: Collection des meilleurs dissertations, notices et traités particuliers relatifs à l'histoire de France ... Paris 1838.

Lesdiguières, François de Bonne, connétable de: Actes et correspondance. Publiés sur les manuscrits originaux par le comte Douglas et J. Roman. 3 vol. Grenoble 1878–1884. – Der Konnetabel von Lesdiguières (1543–1626) war einer der berühmtesten Heerführer seiner Zeit. Er kämpfte gegen die Katholiken und gegen den Herzog von Savoyen in der Dauphiné, später in Piemont gegen die Spanier.

Loutchitzsky, Jean [eigentlich Iwan Wassiljewitsch]: Documents inédits pour servir à l'histoire de la Réforme et de la Ligue. Paris 1875.

Mémoires de la Société bourguignonne de géographie et d'histoire. Tome XXIV (1908).

Mergey, Jean de: Mémoires. Paris 1823. C. C. M. F. XXXIV. – De Mergey, ein protestantischer Edelmann, Teilnehmer an den Schlachten von Dreux und Moncontour, gibt in seinen »Mémoires« eine eingehende Schilderung seiner Erlebnisse in der Bartholomäusnacht.

Montluc [oder Monluc], Blaise de Montesquiou, seigneur de: Commentaires. 3 vol. Paris 1821. C. C. M. F. XX–XXII. – Blaise de Montluc (um 1499–1577) war ein französischer Heerführer, zuletzt Marschall von Frankreich. Er verfolgte die Protestanten im Südwesten Frankreichs mit großer Grausamkeit. Seine »Commentaires« sind nicht nur historisch, sondern auch literarisch wertvoll.

Palissy, Bernard: Les Œuvres de maistre Bernard Palissy. Nouvelle édition, revue sur les textes originaux, par B. Fillon. Avec une notice historique, bibliographique et iconologique par Louis Audiat. 2 vol. Niort 1888. – Palissy (um 1510–1589 oder 1590), Glasmaler, Kunsttöpfer, Schriftsteller und Wissenschaftler, war in Saintes tätig. Er war eifriger Hugenotte; vor Verfolgungen wurde er zunächst geschützt durch den Herzog von Montmorency, später durch Katharina von Medici. Im Jahre 1565 siedelte er nach Paris über; nach der Bartholomäusnacht flüchtete er nach Sedan, wo er wissenschaftliche Vorträge hielt. 1589 wurde er wegen Ketzerei verhaftet. Er starb in der Bastille. Palissy gelang es als erstem, farbig emaillierte Tongefäße herzustellen. Er machte auch wichtige Entdeckungen auf den Gebieten der Chemie und der Mineralogie.

Pape, Jacques, seigneur de Saint-Auban: Mémoires. Paris 1824. C. C. M. F. XLIII. – Der Edelmann Jacques Pape nahm auf protestantischer Seite an der Schlacht von Dreux (1562) teil.

Revue historique. Tome XIV (1880). – Dieser Band enthält eine Abhandlung über die Verschwörung von Amboise (1560); darin ist ein Brief des spanischen Gesandten Chantonay an seinen Herrn, König Philipp II., abgedruckt.

Revue rétrospective, ou Bibliothèque historique, contenant des mémoires et documents authentiques inédits et originaux, pour servir à l'histoire proprement dite, à la biographie, à l'histoire de la littérature et des arts ... Tomes 1–5, 1833–1834. 2e série, tomes 1–12, 1835–1837. 3e série, tomes 1–3, 1838. 20 vol. Paris 1833–1838.

Sully, Maximilien de Béthune, baron de Rosny, duc de: Mémoires des sages et royales Œconomies d'Estat, domestiques, politiques et militaires de Henry-le-Grand. 2 vol. Paris 1838. N. C. M. F. 2e série, tomes II–III. – Der Protestant Sully (1559–1641) kämpfte an der Seite Heinrichs IV. in den Hugenottenkriegen und wurde dann sein Ratgeber und sein leitender Minister. Er brachte Ordnung in die Staatsfinanzen, förderte die Landwirtschaft und die Seidenindustrie und ließ zahlreiche Straßen und Kanäle bauen.

Thou, Jacques-Auguste de: Mémoires. Paris 1823. C. C. M. F. XXXVII. – Jacques-Auguste de Thou (1553–1617), Beamter und Historiker, war der Sohn des von der Liga abgesetzten Präsidenten des Parlaments von Paris. Als ein maßvoller und klarblickender Katholik war de Thou Anhänger der »Politischen«, der Partei, die zwischen den Extremen zu vermitteln suchte. Außer den »Mémoires«, in denen er von sich in der dritten Person spricht, hat er eine monumentale Geschichte der Hugenottenkriege in lateinischer Sprache sowie lateinische Gedichte hinterlassen.

Tommaseo, N.: Relations des ambassadeurs vénitiens sur les affaires de France au 16e siècle. Recueillis et traduits par N. Tommaseo. 2 vol. Paris 1938.

Turenne, Henri de La Tour d'Auvergne, vicomte de: Mémoires du vicomte de Turenne, depuis duc de Bouillon (1565–1586), suivis de trente-trois lettres du roi de Navarre (Henri IV) et d'autres documents inédits. Publiés pour la Société de l'histoire de France par le comte Baguenot de Puchesse. Paris 1901.

Vaissière, Pierre de: Récits du temps des troubles (XVIe siècle). Une famille: les d'Alègre. Paris 1904. – Récits du temps des troubles (XVIe siècle). De quelques assassins ... Deuxième édition. Paris 1912. – Messieurs de Joyeuse, 1560–1615. Portraits et documents inédits. Paris 1926.

Valois, Marguerite de: Mémoires. Paris 1823. C. C. M. F. XXXVII. – Margarete von Valois (1553–1615), Tochter Heinrichs II., heiratete im Jahre 1572 Heinrich von Navarra, den späteren König Heinrich IV. von Frankreich, der sie 1599 verstieß. Neben den »Mémoires« hat sie »Poésies« hinterlassen.

Versoris, Pierre Le Tourneur, genannt Nicolas de: siehe unter Bulletin de la Société de l'histoire de Paris et de l'Île-de-France. – Nicolas Versoris (1528–1588) war Advokat beim Parlamentsgericht und ein leidenschaftlicher Anhänger der Guise. Er starb aus Kummer über die Ermordung Heinrichs von Guise.

Villeroy, Nicolas de Neufville, seigneur de: Mémoires d'Estat. Paris 1838. N. C. M. F. 1ère série, tome XI. – Villeroy (1542–1617) wurde als Nachfolger seines Schwiegervaters Staatssekretär und handelte mit den Protestanten die Friedensverträge von Bergerac (1577) und von Fleix (1580) aus. 1588 fiel er in Ungnade, wurde aber 1594 wieder Staatssekretär: Heinrich IV. betraute ihn mit der Wahrnehmung der auswärtigen Angelegenheiten. Nach Heinrichs IV. Ermordung trug Villeroy zum Sturz Sullys bei und gewann immer mehr Einfluß.

Weiss, Nathanaël: La Chambre Ardente. Etude sur la liberté de conscience en France sous François Ier et Henri II (1540–1550). Paris 1889. – Im Anhang dieses Buches über die Gewissensfreiheit in Frankreich unter Franz I. und Heinrich II. sind zahlreiche Urteile der von Heinrich II. im Jahre 1547 zur Unterdrückung der Hugenotten eingerichteten Sonderstrafkammer, der »Chambre ardente«, abgedruckt.